utores

João Carlos Abbatepaolo

João Elek

Julia Barros

Juliana Oliveira Nascimento

Karina Nigri Cattan

Liana Irani Affonso Cunha Crespo

Lorena Pretti Serraglio

Lucas Mandelbaum Bianchini

Luciana Dutra de Oliveira Silveira

Luciana Miliauskas Fernandes

Luiz Eduardo Salles

Maíra Ferraz Martella

Marcelo Rhenius de Oliveira

Marisa Peres

Mayra Collino

Monique Siqueira Valêncio

Priscila Novaes Mollica

Regina Barbosa Haddad

Renata Felizola

Reynaldo Dobrovolsky Molina de Vasconcellos

Roberta Corbetta Pêgas

Roberta Guasti Porto

Rodrigo Freire

Rogeria Gieremek

Rosimara Raimundo Vuolo

Sandra Gonoretske

Sandra Guida

Sara Cristina Jampaulo Santos

Tarsila Rogiero Durão Zambianchi

Thais Maluf

Vivian Mariano

O GEN | Grupo Editorial Nacional – maior plataforma editorial brasileira no segmento científico, técnico e profissional – publica conteúdos nas áreas de concursos, ciências jurídicas, humanas, exatas, da saúde e sociais aplicadas, além de prover serviços direcionados à educação continuada.

As editoras que integram o GEN, das mais respeitadas no mercado editorial, construíram catálogos inigualáveis, com obras decisivas para a formação acadêmica e o aperfeiçoamento de várias gerações de profissionais e estudantes, tendo se tornado sinônimo de qualidade e seriedade.

A missão do GEN e dos núcleos de conteúdo que o compõem é prover a melhor informação científica e distribuí-la de maneira flexível e conveniente, a preços justos, gerando benefícios e servindo a autores, docentes, livreiros, funcionários, colaboradores e acionistas.

Nosso comportamento ético incondicional e nossa responsabilidade social e ambiental são reforçados pela natureza educacional de nossa atividade e dão sustentabilidade ao crescimento contínuo e à rentabilidade do grupo.

Guia Prático de Compliance

Isabel Franco
Organizadora

Ministro Jorge Hage
Apresentação

Claudia Sender
Prefácio

- A EDITORA FORENSE se responsabiliza pelos vícios do produto no que concerne à sua edição (impressão e apresentação a fim de possibilitar ao consumidor bem manuseá-lo e lê-lo). Nem a editora nem o autor assumem qualquer responsabilidade por eventuais danos ou perdas a pessoa ou bens, decorrentes do uso da presente obra.

- Nas obras em que há material suplementar *on-line*, o acesso a esse material será disponibilizado somente durante a vigência da respectiva edição. Não obstante, a editora poderá franquear o acesso a ele por mais uma edição.

- Todos os direitos reservados. Nos termos da Lei que resguarda os direitos autorais, é proibida a reprodução total ou parcial de qualquer forma ou por qualquer meio, eletrônico ou mecânico, inclusive através de processos xerográficos, fotocópia e gravação, sem permissão por escrito do autor e do editor.

Impresso no Brasil – *Printed in Brazil*

- Direitos exclusivos para o Brasil na língua portuguesa
  Copyright © 2020 *by*
  EDITORA FORENSE LTDA.
  Uma editora integrante do GEN | Grupo Editorial Nacional
  Travessa do Ouvidor, 11 – Térreo e 6º andar – 20040-040 – Rio de Janeiro – RJ
  Tel.: (21) 3543-0770 – Fax: (21) 3543-0896
  faleconosco@grupogen.com.br | www.grupogen.com.br

- O titular cuja obra seja fraudulentamente reproduzida, divulgada ou de qualquer forma utilizada poderá requerer a apreensão dos exemplares reproduzidos ou a suspensão da divulgação, sem prejuízo da indenização cabível (art. 102 da Lei n. 9.610, de 19.02.1998). Quem vender, expuser à venda, ocultar, adquirir, distribuir, tiver em depósito ou utilizar obra ou fonograma reproduzidos com fraude, com a finalidade de vender, obter ganho, vantagem, proveito, lucro direto ou indireto, para si ou para outrem, será solidariamente responsável com o contrafator, nos termos dos artigos precedentes, respondendo como contrafatores o importador e o distribuidor em caso de reprodução no exterior (art. 104 da Lei n. 9.610/98).

- Capa: Aurélio Corrêa

- Data de fechamento: 11.11.2019

- **CIP – BRASIL. CATALOGAÇÃO NA FONTE.**
  SINDICATO NACIONAL DOS EDITORES DE LIVROS, RJ.

G971

Guia prático de compliance / organização Isabel Franco. – 1. ed. – [2. Reimp.] – Rio de Janeiro: Forense, 2020.

Inclui bibliografia
ISBN 978-85-309-8841-8

1. Direito administrativo – Brasil. 2. Governança corporativa. 3. Programas de compliance. I. Franco, Isabel.

19-60839	CDU: 342.97(81)

Meri Gleice Rodrigues de Souza – Bibliotecária CRB-7/6439

SOBRE A ORGANIZADORA

Isabel Franco

Coordenadora deste *Guia Prático de Compliance*, é advogada formada pela Faculdade de Direito do Largo São Francisco (USP), possui mestrado pela Fordham Law School de Nova Iorque e cursou o Program of Instruction for Lawyers na Harvard Law School. De dupla nacionalidade, brasileira e norte-americana, dividiu-se, em sua vida profissional, pelos dois países, tendo intensa atuação nas associações de advogados dos Estados Unidos e do Brasil. Foi presidente da New York State Bar Association (NYSBA) e membro do Conselho da American Bar Association (ABA) nas suas respectivas seções de Direito Internacional. Como sócia e *managing partner* de um grande escritório brasileiro em Nova Iorque, assessorou por muitos anos investidores estrangeiros em suas atividades no Brasil, participando de importantes transações de M&A, privatizações, Joint Ventures etc. Por sua vasta experiência nos Estados Unidos, foi pioneira em Compliance no Brasil, elaborando e implementando programas de compliance, participando de investigações e prestando toda sorte de assistência nesse ramo. Isabel é ranqueada pelos diretórios internacionais como o Chambers & Partners como Band 1, o mais alto grau de ranqueamento na área de Compliance, tanto para o diretório do Brasil como para o Global, como especialista em legislação dos Estados Unidos. Por anos, Isabel tem sido nomeada advogada número 1 na América Latina pelo Latin American Corporate Counsel Association (LACCA) e Análise Advocacia 500 brasileira, tendo sido incluída na lista das 100 melhores investigadoras do mundo pela Global Investigations Review (GIR). Por fim, Isabel foi nomeada pelas autoridades norte-americanas como monitora de uma grande empresa brasileira em um dos primeiros acordos daquelas autoridades com corporações nacionais. É professora convidada de várias instituições no Brasil e nos Estados Unidos, principalmente FGV/RJ e FIA/SP.

SOBRE OS AUTORES

Adriana Tocchet Wagatsuma

Executiva no Jurídico & Compliance. Advogada corporativa generalista, com mais de vinte anos de experiência no setor automobilístico em multinacionais. Management Executive Program, The University of Akron/Ohio – College of Business Administration Institute for Leadership Advancement. Especialista em Direitos Difusos e Coletivos pela PUC-SP.

Alexandre da Cunha Serpa

Executivo experiente em Compliance. Autor de livros e jogos de tabuleiro sobre programas de compliance. Certificado em Compliance (CCEP, CPC-A) e investigação de fraudes (CFE). Instrutor em diversos cursos de Compliance e investigação de fraudes.

Ana Carolina F. Iapichini Pescarmona

Executiva Jurídica graduada pela PUC-SP/1998. Pós-graduada em Direito Empresarial pelo COGEAE-PUC/SP-2002 e Propriedade Intelectual pela FGV/SP-2007. MBA Executivo BSP/Sulfolk University – Boston/MA. Especializada em M&A pelo Insper. Fordham Advanced Compliance Workshop (SP). Atualmente, Diretora Jurídica da América Latina na Coty Cosméticos.

Ana Cristina Perdomo Gomez

Advogada pela Pontificia Universidad Javeriana, na Colômbia. Graduada em Ciências Jurídicas pela Universidade Paulista. Pós-graduada em Direito Empresarial pela FGV. Executiva com mais de vinte anos de experiência no Jurídico e Compliance em multinacionais. Participou do Stanford Ignite Program em Inovação, Gestão e Empreendedorismo e do Fordham Advanced Compliance Workshop (SP). Membro da IAPP, da ACAMS, do Comitê de Compliance Digital da LEC.

André Castro Carvalho

Pós-doutorado no Massachusetts Institute of Technology. Bacharel, Mestre, Doutor e Pós-Doutor em Direito pela Universidade de São Paulo. Prêmio CAPES de melhor tese de doutorado em Direito no Brasil. Professor de Compliance em escolas de negócios. Palestrante e treinador corporativo internacional. Destaque em projeto internacional de Compliance de banco global.

André Luis Friaça Rodrigues

Executivo de Administração e Finanças (CFO), experiência em *start ups*, fusões, aquisições, IPOs, com carreira em multinacionais, como PwC, Reckit Benckiser e Alcatel-Lucent, na América Latina e na Europa. Graduação em Ciências Contábeis pela PUC/SP. Pós-graduação em Administração de Empresas e especialização em Finanças pela FGV/SP. MBA pela Fundação Dom Cabral.

Angelo Calori

Sócio da RSM Brasil. Executivo, professor, palestrante em Governança Corporativa. Profissional com 31 anos de experiência no mercado financeiro, Compliance em instituições financeiras e seguradoras globais. Foi membro da Comissão de Controles Internos e Compliance da CNSEG e Febraban e do comitê que elaborou as Diretrizes para Sistema de Compliance (DSC). Vice-presidente do IPLD (2017-2019).

Antonio Carlos Hencsey

Criminologista empresarial, psicólogo, diretor executivo na FairJob. Membro do conselho acadêmico dos cursos de MBA e pós-graduação em Gestão de Riscos de Fraudes Empresariais e Compliance da FIA/USP, onde também leciona. Membro do Observatório de Economia e Gestão de Fraude (OBEGEF), Porto – Portugal.

Bartira Tupinambás do Amaral

Graduada em Administração pela Universidade Federal de Viçosa (UFV). Pós-graduada em Gestão de Negócios. Certificada pela Society of Corporate Compliance and Ethics (SCCE) e Association of Certified Fraud Examiners (ACFE). Executiva com grande experiência em consultoria Big-Four. Atualmente, é Gerente na América Latina de Compliance e Investigação no setor de Tecnologia.

Bernardo Gabineski

LLM pela UNSW – University of New South Wales (AU), Business and Commercial Law. Advogado especialista em Compliance. Membro das comissões da OAB/RS e OAB/SP. Foco em estudos voltados à matéria de Compliance e combate à lavagem de dinheiro. Membro da Comissão de Compliance da Associação Internacional do Direito do Seguro (AIDA).

Bruna Santiago Ajeje

Advogada graduada em Direito pela Universidade Presbiteriana Mackenzie. Pós-graduada em Direito Empresarial pela Fundação Getulio Vargas. Atua como advogada corporativa na American Tower do Brasil – Seção de

Infraestruturas Ltda., desde 2015, nas áreas de Compliance e Responsabilidade Social.

Christina Montenegro Bezerra

Diretora de Ética e Compliance do Grupo Makro. Bacharel em Direito pela UFPR com MBA pela FGV. Mais de vinte anos na área Jurídica Corporativa e Ética e Compliance em varejo, *lifesciences* e financeiro, com experiência em programas de integridade e prevenção a suborno e corrupção, treinamentos, gestão de canais de denúncia e investigações internas.

Clara Carneiro Pereira

Advogada, pós-graduada em Direito Público pelo Complexo Jurídico Damásio de Jesus, cursando MBA de Gestão e Business Law na FGV/SP. Cursou Compliance pela Faculdade Insper e Fordham Advanced Compliance Workshop (SP). Atua como Gerente Jurídica e *Compliance Officer* de uma multinacional do ramo educacional. Palestrante em eventos de Compliance.

Claudia Carvalho Valente

Executiva das áreas Jurídica e de Compliance, com dezenove anos de experiência em multinacionais (T-Systems, AT&T, ESPN & Disney, Glenmark, Adidas). Quatro certificações em Compliance (LEC Brasil, CCEP-I USA, Fordham NYC Compliance Healthcare-CBEX, Brasil), quatro pós-graduações em Direito e MBA em Gestão de Riscos, Fraudes e Compliance pela FIA/Universidade do Porto.

Cristiane Peixoto de Oliveira Marrara

Advogada com mais de vinte anos de experiência nas áreas Jurídica e de Compliance em multinacionais (telefonia, energia, indústria química e vidro). Mestrado em Direito Público e MBA em Gestão Empresarial na FGV. Pós-graduações em Direito Empresarial, Trabalhista e Previdenciário. Cursos de Compliance na LEC, FGV, Fordham e SCCE.

Daniel Santa Bárbara Esteves

Advogado em São Paulo. Mestre em Direito do Estado pela PUC/SP. MBA pela FGV/SP. Doutorando em Direito do Estado pela FDUSP.

Daniela Lassen

Formada em Ciências Contábeis pela PUC-SP. MBA em Gestão Estratégica e Econômica de Mercado pela FGV/SP. MBA Executivo Internacional pela Universidade da Califórnia e Fordham Advanced Compliance Workshop (SP). Vinte anos de experiência em Compliance e controles internos. Atualmente, é Diretora Sênior e *Compliance Officer* regional na Tishman Speyer.

Eduardo Diniz Longo Staino

Engenheiro eletrônico pela PUC/MG e MBA em Finanças, Auditoria e Controladoria pela FGV/RJ. Consultor Sênior da Deloitte para empresas nacionais e multinacionais em governança, auditoria e Compliance. Desde 2011, com Andrade Gutierrez, em Auditoria Interna e implantação do sistema SAP. Atualmente, na Diretoria de Compliance do Grupo AG.

Eunice Alcântara

Executiva com robusta experiência na implementação e no gerenciamento de programas de ética e compliance, desenvolvida em empresas multinacionais do setor de saúde com responsabilidade tanto pelo Brasil quanto pela América Latina. Sólida formação acadêmica com pós-graduação e mestrado profissional em Administração de Empresas pela Fundação Getulio Vargas (EAESP).

Fabio de Lima

Graduado em Administração de Empresas pela Universidade Mackenzie. MBA e Pós-graduação em Tecnologia da Informação, Gestão do Conhecimento e Inovação pela FIA e certificação em Compliance pelo Insper. Executivo de Auditoria e Compliance especializado em avaliação de riscos, controles internos, estruturação e gestão de programas de integridade.

Felipe Faria

Advogado especializado em programas de compliance na América Latina em empresas em situação de crise (com monitoria independente ou investigações por autoridades brasileiras e internacionais). Experiência em Compliance no Brasil, no Peru, na Colômbia e no Chile, em empresas de biotecnologia, engenharia e do setor elétrico. International OneMBA/FGV-EAESP candidate.

Fernanda Garcia

Profissional de Compliance com carreira desenvolvida em empresas nacionais e multinacionais de grande porte com forte ambiente regulatório dos segmentos de aviação, varejo, consultoria e farmacêutica. Certificada em *Health Care Compliance* pelo CBEXs e em *Coaching* pelo Instituto Gerônimo Theml.

Fernando Fagundes Iazzetta

Advogado formado pela Fundação Armando Alvares Penteado, com carreira desenvolvida em empresas multinacionais no segmento farmacêutico (AstraZeneca, Bristol Myers Squibb e Chiesi). Experiência na implementação de programas de compliance para Brasil e América Latina, vencedor do prêmio Ética 2015 LatAm, na *startup* farmacêutica BioMarin.

Filipe Gollner Bonfante

Advogado pós-graduando em Compliance e Integridade Corporativa pela Pontifícia Universidade Católica de Minas Gerais (PUC/MG). Graduado pela Universidade do Estado do Rio de Janeiro (UERJ) em 2015. Atuação nas áreas de Compliance e *Data Privacy*.

Gabriela Moreira

Advogada formada pela FDSBC. Pós-graduada em Direito Empresarial e Arbitragem pela FGV/SP. Atualmente, *Compliance Officer* na empresa Rhodia (Grupo Solvay), responsável pela implantação e manutenção do programa de compliance na América Latina. Anteriormente, advogada nas áreas contratual, trabalhista e cível em companhias multinacionais de grande porte.

Giovana Martinez Valeriano

Advogada pela Pontifícia Universidade Católica-PR. MBA em Gestão Estratégica de Negócios (FGV-SP). Fordham Advanced Compliance Workshop (SP). International Anti-Corruption Academy IACA. Certificada pela Society of Corporate Compliance and Ethics (SCCE). Experiência anterior na SAP, Ambev, Kraft Foods e Philip Morris. Diretora Global de Compliance na Embraer.

Glaucia Ferreira

Advogada com mais de vinte anos de reconhecida experiência nas áreas Societária, de Telecomunicações e de Compliance. Especializada em Direito Societário pela Fundação Getulio Vargas (FGV/SP). Sócia das áreas de Compliance e Societária do Azevedo Sette Advogados.

Helena Vasconcellos

Advogada e mestre em Direito Internacional pela UFRGS. Atua como *Compliance Officer* há mais de dez anos, em diversas multinacionais. Participou da força-tarefa anticorrupção da PR/RS. Membro da Comissão de Estudos de Compliance da OAB/SP e fundadora do Compliance for Women.

Ingrid Bandeira Santos

Advogada nas áreas de Compliance, Investigações e *White-Collar*, Comércio Internacional e Direito Concorrencial. Graduação e Mestrado em Direito pela UFPB e LL.M. pela Fordham University em Nova Iorque. Admitida na OAB/SP e no NY State Bar.

Isabel Franco

Advogada pela Faculdade de Direito da USP, Program of Instruction of Lawyers da Harvard Law School. Mestrado na Fordham University (NY). Ampla experiência em investigações em Hong Kong e Nova Iorque.

GUIA PRÁTICO DE COMPLIANCE

Ranqueada Band 1 por Chambers & Partners, nº 1 na América Latina pela LACCA e incluída na lista das 100 melhores investigadoras do mundo pela Global Investigations Review.

Isabel Mazoni Andrade

Advogada com mais de vinte anos de prática de Direito Empresarial e Compliance em escritórios no Brasil e no EUA. Mestrado pela University of Texas. Pós-graduação em Societário pela FGV e graduação pela UFMG. Formação em Compliance pelo INSPER, FGV e NYSBA Advanced Compliance Workshop. Certificação da CCEP-I (SCCE). Membro do Grupo de Estudos de Compliance (AASP) e do CWC.

Isabela de M. Bragança Lima

Advogada e mestre em Direito pela Veiga de Almeida/RJ. Pós-graduação em Direito Público pela UGF/RJ e em Direito da Administração Pública pela UFF/RJ. Experiência em *legal design*, governança, riscos e Compliance no setor estatal e privado com atuação em mercados de nicho. Atualmente, é *Compliance Officer* e *Head* Jurídico e Compliance da Ceptis, presidindo seu Comitê de Compliance.

Jefferson Kiyohara

Diretor de Compliance da ICTS Protiviti. Professor de Compliance da FIA Business School. Membro do GT de Integridade do Ethos, CCEP-I. Formado em Administração de Empresas pela FEA/USP. MBA em Marketing pela ESPM/SP. MBA em Gestão Estratégica e Econômica de Negócios pela FGV/SP. Executivo com experiência em gestão de riscos e programas de ética e compliance.

João Carlos Abbatepaolo

Contabilista com MBA em Gestão Empresarial pela FGV, com extensão na Ohio University. Atuou no Lloyds Bank, Deloitte Touche, em Auditoria Interna na Refinações de Milho Brasil (Unilever) e Sherwin-Williams. Ocupou cargos gerenciais em compliance na Pfizer, Abbott, Takeda e Merck Sharp & Dohme. Atualmente, é Gerente Sênior de Auditoria na ALE Combustíveis (Grupo anglo-suíço Glencore).

João Elek

Posições de liderança (CEO, CFO, CCO) em multinacionais brasileiras, latinas, americanas e europeias. Atua como conselheiro de administração e consultivo pelas melhores práticas de governança corporativa. Primeiro Diretor de Governança e Conformidade da Petrobras não concursado, implantando programa de compliance para o resgate reputacional da empresa.

SOBRE OS AUTORES | XI

Julia Barros

Formada em Administração de Empresas e em Ciências Contábeis pela Faculdade Trevisan. MBA em Gestão Estratégica e Econômica de Mercado pela FGV e Fordham Advanced Compliance Workshop (SP). *Compliance Officer* e Gerente de Gestão de Riscos da Liberty Seguros.

Juliana Oliveira Nascimento

Executiva, Advogada, Mestre, Docente Especialista em Compliance, Governança Corporativa, Gestão de Riscos, Proteção de Dados e Healthcare. Cofundadora do Compliance Women Committee. Master of Laws (LLM) – International Business Law – Steinbeis University Berlin. Mestrado em Direito – UNIBRASIL. International Management and Compliance – Frankfurt Applied of Sciences.

Karina Nigri Cattan

Advogada. Diretora de Ética & Compliance de multinacional farmacêutica. Consultora de Compliance para escritórios de advocacia. Autora do livro *Compliance para pequenas e médias empresas* (FIESP). Pós-graduação em Direito Econômico e Empresarial e Direito Constitucional. Certificação internacional pela Universidade de Miami e Society of Corporate Compliance & Ethics – SCCE.

Liana Irani Affonso Cunha Crespo

Advogada, mestranda pelo Mackenzie, certificada em Compliance CCEP-I pela SCCE e INSEAD. Diretora de Compliance responsável pela América Latina na Thermo Fisher Scientific. Fordham Advanced Compliance Workshop (SP). Professora da Pós-graduação em Direito Digital e Compliance na Faculdade IBMEC/Damásio e nos cursos de Compliance do Instituto ARC.

Lorena Pretti Serraglio

Advogada na área de Direito Digital e Proteção de Dados. MBA em Direito Eletrônico na Escola Paulista de Direito. Graduada na Escola de Governança da Internet. Consultora da Comissão Especial de Proteção de Dados do Conselho Federal da OAB.

Lucas Mandelbaum Bianchini

Advogado graduado pela Pontifícia Universidade Católica de São Paulo (PUC/SP) com Masters in Business Economics pela Fundação Getulio Vargas (FGV/SP). Advogado da área de Compliance, Comércio Internacional e Concorrência do Azevedo Sette Advogados.

Luciana Dutra de Oliveira Silveira

Líder experiente na estruturação e gerenciamento de programas de compliance, condução de investigações internas, realização de *due diligence* de terceiros e avaliação de conformidade com leis anticorrupção. Doutorado sobre os impactos das leis anticorrupção no comércio internacional. Certificada pela SCCE e atual *Chief Compliance Officer* da Neoway Tecnologia Integrada.

Luciana Miliauskas Fernandes

Bacharel em Matemática, ênfase em Processamento de Dados. MBA em Gestão de Pessoas e TI. Experiência em TI no setor automotivo. Auditora de Sistemas com experiência em Governança Corporativa em serviços financeiros no setor automotivo. Responsável por Controles Internos, Auditoria Interna, Compliance e Gerenciamento de Riscos (Bacen).

Luiz Eduardo Salles

Advogado, PhD e DEA em Direito Internacional pelo Graduate Institute of International and Development Studies de Genebra (Swiss Confederation Scholar), Albert Gallatin Fellow na University of Michigan. Graduado em Direito pela UFMG e em Relações Internacionais pela PUC-MG. Atua nas áreas de Compliance e Investigações, Comércio Internacional e Concorrência.

Maíra Ferraz Martella

Advogada pela Faculdade de Direito da PUC de Campinas, especialista em Direito Internacional das Relações Econômicas e Comerciais (FGV/SP). Certificada CCPE-I pela SCCE. Diretora América Latina de prevenção à lavagem de dinheiro e compliance em Instituição Financeira em Nova Iorque e São Paulo e Superintendente de Prevenção a Lavagem de Dinheiro.

Marcelo Rhenius de Oliveira

Advogado pela FND-UFRJ. Pós-graduado em Gestão Empresarial pela COPPE/UFRJ. Pós-graduando em Ciências Criminais na PUC/MG. Especialista em Direito Penal Econômico e Compliance pela Universidade de Coimbra. Certificado pelo Corporate Lawyering Group LLC (NY). Professor convidado de diversas universidades. Sócio responsável no Escritório de Advocacia Ana Luiza de Sá (RJ).

Marisa Peres

Advogada com vinte anos de experiência, com dez anos em Compliance. Certificada pela SCCE com o CCPE – I. Sólida experiência na implementação de programas de compliance no Brasil e no exterior. Atuou em empresas internacionais investigadas pelo Departamento de Justiça dos EUA. Atualmente, é Diretora de GRC e Auditoria Interna da Nissan para a América Latina.

Mayra Collino

Profissional de Compliance com certificação CCEP-I pela SCCE, International Anti-Corruption Academy IACA e Executive Training Program of

GRC pela KPMG. Atua na área de Compliance da Siemens, onde é responsável, entre outros, por treinamento, comunicação e ações coletivas de integridade e combate a corrupção. Vivência internacional nos Estados Unidos e na China.

Monique Siqueira Valêncio

Advogada especialista em Compliance e Contratos, com atuação no mercado de seguros e resseguros. Graduada em Direito pela Universidade Presbiteriana Mackenzie e pós-graduada em Direito Contratual pela Pontifícia Universidade Católica de São Paulo (PUC/SP).

Priscila Novaes Mollica

Advogada pela UNISAL. Pós-graduada em Direito Tributário Empresarial (FAAP), com curso extensivo em Compliance na GVLaw e certificada CCEP-I pela SCCE. *Compliance Officer* na Embraer. Responsável pelo pilar Educação, líder do Programa de Embaixadores de Compliance ministrando treinamentos no Brasil e no exterior.

Regina Barbosa Haddad

Advogada. Certified Expert in Compliance (CEC-ARC Institute). Certificada em Antissuborno e Corrupção pela Thomson Reuters. Especialista em Direito Empresarial pela Pontifícia Universidade Católica (PR). Membro da Comissão de Compliance (Instituto dos Advogados do Brasil) e CWC. Coordenadora de Compliance Brasil, Oriente Médio e África do Grupo LATAM Airlines.

Renata Felizola

Advogada pela Pontifícia Universidade Católica de São Paulo. Membro do Compliance Women Committee. Profissional com experiência em Compliance nas áreas da saúde e da aviação.

Reynaldo Dobrovolsky Molina de Vasconcellos

Formado em Administração de Empresas com ênfase em Comércio Exterior pela UNISAL. Pós-graduado em Gestão Estratégica de Negócios pelo INPG.Certificado pela SCCE. *Compliance Officer* na Embraer, responsável pela implementação e gestão global do canal de denúncias. Realiza treinamentos de Compliance no Brasil e no exterior. Participou do FBI Compliance Academy.

Roberta Corbetta Pêgas

Advogada pela Faculdade de Direito da PUC/RS. Especialização em Administração de Empresas pela Universidade de Harvard. Pós-graduada em Direito Contratual pela PUC/SP. Certificada CCPE-I pela SCCE (Society of Corporate Compliance and Ethics). Vice-Presidente Jurídica e *Chief*

Compliance Officer em empresas multinacionais líderes em seus segmentos de atuação.

Roberta Guasti Porto

Advogada, Mestre em Direito Privado e Doutora em Administração (PUC/MG). *Compliance Officer*, Ouvidora e Gerente de Controles Internos. Experiência em gestão de relações de trabalho e recursos humanos, gestão de equipes, gestão de crises e negociação. Diversos artigos científicos publicados em livros e revistas.

Rodrigo Freire

Advogado com curso em Compliance pela FGV. Pós-graduado em Direito pela Escola de Magistrados da Bahia. Bacharel em Direito pela UCSal. Atua na área de Compliance há quase uma década, na implementação e execução de programas de ética e compliance.

Rogeria Gieremek

Advogada, Mestre em Direito, *Global Chief Compliance* do Grupo LATAM Airlines. Presidente da Comissão Especial de Estudos de Compliance da OAB/SP e da Comissão Permanente de Estudos de Compliance do Instituto dos Advogados de São Paulo (IASP). Embaixadora do Compliance Women Committee e Membro do Conselho Consultivo da Alliance for Integrity.

Rosimara Raimundo Vuolo

Advogada, idealizadora da LBMV-*Compliance* e SOU-*Compliance*. Mais de vinte e cinco anos em instituições financeiras em Compliance, Controles Internos, *Corporate* e *Investment Banking*. Vice-Presidente da Comissão de Estudos de Compliance (OAB/SP) e Coordenadora da Comissão de Compliance Financeiro da LEC. Coautora do *e-book Diretrizes do Compliance Financeiro da LEC*.

Sandra Gonoretske

Advogada pela PUC/SP. CEO da Be Ethics. Consultoria de Compliance Riscos na Florida. Mais de vinte anos no mercado financeiro como Diretora de Compliance no Deutsche Bank, Barclays, Visa e Nokia. Coordenou a elaboração do *e-book* sobre Diretrizes de Compliance no Mercado Financeiro. Coautora de *Segredos do sucesso – da teoria ao topo: histórias de executivos de alta gestão*.

Sandra Guida

Conselheira e executiva da área de Compliance em instituição financeira. Pós-graduada pela FGV LAW (SP) e ABP-W (Advanced Boardroom

Program for Women), pós-MBA na Saint Paul Business School, com extensão internacional na London School of Economics and Political Science (LSE).

Sara Cristina Jampaulo Santos

Advogada e Gerente Jurídica & Compliance na Whirlpool S.A. Formada em Direito pela Universidade Presbiteriana Mackenzie. Possui certificação CCEP-I pela Society of Corporate Compliance and Ethics e curso de educação continuada pela Fordham University School of Law. Atualmente, está concluindo especialização em Compliance pela FGV/SP.

Tarsila Rogiero Durão Zambianchi

Advogada pela Universidade Presbiteriana Mackenzie. Especialista em Direito Empresarial pela Universidade Presbiteriana Mackenzie e em Processo Civil pela Pontifícia Universidade Católica. Atua na Iguatemi Empresa de Shopping Centers em Governança e Societário e integra a equipe que estrutura a área de Risco e Compliance.

Thais Maluf

Advogada graduada pela Universidade Mackenzie e pós-graduada pela Fundação Getulio Vargas. Atua em empresas na implementação de Compliance e Governança desde o surgimento de SOX Act e FCPA.

Vivian Mariano

Advogada e profissional de Compliance pela Universidade Mackenzie. Pós-Graduada pela Pontifícia Universidade Católica de São Paulo – PUC/SP em Contratos e Societário, com certificação em Compliance e anticorrupção pela LEC. Estudiosa e profissional de Compliance, com foco em implantação no Programa de Integridade, inclusive na Argentina, na Colômbia, no Peru e no México.

PREFÁCIO

Honrada com o convite para prefaciar esta obra de compliance, começo contando uma história pessoal:

Ainda menina, costumava passar os finais de semana num clube, com o meu pai, e, enquanto ele jogava tênis, eu ficava brincando.

Certo dia, eu estava com fome e nada de o jogo de meu pai acabar. Fui até ele, que disse: "Pode pedir um lanche na cantina, dizendo que depois eu pago."

Aquilo me pareceu muito normal, até o dia em que entendi que esta deferência era concedida a poucos. Quando perguntei ao meu pai por que eles não faziam isso para todo mundo, ele me transmitiu um ensinamento que eu nunca esqueci: "As pessoas confiam naqueles que sempre honram a sua palavra e agem da maneira correta. Se você quiser ser respeitada e ter a confiança das pessoas, tem que se comportar sempre de acordo com a lei, os valores da sua comunidade e cumprir os compromissos que assumiu. Faz muito tempo que eu decidi que me comportaria assim e nenhum de vocês terão vergonha de dizer a ninguém que são meus filhos. Pode continuar colocando o lanche na minha conta!"

Do alto dos meus 10 anos, eu também jurei, para mim mesma, que meu pai jamais teria vergonha de dizer a qualquer pessoa que ele é o pai da Cláudia.

E venho conduzindo a minha vida com base nesse princípio: fazer o correto, <u>sempre</u>. Todos nós falharemos ao longo da nossa vida e isso faz parte do jogo. Porém violar uma lei, um contrato, desrespeitar pessoas e instituições ou não honrar um compromisso são falhas intencionais que podem e devem ser evitadas.

Isso evita muita dor de cabeça e vergonha daqueles que nos amam. Mas os benefícios não param por aí. Ser reconhecido como profissional e empresa que seguem a lei e os valores da sociedade em que estão inseridos gera mais confiança e engajamento dos colaboradores, fidelidade dos clientes e atrai mais e melhores investidores e parceiros.

Dessa forma, ninguém nunca teve de me convencer da importância do compliance e do estrito cumprimento das normas: sempre soube que essa era a única maneira de gerar valor sustentável e proteger a companhia e, via de consequência, toda a alta direção, liderada por mim.

Compliance garante sustentabilidade, respeito e valorização da imagem das empresas que seguem os seus comandos. Compliance também gera as condições necessárias para o recebimento de grandes investimentos, principalmente vindo de países onde suas práticas já estão mais maduras e enraizadas.

Na minha carreira, tive a sorte de contar com profissionais dedicados, de todas as áreas de atuação. Entre eles, profissionais de compliance e advogados que fizeram toda a diferença, me ajudando a entender melhor um ambiente que passa por grandes transformações e ter uma atuação firme e segura.

Por essa razão, fiquei muito honrada e aceitei de imediato o convite para escrever aqui minhas impressões sobre uma obra prática, inteiramente escrita por profissionais que vivenciam o compliance e têm a intenção de apoiar a construção de um ambiente de negócios mais íntegro e valorizador do que é correto.

Fico feliz em ver um livro abordando temas como *Tone at the top*, cultura de compliance, conciliação de compliance com decisões estratégicas de negócios, gerenciamento de riscos, contratações de alto risco etc.

Creio, sinceramente, que este livro, com sua abordagem prática e diferenciada, pode servir como um manual para todos aqueles que querem fazer o correto e, como eu, acreditam que o compliance é o caminho para um mundo mais justo e transparente.

Claudia Sender é Engenheira Química pela USP, tem *MBA* pela *Harvard Business School*, foi a primeira mulher a presidir uma empresa aérea de grande porte nas Américas (a TAM Linhas Aéreas –LATAM *Airlines* Brasil), foi VP Global de Clientes da *LATAM Airlines Group* e, atualmente, atua em diversos Conselhos de Administração, no Brasil e no exterior.

APRESENTAÇÃO

Embora já incorporada à prática das nossas grandes empresas – sobretudo aquelas com atuação também no exterior, a ideia de compliance só passou a disseminar-se no Brasil a partir da evolução mais recente do que se pode chamar de "microssistema anticorrupção brasileiro".

Esse sistema normativo específico avançou consideravelmente nas duas últimas décadas, deixando para trás períodos em que era composto apenas por alguns tipos legais previstos no Código Penal e na Lei dos Crimes de Responsabilidade, somados à Lei de Improbidade, à Lei de Licitações e à da Ação Popular.

É nos últimos 20 anos que o país ganha todo um instrumental mais robusto, indispensável ao enfrentamento, inclusive no plano preventivo, da corrupção e ilícitos semelhantes ou a ela conexos. Esse arsenal normativo, expresso em novas leis como as da Lavagem de Dinheiro (Leis 9.613, de 1998, e 12.683, de 2012), da Transparência Fiscal (LC 131, de 2009), da Ficha Limpa (LC 135, de 2010), do Acesso à Informação (Lei 12.527, de 2011), da Prevenção de Conflitos de Interesses (Lei 12.813, de 2013) e, ainda mais importantes, a Lei Anticorrupção (Lei 12.846, de 2013), a Lei das Organizações Criminosas (Lei 12.850, de 2013) e a Lei das Estatais (Lei 13.303, de 2016). Isso sem mencionar os instrumentos disciplinados em decretos e certas leis da esfera estadual às quais se faz referência mais adiante.

Diversos fatores podem ser cogitados para explicar as razões que levaram o país a tal intensificação na produção de instrumentos de combate à corrupção exatamente neste período histórico. Um deles, porém, parece inquestionável: o reflexo, em um mundo globalizado, daquilo que ocorria, havia algum tempo, no cenário internacional.

Os efeitos, em cascata, das mudanças provocadas pela legislação norte-americana (FCPA e outras leis posteriores), desaguando na celebração da Convenção da OCDE contra o Suborno Transnacional, somados à Convenção Interamericana contra a Corrupção (OEA) e, por último, à das Nações Unidas, a UNCAC, em 2003, todas elas firmadas pelo Brasil, não poderiam deixar de se fazer sentir em nosso ordenamento.

Para o que aqui nos interessa, merece destaque, nesse contexto, a Lei 12.846/2013, a chamada Lei Anticorrupção, também conhecida como Lei da

Empresa Limpa, que resultou de compromisso específico assumido pelo país ao firmar e internalizar a mencionada Convenção da OCDE sobre o suborno de funcionários estrangeiros.

É fácil perceber que essa lei representa para o Brasil, o que o FCPA significou para os Estados Unidos. Mas, na verdade, ela representa mais que isso, uma vez que não trata apenas de suborno transnacional, mas também, do suborno dentro das nossas fronteiras, contra a administração pública nacional; e, por outro lado, não cuida apenas do suborno enquanto tipo criminal de corrupção ativa, mas também de várias outras condutas ilícitas que giram em torno do que podemos chamar de "corrupção *lato sensu*".

Ao lado de tudo isso, é por meio dessa lei que penetra no ordenamento jurídico do nosso país o tema do Compliance – pelo menos em sua dimensão plena de "Compliance Anticorrupção", vez que tínhamos, até então, apenas regras legais de Compliance voltadas à lavagem de dinheiro.

A Lei 12.846 incorporou então, em 2013, a noção de Compliance ao quadro normativo pátrio, traduzindo-o como "Integridade", ou, mais precisamente, "mecanismos e procedimentos internos de integridade, auditoria e incentivo à denúncia e aplicação efetiva de códigos de ética e de conduta" (nos termos do seu art. 7º, VIII) ou, mais simplesmente, como "programa de integridade", nos termos do Decreto 8.420, de 1015, que a regulamentou.

Como se sabe, preferiu o legislador brasileiro optar pelo modelo de incentivo ao Compliance, para as empresas privadas em geral (na realidade, para todas as pessoas jurídicas privadas) ao invés de adotar, como prefeririam alguns, o modelo impositivo (este reservado apenas, em âmbito nacional, para as empresas estatais e, em alguns Estados, para as empresas que com eles venham a contratar).

Os mencionados incentivos consistem, como se sabe, na redução da eventual multa e na viabilização de eventual acordo de leniência, para as empresas que se vejam envolvidas em processos.

Para que esse modelo – de incentivo, ao invés de imposição – funcionasse satisfatoriamente, entendeu-se necessária a adoção de um regime de responsabilidade objetiva das empresas. Assim, seus dirigentes passariam a ser os principais interessados em prevenir e evitar a ocorrência de ilícitos no âmbito da empresa ou do seu entorno – parceiros, fornecedores, intermediários, etc – uma vez que responderia ela com seu patrimônio, independente de culpa ou sequer conhecimento da prática do ato, bastando apenas que se caracterizasse ter sido ele praticado em seu interesse ou benefício, exclusivo ou não (art. 2º).

Não é este texto o lugar adequado para discutir se esse modelo vem funcionando conforme o esperado; se os incentivos oferecidos se revelaram satisfatórios para atrair o interesse das empresas; se a redução de eventual sanção de multa, nos percentuais oferecidos (20%), associada à possibilidade de um acordo de leniência, constituem atrativo bastante; ou se não é esse o caminho, qualquer que seja o percentual, vez que o cálculo empresarial não se faz levando em conta a perspectiva de envolvimento em processo, o que já pressupõe a ocorrência de um ato lesivo; e que uma empresa que decide adotar um programa de integridade o faz movida por outras considerações, mais ligadas à realidade do seu mercado, aos padrões éticos vigentes em seu ambiente de negócio, à importância relativa do ganho ou perda de imagem e reputação etc., etc.

Fato é que, bem ou mal, os programas – completos ou não – de Compliance se vêm disseminando em nosso país. Não ainda entre empresas de todos os portes ou de todos os segmentos de mercado, é verdade, mas isso é absolutamente natural em qualquer caso de ideias novas.

Em paralelo, observam-se algumas tendências e desdobramentos, tão ou mais importantes, como influenciadores dessa desejada disseminação.

Um deles é a crescente exigência – posta já em diversas leis estaduais – de implantação de programas de Compliance pelas empresas que contratam com a Administração Estadual. As virtudes e os problemas associados a essas iniciativas têm sido objeto de rico debate, cujo *locus* também não é o presente texto. Não há, porém, como ignorar o fenômeno nem como minimizar sua influência na disseminação de boas práticas de integridade empresarial.

Outra tendência de grande relevo é a exigência espontânea, independentemente de qualquer legislação, por parte de determinadas empresas – sobretudo as de maior porte – da adoção de programas de Compliance por suas contratadas em geral, fornecedoras, prestadoras de serviços, parceiras, etc.

Esta última tendência inclui, e aí com aspectos especiais, as empresas estatais que, com base em possível previsão existente na Lei 13.303 (art. 32, V) têm considerado necessária (e não apenas desejável) a imposição de tal exigência em suas licitações e contratos, até mesmo como parte das medidas de *Due Diligence* ou de *Background Check*.

Tudo isto posto, vê-se o quanto já avançamos, no Brasil, em relação a dez ou vinte anos atrás.

Existem, porém, muitos e grandes problemas a serem ainda enfrentados e superados. Um deles, que não pode ser ocultado ou negligenciado, é um problema de qualidade. Qualidade do "produto" que tem sido oferecido como um Programa de Compliance e que, em muitos casos, fica longe de atender aos objetivos mínimo de um tal programa.

A gravidade dessa deficiência é ainda maior que a óbvia lesão às expectativas e ao direito da empresa que paga ou custeia o referido programa. Vai além disso, porque ajuda a consolidar resistências da parcela do universo empresarial que ainda desconhece e, por isso, não acredita nos possíveis benefícios de tal iniciativa, estimando-os como inevitavelmente inferiores ao seu custo.

Contribui muito para essa disseminação da atitude de descrença, o oferecimento, hoje muito frequente, de "programas-padrão" de Compliance, no modelo "one size fits all", os conhecidos "programas de prateleira". Em tempos de internet e de sites de busca do tipo Google, esse risco é potencializado, bem mais que no passado.

Daí a importância de estar atento e combater esse vício, que se estende, inclusive, à produção da literatura sobre o tema. Muitos dos livros que se têm publicado sobre Compliance não oferecem mais do que repetições de modelos prontos, logo, imprestáveis para qualquer cliente específico, uma vez que um programa de Compliance tem, necessariamente, que nascer da identificação, análise, avaliação e mapeamento do perfil e dos riscos específicos de cada empresa, de cada organização.

Daí porque é de festejar-se e aplaudir com entusiasmo o lançamento desta obra.

A iniciativa de Isabel Franco, essa campeã do Compliance, apaixonada pelo tema, ao reunir mais de 60 (sessenta) especialistas, efetivamente atuantes dentro de empresas ou como consultores externos, vem, em boa hora, preencher uma importante lacuna.

É certo que a literatura nacional sobre o tema já dispõe de algumas obras de alta qualidade sobre Compliance, sob diferentes abordagens, inclusive as mais teóricas. Mas sente-se ainda a falta de material produzido a partir da experiência direta, concreta, no campo, que possa servir, de fato, como guia e orientação prática para quem disso necessite. Sob esse enfoque não se tem quase nada de boa qualidade, além dos guias produzidos pela Controladoria-Geral da União (CGU).

Assim, o Guia Prático de Compliance, organizado por Isabel Franco, cai como uma luva no momento atual da evolução do Compliance Anticorrupção no Brasil (e, em vários aspectos, também se aplica ao Compliance em outras áreas).

A obra trata praticamente de todo o cardápio de temas mais relevantes na matéria.

Ao longo de seus 26 Capítulos, a obra enfrenta a questão da posição organizacional do setor de Compliance dentro da empresa, sua necessária autonomia e suas relações com áreas próximas, como a jurídica, a de RH, a de controle interno e a de auditoria. Não foge dos delicados problemas das fronteiras entre o Compliance e as Investigações Internas.

Aprofunda a questão do *tone at the top*, não se limitando a repetir o enfadonho discurso sobre sua importância (de resto, óbvia), mas sim trazendo casos práticos e resultados de pesquisas com Compliance Officers a esse respeito.

Ao tratar da figura do Compliance Officer, os autores do capitulo não se limitam a mencionar suas distintas espécies de responsabilidades – civil, administrativa e criminal; vão além e, no caso desta última, enfrentam a delicada temática da sua responsabilidade penal por omissão imprópria (art. 13, § 2º do Código Penal) e chegam a reportar caso concreto de condenação de um CCO, ocorrido na Ação Penal 470, no STF.

Não são esquecidas, tampouco, questões complexas como a importação de práticas desenvolvidas em outras culturas. O mesmo se diga quanto às formas de conciliar as exigências de Compliance com a necessária agilidade das decisões do negócio e com as pressões pelo alcance de metas pelos executivos.

Questões mais corriqueiras no dia a dia dos que lidam com Compliance, como são as relativas ao patrocínio de eventos, presentes e hospitalidade, canal de denúncias, investigação de denúncias, retaliações e medidas disciplinares, tudo é tratado com apoio em casos concretos, sob a forma instigante de desafios à atuação do Compliance.

Capítulos específicos tratam, extensivamente de alguns dos macrotemas do Compliance, como a Gestão de Riscos, as Investigações Internas, a Due Diligence, o Monitoramento, o Treinamento/Comunicação, a Geração e Uso de Indicadores de Avaliação e a Política de Uso das Redes Sociais.

Importante observar que cada um desses temas ou questões é tratado, não somente a partir de casos colhidos na experiência direta dos autores, mas é também enriquecido por preciosas informações resultantes de pesquisas por eles promovidas em determinados universos de empresas no mercado. A partir dessas pesquisas, o livro oferece, em vários dos capítulos aqui referidos, dados sobre, por exemplo, quais os modelos adotados mais frequentemente pelas empresas para promover as Investigações – se dentro do setor ou Departamento de Compliance, ou fora dele, se de forma centralizada ou não, e se há correlação entre tais opções e o porte das empresas.

Outro exemplo é a pesquisa feita pelos autores sobre como as empresas têm promovido *due diligence/background check*, abrangendo mais de 50 empresas com atuação no Brasil.

Merece menção, também, a atualidade dos dados, pois se observa que as pesquisas são de realização recente, algumas delas do segundo semestre de 2019.

Cuida, ainda, esta interessante obra coletiva, em seus capítulos finais, de certos temas especiais, como, por exemplo, os Acordos de Leniência, sabidamente um dos assuntos mais discutidos nos meios empresariais e jurídicos do país, antes de mais nada pelo déficit de coordenação entre as instituições públicas com atribuições sancionatórias, o que tem criado grave insegurança jurídica para as empresas e seus executivos. A boa relação estabelecida entre a CGU e a AGU é a única exceção, que apenas confirma a regra.

Um olhar que busca antecipar algumas perspectivas para o futuro próximo, avança em questões como os impactos gerados, sobre o Compliance, pela Inteligência Artificial e pela novel Legislação de Proteção de Dados Pessoais.

Completam o sólido conjunto de textos, os capítulos que versam sobre outras aplicações de Compliance – fora do âmbito empresarial geral: o Compliance Financeiro e o Compliance no Setor Público.

O primeiro deles cuida da área que foi, na verdade, uma espécie de precursora na aplicação de conceitos e regras de Compliance, eis que, no segmento financeiro, a história do Compliance remonta aos anos 1970, voltada, prioritariamente, à Prevenção da Lavagem de Dinheiro e do Financiamento do Terrorismo.

O tema do outro capítulo, que vem a ser o último do livro, refere-se a um aspecto que tem despertado interesse mais recentemente, qual seja, o da aplicação dos conceitos e noções de Compliance aos próprios órgãos públicos. Como é evidente, essa aplicação há se cercar-se de certas cautelas e requerer certos ajustes, uma vez que se cuida de conceitos e práticas desenvolvidos no âmbito do – e com vistas ao – setor privado, onde o cerne da questão se põe no compartilhamento de responsabilidades (pela prevenção dos desvios de condutas) entre o Estado e o Setor Privado, por meio do que alguns classificam como "auto regulação regulada".

A posição dos órgãos públicos, sob esse ângulo, é totalmente distinta. Excluindo-se o setor das chamadas empresas estatais – empresas públicas ou de economia mista – que se submetem a um regime jurídico híbrido, os demais órgãos e entidades da Administração Pública – direta, autárquica e fundacional – são regidos pelo direito público e devem obediência rigorosa aos ditames dos Direitos Administrativo e Constitucional. Assim, aquilo que agora passa a ser exigido do setor privado, já era, ou sempre deveria ter sido, rigorosamente observado pelos órgãos públicos.

Isso não significa, de modo algum, que se deva entender como desnecessário ou redundante, pensar em programas de Compliance (ou de Integridade) para os órgãos públicos. Longe disso. Um bom programa de integridade (ou Compliance) pública deverá, além de obedecer aos princípios fundamentais da Administração – como a impessoalidade, a transparência, a publicidade, a moralidade, a legalidade, a prestação de contas, o controle interno, e outros – irá adicionar a isso instrumentos, procedimentos, prazos e formas – onde ainda não existam – que assegurem a maior efetividade de sua aplicação na prática. Além disso, absorvendo noções e boas práticas desenvolvidas para o setor corporativo – onde se destaca, como bom exemplo, a gestão de riscos – farão com que sejam reformulados e melhor utilizados seus mecanismos de controle, que passam a basear-se em análise de risco, o que nunca foi da tradição do Setor Público.

Não é outra coisa o que se buscou, na esfera federal, com a edição do Decreto 9.203, de 2017, que dispõe sobre a política de governança da administração federal, e determina, em seu art. 17, que devem ser mantidos e aprimorados sistemas de gestão de riscos e controles internos em cada órgão público, o que foi, posteriormente, regulamentado em portarias.

Esta é uma apreciação resumida para uma obra extensa e densa, que se desdobra em mais de quatrocentas páginas. Obra de grande interesse para quem se interessa pelo tema, em qualquer das posições possíveis: na função de Compliance Officer, como dirigente empresarial ou como consultor na matéria, na academia como professor, pesquisador ou estudante, na atuação como advogado ou em quaisquer outras situações.

Acredito que o livro contribuirá, sem sombra de dúvida, para enriquecer a bibliografia nacional da área, ainda carente de bons trabalhos com viés prático e de qualidade, como o presente.

Jorge Hage, ex-Ministro de Estado, Chefe da Controladoria Geral da União (CGU), é mestre em Direito pela UnB e mestre em Administração Pública pela Universidade do Sul da Califórnia. Foi Constituinte e Juiz em Brasília. Atualmente é professor, advogado e consultor nas áreas de Compliance e Legislação Anticorrupção, sócio da Hage & Navarro Sociedade de Advogados, e leciona na Fundação Escola Superior do Ministério Público e no Instituto Brasiliense de Direito Público (IDP).

Contato: jorhage@uol.com.br

SUMÁRIO

I
IN-HOUSE COMPLIANCE

Capítulo 1 – Departamento de Compliance – Independência e Autonomia 3

Adriana Tocchet Wagatsuma, Karina Nigri Cattan e Luciana Miliauskas Fernandes

Coordenação: *Luciana Miliauskas Fernandes*

1. A estruturação do Compliance Corporativo: criando e disseminando a cultura de Compliance 3
2. A abrangência do Departamento de Compliance 7
3. Os conflitos de interesses entre o Jurídico e o Compliance 11
4. Autonomia do Departamento de Compliance............................ 13
Referências 15

Capítulo 2 – *Compliance Officer* X Investigador: Independência das Funções... 17

Claudia Carvalho Valente, Bartira Tupinambás do Amaral e Filipe Gollner Bonfante

Coordenação: *Claudia Carvalho Valente*

1. Introdução.. 17
2. A função do investigador... 18
3. A função do *compliance officer*.. 21
4. Conclusão.. 25
Referências 31

Capítulo 3 – A Importância do *Tone At The Top* e os seus Desafios na Prática 33

Ana Carolina F. Iapichini Pescarmona, Clara Carneiro Pereira, Eunice Alcântara e Liana Irani Affonso Cunha Crespo

Coordenação: *Ana Carolina F. Iapichini Pescarmona*

1. Introdução.. 33

GUIA PRÁTICO DE COMPLIANCE

2. A importância do *tone at the top* nos programas de compliance corporativos 34

3. O comprometimento do *middle management* e da liderança sênior como parte do *tone at the top* 35

4. Análise de casos e exemplos práticos 37

   4.1 Pesquisa com *compliance officers* 37

   4.2 Problemas na prática 39

   4.3 Ações dos líderes para a promoção e a demonstração do compromisso com a cultura de Ética e Compliance.......................... 45

5. Conclusão e lições trazidas dos casos práticos... 49

Referências 49

Capítulo 4 – Disseminação da Cultura de Compliance: Casos Práticos de Ferramentas e Mecanismos 51

Antonio Carlos Hencsey, Gabriela Moreira, Priscila Novaes Mollica, Tarsila R. Durão Zambianchi

Coordenação: *Tarsila Rogiero Durão Zambianchi*

1. Introdução.. 51

2. Cultura empresarial x cultura de compliance 52

3. Mecanismos e ferramentas 55

   3.1 Diagnóstico/mapeamento de compliance (entendendo a situação da empresa)... 55

   3.2 Mensuração da cultura de compliance (pilares: conhecimento, compreensão e crenças)... 58

4. Conclusão 63

Referências 64

Capítulo 5 – Tropicalização da Cultura de Compliance: Choques de Culturas em Empresas Globais 65

Cristiane Peixoto de Oliveira Marrara, Felipe Faria, Fernanda Garcia, Helena Vasconcellos

Coordenação: *Cristiane Peixoto de Oliveira Marrara*

1. Cultura organizacional de compliance... 65

2. Adequação dos procedimentos de compliance de acordo com a legislação e cultura local... 67

3. O que a cultura "mãe" deveria saber sobre o Brasil, considerando aspectos positivos e negativos?.. 71

4. Dicas de ouro para a tropicalização	74
Referências	76

Capítulo 6 – Responsabilidade dos *Chief Compliance Officers* 77
Glaucia Ferreira e Lucas Bianchini

Coordenação: *Lucas Bianchini*

Introdução	77
1. Responsabilidade criminal	81
2. Responsabilidade civil	85
3. Responsabilidade administrativa: Lei Anticorrupção	88
4. Responsabilidade administrativa: Bacen	89
5. Responsabilidade administrativa: CVM	90
6. Conclusão	91
Referências	92

Capítulo 7 – Conciliando o Compliance com as Decisões Estratégicas de Negócio: Casos Práticos 95
Fernando Iazzetta e Monique Siqueira Valêncio

Coordenação: *Fernando Iazzetta*

Capítulo 8 – *Role-Play* de Situações em Patrocínio de Eventos e Hospitalidades 105
André Castro Carvalho e Isabel Mazoni Andrade

Coordenação: *Isabel Mazoni Andrade*

Como usar este *role-play*?	105
Situações	107
1. O Congresso	107
2. A compra da passagem aérea	108
3. Levando acompanhantes	109
4. Reservando hotéis	110
5. Pagando as despesas do próprio bolso	110
6. Refeições atreladas à hospitalidade	111
7. Fazendo conexão em outra cidade	111
8. Ficar mais dias além do evento	112
Conclusão	113
Referências	114

XXX | GUIA PRÁTICO DE COMPLIANCE

II
RISK MANAGEMENT (GESTÃO DE RISCOS)

Capítulo 9 – Gestão de Riscos (*Risk Management*): Desafios e Melhores Práticas 117

André Luis Friaça Rodrigues, Eunice Alcântara, Fabio de Lima, Juliana Oliveira Nascimento

Coordenação: *Fabio de Lima*

Introdução 117
1. Avaliação de riscos como um dos elementos do programa de compliance 119
2. Gestão de riscos utilizando a metodologia do *COSO* 122
3. Avaliação do nível de maturidade 128
4. Contexto prático (*cases*) 129
5. Considerações finais 139
Referências 140

III
INVESTIGAÇÕES INTERNAS

Capítulo 10 – Investigações Internas: Condução, Desafios e Melhores Práticas 145

Antonio Carlos Hencsey, Christina Montenegro Bezerra, Marisa Peres

Coordenação: *Christina Montenegro Bezerra*

Introdução 145
1. Fatores que deflagram uma investigação interna 146
2. Protocolos de risco e atendimento de uma investigação 147
3. Etapas de condução de um processo de investigação interna ... 149
4. Desafios na condução de investigações internas 150
  4.1 Aspectos culturais: adaptando sua abordagem à cultura corporativa 150
  4.2 Mantendo isenção e credibilidade durante as investigações internas 151
  4.3 "Se" e "quando" ouvir o sujeito da investigação interna.... 153
5. Gestão de resultados 154
6. Conclusão 156
Referências 157

SUMÁRIO | **XXXI**

Capítulo 11 – Condução de Entrevista em Investigações Internas.... 159
Filipe Gollner Bonfante, Regina Haddad, Rogeria Gieremek

Coordenação: *Filipe Gollner Bonfante*

Introdução 159
1. Qual a importância da entrevista na investigação interna?....... 160
2. O que é uma entrevista? 161
3. Quais os tipos de entrevistas?.. 162
4. Procedimentos durante a entrevista 164
5. Consequências jurídicas.. 168
6. Quais as áreas da empresa que devem ser envolvidas no processo de investigações internas?.. 170
7. Conclusão... 170
Referências 171

IV
DUE DILIGENCE DE INTEGRIDADE

Capítulo 12 – *Background Check*: Melhores Práticas 175
Luciana Dutra de Oliveira Silveira, Luiz Eduardo Salles, Sara Cristina Jampaulo Santos

Coordenação: *Luiz Eduardo Salles*

Introdução 175
1. Metodologia... 176
2. Resultados 180
  2.1 Perfil das empresas participantes 180
  2.2 Programa e estrutura de compliance 181
  2.3 Programa de compliance e *background check*.................... 181
  2.4 *Background check* de fornecedores...................................... 182
    2.4.1 Quais fornecedores são objeto de *background check*?... 182
    2.4.2 Quando é realizado o *background check*? 184
    2.4.3 Qual o objetivo principal do *background check*?.... 185
    2.4.4 Quanto tempo leva o procedimento? 185
    2.4.5 O processo demanda utilização de ferramenta específica?.. 186
    2.4.6 Quem conduz as buscas?.. 186
    2.4.7 Quem é alvo da busca de informações? 187
    2.4.8 O fornecedor sabe do *background check*?.............. 188

GUIA PRÁTICO DE COMPLIANCE

2.4.9   Caso haja *red flag*, o fornecedor é chamado a esclarecer? 188

2.4.10 Qual a consequência da verificação para a contratação? 189

2.4.11 O processo de *background check* é renovado periodicamente? 189

3. Conclusão 190

Referências 191

ANEXO I

Questionário de *Background Check*: Melhores Práticas 193

Capítulo 13 – Contratações de Terceiros de Alto Risco ou em Situações de Alto Risco 199

Clara Carneiro Pereira, Marcelo Rhenius de Oliveira, Renata Felizola

Coordenação: *Renata Felizola*

Introdução 199

1. O que é alto risco? 200

2. *Red flags* na prática 202

3. Mitigação dos riscos 207

4. Conclusão 211

Referências 212

V
INFORMANTES DO BEM

Capítulo 14 – Canal de Denúncias – Melhores Práticas 215

Bernardo Gabineski, Cristiane Peixoto de Oliveira Marrara, João Carlos Abbatepaolo, Juliana Oliveira Nascimento

Coordenação: *Cristiane Peixoto de Oliveira Marrara*

1. O canal de denúncias como um dos pilares do programa de compliance 215

2. Os tipos dos canais de reporte e importância da divulgação 217

3. Investigação – processos de análise e apuração do canal 218

    3.1   Quais áreas devem fazer as investigações das denúncias recebidas? 220

4. Credibilidade, reputação e boa-fé: qual a relação do canal de denúncias com isso? 223

SUMÁRIO | XXXIII

5. Considerações finais 225
Referências 226

Capítulo 15 – Assédio Moral e Sexual: Tratamento de Denúncias.... 227
Alexandre Serpa, Antonio Carlos Hencsey, Rogeria Gieremek
Coordenação: *Antonio Carlos Hencsey*

Introdução 227
1. As principais etapas da investigação... 228
2. Tipologias das agressões morais e sexuais no ambiente de tra-
   balho 231
3. Condução do processo investigativo 234
4. Tratamento dos casos de agressão 236
5. Alguns casos práticos para análise conjunta 238
6. Conclusão.. 242

Capítulo 16 – Compliance e a Gestão de Medidas Disciplinares.... 245
Alexandre Serpa, Reynaldo Dobrovolsky Molina de Vasconcellos,
Roberta Guasti Porto
Coordenação: *Alexandre Serpa*

Introdução 245
1. A relevância do fator resposta para a robustez do programa de
   compliance: gestão de consequência que funciona 246
2. Casos concretos que desafiam a atuação de compliance........... 248
3. Potenciais riscos relacionados ao processo de decisão em relação
   aos resultados de investigações internas 252
4. Considerações finais: a gestão de consequência e o papel do
   gestor do programa de compliance 255
Referências 257

Capítulo 17 – Retaliações: Como Evitá-Las? 259
Daniela Lassen, Helena Vasconcellos, Reynaldo Dobrovolsky Molina
de Vasconcellos
Coordenação: *Helena Vasconcellos*

Introdução 259
1. Como, então, evitar as retaliações?.. 261
2. Como agir quando acontece uma retaliação? 265
Referências 268

XXXIV | GUIA PRÁTICO DE COMPLIANCE

VI
MONITORAMENTO

Capítulo 18 – Comunicação e Treinamento: Melhores Práticas 273

Bruna Santiago, Mayra Collino, Priscila Novaes Mollica, Vivian Mariano

Coordenação: *Vivian Mariano*

1. Introdução.. 273
   1.1 *Budget* escasso/inexistente 274
   1.2 Criação de identidade visual................................ 274
   1.3 Informativos... 275
   1.4 Treinamentos 276
   1.5 Treinamentos para fornecedores......................... 280
2. A evolução da comunicação e treinamento, um guia para um programa de compliance já implementado 280
3. Um olhar para o futuro (como manter a cultura de compliance, conclusão) 284

Capítulo 19 – Indicadores para Avaliação do Programa de Compliance... 291

Fernanda Garcia, Isabela de M. Bragança Lima, Jefferson Kiyohara

Coordenação: *Fernanda Garcia*

1. O que são indicadores?... 294
2. Primeiros passos.. 294
3. Indicadores por pilar do programa de compliance 295
4. Retroalimentação 297
5. Geração de indicadores... 298
6. Otimizando a geração dos indicadores............................. 299
7. *Workflow* e RPA – o que o *compliance officer* precisa saber 300
8. Auditoria de cultura de compliance como indicador.............. 301
9. Benefícios no uso dos indicadores para avaliar o programa de compliance.. 304
10. Conclusão.. 305
Referências 305

Capítulo 20 – Redes Sociais: Gerir os Riscos e Estabelecer a Cultura... 307

Angelo Calori, Julia Barros, Vivian Mariano

Coordenação: *Vivian Mariano*

1. As redes sociais e os impactos na empresa............................. 307
2. Governança corporativa e Compliance na era digital.............. 312

2.1	Política de redes sociais	315
2.2	Posicionamento institucional	316
2.3	Posicionamento pessoal	316
	2.3.1 Recomendações da política para o uso adequado	317
	2.3.2 Recomendações da política para mitigar o uso inadequado	317
2.4	Responsabilidades	318
2.5	Penalidades	318
3.	Mapeamento e monitoramento das redes sociais	318
3.1	Monitoramento de contas corporativas de redes sociais	319
3.2	Monitoramento da política de uso de redes sociais	319
Referências		320

VII
INOVAÇÕES PARA O FUTURO DO COMPLIANCE

Capítulo 21 – *Know Your Robot*: Inteligência Artificial Aplicada aos Pilares do Compliance ... 325

Ana Cristina Perdomo Gomez, Maíra Ferraz Martella, Roberta Corbetta Pêgas

Coordenação: *Roberta Corbetta Pêgas*

1.	Introdução	325
2.	Conceito de inteligência artificial e *machine learning* no contexto dos pilares de um programa de compliance	326
2.1	*Risk assessment* (identificar os riscos e as obrigações aos quais a organização está sujeita)	331
2.2	Prevenção (políticas e procedimentos, consultas, comunicação e treinamento)	334
2.3	Detecção (gestão de risco de terceiros, controles internos e investigação)	337
2.4	Remediação, medidas disciplinares, corretivas e monitoramento	343
3.	Conclusão	350
Referências		352

Capítulo 22 – Impactos da Lei Geral de Proteção de Dados Pessoais no Programa de Compliance ... 357

Ingrid Bandeira Santos, Lorena Pretti Serraglio, Rodrigo Freire, Thais Maluf

Coordenação: *Ingrid Bandeira Santos*

Introdução	357

1. LGPD: conceitos pertinentes, bases legais e princípios 358
2. Canal de denúncias 360
3. Investigações corporativas 363
4. Gerenciamento de crise e contato com a Autoridade Nacional de Proteção de Dados 364
5. Empresas multinacionais: diversidade de regulamentos de proteção de dados 365
Considerações finais 366
Referências 367

VIII
ACORDOS COM AUTORIDADES

Capítulo 23 – Experiências Práticas com os Acordos de Leniência Brasileiros 371

Daniel Santa Bárbara Esteves, Eduardo Diniz Longo Staino, Isabel Franco, Marcelo Rhenius de Oliveira

Coordenação: *Isabel Franco*

1. Introdução 371
2. Competência das autoridades nos acordos de leniência 372
3. Decisão pela leniência 375
4. Elemento essencial: investigação interna 378
5. Processo de leniência 379
    5.1 Relatório de perfil 381
    5.2 Relatório de programa 382
6. Negociação 383
7. Acompanhamento do programa de integridade: a monitoria 384
8. Conclusão 386
Referências 387

Capítulo 24 – Processo de Monitoria Externa no Brasil 389

Felipe Faria, Giovana Martinez, Isabel Franco, Marisa Peres

Coordenação: *Felipe Faria*

1. Sobrevivemos à negociação. E agora? 391
2. Evolução da monitoria externa e seus principais *stakeholders* 396
3. Principais dicas para passar por uma monitoria de forma eficiente 398

4. Qual o legado que o monitor pode deixar para a empresa monitorada? 399

Referências 402

IX
COMPLIANCE FINANCEIRO

Capítulo 25 – Compliance Financeiro – Marcos e Lições da Experiência 405

Rosimara Raimundo Vuolo, Sandra Gonoretske, Sandra Guida

Coordenação: *Sandra Guida*

1. Contexto histórico 405
2. Programa de compliance no mercado financeiro e de capitais – como acontece na prática? 407
   2.1 Programa de compliance financeiro 407
       2.1.1 Programa de compliance regulatório 412
   2.2 Mercado de capitais... 415

Referências 419

X
COMPLIANCE NO SETOR PÚBLICO

Capítulo 26 – União não Basta, Queremos Estados e Municípios..... 423

Autoria e Coordenação: *João Elek*

GLOSSÁRIO 435

INTRODUÇÃO

Esta obra teve sua origem na nossa renomada *Mesa-Redonda*, que ocorre há quase sete anos, religiosamente todos os meses, no meu escritório.

Passei quase a maior parte da minha vida adulta fora do Brasil, com passagens importantes por Hong Kong e Estados Unidos. Nesses dois países, "fui mordida" pela *fadinha* do combate à corrupção e me apaixonei pelo Compliance. Trabalhei em várias das primeiras investigações corporativas provocadas pela promulgação da lei norte-americana FCPA (*Foreign Corrupt Practices Act*) em 1977. Essa lei iniciou o movimento mundial de combate à corrupção nas empresas, e não estaríamos aqui hoje falando de Compliance se não fosse por sua aplicação, exigindo das empresas que se organizassem para "andar na linha", por meio da criação de um ambiente corporativo de ética, integridade e transparência, com controles e ferramentas de prevenção à fraude e à corrupção.

Retornando ao Brasil, iniciei esses encontros mensais de discussão sobre práticas antissuborno, antifraude, riscos, controles internos, denúncias e proibição a retaliações delas decorrentes, planos de comunicação e treinamentos, conflitos de interesses, governança, enfim, muito Compliance nas organizações empresariais. O grupo da *Mesa-Redonda* foi crescendo e hoje temos listados mais de 900 nomes de profissionais de Compliance, Direito, Auditoria e outros interessados. Em seu conjunto, temos representantes de praticamente todas as indústrias (bancos, construtoras, farmacêuticas, seguradoras, atacadistas e varejistas, empresas automobilísticas, de aviação, infraestrutura, mineração, agricultura, engenharia, educação, entre outras, nacionais e internacionais de todo o mundo). O grupo discute apaixonadamente seu dia a dia, nesse esforço de todos os que acreditam na causa.

A proposta original era reunir reflexões dos participantes da *Mesa-Redonda* sobre seus desafios cotidianos, permitindo, assim, que os ricos debates que se travam mensalmente pudessem contribuir de forma prática com a discussão de como aprimorar o combate à corrupção no mundo corporativo. Nossa intenção era escrever um guia útil não apenas para os profissionais de Compliance, independentemente do tamanho e da natureza de suas empresas ou organizações, mas também para os estudiosos no campo acadêmico, inspirando outros interessados na matéria.

Nossa *Mesa-Redonda* determina mensalmente o tópico que quer debater no mês seguinte e se debruça sobre a discussão com base nas diversas vivências práticas de seus membros no tema da vez. Esse conhecimento dos autores oferece a este Guia a vasta experiência de quem atua tanto dentro das empresas como em outras organizações ou consultorias, com abordagem fácil e prática, para servir de material de referência, esclarecendo, especialmente, os jargões da indústria, no nosso Glossário.

Costumo dizer que o Brasil é um mercado sofisticadíssimo de Compliance, ficando atrás somente dos Estados Unidos. Isso se deve, obviamente, à Lava Jato. Além da nossa legislação anticorrupção, o mercado se autorregula, na prática, exigindo dos *players* que possuam programas de compliance que atuem sempre com correção e integridade para interagir saudavelmente no mundo dos negócios. Os autores deste *Guia* são representantes desse mercado, conhecedores de tudo o que acontece de relevante no Brasil, em matéria de Compliance.

Ao longo dos anos, todos os participantes da *Mesa-Redonda* se tornaram grandes amigos para mim e também entre si. Somos cúmplices de uma missão que vai muito além do nosso ideal.

Com um carinhoso agradecimento aos autores, quero dizer que sei da dedicação de cada um deles à nossa obra, compartilhando, com generosidade, sua experiência, seu conhecimento, sua vivência, sua inteligência e seu precioso tempo! Agradeço, também, à Giuliana Bonilha, advogada de nossa equipe do Azevedo Sette, que tanto me ajudou a organizar este livro. De coração, muito obrigada a todos por fazerem parte da realização deste sonho!

Isabel Franco

I

IN-HOUSE COMPLIANCE[1]

---

[1] V. glossário.

1

DEPARTAMENTO DE COMPLIANCE – INDEPENDÊNCIA E AUTONOMIA

ADRIANA TOCCHET WAGATSUMA
KARINA NIGRI CATTAN
LUCIANA MILIAUSKAS FERNANDES

1. A ESTRUTURAÇÃO DO COMPLIANCE CORPORATIVO: CRIANDO E DISSEMINANDO A CULTURA DE COMPLIANCE

Compliance[2] é uma das áreas que mais cresceram nos últimos anos. No Brasil, a matéria ganhou destaque e importância com o advento da Lei Anticorrupção,[3] além da operação Lava Jato, que fez que grande atenção fosse voltada para a área.

Mas, afinal, o que é Compliance?

Para o Conselho Administrativo de Defesa Econômica (Cade), "*compliance é um conjunto de medidas internas que permite prevenir ou minimizar os riscos de violação às leis decorrentes de atividade praticada por um agente econômico e de qualquer um de seus sócios ou colaboradores*".[4]

---

[2] V. glossário. No ambiente institucional e corporativo, o Departamento de Compliance é o órgão responsável pelo gerenciamento das atividades que garantam o cumprimento das normas internas e externas (legislações em geral).

[3] V. glossário.

[4] *Guia para programas de compliance*. Disponível em: <http://www.cade.gov.br/acesso-a-informacao/publicacoes-institucionais/guias_do_Cade/guia-compliance-versao-oficial.pdf>. Acesso em: 10 out. 2019.

Numa abordagem prática, quando nos referimos a Compliance, fazemos referência a um programa de conformidade ou integridade. Na visão de Alexandre da Cunha Serpa,

> [...] não é sobre lei, mas sim sobre querer seguir as leis. Ou um programa pelo qual uma organização consiga prevenir e detectar condutas criminosas/ilegais e, também, promover uma cultura que encoraje o cumprimento das leis e uma conduta ética.[5]

A estrutura de Compliance observará não só as leis, mas também suas ações serão guiadas por princípios e valores da companhia e, sobretudo, pela ética. O código de conduta e de procedimentos internos disciplina questões que, por vezes, não foram objeto de lei. Outras vezes, cria padrões mais rigorosos que a própria lei.

Cada organização terá um programa único, com viés preventivo e, por vezes, corretivo, construído com base no risco da operação ou negócio a que ele pertence. Obviamente, empresas do mesmo setor ou do mesmo grupo econômico ou até mesmo do mesmo país apresentarão programas com alguma similaridade ou com pontos equivalentes. Todavia, cada programa deverá observar e ser construído exclusivamente considerando-se a realidade daquela empresa, pois além de todos os fatores que já foram mencionados, deverá refletir também a cultura da organização.

As regras e normas disciplinadas devem fazer sentido à realidade da organização, sob pena de caírem em desuso. Os procedimentos devem refletir o dia a dia das áreas e moldar processos de forma prática. Mais que isso, devem forjar e manter o ambiente hígido, o que fará que o programa tenha plena efetividade.

Aqui, nos parece que cabe um alerta: é preciso dosar o número de procedimentos e regras, pois o excesso deles pode culminar no efeito inverso a que se visa, ou seja, o regramento excessivo de condutas cria a possibilidade de adotarem-se posturas que, embora não sejam proibidas pelo regramento, não são as mais assertivas quando o viés é a ética.

Estudos demonstram que a cultura organizacional possui um impacto maior do que os programas formais de compliance.

---

[5] SERPA, Alexandre Cunha. Compliance descomplicado: um guia simples e direto sobre programas de compliance. [S.l.]: CreateSpace Independent Publishing Platform, 2016.

Mas, como se criar uma cultura de Compliance?

A conscientização da organização é um passo muito – se não o mais – importante na jornada de implementação de um programa de integridade. A construção da cultura de Compliance é essencial para o bom desenvolvimento e a sustentabilidade do programa.

E, para construí-la, os princípios e fundamentos do programa de compliance[6] deverão ser difundidos e disseminados até que permeiem e atinjam toda a estrutura da organização. Todos os níveis de colaboradores, do analista mais júnior até o *C-level* da organização, comitê diretivo ou assembleia de acionistas ou diretores exercerão um importante papel para que os requisitos do programa sejam cada vez mais observados nas pautas diárias.

Cada colaborador deverá estar ciente do papel que deverá exercer. Daí a importância de construir-se um ambiente capaz de engajar e orientar os colaboradores em relação à importância e às vantagens advindas da observância dos princípios de Compliance.

Neste sentido, treinamentos periódicos sobre o tema são necessários para que se abram canais de discussão e esclarecimentos. É muito importante que os colaboradores saibam a quem ou a que canais recorrer em caso de dúvidas, consultas e até denúncias.

O *tone of the top* – o exemplo vem de cima – é outro elemento essencial na criação e disseminação da cultura. O Compliance, para ganhar musculatura e voz, deverá contar com o apoio da alta gestão. O *senior management*, comitê diretivo ou assembleia de acionistas ou diretores, deverão demonstrar seu apoio e a importância do programa para a empresa.

Outro ponto a ser sopesado é que, muito mais importante que a equipe de compliance em si – que definitivamente, por mais qualificada e engajada que seja não irá, *per se*, assegurar que a organização esteja a salvo de problemas que envolvam corrupção, segregação de funções, favorecimento ou qualquer outro conflito ético –, são os empregados, os colaboradores, a cadeia de fornecedores, os representantes, os prestadores de serviços e os *stakeholders*[7] que, de fato, fazem o programa acontecer. E para isto, o caminho natural e eficiente a ser trilhado é o de treinar e qualificar o *staff* e os fornecedores, em geral.

Cada profissional deverá ser capaz de identificar, em suas atividades diárias, o que deve ser feito (ou não) no exercício da sua profissão, quais cuidados, princípios e valores deverão ser adotados, principalmente no trato com agentes públicos.

---

[6]   V. glossário.

[7]   V. glossário

Ademais, para engajar e comprometer a organização, nos parece que o melhor argumento é mostrar-lhes que Compliance não vem para burocratizar ou dificultar a realização de negócios, mas sim para criar oportunidades e garantir a sustentabilidade deles.

É certo que muitas empresas somente estruturaram a área de Compliance com o propósito de minimizar as multas que poderiam advir do descumprimento da Lei Anticorrupção, já que o programa não é obrigatório, exceção feita às instituições financeiras, às quais a obrigatoriedade ocorre desde 1999, com o advento da Resolução 2.554/1998 do Banco Central do Brasil (Bacen) Essa era uma visão inicial e bastante limitada. Aos poucos a pauta ganhou relevância e a estruturação da área mostrou-se essencial para o desenvolvimento sustentável dos negócios. Alguns estados brasileiros em processos licitatórios, por exemplo, passaram a exigir a comprovação do programa de compliance como um dos requisitos para celebração de contratos de licitação.

Multas elevadas intimidam e inibem condutas irregulares. Todavia, as perdas relativas aos eventos envolvendo quebra de padrões éticos não se limitam à aplicação de multas. Há uma perda intangível advinda de escândalos que afetam a imagem e a marca da empresa, danos reputacionais irreparáveis, além da perda de credibilidade no mercado e na sociedade.

Além disso, estar *complaint*[8] passou a ser uma vantagem competitiva ou a sobrevivência do próprio negócio. O legislador, sábia ou ardilosamente (de maneira a transferir à iniciativa privada responsabilidade da pública), de maneira a viabilizar a observância dos requisitos legais e sua fiscalização, criou um mecanismo na lei que coloca o próprio sistema a fiscalizar-se.

Assim, ao responsabilizar solidariamente toda a cadeia produtiva, estabelece a obrigação de cada agente fiscalizar seus fornecedores, prestadores de serviços e representantes, escolhendo como seus parceiros de negócios somente aqueles que observam e cumprem, além dos ditames legais, também os preceitos éticos.

Com o passar do tempo, as estruturas de Compliance foram se sofisticando, à medida que a matéria foi ganhando relevância. Antes alocadas em outras áreas, como Jurídico ou Auditoria, a área vem ganhando cada vez mais espaço para uma atuação independente, e seu papel – *roles and responsibilities*[9] – está cada vez mais definido.

Há certo e errado na estrutura de Compliance?

O ponto principal aqui é a efetividade: estrutura, orçamento próprio, independência e, obviamente, voz dentro das organizações. Uma vez, em

---

[8] V. glossário.
[9] Funções e Responsabilidades.

conversa com representante do DOJ[10], uma das coautoras questionou-o sobre qual seria a estrutura de Compliance ideal. A resposta, em nossa opinião, não poderia ser mais assertiva, pois o representante da autoridade americana afirmou que pouco importa como a área de Compliance está estruturada, dentro ou fora de outro departamento, pois o que importa de fato é que ela seja efetiva; e, para isso, há de se ter, antes de mais nada, independência, autonomia e orçamento dimensionado para suas necessidades.

Assim, independentemente da estrutura ou da forma com que o Departamento de Compliance está alocado dentro de uma organização, o que vai definir a sua efetividade é sua atuação dentro da empresa e como ocorre o relacionamento entre o Compliance e seus principais parceiros, como veremos a seguir.

2. A ABRANGÊNCIA DO DEPARTAMENTO DE COMPLIANCE

Mesmo em organizações em que a área de Compliance está estruturada e atua de forma independente, é inegável que o Compliance deve interagir com todas as demais áreas da organização. A bem da verdade, num mundo ideal, não haveria necessidade de existir uma área formal e estruturada para os assuntos relativos à ética dentro de uma organização, pois nesse mundo ideal, todos os colaboradores de todos os níveis teriam muito claras as suas obrigações no que diz respeito ao código de conduta e às políticas da empresa. No entanto, sabemos que isso é uma utopia bastante longe de um dia se tornar realidade, o que torna imprescindível a existência e a formalização do programa e dos processos de compliance.

O fato é que, assim como todos os colaboradores de uma empresa, todas as áreas dessa mesma empresa também devem seguir padrões éticos e de conduta para exercer suas atividades e entregar seus objetivos. E, por isso, a dúvida que muitas vezes surge é sobre a abrangência ideal de um Departamento de Compliance dentro de uma organização.

Essa abrangência é muitas vezes questionada quando levamos em conta que existem outras áreas dentro de uma organização que possuem competência para, e que, portanto, podem atuar na identificação, elaboração, divulgação e verificação de normas, políticas e procedimentos a serem seguidos. Nesse sentido, podem surgir desse questionamento conflitos organizacionais na

---

[10] V. glossário.

definição das responsabilidades de cada parte específica para a garantia da conformidade em toda a empresa.

Para fins de ilustração desse questionamento, podemos citar as seguintes situações, que, a depender da maneira com que são vistas e tratadas, podem ser de conflito ou de cooperação:

1) Compliance e Departamento Jurídico

Ninguém melhor que o Departamento Jurídico na competência de interpretação e aplicação das leis, certo? Sim, porém há de se considerar que uma opinião estritamente legal pode conflitar com uma visão ética ou moral sobre um determinado assunto. Assim, respeitando-se a *expertise* dos advogados internos (que podem ou não contar com o auxílio de escritórios externos nas suas decisões), a área de Compliance deve oferecer o seu parecer para assuntos estratégicos ao confrontar a análise legal com o que diz o código de conduta da empresa. Aliás, o parecer da área de Compliance pode muitas vezes não estar pautado em uma regra escrita e formalizada no código de conduta, mas sim na experiência dos profissionais responsáveis a respeito do risco de determinada decisão de negócios à imagem da organização.

Aliás, é importante mencionar que, devido à complexidade da relação entre Departamento Jurídico e Compliance, o tema será explorado de maneira mais detalhada em seção específica neste mesmo capítulo.

2) Compliance e controles internos

Assim como foi mencionado anteriormente com relação à área de Compliance, num mundo ideal a área de controles internos tampouco seria necessária. Afinal, uma das funções básicas de controles internos é o estabelecimento de normas e procedimentos internos que assegurem o atingimento dos objetivos de maneira eficiente, correta e acurada e, em teoria, todas as áreas dentro de uma organização sabem exatamente o que e como fazer para que os seus objetivos departamentais sejam atendidos de maneira eficiente, correta e acurada. Porém, o que acontece na prática é uma preocupação tão grande por parte das operações em atingir as metas, que é necessário, sim, uma estrutura dedicada à verificação e à formalização dos meios para o atingimento dessas metas. Para isso, a área de controles internos conta com ferramentas diversas, como procedimentos, estabelecimento de alçadas de aprovação e programas de verificação, estes últimos com a função primordial de identificação de falhas no momento em que as suas consequências não são tão prejudiciais à empresa. Assim, enquanto Compliance determina a política, ou em outras palavras, as regras macro de uma organização, a área de controles internos é responsável por detalhar tais políticas de tal forma que sejam traduzidas para o dia a dia das operações.

Não podemos esquecer também das situações em que um determinado questionamento é feito à área de Compliance e a resposta, embora baseada no bom senso, difere do que a política ou procedimento dita, ou seja, as chamadas exceções. Para esses casos, a área de controles internos é a mais indicada para determinar qual a melhor ferramenta interna para se documentar tal exceção, sempre buscando as devidas aprovações.

3) Compliance e Recursos Humanos

A estrutura de Recursos Humanos de uma organização pode ser vista como um dos principais parceiros do time de Compliance. Essa parceria deve ser conduzida de uma maneira muito cuidadosa, para que não se torne nunca uma competição.

O cuidado é necessário, pois existem diversas ferramentas utilizadas por Compliance como o código de ética, programa de compliance etc. que podem resvalar no campo de atuação do time de Recursos Humanos. Além disso, a aplicabilidade das ferramentas de compliance utiliza os recursos de treinamento e comunicação, assuntos geralmente ligados a Recursos Humanos. Por último, não podemos nos esquecer dos casos em que determinada regra definida por Compliance é violada, quando medidas disciplinares devem ser discutidas, definidas e aplicadas. Mais um caso em que Recursos Humanos e Compliance devem seguir de mãos dadas.

Ainda relacionadas com Recursos Humanos, a depender da estrutura de cada empresa, as funções de comunicação interna também são fundamentais para a efetividade e o sucesso de Compliance. Afinal, enquanto o time de Compliance pode muitas vezes estabelecer comunicados mais formais, a comunicação interna pode ajudar a dar uma cara mais amigável e palatável à mensagem, fazendo que a recepção desta pelos colaboradores seja mais efetiva. No entanto, é fundamental que toda e qualquer mensagem relativa aos processos de compliance seja verificada e validada pelo time responsável antes de ser distribuída aos colaboradores, a fim de garantir a clareza na comunicação.

4) Compliance e auditoria interna

A função de auditor interno talvez seja aquela que mais se assemelha à função de *compliance officer*[11] nos quesitos independência e autonomia. Afinal, assim como a estrutura de Compliance deve se sentir segura para a definição e aplicação das regras, o auditor interno deve ser livre para, dentro do escopo de cada auditoria sob sua responsabilidade, solicitar e analisar dados que possam trazer indícios de falhas nos processos da empresa.

Nesta mesma análise, pode-se incluir a função de investigação interna, pois ela pode ser alocada abaixo da estrutura de Compliance, mas também pode ser exercida pela própria auditoria interna.

Neste sentido, Compliance e auditoria interna, independentemente de quem seja responsável pelos processos de investigação interna, devem formar uma parceria, inclusive na troca de dados, uma vez que essas áreas são cliente e fornecedor entre si. Afinal, um indício de fraude pode ser identificado tanto pelo *compliance officer* por meio do canal de denúncias, quanto pelo auditor interno, ao identificar pontos obscuros num processo de análise de dados financeiros, por exemplo. É bem salutar para a efetividade dos processos de compliance que o *compliance officer* confie na análise dos dados efetuada pela auditoria interna, uma vez que esta função tem geralmente maior prática em tal análise. No entanto, uma visão macro do *compliance officer* no que diz respeito às políticas pode ser fundamental para a classificação de eventuais falhas identificadas, ou seja, se são realmente simples falhas ou se podem ser indícios de processos fraudulentos.

Além das relações acima descritas existem algumas áreas cinzentas como, por exemplo, as estruturas que suscitam questionamentos, como aquelas que subordinam Compliance à área financeira ou ao próprio CFO[12]. De toda forma, o principal é que a área não seja de prateleira, que tenha independência, esteja bem dimensionada para o negócio e que tenha uma atuação verdadeira, semeando e solidificando a cultura de compliance.

A conclusão a que se pode chegar com relação à abrangência de Compliance é que esta área, embora necessite de estrutura própria, deve estar disseminada em toda a organização e deve ser vista não como uma área à

---

[11]   V. glossário.
[12]   V. glossário.

parte das operações, mas sim como algo fundamental para o atingimento das metas. O cuidado que se deve ter é a clara definição de regras e responsabilidades, levando-se em conta que algumas delas serão compartilhadas entre áreas diferentes. Neste ponto, a maturidade de cada profissional é indispensável para que toda interação, mesmo as conflituosas, tenha como resultado soluções que garantam o lucro pautado na ética e na integridade, princípios fundamentais para a imagem de qualquer corporação.

3. OS CONFLITOS DE INTERESSES ENTRE O JURÍDICO E O COMPLIANCE

Com base na literatura vigente acerca do tema, o Compliance engloba diversos outros fatores que, articulados à atuação jurídica, resultam na minimização e mitigação de riscos empresariais, obtendo-se, ao final, nada mais do que a eficácia plena de ambos os departamentos.

Entre os fatores de compliance, temos a reputação, a ética, a política organizacional, a fiscalização e a gestão de riscos no âmbito empresarial. Contudo, como sabemos, a natureza dos elementos de compliance pode chegar, dependendo da circunstância, a inviabilizar a concretização de negócios empresariais em decorrência de seu relevante grau de conservadorismo, característico da área, uma vez que o departamento é atuante na área de prevenção.

Já a atuação jurídica tem maior abrangência, é fundamental para buscar alternativas, brechas e flexibilização nas leis com a finalidade de concretizá-las. Nesse sentido, preceitua Coimbra:

> [...] fica evidente o grande dilema vivido pelas áreas ou pelos profissionais que acumulam as duas funções: o Jurídico, por vezes, busca soluções com mais riscos e, até mesmo, "brechas" na lei para facilitar a consecução dos negócios; o Compliance, por sua vez, assume uma posição bem mais conservadora, velando pela observância das leis de acordo com uma interpretação que não ofereça riscos de sanções ou processos judiciais.[13]

Grandes são as discussões acerca da separação de Departamentos de Compliance e Jurídico, em virtude das divergentes competências das duas

---

[13] COIMBRA et al. *Manual de compliance*: preservando a boa governança e a integridade das organizações. São Paulo: Atlas, 2010. p. 35.

áreas e, sobretudo, do lado ético e das boas práticas, para que não haja influências no tocante ao exercício genuíno das duas funções. Conforme determina a doutrina internacional, recomenda-se a separação dos dois departamentos.

No tocante ao acúmulo das funções (Compliance e Jurídico) num mesmo departamento, Coimbra[14] ressalta se uma investigação interna, por exemplo, não poderia sofrer influências da visão de um advogado no que tange a um determinado processo.

Essa ressalva faz sentido, já que determinadas divergências de competências podem gerar atritos impactantes no desempenho das duas funções e que certas demandas podem decorrer de infrações resultantes do desvio de conduta dos agentes ou até mesmo dos administradores da empresa.

Deste modo, a investigação interna, para fins de atribuição de responsabilidade e efetiva aplicação de sanções, que compete ao Compliance, certamente poderia ser convergente às influências dos profissionais da área Jurídica[15]. Caberia aos profissionais da área Jurídica zelar pela segurança jurídica dos administradores da empresa.

Note-se que mesmo em departamentos distintos, como recomendam os estudiosos da área, há a necessidade de integração, entre Compliance e Jurídico, como meio de fortalecimento ou "blindagem" empresarial que impacta, de forma crucial, a imagem e reputação da empresa no mercado.

Uma atuação efetiva jurídica contempla um extenso rol de competências que visa à defesa dos interesses da empresa bem como daqueles que venham a existir, representá-la perante quaisquer órgãos públicos da administração direta e indireta, acompanhar o andamento de suas demandas, elaborar, analisar e chancelar contratos, informar sobre os riscos das variadas atividades, identificar conflitos que acarretem riscos, alinhar sua conduta à visão de empresa, além de criar e implementar planejamentos estratégicos que resultem em boas práticas no âmbito empresarial.

Conforme preceitua Coimbra:

> [...] cabe à área jurídica o dever legal e ético de (i) funcionar como um órgão consultivo de seus clientes internos, recomendando a

---

[14] COIMBRA et al. *Manual de compliance*: preservando a boa governança e a integridade das organizações. São Paulo: Atlas, 2010. p. 35.

[15] Departamento interno das organizações responsável pelos assuntos jurídicos que afetam a empresa.

maneira legal e em conformidade com as políticas internas da organização; e (ii) defender a organização em demandas judiciais.[16]

Seguindo esta vertente, a área Jurídica deve estar pronta para acompanha e analisar, sob a ótica das leis vigentes, todas as atividades organizacionais.

Não obstante, há ainda outra questão que leva à necessária distinção quando falamos do profissional, de modo que, no que tange à área de Compliance, há grande relevância na formação administrativa para uma boa coordenação dos programas de compliance. Já para a área legal, é fundamental a formação jurídica.

Destaca-se, ainda, que em determinadas situações o setor Jurídico deve se submeter ao Compliance não só no que corresponde à visão de empresa ou às questões éticas, mas principalmente nas questões relativas às investigações e às sanções decorrentes de desvios.

É extremamente comum encontrar empresas que cumulam as duas funções num só departamento, submetendo-os aos mesmos graus de hierarquia, inclusive.

A assessoria jurídica ao Departamento de Compliance é perfeitamente aceitável, se levarmos em consideração as questões pertinentes à formação dos profissionais da área de Compliance. Esses profissionais da área administrativa são alheios à formação jurídica e, sob esta ótica, há necessidade de um suporte especializado para gerenciamento de certas demandas. Em outras palavras, ambos os departamentos devem trabalhar em parceria dependendo do projeto ou da consultoria que tenham de realizar.

Tal parceria não necessita estar vinculada à subordinação de um departamento a outro, mas, sobretudo, necessita estar fundada na independência departamental para a consolidação dos objetivos empresariais, em conformidade com o propósito e a missão empresarial.

4. AUTONOMIA DO DEPARTAMENTO DE COMPLIANCE

Um outro ponto que merece uma breve discussão diz respeito à autonomia do Departamento de Compliance. Ressaltamos anteriormente a junção da área com outros departamentos; todavia chama a atenção o quanto a área

---

[16] COIMBRA et al. *Manual de compliance*: preservando a boa governança e a integridade das organizações. São Paulo: Atlas, 2010. p. 35.

e o profissional de compliance têm legitimidade e autoria para expor suas atividades de uma forma independente.

Muitas vezes, os temas de Compliance são encaminhados para discussão no comitê diretivo ou assembleia de acionistas ou diretores, sem que ao menos o representante da área de Compliance esteja convidado a participar da sessão. Isso ocorre quando o profissional de compliance se reporta para o diretor de outra área, como, por exemplo, o Jurídico, a área de controles internos e, até mesmo, para o CEO[17] da empresa.

Vejamos que nesta situação, estamos diante de dois conflitos inerentes à posição do representante de compliance: falta de autonomia e falta de representatividade no comitê diretivo ou assembleia de acionistas ou diretores. Sabemos que, dependendo do porte da empresa e de sua estrutura, o Compliance ainda não tem uma posição efetiva e de peso no comitê diretivo ou assembleia de acionistas ou diretores, e desta forma passa a ser representado por outras funções. Situações como esta nos levam a crer que ainda falta conhecimento sobre a necessidade de ter uma área de Compliance estruturada, com peso de relevância igual ao das demais funções.

Podemos citar também situações em que o *compliance officer* se reportando para outras funções, nem sequer tem a possibilidade de expor o programa de compliance para o comitê diretivo ou assembleia de acionistas ou diretores, pois os temas são comentados por outros representantes, levando-se a uma fragilidade de controle e falta de empoderamento da função.

O Departamento de Compliance, assim como o *compliance officer* ou representante de compliance, precisa ter um papel fundamental na estrutura da empresa. Os assuntos da área precisam ser discutidos no mesmo grau de prioridade e relevância dos demais temas liderados por outras funções. O *compliance officer* precisa ter uma voz ativa no comitê diretivo ou assembleia de acionistas ou diretores, independentemente de haver a possibilidade ou não de uma posição oficial. Temas de Compliance precisam estar oficialmente na agenda das reuniões, assim como as atas devem ser documentadas com planos de ações bem definidos (definição de papéis e responsabilidades, cronogramas, escopo e mapeamento de riscos).

Não obstante, vale ressaltar que todo o corpo diretivo da empresa é responsável pela aplicabilidade e efetividade do programa de compliance, ou seja, não há a opção de uma diretoria alegar desconhecimento ou ignorância

---

[17] V. glossário.

em relação às ponderações apresentadas pelo profissional de compliance ou *compliance officer.*

Neste contexto, não importa a quem o *compliance officer* se reportará, o mais importante é que ele tenha o domínio de suas atribuições, liberdade para se expor e posicionamento perante os demais representantes das outras funções, e, acima de tudo, a credibilidade e a responsabilidade inerentes ao seu papel de guardião da ética e integridade nas organizações.

Finalmente, como conclusão da análise realizada pelas autoras neste artigo dedicado ao tema "independência e autonomia do Departamento de Compliance", há de se levar em conta as especificidades do cenário brasileiro. Assim, da mesma forma que ainda não existe a exigência da comprovação de um programa de integridade das empresas privadas que desejam contratar com o poder público por todos os estados da federação, há também de se considerar os diferentes estágios de maturidade dos profissionais e das empresas no território nacional. Isso fica evidente, pois, ao mesmo tempo que vemos empresas multinacionais que tropicalizam seus programas globais de integridade (trazendo assim boas práticas internacionais e, às vezes, práticas inaplicáveis à realidade de nosso país) e empresas locais que implantam programas próprios com qualidade comparável à dos melhores exemplos estrangeiros, por outro lado vemos casos de empresas que estão engatinhando no assunto, ainda no estágio de procurar entender a relevância de Compliance para os seus negócios, muitas vezes avaliando (e achando alto) o custo de tal estrutura para as suas operações.

No entanto, mantemos o olhar positivo sobre o assunto mesmo considerando essas disparidades, uma vez que, em diferentes níveis, Compliance, felizmente, está cada vez mais presente na pauta de praticamente todos os setores do ambiente de negócios do Brasil.

REFERÊNCIAS

BRASIL. Ministério da Justiça. Conselho Administrativo de Defesa Econômica. *Guia para programas de compliance.* Disponível em: <http://www.cade.gov.br/acesso-a-informacao/publicacoes-institucionais/guias_do_Cade/guia-compliance-versao-oficial.pdf>. Acesso em: 10 out. 2019.

COIMBRA et al. *Manual de compliance*: preservando a boa governança e a integridade das organizações. São Paulo: Atlas, 2010. p. 35.

SERPA, Alexandre Cunha. *Compliance descomplicado*: um guia simples e direto sobre programas de compliance. [S.l.]: CreateSpace Independent Publishing Platform, Alexandre Cunha Serpa, 2016.

2

COMPLIANCE OFFICER X INVESTIGADOR: INDEPENDÊNCIA DAS FUNÇÕES

CLAUDIA CARVALHO VALENTE
BARTIRA TUPINAMBÁS DO AMARAL
FILIPE GOLLNER BONFANTE

1. INTRODUÇÃO

Em face da necessidade de uma resposta viva ao atual cenário brasileiro e às tendências mundiais, empresas dos mais diversos setores investem cada vez mais em um programa de compliance, treinamentos sobre ética e integridade e em controles antifraude. Se há alguns anos essa preocupação ficava restrita a grandes instituições que realizam negócios em âmbito internacional, hoje pequenas e médias empresas, órgãos públicos e até Organizações não Governamentais (ONGs) precisam se adaptar.

Como sabemos, o Compliance, além da prevenção, identificação e fiscalização de práticas proibidas por lei e que vão contra as políticas e procedimentos departamentais, por vezes também cuida da investigação e da aplicação de adequadas ações disciplinares caso as alegações se confirmem.

Assim, com o aumento da exposição dos negócios e a consequente necessidade de um programa de compliance que responda às exigências de leis nacionais e internacionais, é muito comum e frequente que os empresários e diretores do mundo corporativo, de maneira geral, se perguntem: afinal, qual é a diferença entre um *compliance officer*[18] e um investigador? Essas funções deveriam ser exercidas por um mesmo profissional? Se sim, que tipo de profissional e com quais características? Se não, quais são as diferenças entre

---

[18] V. glossário.

eles? O *compliance officer* deve se envolver nas investigações corporativas? Como essas duas posições se relacionam dentro da execução do programa de compliance?

Para respondermos a essas perguntas, primeiro vamos definir como investigações corporativas aquelas iniciadas a partir de preocupações, suspeitas ou alegações de que irregularidades ocorreram, estão ocorrendo ou poderão ocorrer, e que é necessário entender quais são essas irregularidades, se elas de fato aconteceram, qual sua natureza, valor, período de alcance e pessoas envolvidas.

2. A FUNÇÃO DO INVESTIGADOR

Quando falamos sobre este tema, também é necessário entender como normalmente estão estabelecidos os programas de investigações corporativas e o perfil de um investigador com relação à estrutura de Compliance. A *Society of Corporate Compliance and Ethics*[19] classifica os programas de investigações em três tipos:

(i) *centralizado*, no qual as investigações são conduzidas por um time central, que pode ser tanto um time da estrutura de Ética e Compliance da empresa, ou um grupo de investigadores que se reporta para essa mesma estrutura. Aqui se encontram, por exemplo, organizações em que as investigações são conduzidas pelo próprio *compliance officer* ou por um especialista em investigação que se reporta diretamente ao *compliance officer*.

(ii) *semicentralizado*, no qual investigações são conduzidas por mais de um time, a depender da natureza e complexidade da alegação, e o reporte também ocorre à estrutura de Ética e Compliance da empresa. Neste caso, enquadram-se as organizações em que as investigações são conduzidas por diferentes áreas, como de Recursos Humanos ou Auditoria Interna, por exemplo, se reportando diretamente ao *compliance officer* e, finalmente,

(iii) *descentralizado*, em que diferentes grupos conduzem diferentes tipos de investigação e não há reporte ou supervisão da estrutura de Ética e Compliance da empresa. Nesta última categoria, normalmente se

---

[19] SOCIETY OF CORPORATE COMPLIANCE AND ETHICS. *The complete compliance and ethics manual*: 2015. p. 3.195. Disponível em: <www.corporatecompliance.org>. Acesso em: 11 out. 2019.

encontram as empresas com um programa de ética e integridade mais maduro, as quais possuem uma estrutura de Compliance completamente apartada das investigações.

Atualmente, no contexto brasileiro, a maioria das empresas, sejam multinacionais ou não, possui a estrutura centralizada, em que o time ou profissional designado para realizar a investigação se reporta diretamente ao time de Ética e Compliance da empresa, sendo que muitas vezes quem conduz as investigações é o próprio *compliance officer*.

Claramente, não há uma resposta pronta para definir qual a melhor estrutura que cada organização deve adotar, já que isso depende do tamanho da corporação, dos recursos disponíveis, do grau de maturidade do programa de compliance, bem como do maior ou menor grau de regulação do setor, dentre outros aspectos. Mas, independentemente da estrutura adotada, o investigador designado deve ter em mente que ele é um *fact-finder*[20], ou seja, busca solucionar alegações por meio de fatos e evidências, e quase nunca deve emitir conclusões com base em opiniões. Para tanto, deve possuir um conjunto de características e habilidades imprescindíveis para o sucesso dos casos analisados.[21]

Antes de tudo, o investigador deve ter autonomia e independência suficientes para que, muitas vezes, de maneira fundamentada, possa realizar medidas contrárias à convicção até mesmo da alta administração. Abaixo, detalhamos um pouco mais essas principais competências, sem prejuízo da ordem em que são listadas:

- ausência de conflito de interesses: neste aspecto, o investigador deve estar isento de conflitos tanto no reporte organizacional, quanto nos relacionamentos e no financeiro e, por último, mas não menos importante, não deve haver aparência de conflito ainda que este não exista;
- habilidade para entender objetivamente o propósito da investigação, bem como os potenciais riscos e problemas decorrentes das análises conduzidas;

---

[20] V. glossário.

[21] Lembramos que, em alguns casos, dependendo da complexidade das alegações, não somente um investigador, mas sim um time de investigadores será designado para conduzir as análises.

- profundo conhecimento das políticas, procedimentos e práticas organizacionais, bem como os riscos do setor de atuação;
- atuação de forma a perpetuar e cultivar o *tone at the top*[22], e ajudar a moldar a cultura da organização a fim de garantir que os mecanismos de prevenção e detecção à fraude sejam claros e suportados pela alta administração;
- confiança em sentir-se confortável para transitar nas mais diferentes áreas da empresa, como Recursos Humanos, Jurídico, Auditoria Interna, Finanças, Vendas, Marketing, dentre outras, seja para obter informações ou discutir possíveis planos de ação;
- conhecimentos contábeis suficientes para revisão de transações financeiras ou, ao menos, para saber solicitar o que é importante para o caso em investigação;
- excelente habilidade para entrevistar pessoas, incluindo colegas de departamento, diretores da alta administração e terceiros. Neste tópico, além da habilidade de expressão clara e direta em linguagem verbal, é imprescindível que o investigador tenha profundos conhecimentos de linguagem não verbal;
- excelente reputação, ser respeitado e flexível;
- facilidade em adaptar linguagem e vocabulário para falar com diferentes públicos e níveis organizacionais;
- exímio ouvinte com rápido raciocínio lógico para alterar ou ajustar o objetivo da entrevista dependendo das respostas obtidas;
- confiança em sentir-se confortável para fazer perguntas difíceis e confrontar as pessoas sempre que necessário;
- discrição e capacidade de manter confidencialidade;
- organização, objetividade e concisão na escrita, sempre com o devido cuidado de manter um claro rastreio das atividades desenvolvidas e resultados obtidos durante toda a investigação;
- sentimento de curiosidade, sendo analítico e observador;
- capacidade para entender a causa-raiz dos problemas;
- postura de neutralidade e imparcialidade diante de situações adversas;
- habilidade para influenciar as decisões da alta administração;

---

[22] V. glossário.

- aptidão para discutir possíveis mudanças organizacionais, de estrutura ou de processos que poderão ser feitas com base nos resultados obtidos nas investigações.

Por fim, muitas situações não previstas e desconfortáveis poderão ocorrer durante a análise das alegações, e o investigador terá de ser ágil para demonstrar calma e confiança nos casos em que colaboradores ou terceiros:

- não queiram colaborar ou dizem que estão ocupados demais para uma conversa;
- exijam a presença de seu superior ou de um advogado;
- solicitem qualquer tipo de recompensa para fornecer informações valiosas para a investigação;
- expressem reações exacerbadas (choros ou gritos estão entre as mais comuns);
- queiram saber detalhes dos próximos passos da investigação; ou
- perguntem repetidamente se serão demitidos ou "o que irá acontecer agora";
- divulguem ou destruam informações confidenciais.

Embora não seja objeto deste artigo, importante mencionar que quando falamos de investigação não é raro usarmos ou ouvirmos o termo "forense" que, entre outros, está relacionado à coleta, processamento, tratamento, organização e apresentação de uma base grande de dados, de forma digital e estruturada, por meio de técnicas e ferramentas apropriadas usadas para análise detalhada de documentos eletrônicos proveniente de computadores, servidores e celulares.

3. A FUNÇÃO DO *COMPLIANCE OFFICER*

Os programas de compliance ou integridade têm sua implementação objetivando dirimir riscos da atividade negocial desenvolvida pela empresa, independentemente do setor.

A legislação brasileira anticorrupção, positivada na Lei Anticorrupção e em seu Decreto regulamentador 8.420/2015, determinou que a criação de um "programa de integridade efetivo" dentro das empresas pode levar à significativa redução de penas em casos de corrupção, beneficiando assim a continuidade dos negócios. Esse viés inicial, de que o programa de compliance é meramente para reduzir sanções, tem sido modificado e ampliado.

Atualmente, a maior parte das empresas que desenvolveram programas de compliance busca também assegurar que seus negócios sejam conduzidos com ética e transparência, diminuindo potenciais danos reputacionais à organização. O Compliance deixa cada vez mais de ser mera formalidade e passa a ser integrado à cultura corporativa e parte relevante nos resultados do negócio.

Antes de adentrarmos na análise do papel do *compliance officer* é necessário que delimitemos quais seriam os objetivos de um programa de compliance. A *Alliance for Integrity*, importante iniciativa global fomentada por múltiplas partes interessadas, iniciada pelo governo alemão que proporciona apoio às empresas no combate à corrupção coletivamente[23], estabeleceu os principais objetivos de um programa de compliance[24], os quais utilizaremos neste momento:

(i) criar uma cultura que encoraje uma conduta ética e aderência ao Compliance;

(ii) identificar os riscos do mercado e os riscos específicos relacionados ao negócio da empresa;

(iii) prevenir e detectar condutas ilícitas existentes ou potenciais;

(iv) ajudar os colaboradores a cumprir a legislação, o código de ética e políticas internas por meio de regras claras, divulgadas e acessíveis, de ferramentas fáceis de manejar, tais como intranet[25] e sistemas de aprovação, e de controles legais e contábeis fortalecidos; e

(v) proteger a empresa em caso de falhas no programa de compliance, o que poderá servir como evidência para redução de multas.

Estes objetivos e seus desdobramentos consistem na área de atuação do *compliance officer*. Superada essa análise preliminar, procedemos às seguintes indagações: quem é o *compliance officer*? Quais suas formas de atuação?

O *compliance officer* que em tradução livre pode ser denominado de "encarregado de integridade ou conformidade", é o profissional, externo

---

[23] V. glossário.

[24] VV.AA. *Prevenção à corrupção*: um guia para as empresas. São Paulo: Alliance for Integrity, 2016. p. 5-6. Disponível em: <https://www.allianceforintegrity.org/wAssets/docs/publications/Own-Publications/20161215_Compliance-Handbook-Brazil.pdf>. Acesso em: 10 out. 2019.

[25] V. glossário.

ou interno, responsável pela liderança e desenvolvimento do programa de integridade dentro da empresa.

Cumpre destacar que o *compliance officer* é responsável pela devida execução do programa de compliance, mas não é o único. A implementação e a aplicação do código de conduta é dever de todos os colaboradores da empresa, sendo o *compliance officer* apenas a representação individual dessa nova cultura corporativa.

O exercício pleno dessa atividade dependerá de dois requisitos fundamentais: independência e recursos, tanto humanos quanto financeiros.

A independência ou autonomia é fundamental no desempenho das atividades, especialmente quando o profissional é também incumbido de desenvolver atividades de investigação interna. A independência também deve abarcar a questão hierárquica, pois o *compliance officer* deve ter, inclusive, autonomia perante o CEO da empresa, contando com o suporte da alta administração, mas não subjugado a ela.

Além disso, a existência e a disponibilidade de recursos financeiros e humanos são de suma importância e devem ser proporcionais ao volume de trabalho e ao tamanho da empresa. Importante ressaltar que a proporcionalidade almejada não implica necessariamente elevados custos para a corporação.

Ao longo da sua atuação, o profissional deve contar também com o suporte de outras áreas da empresa, especialmente o Departamento Jurídico, tecnologia da informação, financeiro, regulatório – especialmente em setores com maior regulamentação como o de saúde, de recursos humanos e outros, conforme o tipo de negócio da instituição.

A colaboração e a sinergia entre os diferentes departamentos deverão ocorrer sempre que possível, sendo considerados relevantes pelo *compliance officer* para o melhor desenvolvimento do programa, desde que respeitado o pilar de independência.

No tocante às formas de atuação do *compliance officer* podemos destacar como principais atividades as seguintes:

(i) avaliar os riscos do modelo de negócios desenvolvido pela empresa, apontando problemas e propondo alternativas;

(ii) desenvolver e aplicar o código de conduta e políticas internas;

(iii) oferecer treinamentos periódicos sobre temas relevantes da atuação dos colaboradores, fomentando a comunicação sobre temas de integridade;

(iv) desenvolver mecanismos de controles internos para diminuir riscos e assegurar o cumprimento das políticas;

(v) estabelecer processos de monitoramento das atividades negociais, pautados em critérios objetivos, e que permitam a devida verificação de irregularidades;

(vi) fomentar e acompanhar o canal de denúncia (ética) da empresa;

(vii) exercer a função consultiva, sanando dúvidas sobre questões negociais na perspectiva de Compliance;

(viii) realizar a *due diligence*[26] de parceiros comerciais;

(ix) liderar ou assessorar processos de investigação interna;

(x) ser a ponte entre as autoridades públicas e a alta administração;

O papel de investigação ainda é, na maior parte das empresas, atribuído ao *compliance officer*. É evidente que os processos de entrevista e investigação interna devem ser conduzidos com imparcialidade, mas o fato de o *compliance officer* exercer essa tarefa pode prejudicar o desenvolvimento da confiança e a colaboração entre as demais áreas e o Departamento de Compliance da empresa. Por isso, suscitaremos este debate ao longo das próximas páginas: é necessário o cargo específico e independente de investigador visando a que o *compliance officer* seja um *integrity officer*[27] cuidando do programa e desenvolvendo todas as atividades supramencionadas?

O acúmulo dessa função pelo *compliance officer* provoca situações delicadas nas quais o profissional deverá ter destreza para lidar, como demonstra o caso a seguir: ao atender uma consulta do Departamento de Vendas, o *compliance officer* percebe um potencial desvio de conduta que pode implicar cargos gerenciais da equipe em questão. No e-mail enviado pelo funcionário com as dúvidas, ele colocou diversos colegas de trabalho em cópia.

Nesta situação, o colaborador que realizou a consulta não vislumbrou que ali estava ocorrendo uma violação às políticas internas da empresa por parte de seu superior hierárquico, mas o *compliance officer* teve de iniciar uma investigação interna decorrente dessa consulta.

O episódio acima, após a devida investigação, culminou com sanção ao gerente do departamento, que foi demitido da empresa, bem como outras sanções para demais envolvidos com menor responsabilidade no desvio.

---

[26] V. glossário.

[27] V. glossário.

O funcionário que fez a consulta iniciando todo esse processo não tinha qualquer participação nos atos indevidos, pois nem sabia de tais atos, contudo foi peça fundamental para o desdobramento do processo de sindicância interna, já que sua dúvida fez que o *compliance officer* percebesse uma potencial infração aos regulamentos internos da empresa.

Nesse tipo de situação, o que pode ser feito para que os colegas e o próprio funcionário continuem colaborando e consultando a equipe de compliance sem o receio de investigações internas? Como não deixar abalada a confiança do time afetado no trabalho consultivo do *compliance officer*?

Foi necessário o desenvolvimento de dinâmicas de grupo, *workshops* e treinamentos com a equipe para que as políticas ficassem mais acessíveis e compreensíveis para todos, com o *compliance officer* liderando esse processo e reforçando que o time interno de compliance busca auxiliar o melhor desenvolvimento do negócio. Todavia, o relacionamento entre as áreas, vendas e Compliance, demorou a retornar ao patamar anterior.

O Compliance não pode ser visto como um obstáculo ao negócio, e sim como um parceiro. Trata-se de tarefa árdua, pois a cultura do "jeitinho brasileiro" ainda é presente no ambiente corporativo.

É neste momento que a qualidade do *integrity officer* que só cuida do programa deve se destacar; quanto mais integrado ao modelo de negócios, suas peculiaridades e desafios, melhores análises e respostas poderão ser desenvolvidas para dar suporte aos Departamentos Comercial, de Compras, Licitações, Marketing, P&D, dentre outros.

Entendemos, portanto, que o Compliance não pode ter maior destaque que a atividade comercial em si. Ao profissional que exerce esse cargo cabe buscar que os temas relativos à sua área não estejam nem à frente nem atrás das questões do negócio, mas que caminhem lado a lado.

4. CONCLUSÃO

Levando em conta o que já elucidamos sobre as características das funções exercidas pelo *compliance officer* quando somente atua cuidando do programa de compliance, na qualidade de *integrity officer*, e quando executa atividades ligadas à investigação, realizamos uma pequena pesquisa livre para demonstrar algumas questões como, por exemplo, a real separação dessas áreas pelas empresas, o envolvimento do *compliance officer* que, mesmo não atuando na investigação, pode ou deve conhecer o resultado da investigação, ou ainda, se a opção de contratação de investigação externa é uma prática na maioria das empresas entrevistadas.

De acordo com pesquisa realizada pelos autores deste artigo com 32 profissionais de compliance, temos que, dentre as empresas que adotaram um programa de compliance, independentemente do segmento de atuação, mais da metade não optou por separar as funções de investigador do *compliance/integrity officer*, vejamos.

Possui uma posição de Investigador separada/independente da posição de Compliance Officer?

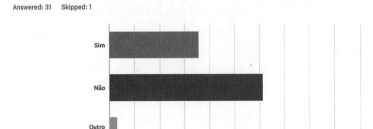

Contudo, um dado relevante demonstra que a maioria dos respondentes acredita que investigações internas tendem a ser mais eficazes e transparentes quando conduzidas por uma área separada da área de Compliance.

Com base em sua experiência, acredita que as Investigações internas são mais eficazes e transparentes quando conduzidas por uma área separada da área de Compliance?

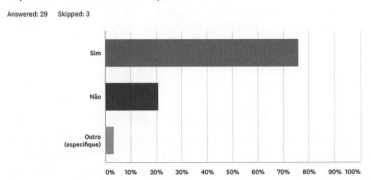

Importante considerar que, ainda que o *integrity officer* não conduza as investigações, ele deve ter acesso ao resultado final, para que, a partir daí, possa sugerir novos controles, políticas e treinamentos, o que nos sugere o resultado abaixo:

Caso sua empresa possua uma área de Investigações separada da área de Compliance, o Compliance Officer participa e tem acesso aos resultados das investigações?

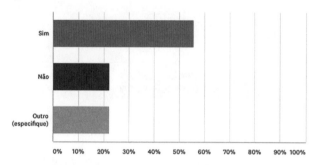

Vejamos que algumas das similaridades e diferenças apontadas pelos profissionais que avaliaram as funções de *integrity officer versus* um investigador são de que o investigador busca evidências, analisa sistemas e dados, elabora roteiros de entrevistas, faz relatórios baseados em fatos. Já o *integrity officer* faz um trabalho preventivo, avalia conflitos de interesses, avalia e filtra fornecedores e terceiros, treina e comunica, entre outras funções, ou seja, o *integrity officer* está mais envolvido com os negócios e as decisões.

Outros ainda ressaltaram que os objetivos e os *skills*[28] do investigador são diferenciados se comparados aos do *integrity officer*, mas apesar de o foco ser outro, um *compliance officer* pode ser um excelente investigador na visão de poucos colegas.

Um debate adicional que merece nossa atenção é o de que a maioria das empresas entrevistadas nesta pesquisa disse não contratar consultores externos para conduzir as investigações internas. Seria essa uma forma de restringir os achados ao âmbito da empresa? Ou ainda, por uma questão cultural, não considerar um parceiro externo porque desconhecem o resultado, não consideram ter um gasto adicional e elevado em assuntos de fraudes, denúncias etc.? Essas são questões que merecem um aprofundamento maior.

---

[28] V. glossário.

Sua empresa costuma contratar terceiros/consultores externos para conduzir as investigações internas?

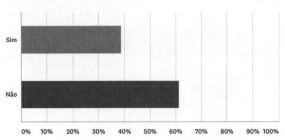

Considerando que, dentre outros, o objetivo do *integrity officer* é perpetuar os valores da empresa, disseminados em diversos treinamentos, políticas e procedimentos, engajando os colegas a serem "*compliant*"[29] com as regras e normas da empresa, podemos dizer que, quando atua como investigador, pode causar um certo incômodo nos colaboradores em contarem com o *compliance/integrity officer* como um parceiro do negócio.

Essas funções, exercidas em conjunto por um *compliance officer* ou divididas com outro profissional responsável por investigar, podem ter impacto direto na confiança que os empregados e a alta administração têm no resultado do trabalho de compliance. Vejamos que um *compliance/integrity officer* pode de forma muito neutra integrar o grupo de mensagens instantâneas da área de Marketing ou Vendas, por exemplo, e, diante de uma mensagem que possa suscitar um conflito de interesses ou até mesmo concorrência desleal, conversar em particular com o colaborador que levantou essa questão, mas de uma forma leve, construtiva e educativa. Agora se esse mesmo *compliance/ integrity officer*, for responsável por investigações, além de estar condicionado a investigar a origem e a causa de tal mensagem, não poderá aconselhar o colega sobre tal conduta, por ser a pessoa responsável por investigações na empresa e, desta forma, ter de cumprir um procedimento rígido sobre a condução de investigações.

Será que o respeito, sigilo, imparcialidade, intolerância à discriminação, punição justa e isenção do investigador são inerentes ao *integrity officer*, igualmente?

---

[29] V. glossário.

Parece a nós que as atividades desenvolvidas por um *integrity officer* no dia a dia – que deve ser responsável por garantir a implementação e a efetividade do programa permeando seus diversos pilares, desde o mapeamento de riscos, comprometimento com os valores da empresa, estrutura e governança da área de Compliance, elaboração e revisão do código de conduta, políticas e procedimentos, controles e testes adequados ao monitoramento contínuo, desenvolvimento de planos de comunicação e treinamento de compliance, estruturação de canal de denúncia, realização de *due diligence* reputacional de terceiros[30], assegurando a gestão das interfaces internas e externas entre a área de Compliance e a alta liderança da empresa, por vezes o Conselho de Administração – merecem ser devidamente planejadas e executadas.

As investigações devem ser realizadas de acordo com os protocolos aprovados pela alta liderança da empresa. Um processo consistente para a realização de investigações pode ajudar a empresa a mitigar as perdas e gerenciar os riscos associados à investigação.

É recomendável considerar o uso de modelos de investigação e *checklists*[31] para padronizar e formalizar o processo de investigação (incluindo com quem entrar em contato e quando).

Toda investigação é única e por si só complexa, podendo envolver mais de uma área da empresa, além de pessoas de fora dela, por isso a necessidade de profissionais especializados e gabaritados para conduzirem um processo investigativo, que muitas vezes pode demandar um conhecimento mais aprofundado em fraudes financeiras, contabilidade, tecnologia da informação, legislação nacional e internacional, dentre outros.

Costuma-se afirmar que o sucesso de uma investigação gira em torno de 80% de planejamento para 20% de execução.

Uma importante fonte que pode elucidar os dados trazidos por este artigo é a *Association of Certified Fraud Examiners* (ACFE),[32] respeitável entidade norte-americana que certifica profissionais ao redor do mundo em capacitações relacionadas a fraudes. Segundo a ACFE, a área de investigação tem responsabilidade primária na condução de investigações, conforme demonstra o quadro abaixo:

---

[30] V. glossário.

[31] V. glossário.

[32] V. glossário.

SAMPLE FRAUD POLICY DECISION MATRIX

NOTE: This matrix can be used as a tool to summarize and visualize the responsabilities that have been defined for the organization. This is not a standard for "who" should have "what" responsabilities.

Action Required	Investigation Unit	Internal Auditing	Finance Acctg.	Exec Mgmt.	Line Mgmt.	Risk Mgmt.	PR	Employee Relations	Legal
1. Controls to Prevent Fraud	S	S	S	P	SR	S	S	S	S
2. Incident Reporting	P	S	S	S	S	S	S	S	S
3. Investigation of Fraud	P	S						S	S
4. Referrals to Law Enforcement	P								S
5. Recovery of Monies Due to Fraud	P								
6. Recommendations to Prevent Fraud	SR	SR	S	S	S	S	S	S	S
7. Internal Control Reviews		P							
8. Handle Cases of a Sensitive Nature	P	S		S		S		S	S
9. Publicity/Press Releases	S	S					P		
10. Civil Litigation	S	S							P
11. Corrective Action/ Recommendations to Prevent Recurrences	SR	SR		S	SR	S			S
12. Monitor Recoveries	S		P						
13. Proactive Fraud Auditing	S	P							

Action Required	Investigation Unit	Internial Auditing	Finance Acctg.	Exec Mgmt.	Line Mgmt.	Risk Mgmt.	PR	Employee Relations	Legal
14. Fraud Education/ Training	P	S			S		S		
15. Risk Analysis of Areas of Vulnerability	S	S				P			
16. Case Analysis	P	S							
17. Hotline	P	S							
18. Ethics Line	S	S							P

P (Primary Responsability)
S (Secondary Responsability)
SR (Shared Responsability)

Há razões ponderáveis, pois, para que nos preocupemos em trazer esse debate à tona, já que o estudo e a análise das principais dificuldades e habilidades requeridas para um ou outro profissional, que tenha escolhido atuar como *compliance/integrity officer* e/ou investigador, são fundamentais para continuarmos evoluindo como pessoas e profissionais em busca de uma sociedade mais ética e menos desigual.

REFERÊNCIAS

SOCIETY OF CORPORATE COMPLIANCE AND ETHICS. *The complete compliance and ethics manual*: 2015. Disponível em: <www.corporatecompliance.org>. Acesso em: 11 out. 2019.

VV.AA. *Prevenção à corrupção*: um guia para as empresas. São Paulo: Alliance for Integrity, 2016. p. 5-6. Disponível em: <https://www.allianceforintegrity.org/wAssets/docs/publications/Own-Publications/20161215_Compliance-Handbook-Brazil.pdf>. Acesso em: 10 out. 2019.

3

A IMPORTÂNCIA DO *TONE AT THE TOP* E OS SEUS DESAFIOS NA PRÁTICA

ANA CAROLINA F. IAPICHINI PESCARMONA
LIANA IRANI AFFONSO CUNHA CRESPO
EUNICE ALCÂNTARA
CLARA CARNEIRO PEREIRA

1. INTRODUÇÃO

O objetivo deste artigo é analisar a importância do *tone at the top*[33] como um – senão o mais importante – dos pilares de um programa de compliance e, ao mesmo tempo, avaliar os desafios observados para a sua efetiva implementação por meio da análise de casos práticos.

É notória e reconhecida a importância do *tone at the top* pelos *chief executive officers* (CEOs)[34] e pela alta liderança das empresas. Contudo, no dia a dia, nem sempre é tão fácil observar a efetiva aderência e inclusão dos aspectos relacionados ao Compliance como prioritários na tomada de decisões, o que pode vir a colocar em xeque a credibilidade do programa de compliance como um todo.

Há inúmeros exemplos que expõem problemas relacionados ao descumprimento de regras de Compliance.

O *tone at the top* adequado e efetivo está diretamente relacionado e é crucial para o sucesso do programa de compliance.

---

[33] V. glossário.

[34] V. glossário.

2. A IMPORTÂNCIA DO *TONE AT THE TOP* NOS PROGRAMAS DE COMPLIANCE CORPORATIVOS

A expressão *tone at the top* (ou *tone from the top*, ou, ainda, *tone of the top*) começou a ser popularizada com a edição da Lei Americana Sarbanes-Oxley em 2002, após os escândalos envolvendo grandes companhias americanas nos anos 1990 (um deles abordado no presente artigo), época em que o Congresso americano passou a colocar em xeque a responsabilidade dos altos executivos das empresas. Mais adiante, em 2008, o Congresso americano editou o Dodd--Frank Act, e, em 2010, a OCDE[35] também publicou o *Manual de boas práticas corporativas para promover a cultura da integridade* ao qual 45 nações aderiram, colocando o *tone at the top* como ponto inicial dos programas de compliance.

O *tone at the top* se traduz como sendo o papel desempenhado pelos líderes na construção e na difusão de uma cultura corporativa de integridade e ética; é o que dá o tom e guia todas as demais atividades relacionadas.

No entanto, não necessariamente os programas de ética e compliance são iniciados pela alta diretoria; eles podem iniciar no *middle management*[36], mas só serão absorvidos pela empresa e por seus colaboradores se a alta gestão (*top*) der a sua gestão e à corporação um tom (*tone*) ético e cumpridor de seus deveres, legislações e moralidade.

Assim, podemos dizer que o *tone at the top* supera o papel de pilar de um programa de compliance, pois é a base essencial para a manutenção da reputação organizacional e também para a comunicação com a cadeia de *stakeholders*[37]. Representa o apoio pessoal de todos os diretores da corporação, passando a toda a cadeia de produção e operária o sentimento de que atitudes não *compliant*[38] não serão toleradas nesse ambiente. Não podem ficar dúvidas ou interpretações equivocadas, todo mundo precisa ter clareza de que a gestão, a partir de determinado momento, está focada em defender o negócio ético e lucro sustentável (quando o caso de lucro for).

O líder comercial, independentemente de sua patente, seja ele diretor, gerente ou *general manager*[39], tem, entre seus grandes desafios, muito mais do que promover a concretização de negócios e alcance de resultados. Está nas mãos desse líder garantir que a sua empresa e seus funcionários cheguem ao

---

[35] V. glossário.
[36] V. glossário.
[37] V. glossário.
[38] V. glossário.
[39] V. glossário.

sucesso dos resultados comerciais de maneira ética. Parte do seu trabalho é influenciar, por meio de atitudes e exemplos, para que a ética ecoe em todos os departamentos da empresa.

Não basta que o líder esteja preocupado com as questões éticas e com a reputação da empresa durante as reuniões de liderança ou eventuais discussões com investidores, é necessário que o comportamento desse líder consiga demonstrar aos diretores, gerentes, coordenadores e supervisores em geral que a obtenção de resultados é tão importante quanto a forma de obtê-los.

Por esta razão, os Comitês de Compliance, reuniões com a alta liderança e as discussões de projetos juntamente com o *compliance officer* auxiliam na conscientização sobre eventuais riscos e, também, para que a tomada de decisões seja feita de forma consciente e ponderada entre todos os responsáveis pela corporação e pelo sucesso comercial.

A falta de alinhamento entre as decisões comunicadas e tomadas pela liderança de uma empresa e seus valores pode levar a prejuízos e custos inestimáveis.

Não por acaso, os principais pesquisadores e estudiosos do tema são unânimes em classificar o *tone at the top* ou envolvimento da alta liderança como o pilar mais importante dos programas de compliance. Nada adianta ter na missão e nos valores da empresa a ética e a retidão se tais sentimentos não transpassam a todos, pois, na primeira dificuldade, oportunidade de lucro pessoal ou corporativo, a missão e os valores se distanciam da realidade, jogando a ética para o lado.

Como dito em 2007 pelo então CEO mundial da Siemens, Peter Loescher, para os novos profissionais de compliance, "todo funcionário precisa desempenhar suas funções com a mais alta *performance* e com o mais alto nível ético. O líder que não conseguir estes dois elementos não pode ficar na minha organização. Ele precisa ser identificado e ser substituído imediatamente, independentemente do nível hierárquico que estiver ocupando".[40]

3. O COMPROMETIMENTO DO *MIDDLE MANAGEMENT* E DA LIDERANÇA SÊNIOR COMO PARTE DO *TONE AT THE TOP*

Quando falamos de *tone at the top*, porém, não podemos nos restringir ao papel desempenhado pelos CEOs e pela alta liderança.

---

[40] ¹ Discurso feito em Potsdam, Alemanha, para a recém-formada estrutura de compliance da Siemens (Cf. GIOVANINI, Wagner. Compliance: a excelência na prática. [S.l.]: [s.n.], 2014).

Atualmente, já está também mais do que comprovado que o nível intermediário de liderança desempenha um papel tão importante quanto o dos CEOs e da alta liderança.

Um programa efetivo, iniciado por uma determinada gerência ou departamento, quando se comprova efetivo, trazendo processos mais organizados, redução de riscos, funcionários conscientes e culturalmente imbuídos desse espírito, cultura disseminada nessa circunscrição gerencial, certamente tem grandes chances de "contaminar" a alta direção, para então, disseminar-se por toda a companhia. No entanto, é vital que a companhia já tenha em seus valores a ética e a retidão como balizas. Nada adianta tentar implantar o Compliance parcialmente. Não é como se pudesse ser um novo processo, um novo sistema, que apenas parte do time abraça.

O Compliance é algo que precisa ser buscado como um todo e por todos, por isso, deve estar alinhado com a missão da empresa e seus valores. Cada um dos líderes tem o papel de promover um comportamento ético, com integridade, para assegurar sucesso contínuo, e demonstrar por meio de ações o compromisso com integridade e Compliance.

Como líder em uma grande empresa que opera em um ritmo acelerado, em um ambiente complexo e desafiador, a pressão para executar pode levar a situações em que fazendo a coisa certa o alcance do resultado esperado nem sempre seja simples ou fácil. É precisamente nesses momentos, no entanto, que, como líder, é necessário entender o impacto das suas ações sobre aqueles mais próximos. A relação supervisor-funcionário é central para o sucesso de negócios e a cultura organizacional.

O líder tem uma posição única de influenciar os esforços e comportamentos de seus funcionários, não somente aumentando eficiência e produtividade, mas diminuindo a possibilidade de condutas inapropriadas, por meio do exemplo.

Ademais, a manutenção de uma cultura ética requer acompanhamento constante, cuidado e atenção. Para ajudar na construção desse ambiente e comportamento ético, o programa de compliance deve reforçar tais conceitos e ajudar os líderes a demonstrar o comportamento e o compromisso com Ética e Compliance.

Por esta razão, é também importante que o líder estimule que, em todas as esferas, a ética e a integridade permeiem as discussões, decisões e forma de atuação da equipe. Se o desafio do CEO é muito grande, o desafio daqueles que estão no *middle management*[41] é ainda maior. O gerente, o supervisor

---

[41] V. glossário.

ou outro profissional que também lidera equipes precisam garantir que seus colaboradores terão a atuação esperada.

Para esse grupo, além de discernimento, clareza em suas atitudes e bons exemplos, é necessária também uma boa dose de coragem para conseguir demonstrar que, às vezes, os números deverão ficar em segundo plano para que a reputação possa estar em primeiro lugar.

Garantir o *walk the talk*[42] não é uma tarefa simples, pelo contrário. No entanto, esta árdua tarefa é primordial para que uma empresa e seus funcionários sejam reconhecidos pela ética e não pela prática comum de obtenção de resultado a qualquer custo. Para que isso aconteça, é vital que os gestores exercitem, por meio de treinamentos, reuniões e discussões de projetos, o comportamento ético e íntegro que garantirá e demonstrará o compromisso e a efetividade do programa de compliance.

4. ANÁLISE DE CASOS E EXEMPLOS PRÁTICOS

4.1 Pesquisa com *compliance officers*

Realizamos uma pesquisa durante os meses de julho e agosto de 2019 com profissionais que atuam na área de Compliance. Os profissionais que responderam a esta pesquisa atuam, em sua maioria, em empresas com mais de mil colaboradores.

Importante ressaltar que, dentre os profissionais que responderam à pesquisa, 50% atuam em uma área de Compliance que é independente dentro de sua organização, 32% respondem para o Departamento Jurídico e 18% respondem diretamente à presidência. Estes dados ajudam a entender melhor os níveis de relação e de real independência da área de Compliance para que ela possa, de fato, interferir e influir nas atuações da liderança, bem como realmente influenciar suas decisões. Ao mesmo tempo, esses profissionais apontaram que 60% das empresas não possuem ainda um programa de compliance maduro.

Quando questionados sobre a forma com que se evidencia o cumprimento de normas de compliance no dia a dia da empresa, os respondentes informaram diversas iniciativas que utilizam para medir esse cumprimento, dentre elas, destacamos: realização de monitoramento mensal de atividades, o fato de receberem poucas denúncias e indicativos diversos dos canais de

---

[42] V. glossário.

denúncia. Alguns profissionais mencionaram também que existe ainda um sentimento de medo entre os funcionários, e que, por esta razão, alguns deles cumprem com as normas de Compliance apenas em razão desse medo, e não por consciência sobre a importância de um olhar ético sobre as ações comerciais. Ao mesmo tempo, alguns respondentes indicaram o *tone at the top* como um dos grandes meios de perceber o programa de compliance efetivo de uma empresa, reafirmando assim alguns dos trechos já mencionados no item 1 deste artigo.

Quando questionados sobre a efetividade do programa de compliance e sua relação com o discurso da liderança, 90% dos respondentes informaram que a efetividade do programa de compliance está muito ligada ao comportamento e ao discurso da liderança, confirmando então a importância inegável e reconhecida do *tone at the top*. Apenas 10% dos respondentes entendem que o *tone at the top* não exerce tanta influência sobre a efetividade do programa de compliance.

Nos pontos abordados dentro da pesquisa, também buscamos saber qual era a percepção sobre a influência da liderança na tomada de decisões comerciais dentro da companhia. Muitas respostas manifestaram que, quando existe o *tone at the top* sobre a tomada de decisões de maneira ética, os funcionários respeitam as orientações e cumprem com o trato mais ético e adequado em suas ações. No entanto, muitas foram as respostas que deixaram claro que a falta de exemplo ou o exemplo negativo também prejudicam muito os resultados, e a forma com que os negócios são conduzidos.

Perguntamos também sobre quais seriam as ações, habilidades ou atividades que o líder precisaria ter, segundo a percepção desses profissionais de compliance, para garantir que o *tone at the top* fosse ecoado, demonstrando o apoio que poderia vir da alta liderança. Em resposta a esta questão, foram mencionadas como atividades positivas e importantes: reuniões com a liderança – no estilo *Compliance Committee*[43] –, priorização de treinamentos e, também, indicação da importância do *tone at the middle*[44], reforçando que os líderes que estão interagindo ainda mais diretamente com os funcionários da ponta, também precisam receber orientação clara dos líderes da alta liderança.

Finalmente, para entender e medir a aplicação efetiva do programa de compliance, perguntamos se esses profissionais já haviam tido alguma experiência na qual a recomendação da área de Compliance não havia sido seguida. Obtivemos como resposta que 86% dos respondentes já tiveram

---

[43] Comitê de Compliance.

[44] V. glossário.

situações em que suas recomendações não foram seguidas. Buscando entender melhor este não cumprimento com a orientação do *compliance officer* tivemos como resposta que para 46% dos profissionais a percepção é de que faltou compreensão sobre os temas de Compliance, para 40% o não cumprimento de recomendação estaria relacionado ao receio de não cumprir com metas financeiras e não alcançar as metas comerciais que são também da responsabilidade do líder. Surpreendeu-nos verificar também que existe a percepção de que os líderes possam ter deixado de cumprir com uma orientação em razão do receio de serem questionados por outros líderes.

4.2 Problemas na prática

Usando exemplos hipotéticos, mas corriqueiros no dia a dia de uma empresa que apenas tem o Compliance para "inglês ver", não efetivo, sem *tone at the top*, passamos a discorrer algumas situações:

Situação A

Em um encontro anual da equipe comercial de uma empresa que atua no ramo farmacêutico, vendendo remédios para órgãos públicos, durante o período da manhã o *compliance officer* faz um longo, porém empolgante, treinamento sobre o código de ética e manual de representação comercial da empresa, para que todo o time tenha conhecimento e intimidade com as políticas e valores da empresa.

Já no período da tarde, quase no encerramento, o presidente divulga a meta da equipe para o próximo trimestre, com uma projeção de crescimento em vendas astronômico. No final da reunião, já no jantar de confraternização, em que o presidente também se encontrava, o diretor comercial fala "a boca pequena", com cada um dos participantes, que não importa o que façam, eles precisam conseguir a meta para que todos tenham bônus no final do trimestre. E, ainda, ameaça de demissão aquele "que não vender a mãe" para o atingimento.

Nesse caso, a meta astronômica, o recado do diretor com ameaça de demissão e promessa financeira podem criar uma sensação de que tudo vale.

O presidente, sabendo do ocorrido, pode tomar duas atitudes: ou finge ouvidos moucos, preferindo não se pronunciar, já que também deseja o atingimento de metas; ou, em contrapartida, demite o diretor comercial, além de circular uma comunicação reforçando os valores da empresa e o alinhamento com o código de ética. Qualquer das duas atitudes vai dar o tom para a empresa, reforçando o compromisso com Ética e Compliance e promovendo a transformação do ambiente e a cultura de compliance.

Situação B

Após uma denúncia anônima, a diretoria de uma empresa do ramo alimentício descobre, após investigação, que algumas pessoas de um determinado departamento estão burlando as políticas e tomando atitudes irregulares. Apesar de ter política e treinamento divulgando tolerância zero com esse tipo de atitude, a alta cúpula decide abafar o caso, já que o departamento é vital para o fechamento do ano fiscal com bons índices para os investidores. Neste momento, deve tocar uma música fúnebre de fundo, pois aí jaz o programa de compliance graças ao *tone of the top* adotado.

Ou todos são tratados com o mesmo rigor na medida de suas infrações, ou o programa não tem nenhuma efetividade.

Situação C

Uma empresa tem seu carregamento de peças tecnológicas vindas de contêiner da China preso na alfândega brasileira. O diretor de operações, desesperado, já que toda produção pode ficar parada até que se resolva o imbróglio, chama o advogado da companhia e propõe que este contrate um despachante que é "chegado" de alguém do porto, e que pode dar um "jeitinho". Nesse momento, o diretor passa a mensagem de que certas atitudes podem ser toleradas em determinadas circunstâncias. O advogado, apesar de estar em uma situação complicada, não deve acatar a ordem do diretor, já que tal comportamento está em desacordo com os pilares daquela empresa, tentando demovê-lo da ideia descabida. Caso persista, deve denunciar o comportamento nos canais pertinentes.

Situação D

Uma grande agência de publicidade decide contratar uma consultoria para entender o mercado no momento prévio das eleições, foco principal daquela.

Assim, após busca no mercado, decide-se por contratar uma empresa cujo sócio foi investigado, processado e condenado por uma operação da polícia federal de fraude eleitoral. O presidente, ao saber do fato, decide chamar o *chief compliance officer* para a mesa de discussões, junto com a diretoria contratante. Nesta reunião, o CCO afirma que tal contratação vai contra todas a políticas de contratação da empresa, o diretor argumenta que este "é o cara que vai trazer um faturamento de 70 milhões de reais" por conta de seus contatos. Neste instante, o presidente deve acatar a indicação do CCO, mesmo que isso signifique a perda do contrato, afinal, ou a empresa tem o compromisso com Ética e Compliance ou não tem, e, seguindo os princípios e regras de sua empresa, dando o exemplo, o presidente estará demonstrando esse compromisso da empresa.

Por outro lado, existem casos reais que também vale a pena mencionar e que ilustram muito bem a importância do *tone at the top*, em especial quanto às consequências que podem decorrer de situações em que o exemplo "de cima" não deu o "tom" certo e esperado.

A seguir, passamos então a trazer alguns elementos de casos reais que entendemos icônicos:

a) **Caso Enron[45]**

A empresa Enron foi um dos maiores casos de fraude contábil da história, em que o *tom dado pela chefia* da companhia contaminou todos os escalões e causou a dissolução de uma outra empresa, cuja fraude inspirou a Lei americana Sarbanes-Oxley (nomeada em homenagem a seus criadores e maiores defensores).

Enron foi criada em 1985, partindo da fusão das empresas Houston Natural Gas e InterNorth, cujo objeto principal era a distribuição de gás natural por meio de um gasoduto interestadual nos Estados Unidos. Em 1989, já era uma das líderes de mercado nos EUA e na Grã-Bretanha, passando a atuar em outros setores como energia, carvão, celulose e transações financeiras.

Em 14 de agosto de 2001, um funcionário enviou ao então presidente recém-assumido (Kenneth Lay – o qual já havia sido CEO da mesma companhia antes, mas que estava ocupando o cargo de presidente do conselho de acionistas) um relatório no qual apontava que problemas na contabilidade encontrados poderiam afetar significativamente o futuro da companhia.

---

[45] Matéria publicada no sítio eletrônico Migalhas disponível em: https://www.migalhas.com.br/dePeso/16,MI6852,41046-Caso+Enron+breve+analise+-da+empresa+em+crise consultado em 27 de outubro de 2019

Em outubro do mesmo ano, funcionários da empresa de auditoria Arthur Andersen (eram Big 5, depois disso, ficamos com as Big 4), segundo provas do processo, destruíram documentos oficiais que acobertavam, até então, a desconhecida fraude contábil da empresa.

O "pulo do gato" foi que, por meio de um estratagema contábil--financeiro, a empresa conseguiu maquiar seus resultados, transformando empréstimos tomados (passivos) em vendas realizadas (ativos) com a colaboração de empresas "parceiras", inflacionando seu balanço financeiro e escondendo débitos.

Em novembro, a *Secure Exchange Commission* (SEC) – correspondente americana a nossa Comissão de Valores Mobiliários (CVM) –, enviou uma intimação à Enron. No dia 16 do mesmo mês, a empresa pública demonstrações financeiras em que apresentava perdas que somavam mais de 630 bilhões de dólares em seu terceiro trimestre, além de uma redução de 1,2 bilhão de dólares em seu patrimônio líquido.

Após toda a investigação, ficou comprovado que a empresa fraudou transações para maquiar seu resultado financeiro real, criando virtualmente um lucro que nunca existiu, mas que beneficiava diretamente o alto escalão da empresa, já que se refletia em premiações diretas a este. Importante lembrar que essa fraude lesou toda uma sociedade, mas, principalmente, os acionistas da Enron que nada sabiam de tal esquema.

Aqui, ressaltamos a posição do então CEO Kenneth Lay que, no mês anterior à chegada da intimação da SEC, defendeu a empresa para seus acionistas e a então "estratégia" do diretor financeiro (Fastow).

Na tentativa de se salvar, a Enron foi vendida para sua concorrente por 8 bilhões de dólares – ainda no mês de novembro. Neste mesmo mês, reapresenta seus resultados do terceiro trimestre, em que aparecia uma dívida agora de 690 milhões de dólares que deveria ser quitada até o fim do mês – a qual foi paga posteriormente. Neste ponto, suas ações valiam menos de 5 dólares.

Ainda em novembro, a aquisição pela concorrente foi cancelada por conta do índice de confiança baixo da empresa na época – equivalente ao de empresas insolventes, cujas ações no final do mês chegaram a bater menos de 1 dólar.

Em 2002, o Departamento de Justiça americano (DOJ) investiga criminalmente a companhia; a Arthur Andersen demite seu executivo; as ações da Enron são retiradas da bolsa de Nova Iorque; seu presidente pede demissão e seu vice-presidente se suicida.

Assim, o tom de ganância dos diretores, encoberto por um estratagema contábil e totalmente antiético, contaminou outros funcionários, outras empresas, e até causou a dissolução de uma das maiores empresas de auditoria do mundo. Em um dos documentários disponíveis na internet sobre esse caso, antigos funcionários da Enron informaram que embora não entendessem o motivo de tomarem algumas ações, apenas executavam ordens, e não pensavam em questionar essas ordens, mesmo quando elas não faziam sentido. Neste caso, percebemos mais uma vez como a liderança tem um poder muitas vezes inquestionável, pois, mesmo se sentindo pressionados a fazer algo que parecia estar errado, muitas vezes os funcionários não tiveram coragem de questionar.

b) Dieselgate – Volkswagen[46]

Em 2007, os Estados Unidos estavam endurecendo os padrões para a emissão do óxido de nitrogênio (NOx), um dos principais poluentes da combustão do diesel.

Em 2009, a Volkswagen anuncia uma incrível inovação: seus novos modelos de carros com motores EA 189 dispensariam o uso de ureia na mistura de gases e água, ajudando a transformar o combustível de seus veículos em "diesel limpo".

Apenas quatro anos depois, o Conselho Internacional de Transporte Limpo (ICCT) junto com a West Virginia University, decidiu estudar esse inovador sistema, utilizando três carros como objeto – Volkswagen Jetta, Volkswagen Passat e uma BMW X5. O experimento teve como base uma viagem de 4 mil quilômetros entre o estado de Washington e a Califórnia, na qual, após análises, ficou constatada uma diferença significativa entre os testes de rua e os testes de laboratório nos dois carros da montadora.

Em 2014, o ICCT e a West Virginia University alertaram as autoridades – Agência Nacional de Proteção Ambiental (EPA) e o Conselho de Emissões da Califórnia (CARB) – sobre tais inconsistências. A resposta oficial dada – por ordem clara dos diretores da empresa – foi que houve erro no estudo e em questões técnicas, mas, mesmo assim, foi feito um *recall* de 500 mil carros nos EUA.

---

[46] Matéria publicada no sítio eletrônico de notícias da Globo Revista Auto Esporte disponível em: https://revistaautoesporte.globo.com/Noticias/noticia/2017/03/entenda-o-caso-dieselgate.html consultado em 27 de outubro de 2019.

Em 2015, a EPA descobriu que foi instalado um *software* na central eletrônica dos carros da montadora para alterar as emissões de poluentes durante as vistorias. O esquema foi muito bem desenhado, utilizando a posição do volante, a velocidade do automóvel, tempo de uso e pressão, reconhecendo o ambiente-teste, alterando apenas nestas condições a emissão dos poluentes.

Após acusação por parte do governo americano, a montadora, por meio de seu então presidente Martin Winterkorn, divulgou um pedido de desculpas público e, ao final do mês de setembro, renunciou ao cargo.

Em outubro de 2015, o presidente da Volkswagen americana (Michael Horn) foi depor no Congresso americano, confessando que sabia da fraude, mas que tomou conhecimento pouco tempo antes da divulgação. E, ainda, foi divulgado que carros vendidos em 28 países possuíam o *software* fraudador.

Em 2016, a montadora revelou que seu então presidente, Martin Winterkorn, recebeu um relatório informando da fraude quase um ano antes da divulgação. A Volks contabilizou um prejuízo em 2015 na ordem de 1,3 bilhão de dólares. E ainda fechou um acordo com a Justiça americana de 10 bilhões de dólares para pôr fim aos processos movidos por seus consumidores. Com a Justiça canadense, o acordo foi de mais 2,1 bilhões de dólares canadenses.

Em 2017, foram presos um executivo da filial sul-coreana e um executivo americano por produção de documentos falsos e conspiração para fraude.

Em 2018, o ex-presidente mundial, Martin Winterkorn, foi acusado formalmente de fraude e conspiração, junto com outros cinco executivos.

De acordo com a agência Reuters, o prejuízo total ultrapassou os 30 bilhões de dólares, entre penas e ressarcimentos, só na América do Norte.

c) **Caso Salesforce**[47]

Em 2017 a empresa Salesforce também se envolveu em uma polêmica que acabou por resultar na demissão do seu diretor geral no

---

[47] Matéria publicada no sítio eletrônico de notícias "G1 Globo.com" disponível em: <https://g1.globo.com/economia/tecnologia/noticia/salesforce-demite-diretor--no-brasil-apos-festa-a-fantasia-com-negao-do-whatsapp.ghtml>. consultado em 12 out de outubro de 2019.

Brasil, por conta da divulgação de uma foto de uma festa de final de ano, à fantasia.

Na ocasião, um dos funcionários se fantasiou de "Negão do WhatsApp" e ficou famoso quando "memes" foram criados e se espalharam pelo aplicativo de mensagens.

A repercussão das imagens trouxe impacto negativo e muito rápido, tendo resultado na recomendação de demissão do funcionário envolvido por parte da matriz da empresa.

Ainda assim, o então diretor geral se recusou a atender à recomendação e acabou por ter sido demitido também.

Essa situação demonstra claramente que a falha de um posicionamento claro, ético e alinhado com os valores da empresa, por parte do líder, pode resultar em danos reputacionais e à imagem da marca muito rapidamente.

Além disso, infelizmente, mas de maneira correta, agiu a empresa ao reagir a tal situação, mesmo que isto tenha custado a perda de dois funcionários relevantes para o negócio.

4.3 Ações dos líderes para a promoção e a demonstração do compromisso com a cultura de Ética e Compliance

Uma das responsabilidades do Compliance é trabalhar com os líderes para ajudá-los a entender, promover e demonstrar seu compromisso com Ética e Compliance. O compromisso da alta e da média gestão por meio de suas palavras e ações pode estimular ou desestimular Compliance. O guia emitido pelo Departamento de Justiça americano (*Avaliação de programas de compliance corporativo*) afirma que "os líderes da empresa, o conselho de administração e os executivos definem o tom para toda a empresa. Os procuradores devem examinar até que ponto a alta administração articulou claramente os padrões éticos da empresa, transmitiu-os e divulgou-os de forma clara inequívoca, e demonstrou aderência rigorosa através do exemplo".[48]

A equipe de Compliance deve trabalhar com os líderes e ajudá-los na promoção da cultura de compliance. Em seguida, algumas perguntas que podem ser comunicadas aos líderes para ajudá-los na reflexão sobre o seu papel de líderes e seus impactos:

---

[48] U.S. DEPARTMENT OF JUSTICE CRIMINAL DIVISION. *Evaluation of corporate compliance programs*. Disponível em: <https://www.justice.gov/criminal--fraud/page/file/937501/download>. Acesso em: 12 out. 2019.

- Você tem clareza sobre as políticas da empresa, seus valores e expectativas?
- Você e outros líderes conhecem os limites do comportamento aceitável?
- Seus funcionários recebem orientação sobre o comportamento ético?
- Seus funcionários compreendem e falam com clientes e fornecedores que todas as atividades de negócios na empresa estruturam-se sobre a base do compromisso com integridade? Seus funcionários estão orgulhosos de fazê-lo?
- Você e outros líderes dão bons exemplos de vivência dos valores da empresa?
- Você dedica tempo para discutir nossos padrões éticos com sua equipe?
- Seus funcionários sentem que podem fazer perguntas ou levantar preocupações?
- Seus funcionários entendem que o conceito de integridade faz de cada pessoa uma parte importante do todo, do ciclo total?

O objetivo é alertar o líder do seu papel, das ações que deve tomar. Se o líder responder "não" ou "eu não tenho certeza" a qualquer das perguntas acima, não significa necessariamente que há um problema sério, mas indica que precisa fazer mais para cuidar da cultura organizacional ética. Como profissional de compliance, é preciso trabalhar com esse líder para que ele comece a prestar mais atenção ao tom e ao impacto de suas ações no comportamento e nas ações de sua equipe e, assim, identificar as ações necessárias para resolver qualquer área de preocupação.

Alguns exemplos de ações que podem ser tomadas pelo líder:

- O líder deve falar e discutir, de forma direta e honesta, sobre a conduta de negócios e ética da empresa. Deve demonstrar efetivamente que se trata de uma prioridade para ele e para a empresa, que faz parte do dia a dia do líder e da forma como os resultados devem ser atingidos.
- O líder deve assegurar-se de que suas palavras e ações estejam alinhadas e demonstrem que faz o que fala, em relação ao entendimento e cumprimento dos valores, princípios e regras do código de conduta da empresa.

- O líder deve treinar seus funcionários, assegurar-se de que eles tenham o conhecimento, entendimento necessário para desempenhar seu trabalho.

- O líder deve entender e demonstrar seu entendimento com relação às preocupações de seus funcionários. Isto aumenta a confiança e o respeito que os funcionários têm pelo líder e proporciona maior abertura para que os funcionários possam trazer ou falar sobre potenciais dilemas éticos. Também é importante que os funcionários tenham a confiança de que podem reportar qualquer potencial problema sem medo de retaliação.

- A experiência demonstra que, se o líder não falar regularmente sobre princípios, regras e ética de negócios, o dia a dia acaba dominado por outras prioridades. Portanto, o líder deve planejar e incluir em seus discursos, em seus objetivos, em seu dia a dia, a promoção de Ética e Compliance.

- O líder deve esclarecer as expectativas em relação a Ética e Compliance, o dever de cada um dos funcionários de proteger a reputação da empresa e assegurar a continuidade dos negócios dentro dos mais altos padrões de conduta ética.

- Ao falar sobre a conduta de negócios e ética, há a oportunidade para abordar mal-entendidos e confusões. Por exemplo, alguns funcionários podem ter a ideia errada de que eventualmente suas crenças pessoais estão sendo desafiadas ou que se está entrando em assuntos particulares. O líder deve deixar claro que estamos falando dos princípios e das regras que definem a forma como atingimos os resultados a ser alcançados, com integridade e transparência.

- Tenha sempre em mãos o código de conduta da empresa, leia, consulte, pergunte. Fale com Compliance.

Outros exemplos que podem ser implementados como parte do programa de compliance e que demonstram o compromisso da liderança com Ética e Compliance:

a) Processo de integração

- Defina um processo de entrevista com o *compliance officer* para todos os executivos no momento de sua aprovação como candidato. Esta entrevista pode ser incluída no processo de seleção, como ação final quando o candidato é aprovado. Uma alternativa é incluir no processo de integração, dentro dos primeiros 30 dias, uma entrevista com o *compliance officer*. O objetivo é que o novo executivo entenda o compromisso que a empresa tem com Compliance.

- Inclua no mapa ou lista de integração os cursos que devem ser feitos por todos os funcionários, incluindo mensagem sobre a importância e a necessidade que todos os funcionários façam os treinamentos, tais como o treinamento sobre código de conduta, anticorrupção, conflito de interesses, privacidade, temas estes como exemplos, e que, em geral, estão presentes em todas as empresas.

b) Plano de comunicação

- Assegure-se, em seu plano de comunicação, de que as mensagens sejam enviadas por escrito, por vídeo ou presencialmente, por intermédio do líder da empresa e não exclusivamente pelo líder de compliance. Com a tecnologia atual, é simples gravar minivídeos de no máximo um minuto com a mensagem do líder da organização sobre os temas definidos do plano de comunicação.

c) Discussão de casos

- Inclua nas reuniões da liderança ou Comitê de Compliance discussão de casos. A sugestão é criar apresentações de no máximo três *slides*. O primeiro com situações hipotéticas relacionadas ao caso, o segundo com o caso real especificamente e o terceiro com lições aprendidas. Nas reuniões, solicitar a discussão de quais seriam as recomendações dos líderes para aquela situação específica caso ele fosse o profissional a aconselhar o líder em tal situação. Após a discussão hipotética, apresente o caso real e depois discuta as lições aprendidas. Inicialmente, o *compliance officer* pode apresentar e liderar a discussão. Com o tempo e aprendizado por parte da liderança, o ideal é que cada um dos líderes se reveze na apresentação do caso mediante a preparação prévia juntamente com o *compliance officer*.

d) Reuniões plenárias com todos os funcionários

- Inclua mensagens sobre o compromisso de Ética e Compliance que devem ser dadas pelo líder durante as reuniões com situações ou exemplos para que as mensagens sejam tangíveis ao dia a dia dos funcionários.

5. CONCLUSÃO E LIÇÕES TRAZIDAS DOS CASOS PRÁTICOS

No presente artigo, tentamos trazer a certeza, além de casos práticos, de que o Compliance deve estar permeado por toda a corporação, mas só é efetivo quando a alta diretoria e a gestão estão comprometidas com ele. Não existe um Compliance que funcione a meio-termo, que negocie com os valores e com a ética, além de estar sempre ligado ao respeito à legislação. Ou se tem Compliance ou não se tem Compliance efetivo.

Nos casos da Enron, da Volkswagen e da Salesforce anteriormente ilustrados, não necessariamente as pessoas envolvidas eram vilãs, pessoas más, pessoas sem caráter. No entanto, eram pessoas que, certamente, em nome do lucro, optaram por enganar seus investidores, consumidores e a sociedade.

Raramente vemos os erros do dia a dia que são cometidos como causadores de catástrofes, mas, um erro, uma decisão errada, uma ocultação de informações, uma "martelada" nos números, um monte de "uns" e "umas" acabam causando a falência de empresas e, no final, afetando a sociedade como um todo.

Toda atitude antiética e em desacordo com os valores e as políticas da empresa deve ser punida na medida de sua importância, mesmo que, em alguns casos, isto custe dinheiro, empregos, credibilidade. Se a alta diretoria não passa esta sensação ao resto da corporação, o Compliance e a empresa estão fadados ao fracasso, mais cedo ou mais tarde.

Como sabiamente mencionam os ilustres professores da Harvard Business School, Paul Healy e George Serafeim: "A principal causa do problema não são regulamentações e sistemas de compliance ineficientes. São as lideranças fracas e falhas na cultura corporativa[49]".

REFERÊNCIAS

BRANDÃO, Raquel. Casos de corrupção exigem mudanças radicais nas empresas. *O Estado de S. Paulo*. Disponível em: <https://economia. estadao.com.br/noticias/governanca,casos-de-corrupcao-exigem-mudancas--radicais-nas-empresas,1854612>. Acesso em: 12 out. 2019.

---

[49] HEALY, Paul M.; SERAFEIM, George. How to scandal-proof your company. *Harvard Business Review*, v. 97, n. 4, p. 42-50, July/Aug. 2019. Disponível em: <https://hbr.org/2019/07/white-collar-crime>. Acesso em: 12 out. 2019

DELOITTE. Tone at the top: the first ingredient in a world-class ethics and compliance program. Disponível em: <https://www2.deloitte.com/content/dam/Deloitte/us/Documents/risk/us-aers-tone-at-the-top-sept-2014.pdf>. Acesso em: 12 out. 2019.

_____. The tone at the top: ten ways to measure effectiveness. Disponível em: <https://www2.deloitte.com/content/dam/Deloitte/us/Documents/risk/us-ers-tone-at-the-top-12102011.pdf>. Acesso em: 12 out. 2019.

DIESELGATE: confira as principais acusações contra a Volkswagen no caso. *Revista Auto Esporte*. Disponível em: <https://revistaautoesporte.globo.com/Noticias/noticia/2018/05/dieselgate-confira-principais-acusacoes-contra-volkswagen-no-caso.html>. Acesso em: 12 out. 2019.

GIOVANINI, Wagner. Compliance: a excelência na prática. [S.l.]: [s.n.], 2014.

HEALY, Paul M.; SERAFEIM, George. How to scandal-proof your company. *Harvard Business Review*, v. 97, n. 4, p. 42-50, July/Aug. 2019. Disponível em: <https://hbr.org/2019/07/white-collar-crime>. Acesso em: 12 out. 2019.

LEGAL, ETHICS & COMPLIANCE. Liderança ética: das palavras à ação. Disponível em: <http://www.lecnews.com.br/blog/lideranca-etica-das-palavras-a-acao/>. Acesso em: 12 out. 2019.

SALESFORCE demite diretor no Brasil após festa à fantasia com 'Negão do WhatsApp'. Disponível em: <https://g1.globo.com/economia/tecnologia/noticia/salesforce-demite-diretor-no-brasil-apos-festa-a-fantasia-com-negao-do-whatsapp.ghtml>. Acesso em: 12 out. 2019.

U.S. DEPARTMENT OF JUSTICE CRIMINAL DIVISION. *Evaluation of corporate compliance programs*. Disponível em: <https://www.justice.gov/criminal-fraud/page/file/937501/download>. Acesso em: 12 out. 2019.

4

DISSEMINAÇÃO DA CULTURA DE COMPLIANCE: CASOS PRÁTICOS DE FERRAMENTAS E MECANISMOS

ANTONIO CARLOS HENCSEY
GABRIELA MOREIRA
PRISCILA NOVAES MOLLICA
TARSILA R. DURÃO ZAMBIANCHI

1. INTRODUÇÃO

O Compliance parece finalmente ter conquistado um lugar de importância no ambiente empresarial, influenciando decisões estratégicas e operacionais e visando a uma maior aderência da corporação às leis, às melhores práticas, aos valores e processos estabelecidos.

O tema da disseminação efetiva da cultura de compliance, por outro lado, ainda permanece como um desafio para muitos *compliance officers*[1] que constantemente se veem desamparados em seu papel de mudar comportamentos e transformar regras impostas em comportamentos internalizados.

Este artigo foi desenvolvido justamente para trazer luz a esta discussão e compartilhar experiências vividas por profissionais da área.

Como engajar as pessoas para que estas cumpram as normas corporativas e exercitem os valores e propósitos do Compliance e não se sintam apenas compelidas a fazê-lo por determinação da empresa, exigência de parceiros ou receio de retaliação? Como fazer que os colaboradores e parceiros incorporem essas práticas e passem a adotá-las em seu comportamento de forma instintiva e natural?

---

[1] V. glossário.

O que fazer para diminuir a necessidade de imposição de um modelo, de aplicação de penalidades e de mecanismos de controle e mesmo assim preservar a ética na atividade laboral e nas relações com os parceiros externos?

O primeiro passo que perceberá ao ler este capítulo é que o Compliance como *"to comply"*[2] deve ser abolido. Seguir regras impostas sem que estas façam sentido e transformem o executor, vai contra o princípio humano. Pessoas não gostam de seguir regras simplesmente por imposição e, por esse motivo, seguindo o princípio da reatância psicológica, erguer muros e desejar que as pessoas não tentem escalá-los não é algo natural.

A única forma de obter o *comply* neste cenário é por meio de punições dissuasórias e implantações de sistemas de controles aplicáveis continuamente, o que, além de custoso, não atinge o objetivo maior da conformidade: a mudança de cultura. Ora, controlar não é transformar. Sanções podem parecer momentaneamente efetivas, no entanto, não se prestam a evitar novas ocorrências, não mudam o indivíduo nem a cultura corporativa.

Assim, o Compliance deve ser visto e percebido como uma forma de conscientizar os colaboradores e parceiros, por meio de reflexões, sentimentos reais e aprendizado. Ética, moral e comportamento adequado devem fazer mais parte do escopo da transformação de cultura, do que de práticas implementadas que visam a mero controle e/ou cumprimento de formalidades legais. A efetividade dependerá também da adesão e da perpetuação do comportamento da alta direção, que deverá emanar o exemplo aos seus subordinados e nas suas relações com os parceiros externos.

Isso não significa que aspectos legais, regulamentações e eventuais sanções aplicáveis devam ser deixados de lado, pelo contrário, certamente são elementos que atuarão como fortes aliados no atingimento do objetivo maior: fazer o certo. Contudo, se queremos disseminar uma cultura, precisamos ir além e criar mecanismos eficientes para transformar os indivíduos, como veremos a seguir.

2. CULTURA EMPRESARIAL X CULTURA DE COMPLIANCE

Impossível ter sucesso em qualquer trabalho de transformação sem conhecer o real sentido e alcance da palavra cultura. Fala-se em instituir uma

---

[2]   V. glossário.

cultura de compliance sem prévio conhecimento da cultura da corporação, dos colaboradores e dos parceiros.

Sabiamente, um dos mais expressivos estudiosos em cultura corporativa, Edgar Schein, afirma que "o maior risco de trabalhar uma cultura é 'simplificá-la' e, a partir disso, acreditar que clima organizacional, premiações ou valores básicos são suficientes para transformar esse conceito"[3].

Observar como as pessoas se relacionam, como se comportam, a estrutura física e dinâmica da empresa, faz parte da cultura, mas não é só isso. Portanto, olharmos exclusivamente para o que é manifesto e visível não reflete, de forma clara, a cultura de uma organização, apesar de ser um de seus elementos caracterizadores. É necessário entendermos como uma cultura se implementa.

Qual o motivo de determinada empresa ter como prática procedimentos burocráticos de tomada de decisão enquanto outras se abstêm de procedimentos internos e tomam decisões rápidas que dependem unicamente de aprovação hierárquica? Por que em determinada instituição as pessoas participam deliberadamente das ações e treinamentos propostos, enquanto em outras precisam ser constantemente encorajadas, cobradas e até penalizadas para que o façam? A manifestação da vontade deve ser proveniente de uma convicção interna do indivíduo que se formará por meio de questionamentos internos.

Ao fazer esse exercício, várias inconsistências são detectadas entre o que é pregado e o que é, de fato, praticado. Verificar-se-ão ainda interpretações maculadas de crenças individuais formadas ao longo da vida do indivíduo que fatalmente impactarão as práticas corporativas. É neste momento que devemos abrir o espectro para observar a empresa como um todo, sua trajetória, suas decisões, como reage em momentos de bonança e de dificuldades, quais valores foram incorporados, como são aplicados e sob qual motivação. Apenas uma análise aprofundada, multidisciplinar e cuidadosa poderá nos trazer as respostas de como essa estrutura se formou e se estabeleceu nas relações daquele ambiente.

O mesmo impasse vem à tona quando falamos de cultura de compliance. Se queremos conhecê-la, será fundamental entendermos a base de sua estrutura, que é composta de três importantes elementos: o conhecimento inequívoco da existência de um programa de integridade pelas partes envolvidas; a compreensão do alcance desse programa; e, entendimento das

---

[3] SCHEIN, Edgar H. *Guia de sobrevivência da cultura corporativa*. 2. ed. Rio de Janeiro: José Olympio, 2007.

crenças individuais que embasam as relações dos profissionais e seus impactos diante das normas, políticas e ferramentas que estruturam o programa de compliance da organização.

Como apregoam os coautores, o primeiro pilar – conhecimento – tem como foco detectar o nível de ciência que os colaboradores e parceiros têm da existência do programa de compliance da empresa, sua estrutura e seu funcionamento. Assim, se possuem ciência da existência do programa, de onde podem encontrar os recursos para lidar com dilemas éticos e como utilizar esses recursos, já temos parte do desafio superado. Dar amplo conhecimento ao programa de integridade e garantir que colaboradores e parceiros saibam o caminho a trilhar quando estiverem diante de um impasse deve ser a prioridade da corporação. Esse pilar é indispensável para que a implementação de uma cultura de compliance seja bem-sucedida e tenha aderência consciente dos envolvidos.

O segundo pilar é a compreensão. O programa deve fazer sentido aos colaboradores e parceiros. Deve, portanto, estar alinhado aos valores e princípios da organização. Os funcionários e parceiros devem entender qual o impacto de suas ações e o que devem fazer ou não fazer. Além disto, devem ter plena consciência dos riscos e benefícios decorrentes de agirem de forma errada ou certa. Da mesma forma, faz-se necessário o processo de absorção, ou seja, a internalização desse comportamento. Tomando como base os estudos da androlgia, adultos necessitam de sentido, aplicação prática e confirmações para aprenderem conceitos e, consequentemente, exercê-los.

Por fim o terceiro pilar, e talvez o de maior criticidade nesse processo: a crença. Neste sentido, se quisermos realmente desenvolver e disseminar uma cultura de compliance, é imprescindível ouvirmos o que os colaboradores internalizaram e registraram durante sua jornada e, portanto, seus históricos, que impactam certamente a compreensão que têm do programa de compliance. Podemos citar, por exemplo, o canal de denúncias. As pessoas podem saber de sua existência, compreender completamente a forma e as situações de sua utilização, ganhos e perdas a ele vinculados, mas resistirem fortemente ao uso desse recurso se tiverem na memória casos de pessoas que foram demitidas após a realização de denúncia ao canal, típico caso de retaliação.

Outro exemplo de impacto é o de pessoas que cresceram ouvindo de seus pais que "apontar o dedo para os outros é algo errado", ou que vivem em áreas perigosas onde os delatores são mortos. O que vai levar essas pessoas a acreditarem que denunciar é o melhor caminho a adotar? A denúncia foi um exemplo utilizado para demonstrar que crenças individuais devem ser ouvidas e que seus vieses devem ser trabalhados não só no momento da seleção dos colaboradores pela área de recrutamento e seleção, mas também na integração do funcionário e durante toda sua permanência na instituição.

Caso esse caminho não seja percorrido, corremos o risco de perder a oportunidade de adoção de uma cultura de compliance uniforme e consistente, para dar lugar a valores e percepções soltas e individuais. Isso, certamente, contaminará toda a cultura corporativa.

Da mesma forma, importante verificar as reais expectativas que a alta direção tem em relação às denúncias, isso porque, caso a intenção com a implementação do canal seja meramente formal, por pressão do ambiente ou do mercado, certamente essa implementação "para inglês ver" tornará o canal ineficiente e pouco confiável na visão dos colaboradores e dos parceiros.

Assim, tendo em vista os pilares essenciais acima indicados e a importância da cultura de compliance para a efetividade do cumprimento das normas internas, da legislação e do comportamento ético e íntegro, trataremos a seguir dos mecanismos para alcance do sucesso nesse processo.

3. MECANISMOS E FERRAMENTAS

3.1 Diagnóstico/mapeamento de compliance (entendendo a situação da empresa)

Como visto, a cultura de compliance não significa apenas o cumprimento da legislação e das regras e normas da organização, mas o verdadeiro engajamento dos colaboradores em aderir aos valores éticos da instituição nas pequenas tarefas diárias, bem como a internalização do conhecimento, da compreensão e da crença no programa de compliance.

Um dos mecanismos primordiais para avaliar a melhor forma de criação e/ou disseminação da cultura de compliance em uma corporação é a realização de um diagnóstico de compliance, o qual permite (i) análise do perfil da empresa e de seus colaboradores; (ii) mapeamento da situação de todas as áreas da organização e como cada uma delas entende o Compliance; (iii) avaliação dos riscos de compliance (*risk assessment*[4]) considerando o mercado de atuação da organização (cultura da empresa, do país, nível de regulamentação estatal etc.); (iv) percepção dos colaboradores sobre a situação atual da instituição em relação ao Compliance, permitindo, assim, uma avaliação geral do nível de aderência às questões éticas e de compliance e dos *gaps*[5] existentes, que precisam ser tratados.

---

[4]   V. glossário.

[5]   V. glossário.

Em síntese, o diagnóstico revelará a fotografia da empresa, inclusive a cultura atual, se existente, em relação às questões éticas, e o grau de maturidade da organização e de seus colaboradores, permitindo a utilização de mecanismos mais eficientes e assertivos para a criação e/ou disseminação da cultura de compliance que a organização pretende adotar.

No início do diagnóstico já podemos começar a disseminação do próprio termo "compliance" e o seu significado aos colaboradores, por meio de comunicados internos com uma linguagem clara, inteligível para os mais variados públicos e objetiva, bem como, com conversas com os gestores para que estes perpetuem os conhecimentos a suas equipes e a terceiros (externos) com quem se relacionam.

Importante também será a participação efetiva da alta liderança, também falando sobre o tema aos colaboradores, seja por meio de comunicado interno, por e-mail, por vídeo ou qualquer outra forma de atingir o maior número de colaboradores, visando a trazer o envolvimento e o engajamento de todos.

Nos comunicados, uma boa abordagem é tratar o Compliance como conhecer as regras e as normas da organização, bem como a legislação relativa ao setor de atuação e agir de acordo com elas para que todos tenham um local de trabalho saudável e sustentável.

Interessante destacar que justamente no momento da divulgação e realização da pesquisa nos deparamos com os desafios da disseminação de cultura, como "não entendi, o que é o Compliance?" "O que esperam de mim, devo responder que está tudo certo, pois é isso que a empresa quer ouvir?" Não! A corporação, ao fazer o diagnóstico, quer justamente saber de seus colaboradores como eles percebem o Compliance no dia a dia da empresa.

Realizado o comunicado aos colaboradores, inicia-se o levantamento de todas as informações por meio de (i) entrevistas com executivos-chave[6] sobre o tema; (ii) realização de pesquisa com todos os colaboradores da organização, seja via *link* enviado por e-mail, seja por meio de formulários impressos, notadamente para funcionários de fábrica, operações e áreas de suporte (como limpeza, segurança etc.) que não têm acesso a e-mails ou computador de trabalho ou grupos focais, quando possível; e (iii) análise do inventário de documentos que a corporação já possui, tais como código de conduta, política anticorrupção e demais regras e políticas que mitigam riscos de compliance (*due diligence* de terceiros, relacionamento com agentes

---

[6] V. glossário.

públicos, registros e controles contábeis, doações e patrocínios, conflito de interesses, lavagem de dinheiro, combate ao terrorismos, entre outras).

Em relação às pesquisas, para assegurar a honestidade nas respostas, esta deve ser realizada de forma totalmente confidencial e anônima, inclusive com a contratação de um terceiro para tabular todas as respostas. A confidencialidade também se presta a evitar possíveis respostas positivas, mas que não condizem com a realidade do dia a dia da instituição, pois o colaborador pode acreditar que "isso é o que a empresa quer ouvir, que todas as normas estão sendo seguidas".

Da mesma forma, as entrevistas com os executivos-chave devem ser conduzidas por um terceiro especialmente contratado para tal fim, sem a presença de outras pessoas da empresa justamente para não inibir o entrevistado ao tratar de temas sensíveis relacionados ao Compliance.

O mapeamento, entrevistas e pesquisa podem ser divididos nos seguintes pilares:[7] (i) governança e cultura de compliance; (ii) avaliação de riscos de compliance; (iii) pessoas, competências e *due diligence*; (iv) políticas e procedimentos; (v) comunicação e treinamento; (vi) tecnologia e análise de dados; (vii) monitoramento e testes; (viii) gerenciamento de deficiências e investigações; e (ix) reporte, sempre incluindo questões que mapeiem os três pilares analisados: conhecimento, compreensão e crenças.

Realizadas as etapas de entrevistas, pesquisa e análise das normas e políticas existentes, é possível identificar os *gaps* que precisam ser sanados, as boas práticas já existentes e uma avaliação da cultura de compliance atual da organização e de seus colaboradores, sendo possível definir quais mecanismos serão utilizados para se criar ou disseminar uma cultura de compliance já existente, mas ainda não incorporada por todos.

Com tais informações é possível preparar um mapa de riscos de compliance (*heat map*[8]) com os pontos que requerem maior atenção. O resultado deve ser apresentado à alta liderança da empresa, pois somente com o comprometimento e apoio dela é possível definir-se a cultura de compliance que se pretende disseminar na organização e assegurar o envolvimento de todos.

Somente o genuíno interesse e o apoio da alta direção têm o poder de deixar claro quais são os valores, objetivos e princípios éticos que a organização

---

[7] KPMG. *Compliance assessment*: diagnóstico do programa de compliance e monitoramento contínuo. Disponível em: <https://assets.kpmg/content/dam/kpmg/br/pdf/2016/12/br-compliance-assessment.pdf>. Acesso em: 12 out. 2019.

[8] V. glossário.

quer que sejam seguidos por seus funcionários e tais valores, objetivos e princípios devem estar refletidos nas normas e políticas já existentes ou que serão desenvolvidas e devem, obviamente, ser seguidos pela alta liderança, pois o exemplo ainda é uma das melhores formas de engajar seus colaboradores a agir de forma ética e correta.

Concluído o diagnóstico e definida a cultura de compliance que se pretende disseminar aos colaboradores, a empresa deverá definir quais serão os melhores mecanismos para que tal cultura seja incorporada naturalmente no dia a dia de todos, como veremos a seguir.

3.2 Mensuração da cultura de compliance (pilares: conhecimento, compreensão e crenças)

O conceito de cultura está atrelado a diversos mecanismos que guiam as ações de uma pessoa na sociedade, como o próprio conhecimento, as experiências pessoais, as leis e os hábitos morais que cercam as decisões de quem os enfrenta.

Transmitir a cultura para um ambiente empresarial é trabalhar nos conceitos e mecanismos daquela sociedade particular, trazendo em sua essência os valores da organização em tudo o que se faz, e demonstrar, principalmente, a importância de todos os colaboradores pensarem e agirem da mesma forma, afinal todos em sua atividade específica desempenham um papel fundamental para o negócio, seja em suas discussões, em seu suporte, ou mesmo em sua manufatura. Portanto, a ética e a integridade devem percorrer todas as veias do *core* das entidades, alcançando os objetivos com sabedoria, dignidade e igualdade nas transações.

Se observarmos atentamente um grupo de pessoas, é possível notar que algumas delas sempre agirão da forma correta. Para elas, não importa quantas possibilidades de ruptura de seu caráter ético existam, farão o que é considerado "certo" perante os valores da sociedade; seriam estas, como os melhores alunos de uma classe escolar, dedicados e guiados pelo que é o certo a fazer. Naquele mesmo grupo, no entanto, também é possível notar que uma pequena parcela de pessoas sistematicamente fugirá das regras ou terá atitudes antiéticas; não havendo treinamento ou linguagem suficiente para garantir que essas pessoas sigam em conformidade aos valores éticos, são pessoas que genuinamente trazem em si atitudes imorais, ou deslizam facilmente por tal caminho.

De toda forma, como em qualquer outro grupo, existe uma parcela de pessoas que pode ser influenciável. São pessoas que podem se guiar tanto para o grupo dos que só fazem o certo, como para o grupo dos que não praticam os valores de ética e integridade. E é, portanto, nesse grupo influenciável,

Cap. 4 · DISSEMINAÇÃO DA CULTURA DE COMPLIANCE | 59

que Compliance tem a missão de atuar, uma vez que, com relação aos grupos polarizados, não há muito no que agir, ou seja, com relação ao primeiro grupo, se valorizam esses profissionais e conta-se com seu apoio; com relação ao segundo, a organização implementa controles para sua própria proteção, bem como medidas disciplinares adequadas para as pessoas que se desviam de seus valores, evitando-se, assim, uma consequência mais gravosa de suas ações. Contudo, é o universo de pessoas influenciáveis em que se deve estender a atenção. Nesse grupo, assim como nos demais, estão diversos níveis de profissionais, entre líderes e não líderes, entre colegas de trabalho ou até mesmo entre clientes e fornecedores.

O desafio é traçar a estratégia adequada para cada uma dessas pessoas, a fim de trazê-las todas ao primeiro grupo, influenciadas positivamente pela ética e pela integridade e afastar qualquer parcela de má conduta ou atração repentina ao discurso e às atitudes do segundo grupo.

A influência, por sua vez, se faz por meio das falas, dos exemplos, de inserir o tema em todos os lugares, aos poucos, até que se transforme em algo natural. Nada melhor, assim, do que utilizar-se dos mecanismos de comunicação e treinamento, pilar essencial para disseminação da cultura de compliance.

Para que um treinamento seja efetivo é importante, antes de tudo, entender o público. Direcionar o modo de apresentação e os temas a serem abordados para aquele público específico trará um resultado mais positivo. Adaptar a linguagem e fazer uma apresentação rica em imagens e exemplos da atividade da área específica fará que a audiência entenda que o tema faz parte do seu mundo.

Para ilustrar, se o treinamento é voltado para a área de suprimentos, devem-se trazer exemplos de casos que podem ocorrer com a cadeia de fornecedores, seus riscos e o quanto a empresa pode se responsabilizar por atitudes de terceiros, bem como a melhor forma de afastar tais riscos. É possível, ainda, explorar as tantas vezes que se ofertam brindes e presentes e fazer um paralelo com o que é permitido com base nas diretrizes do código de ética e políticas internas da empresa, demonstrando o que é certo e o porquê de ser certo. Não fará sentido, no entanto, caso os mesmos exemplos sejam utilizados para um público que não lida com uma relação com fornecedores ou que nunca passou por uma situação em que um presente lhe foi ofertado. A informação é sempre válida, de forma geral, mas o treinamento ganha corpo e credibilidade se moldado de acordo com o público.

Da mesma forma, se faz necessário ressaltar a importância de destinar os treinamentos presenciais ao profissional que tenha esse perfil. É essencial a didática, aliada à desenvoltura, acessibilidade e, claro, conhecimento do assunto. Não é de se estranhar que algumas empresas contratem para a área de Compliance profissionais da área de comunicação para exercer tal atividade. No entanto, observar a própria equipe que já se formou e que já possui o conhecimento da área, inclusive questionando sobre esse interesse, pode de fato ser uma brilhante alternativa. O perfil comunicativo em um profissional de compliance traz mais uma habilidade para o departamento, "descomplicando" as diretrizes e transmitindo a mensagem de forma fácil, simples e acessível às diferentes audiências.

Em tempos modernos, a tecnologia é uma grande aliada na divulgação da cultura de compliance. Aplicativos, vídeos e treinamentos *on-line* com certificados de conclusão são comumente utilizados. Apesar de surtirem efeito, principalmente quando o público a ser atingido é consideravelmente amplo, nada substitui os treinamentos presenciais, nos quais a máxima "Compliance não se faz atrás de um computador", se faz extremamente válida.

Portanto, utilize-se da tecnologia, mas não se deve esquecer de unir forças com a presença física, que trará o contato visual dos participantes, a atenção, o interesse e inclusive perguntas e críticas que servirão de termômetro para os próximos planos de ação, elementos que nem sempre são vislumbrados dentro de uma plataforma *on-line*.

Outra forma de trazer os colaboradores para próximo dos temas de Compliance é dividir de maneira transparente o que ocorreu na empresa, suas consequências e o porquê de ter ocorrido, bem como as melhorias já implementadas, caso a corporação tenha enfrentado algum obstáculo nesse sentido. É o famoso choque de realidade: discutir um caso antiético ou de corrupção que tenha ocorrido na própria instituição faz que os profissionais entendam o cenário e se preocupem com as consequências, fortalecendo o conhecimento do passado para que erros não sejam cometidos no futuro.

Na mesma linha de basear-se em fatos reais, uma excelente forma de comunicação e consequente disseminação da cultura ética numa organização é a divulgação dos casos no canal de ética interno (*helpline, hotline, whistleblower channel*)[9]. Com uma pequena alteração dos nomes e dos detalhes do ocorrido, garantindo a proteção e a confidencialidade, mas mantendo a essência do caso, é possível transmitir por meio de canais internos da empresa uma espécie de série, em que os dilemas são divididos com os colaboradores para que eles possam, de certa forma, participar e discutir o futuro dos envolvidos naquele episódio.

---

[9]   V. glossário.

Permitir a interação dos funcionários em discussões sobre o caso, e até em seu "julgamento", incentiva a toda a população a falar sobre o assunto, a buscar as diretrizes da empresa e a atentar para as situações ao seu redor. Ao final de um curto período de transmissão, o Compliance então dá o parecer final sobre o que foi decidido como medida para o tal caso e o motivo, baseando-se nas políticas e procedimentos em vigor.

Guiar tais casos para discussão, além de difundir o conhecimento, traz maior credibilidade na utilização do canal e demonstra que existem diferentes tratativas para um problema, bem como permite que os demais funcionários confiem, entendam e dividam situações que enfrentam em suas respectivas rotinas. Aos poucos, as atitudes antiéticas não serão mais suportadas no novo ambiente que se formou e qualquer desvio será devidamente encaminhado e tratado, servindo como exemplo para os demais e transformando positivamente o modo de agir, construindo assim uma nova cultura.

E por falar em exemplos de transformação de cultura, digno observar aquelas pessoas que entendem a importância do Compliance na organização e que fazem a diferença em seu ambiente de trabalho, explicando, observando e reportando qualquer violação, contribuindo para que a cultura ética prevaleça. São aquelas que influenciam positivamente os demais, tal qual aquele grupo de melhores alunos mencionado anteriormente. E por que não se utilizar dessas pessoas como porta-vozes de compliance?

Nasce assim um dos principais vetores da cultura ética, os chamados agentes ou embaixadores de compliance, pontos focais em cada área da organização que farão a interlocução do Departamento de Compliance com as demais áreas da instituição e vice-versa.

Atuarão, portanto, como agentes transformadores da cultura: profissionais diretamente ligados à operação, em constante alerta, observando possíveis ajustes e explicando para seus próprios colegas de trabalho, com proximidade e facilidade, a forma correta de conduzir os negócios, replicando as diretrizes de Compliance e esclarecendo as dúvidas da área que porventura surgirem. Assim, Compliance não será apenas formado pelos *compliance officers* diretamente, mas por centenas de outras pessoas capazes de fortalecer ainda mais os conceitos e valores da organização.

Naturalmente que, uma vez identificados esses agentes transformadores, é necessário que a área de Compliance trace um plano, visando a garantir alguns elementos para que o programa de embaixadores seja de fato efetivo. Assim, é essencial, antes de tudo, que a pessoa indicada esteja disposta a assumir a função de embaixador ou agente transformador, uma vez que possivelmente será concomitante às atividades para as quais foi inicialmente contratada.

Além disso, é necessário que a área de Compliance avalie o perfil do candidato a embaixador, sendo importante identificar, entre outros, um perfil observador, questionador, investigativo, de fácil comunicação, com habilidades de falar em público, independência, tempo considerável na atividade na empresa e senioridade, bem como observar se não há medidas disciplinares aplicadas ao candidato que o afastaria de condutas éticas, contrariando assim, sua função.

O embaixador de compliance, como o próprio nome já diz, carregará a bandeira de compliance consigo em todas as suas ações e será o principal ponto de contato de seus colegas para dúvidas e orientações e, portanto, deve ser sempre exemplo e caminhar próximo da área de Compliance.

Assim, compete ao Departamento de Compliance preparar o embaixador, transmitindo os conceitos e formando o *mindset*[10] de ética e integridade, constantemente treinando e dividindo materiais para que todos estejam aptos a apoiarem as suas respectivas áreas.

Cabe ressaltar que treinamentos não se aplicam a todos os problemas de transformação de cultura. Quando a falha está nas crenças dos colaboradores, o treinamento pode não só ser inócuo como também potencializar a repulsa em relação ao tema abordado. Imagine-se, por exemplo, receber orientações e informações sobre algo que não se vê acontecendo na empresa. O facilitador traz situações ideais cuja aplicação é justamente aquilo em que se acredita, porém é constantemente descumprido pela alta administração. A descrença no programa pode aumentar e, neste caso, melhores do que treinamentos são a escuta e a mudança organizacional, se for o caso.

Por fim, mas não menos importante, é possível criarem-se metas específicas para os embaixadores, de forma a avaliar suas ações e, principalmente, reconhecê-las. O incentivo a essa atividade se torna um dos principais elementos, pois, se por um lado se exigem, preparam-se e avaliam-se as atividades dos embaixadores, por outro há a necessidade de reconhecerem-se suas atividades e bonificá-las, seja monetariamente ou por meio de prêmios, certificados, cursos ou ainda visibilidade a toda sua liderança e pares sobre suas boas ações. Tal reconhecimento garante a continuidade de suas atividades e desperta o interesse de outros para a função.

A parceria com outras áreas da empresa, principalmente de comunicação interna e marketing, potencializa a disseminação da cultura ética e

---

[10] V. glossário.

de integridade, trazendo lembretes constantes de seus valores em cartilhas, folhetos e vídeos, de forma a serem diariamente vistos e lembrados.

Estes são alguns exemplos de ferramentas e mecanismos aliados à disseminação da cultura de compliance em uma organização, mas não se trata de uma lista taxativa. Ao final do dia é imprescindível manter a criatividade, dedicação e a fala constante sobre os princípios e os valores éticos da organização em todas as oportunidades que existirem, para que tais conceitos sejam semeados nas atitudes de cada pessoa; afinal, Compliance é, de fato, um dever e uma responsabilidade de todos.

4. CONCLUSÃO

Tendo em vista as considerações acima, podemos concluir que desenvolver e disseminar uma cultura de compliance é um processo que envolve menos controles e mais relação, menos ensino e mais educação, menos fala e mais escuta. É necessário que o *compliance officer* abandone a posição de conhecedor absoluto ou controlador de processos e sistemas e passe a agir como um facilitador, a fim de que as regras se transmutem em valores incorporados naturalmente. Essa mudança certamente extravasará os limites da organização e poderá ser percebida não só pelos colaboradores, mas também na relação da empresa com parceiros e com a sociedade em geral, garantindo assim a sustentabilidade de seus negócios e ações.

Logo, importante saber, por exemplo, quando treinar faz sentido e quando treinar é um risco, uma vez que capacitar para conhecer e compreender é uma ótima ferramenta, no entanto, oferecer lições para alguém que de antemão já discorda radicalmente do processo ou o vê como algo incoerente na prática pode trazer impactos negativos na disseminação da cultura de compliance. Nesse caso, ouvir as orientações somente aumentará a repulsa do colaborador mais resistente sobre o que se espera ser seguido.

Empresas ainda se enaltecem por obter reconhecimentos, certificações e indicadores favoráveis conseguidos pela aplicação do tradicional método de imposição e controle, sem se preocuparem, no entanto, com a real transformação e perenidade do comportamento ético.

Como vimos, embora a criação de normas internas e a adoção de controles tenham o seu papel de importância dentro de um programa de integridade, não consolidam, por si só, a sua efetividade. Ora, se o nível de controle for diminuído ou existirem *gaps* no processo de criação das normas internas, em pouco tempo a estrutura ruirá, pois não encontrará apoio genuíno dos protagonistas da expressão de qualquer cultura: as próprias pessoas.

Por isso, nem só de escritas se vale um programa de integridade, mas de sua presença completa, fixada na essência daquela organização, sendo exemplo nas atitudes das pessoas, em todos os seus processos e relações comerciais, garantindo que a ética e a integridade sejam reais valores e estejam de fato em tudo o que se faz.

REFERÊNCIAS

KPMG. Compliance assessment: diagnóstico do programa de compliance e monitoramento contínuo. Disponível em: <https://assets.kpmg/content/dam/kpmg/br/pdf/2016/12/br-compliance-assessment.pdf>. Acesso em: 12 out. 2019.

SCHEIN, Edgar H. *Guia de sobrevivência da cultura corporativa*. 2. ed. Rio de Janeiro: José Olympio, 2007.

5

TROPICALIZAÇÃO DA CULTURA DE COMPLIANCE: CHOQUES DE CULTURAS EM EMPRESAS GLOBAIS

CRISTIANE PEIXOTO DE OLIVEIRA MARRARA
FELIPE FARIA
FERNANDA GARCIA
HELENA VASCONCELLOS

1. CULTURA ORGANIZACIONAL DE COMPLIANCE

O tópico "cultura" numa visão simplista normalmente é definido como um pacote de valores e crenças que guiam os indivíduos em um grupo particular ou em organizações, sejam elas pequenas ou grandes. O alinhamento desses preceitos, de forma a criar o ecossistema particular em determinada instituição, é um desafio constante para *compliance officers*[11] no mundo inteiro. Cada empresa estabelece sua cultura organizacional de uma forma peculiar, seja por intermédio de seu fundador, seja pela atuação da alta gestão, ou até mesmo pela forte atuação de seus colaboradores internamente.

Hoje em dia, a atuação de funcionários é mais ativa do que parece. O fato é que, apesar de alguns estudiosos entenderem existir alguns parâmetros de cultura organizacional, que são encontrados com frequência em multinacionais, há uma certa necessidade de se entender como é o funcionamento de cada empresa em aspectos culturais, pois cada uma delas é um microcosmo por si só.

Quando falamos de tropicalização, no primeiro momento este termo abrasileirado pode nos remeter a uma praia com palmeiras, uma brisa leve e águas calmas e límpidas. O dia a dia nos demonstra que não é bem assim

---

[11] V. glossário.

GUIA PRÁTICO DE COMPLIANCE

e que, na maioria das vezes, encontramos muitas tormentas constantes pelo caminho. Isso porque, em matéria de compliance, a implementação de um programa pode trazer muitos desafios, uns previsíveis como nuvens de chuva e outros escondidos, que vêm junto com o vendaval.

Trabalhando em multinacionais, é muito comum termos que alinhar entendimentos e impressões, formas de fala e colocações que podem ou não influenciar ações. Vejam só, não é somente a cultura organizacional que deve importar, mas também todas as culturas envolvidas nesse processo dentro de uma empresa transnacional. Devemos levar em consideração a cultura da matriz, que influenciará as razões para estabelecimento de políticas mais severas ou mais brandas – considerando as prioridades do *headquarter*[12] naquele momento específico – bem como as culturas envolvidas em cada uma das filiais, que podem exigir medidas mais austeras ou mais suaves, de acordo com a percepção local de certas culturas sobre as regras em discussão.

Este artigo tem a premissa de provocar essa reflexão sobre as decisões que determinadas culturas tomam e seu impacto no programa de compliance implementado, bem como trazer formas de como abrasileirar algumas ações impostas por leis internacionais ou pelas meras boas práticas de mercado.

Uma das primeiras recomendações sugeridas aos *compliance officers* de multinacionais é no sentido de entender a cultura da matriz e o momento da organização na concepção dessas novas (ou antigas) normas. Provavelmente esses profissionais já estarão familiarizados com a cultura local (por fazerem parte dela ou por terem experiência com os costumes locais), mas é importante entender que a cultura da matriz irá além de avaliar os riscos regulatórios relacionados a Compliance a que a empresa estará exposta. Riscos culturais são pouco discutidos em geral, mas eles poderão ocorrer tanto na recusa de assimilação de determinada diretriz como até em razão de um descumprimento, pela falta de entendimento de sua efetividade. Porém, esse primeiro pressuposto sempre será verdadeiro: ocorrerão choques culturais. Isso é um fato. Assumindo isto, o *compliance officer* poderá se preparar melhor para entender onde os problemas surgirão e agir de forma proativa para corrigi-los.

Entender a cultura da matriz vai além da lei a que ela está sujeita. Trata-se de entender os *soft skills*[13] e o caráter humano das reações de alguns *stakeholders*[14], e o momento em que a implementação está ocorrendo. Exemplificamos: no início da "jornada de compliance" uma empresa pode definir-se

---

[12] V. glossário.
[13] V. glossário.
[14] V. glossário.

pela implementação de um programa, simplesmente pelo fato de seu CEO ser mais receptivo ao tema, ou o mercado assim exigir de acordo com o *business*[15] com que a empresa trabalha. São situações diferentes de implementação, em decorrência de uma investigação global ou de um escândalo. O tom e a métrica de implementação serão distintos, e o *compliance officer* poderá entender, da matriz, o nível de receptividade de sua colaboração, dependendo do cenário em que ele se encontra.

Os autores já se encontraram nas duas situações, uma na qual a matriz foi forte em estabelecer os requisitos de compliance em situações mais extremas, e em outra na qual a colaboração e o esforço para implementação necessitavam de mais apoio, uma vez que a empresa já estava utilizando os requisitos do programa de forma gradual e menos polêmica, por assim dizer.

O momento que a empresa multinacional está passando – seja por escândalos ou meramente por uma adequação às boas práticas mundiais em temas relacionados a Compliance – e a cultura em que ela está inserida – seja ela norte-americana, europeia ou asiática – diz muito nesse sentido. Há estudos que informam sobre os aspectos firmes e *straight to the point*[16] dos norte-americanos, sobre alguns países europeus adotarem uma posição mais colaborativa perante temas mais espinhosos como Compliance, e sobre toda a construção relacional exigida por empresas asiáticas baseada em confiança e parceria a longo prazo, necessários para o mundo dos negócios no oriente. E esses aspectos são fundamentais na construção de um programa de compliance local com um viés de parametrização de normas de uma matriz estrangeira.

2. ADEQUAÇÃO DOS PROCEDIMENTOS DE COMPLIANCE DE ACORDO COM A LEGISLAÇÃO E CULTURA LOCAL

Como já se sabe, a lei norte-americana FCPA foi a primeira legislação prevendo penalidades para a prática de crimes de corrupção com força extraterritorial. Por essa lei ter sido a primeira e se aplicar a qualquer cidadão norte-americano, subsidiária norte-americana ou brasileira em território norte-americano – dentre outras aplicações da lei a empresas que tenham capital norte-americano, empresas estrangeiras que tenham negócios ou conexões com os Estados Unidos ou listadas na bolsa –, ela se tornou modelo para as

---

[15] V. glossário.

[16] V. glossário.

demais legislações que vieram posteriormente em outros países, como, por exemplo, o *UK Bribery Act*, do Reino Unido, de 2011,[17] a Lei Anticorrupção[18] e a mais recente legislação francesa, *Sapin II*, de 2017.[19] Logo, concluímos que a tropicalização dessas leis seria algo relativamente simples, não? Errado. Os aspectos subjetivos da atividade humana não podem ser desmerecidos!

A lei norte-americana, a do Reino Unido, a brasileira, a francesa, como regulamentações de parâmetros mundiais, devem ser entendidas como base, pois sua aplicação prática exige maior aprofundamento. Nenhuma lei, por mais recente que tenha sido sua promulgação, é tão viva como sua aplicação no dia a dia, ainda mais quando falamos em temas tão sensíveis, como o combate à corrupção. De qualquer forma, a lei norte-americana, além de ter servido como base para os demais regramentos relacionados ao combate da corrupção, continua influenciando os controles dos procedimentos internos das organizações, que muitas vezes utilizam as melhores práticas divulgadas pelo DOJ. dos Estados Unidos.

O lado bom é que a experiência em casos envolvendo condutas inadequadas e crimes dessa natureza em terras estrangeiras figura como um facilitador na compreensão do tema e traz exemplos concretos para resolver certas ações em outras partes do mundo. Além da corrupção, as legislações e práticas estrangeiras de compliance norte-americanas foram o nascedouro para a existência dos códigos de ética das pessoas jurídicas, que precisaram se adequar nesse sentido para manterem seus negócios de forma competitiva, já que as implementações dessas regras se tornaram praticamente obrigatórias diante do mercado e dos regramentos jurídicos.

No entanto, o que se observa em multinacionais que atuam em território brasileiro é que, muitas vezes, ocorre a implementação de procedimentos estrangeiros sem a devida adaptação necessária à realidade do país.

Em algumas empresas de origem norte-americana ou com forte atuação nos Estados Unidos, por exemplo, os procedimentos são disponibilizados em inglês, sem sequer ter a tradução na língua local do país no qual serão aplicados. Ocorre que, além da dificuldade de leitura dos materiais em língua estrangeira, não são todas as pessoas que dominam completamente ou sequer parcialmente o idioma inglês de origem da matriz, de forma que poderão interpretar parte do texto de forma diversa do seu real sentido. Sendo assim, cabe destacar a importância de minimamente se ter o código de ética e os

---

[17] V. glossário.
[18] V. glossário.
[19] V. glossário.

Cap. 5 · TROPICALIZAÇÃO DA CULTURA DE COMPLIANCE | 69

procedimentos de compliance em geral na língua do país em que eles serão divulgados e implementados. É o primeiro passo.

Porém, a própria tradução desses procedimentos já traz desafios, uma vez que o sentido literal acaba prevalecendo, sendo necessária, posteriormente, a checagem dos textos traduzidos por profissionais da área de Compliance, que entendam tecnicamente do assunto, para evitar a simples divulgação de conteúdo feita por tradutores que nada conhecem do objetivo das normas e do alcance destas, o que poderá acarretar consequências desastrosas com relação ao que se pretendeu informar e ao que foi realmente repassado para os colaboradores das corporações. Um exemplo de empresas do segmento farmacêutico é o uso do termo "doentes" em Portugal e "pacientes" no Brasil. Isso pode gerar um entendimento equivocado, já que não necessariamente uma pessoa precisa estar doente para fazer uso de um medicamento

Além do fator anteriormente mencionado, nos treinamentos de compliance, existe a necessidade de se trazerem exemplos locais de condutas, para facilitar a compreensão das pessoas que serão treinadas, pois, muitas vezes, a diferença de cultura pode levar ao descrédito dos problemas a serem tratados. Será muito difícil para um brasileiro entender as motivações de um profissional alemão, ou vice-versa. As capacitações nessa área, sejam pessoais ou por ferramentas virtuais, ficam mais ricas e atingem o verdadeiro objetivo de conscientização quando exemplificam casos do próprio país e da realidade na qual as pessoas vivem. Para empresas que querem estabelecer regras sem um profissional dedicado local, o ideal seria trazer um consultor para essas reuniões de forma a dar o *flavor*[20] nas discussões e criar empatia na audiência.

Treinamentos globais por vezes focam muito em aspectos jurídicos que são desinteressantes para a maioria dos colaboradores de uma organização, ao passo que é importante mencionar a legislação local e mundial; passar a mensagem correta sobre as atitudes esperadas da organização para cada colaborador deve ser o *golden ticket*[21] para uma comunicação efetiva do programa entre regiões do globo.

Há certos aspectos que também merecem atenção, como a rigidez ou não de regras da matriz em face das regras locais. Sendo assim, as empresas devem atentar para fazer as adaptações das normas e de seus critérios e, talvez, estabelecer um novo limite de tolerância que funcione em todos os lugares onde atuem. Os gestores de uma organização global devem ter em mente seus aspectos globais de operação e devem saber dosar a métrica do que funciona

---

[20] V. glossário.
[21] V. glossário.

majoritariamente em todos os lugares e dos temas que devem ser tratados como exceção. Acredite-se, sempre há tolerâncias, nenhum programa de compliance deve ser tão estático ou regimental (talvez seja em alguma cultura germânica!).

Além disso, há de se mencionar que alguns conceitos de legislações são diferentes em cada país e que isto deve ser considerado nos programas de compliance. No Brasil, por exemplo, de acordo com a lei de concorrência, uma posição dominante de mercado é considerada quando uma empresa ou grupo de empresas é capaz de alterar unilateral ou coordenadamente as condições de mercado ou quando controla 20% ou mais do mercado relevante, sendo que na legislação francesa tal percentual é de 25%. Na prática, isto fez que um procedimento fosse alterado, para que estivesse adequado à legislação local. Isso é um exemplo claro que acontece em diversos temas. O ponto central é como a empresa lidará com essas ambiguidades e estabelecerá a regra que funciona para aquela organização – obedecendo às leis locais, claro.

Também há o exemplo da legislação norte-americana, que possibilita o pagamento de "taxa de facilitação" para órgãos governamentais, como para um licenciamento específico ou relacionado a um projeto, o que é proibido no Brasil e em diversas partes do mundo, em que somente as taxas pública e claramente fixadas pelos órgãos poderão ser pagas, para que não sejam consideradas como eventual suborno.

Importante salientar que *paper programs*[22], ou programas de compliance "para inglês ver" (são aqueles que marcam as caixinhas de diversas legislações), apesar de muito bem moldados na teoria, não têm aderência na prática. Seja pela falta de uma cultura de compliance do executivo brasileiro em geral (que ainda pensa muito nos números e no resultado final), ou pela falta de autonomia do executivo em relação à matriz, eles acabam esquecidos na gaveta de colaboradores e não geram impacto algum na organização.

E o que nos resta, profissionais de compliance acerca da tropicalização de um programa de compliance estrangeiro?

De acordo com Matteson Ellis em seu artigo "Os quatro principais erros de compliance anticorrupção da América Latina",[23] publicado no

---

[22] A expressão "paper programs" serve para designar os programas de compliance que são aderentes na teoria mas não têm aplicabilidade prática, não saindo literalmente do papel.

[23] ELLIS, Matteson. Latin America's top four anti-corruption compliance mistakes. 2019. Disponível em: <http://fcpamericas.com/english/anti-corruption-compliance/latin-americas-top-anti-corruption-compliance-mistakes/>. Acesso em: 1º ago. 2019 (tradução livre).

Cap. 5 · TROPICALIZAÇÃO DA CULTURA DE COMPLIANCE | **71**

FCPAméricas Blog, um dos quatro principais erros cometidos por empresas multinacionais é a falha ao localizar, ou seja, adaptar programas globais de compliance. Segundo o autor:

> Quando empresas globais implementam as mesmas políticas e estratégias de comunicação na América Latina, como em outras partes do mundo, os programas tendem a perder impacto. As pessoas na América Latina comumente descrevem a necessidade de "tropicalizar" programas para torná-los relevantes. Embora os profissionais locais reconheçam que as normas internacionais devam ser compreendidas e adotadas, o contexto local também deve ser considerado durante a implementação. Isso significa que o *tone of the top* deve ser apresentado de maneira que seja convincente para o público local. Políticas devem referenciar os padrões locais. Exemplos locais de desafios de compliance e de violações devem ser usados em treinamentos.

De forma geral, todas as filiais de empresas multinacionais, não importa em que parte do globo estejam localizadas, precisam seguir o mesmo conjunto de políticas de compliance, até porque isso facilitará a padronização e a harmonização dessas regras e a aplicação das consequências caso haja uma infração, além de auxiliar na comparação entre uma afiliada e outra sobre a eficácia do programa de compliance e também, no caso de implantação deste programa, sobre qual o *status* de implantação em que a empresa está em cada uma dessas afiliadas.

No entanto, as empresas devem atentar para a necessidade de tropicalização das normas e procedimentos, com foco tanto no legislativo quanto na cultura, para atingir o objetivo de conscientização e de compreensão das regras a serem aplicadas pelos funcionários dessas empresas em território nacional.

3. O QUE A CULTURA "MÃE" DEVERIA SABER SOBRE O BRASIL CONSIDERANDO ASPECTOS POSITIVOS E NEGATIVOS?

Que o Brasil é o maior país da América Latina com uma riqueza natural inigualável e a maior floresta mundial, todo mundo sabe. O que nem todo estrangeiro sabe é que o brasileiro é dotado de uma criatividade enorme, que pode ser usada de diversas formas. Um dos aspectos mais notáveis da cultura brasileira é o que chamamos de "jeitinho brasileiro": uma capacidade inesgotável de encontrar soluções, muito criativas, para situações do cotidiano, normalmente "saindo da caixa". É a forma com que o brasileiro costuma enfrentar as adversidades da vida: com bom humor e muito jogo de cintura.

Esse jeitinho brasileiro que o nosso povo aprendeu a cultivar para, por exemplo, enfrentar a enorme burocracia que permeia os serviços públicos, muitas vezes vai além e ultrapassa a linha da ética, da transparência, e é normalmente aí que ele se torna uma questão de compliance.

Furar fila, parar em fila dupla ou em local proibido, arrumar atestado médico para faltar ao trabalho, vender pontos na Carteira Nacional de Habilitação (CNH) para não perder o direito de dirigir, tudo isso são exemplos negativos do aludido "jeitinho" – e que podem acabar na sala do *compliance officer* Temos exemplos que vão além e incluem a pessoalização das relações com escritórios de advocacia, pelo Jurídico *in house*[24] de uma empresa, e a preferência na contratação de pessoas já conhecidas, muitas vezes com um vínculo familiar com um grande executivo da empresa, o chamado "nepotismo".

O brasileiro médio pode achar que a sua solução não será questionada, que ele tem esse direito de se colocar "acima do bem e do mal" e fazer prevalecer a sua solução improvisada e pessoalizada acima da solução ética, justa e transparente, mas, normalmente, esse "achismo" vem com um sorriso no rosto e uma boa "desculpa" que justifica, ao menos socialmente, o seu agir.

Nas palavras do artigo de *O Globo*, intitulado "Ética e jeitinho brasileiro", de Luís Roberto Barroso, ministro do Supremo Tribunal Federal,[25]

> [...] o improviso se traduz na incapacidade de planejar, de cumprir prazos e, em última análise, de cumprir a palavra. Vive-se aqui a crença equivocada de que tudo se ajeitará na última hora, com um sorriso, um gatilho e a atribuição de culpa a alguma fatalidade. O sentimento pessoal acima do dever se manifesta no favorecimento dos parentes e dos amigos, no compadrio, na troca de favores, "o toma lá dá cá". A cultura da desigualdade expressa a crença generalizada de que as regras são para os outros, para os comuns, "e não

---

[24] V. glossário.

[25] Barroso, Luís Roberto. Ética e jeitinho brasileiro. *O Globo*. Disponível em: <https://oglobo.globo.com/rio/artigo-etica-jeitinho-brasileiro-21784078>. Acesso em: 4 out. 2019.

para os especiais como eu". Vem daí a permissão para furar a fila ou parar o carro na calçada.

O ministro entende que é essa facilidade em quebrar regras sociais que, ao mesmo passo, se transforma em uma violação aberta e direta da lei, começa pequena, nas pequenas fraudes do cotidiano que podem ser faltas apenas morais, e depois acaba culminando nos grandes esquemas de corrupção. Temos aí a operação Lava Jato como um grande exemplo mundial disso.

E esse é um bom exemplo da necessidade de tropicalização dos programas de compliance com base em leis estrangeiras. Naturalmente, o estrangeiro não pensa na capacidade boa ou ruim dos brasileiros de usar sua genialidade para diversos fins. O lado positivo disso tudo é que, no Compliance, os gestores locais que conhecem tal característica nacional sabem identificar com maior facilidade as pequenas fraudes, como a inclusão de valor a maior no pedido de reembolso de um recibo de táxi, até uma grande e complexa fraude no financeiro da empresa, por exemplo.

Como foi dito e exemplificado acima, o "jeitinho brasileiro" não serve apenas para a burla de leis e políticas públicas, e, consequentemente, códigos, políticas e regras de um programa de compliance; também serve para encontrar soluções, dar flexibilidade e garra aos objetivos traçados, além de criatividade, o que faz que seja possível pensar em formas absolutamente inovadoras de ensinar Compliance em treinamentos anticorrupção, engajando a audiência e "espalhando a semente do bem" do Compliance.

O jogo para o entendimento do Compliance, criado pelo também autor desta obra, Alexandre Serpa[26] é um grande exemplo de que somos inovadores enquanto povo e que temos muitos profissionais de compliance altamente treinados e capacitados, que usam o jogo de cintura do brasileiro para fazer o bem: ensinar o Compliance com bom humor e uma alta dose de criatividade. Esta criatividade também se traduz em facilidade de comunicação, que não apenas facilita a propagação da cultura de compliance, mas também o desenvolvimento de alternativas para criar um engajamento e desenvolver a cultura corporativa. É isto que as empresas estrangeiras podem usufruir do profissional brasileiro de forma geral nesse tema.

---

[26] Para mais informações, consultar: https://www.linkedin.com/in/alexandreserpa/detail/treasury/summary/?entityUrn=urn%3Ali%3Afs_treasuryMedia%3A(A-CoAAAAIc6wB76gcO3ums6iZQkHF_rZiezC67Mc%2C1563980947645)&section=summary&treasuryCount=3. Consulta em 25 de outubro de 2019.

74 | GUIA PRÁTICO DE COMPLIANCE

É importante destacar, contudo, que a cultura brasileira, apesar de estar mudando em relação ao "jeitinho brasileiro", ainda tem seus resquícios negativos, em que o executivo brasileiro em geral, motivado pelos resultados financeiros ou pela falta de empoderamento do seu próprio profissional de compliance, muitas vezes, em vez de se reportar para um Comitê de Ética formado por profissionais idôneos ou à matriz estrangeira, acaba por cometer os mesmos erros sem enfrentar o sistema criado. A governança interna do reporte da área de Compliance é também um exemplo de como o "jeitinho" pode se perpetuar, e um aspecto relevante para garantir que sejam mitigados os riscos de tal "jeitinho".

Como diz o ministro antes mencionado em seu festejado artigo, isso está mudando:

> Somos uma sociedade que já consegue separar o joio do trigo. O problema são os que preferem o joio. É a velha ordem, que reluta em sair de cena. Mas há muitas coisas novas acontecendo no Brasil. Há uma revolução silenciosa em curso. O velho já morreu. Só falta remover os corpos. O novo vem vindo. Há uma imensa demanda por integridade, idealismo e patriotismo. Esta é a energia que muda o curso da história. É preciso ter fé. Para tudo existe um jeitinho. Do bem.

4. DICAS DE OURO PARA A TROPICALIZAÇÃO

Com base nas experiências vividas pelos autores deste artigo, abaixo estão listadas algumas dicas que certamente podem auxiliar os *compliance officers* na missão de "tropicalizar" um programa de compliance.

- distribuir as políticas globais originais no idioma local: isso contribui para que todos os colaboradores locais conheçam as políticas globais, o *tone of the top* da matriz e as obrigações que a empresa possui em todo o mundo;
- validar se os riscos locais foram levados em consideração na elaboração das políticas globais, caso contrário, observar se vale a pena discutir com a matriz o estabelecimento de planos de ação locais para a mitigação deles;
- considerar as leis e os regulamentos locais para a adaptação: no caso de regras mais restritivas, estas sempre terão prevalência, ou seja, elas devem ser consideradas na versão "tropicalizada" da norma;
- no caso de regras mais rígidas nas políticas globais, mas que possam ser flexibilizadas, pode-se obter uma aprovação para a aplicação

dessa exceção localmente. Tal aprovação pode ser dada pelo time de compliance global ou regional, dependendo da linha de reporte, e deve ser devidamente documentada para fins de auditorias, tanto internas, como externas;

- pode ser útil fazer um "de/para" ou uma comparação demonstrando quais as diferenças ou exceções existentes entre as políticas globais e as locais;
- verificar a necessidade de ajustar os limites de valores ou de quantidades estabelecidos nas políticas para a realidade local;
- levar em consideração as leis trabalhistas e a lei de proteção de dados locais na condução das investigações de relatos recebidos pelo canal de contato/denúncia: isso já deve estar incluso nos procedimentos locais;
- adaptar os fluxos dos processos e, consequentemente, os sistemas que suportam esses processos para a realidade local: pode-se exigir um nível de aprovação adicional, ou, então, um ajuste, caso um determinado departamento/cargo não exista na estrutura local;
- utilizar exemplos locais na condução de treinamentos e na comunicação aos empregados e terceiros da empresa, inclusive na adaptação do material disponibilizado;
- garantir que os sistemas e meios de comunicação utilizados pela matriz estejam disponíveis para todos os empregados e terceiros da empresa no Brasil, pois em alguns casos podem existir problemas de acesso ao sistema, falta de disponibilidade da ferramenta, incompatibilidade com os dispositivos usados localmente etc.
- checar se há necessidade de se adaptarem cláusulas contratuais, incluindo referências às leis e às regulações locais.

Em vista das dicas dadas acima, podemos ainda citar alguns exemplos de ajustes que podem ser necessários:

- no caso de políticas de brindes, fazer somente a conversão do valor em dólar para a moeda local pode levar a um valor muito alto para a realidade local. Considerando, como valor-limite de brindes, 50 dólares, isso pode valer cerca de 200 reais, dependendo das condições cambiais;[27]

---

[27] Considerando o câmbio do dia 7 de agosto de 2019, em consulta ao *site* do Banco Central do Brasil.

- para empresas do segmento farmacêutico com sede na Europa, a EFPIA (*European Federation of Pharmaceutical Industries and Associations*) estabelece em seu código[28] um limite de quatro amostras grátis de medicamentos de prescrição a serem entregues a profissionais de saúde, já no Brasil não há limite estabelecido pela associação local (Interfarma). Além disso, sabemos que, no mercado brasileiro, a entrega de amostras é uma estratégia na promoção dos produtos.

Por fim, a principal dica é manter um diálogo aberto com a gestão local durante o processo de "tropicalização". A colaboração é fundamental para o sucesso!

REFERÊNCIAS

BARROSO, Luís Roberto. Ética e jeitinho brasileiro. *O Globo*. Disponível em: <https://oglobo.globo.com/rio/artigo-etica-jeitinho-brasileiro-21784078>. Acesso em: 4 out. 2019.

EFPIA. *Code of Practice*. 2019. Disponível em: <https://www.efpia.eu/relationships-code/healthcare-professionals-hcps/>. Acesso em: 5 ago. 2019.

ELLIS, Matteson. *Latin America's top four anti-corruption compliance mistakes*. 2019. Disponível em: <http://fcpamericas.com/english/anti-corruption-compliance/latin-americas-top-anti-corruption-compliance-mistakes/>. Acesso em: 1º ago. 2019.

---

[28] EFPIA. *Code of Practice*. 2019. Disponível em: <https://www.efpia.eu/relationships-code/healthcare-professionals-hcps/>. Acesso em: 5 ago. 2019.

6

RESPONSABILIDADE DOS *CHIEF COMPLIANCE OFFICERS*

GLAUCIA FERREIRA
LUCAS BIANCHINI

INTRODUÇÃO

No dia a dia corporativo brasileiro, torna-se cada vez mais importante a atuação do *chief compliance officer* ou CCO[29] na administração dos programas de compliance. Conforme cresce a complexidade das atribuições dessa função, cresce também o escrutínio a que os CCO estão sujeitos em sua atuação.

A atuação do CCO deriva da delegação de competências originalmente atribuídas aos sócios, acionistas, administradores e diretores estatutários de uma empresa, o que levanta preocupações sobre a eventual responsabilização dessa figura perante os atos de uma sociedade.

A adoção de departamentos independentes de compliance e a contratação de *officers* para sua supervisão data dos anos 1960, quando a SEC[30] adotou diversas provisões legais que tornaram esse formato um modelo a ser seguido.

No Brasil, a Lei 9.613/1998, conforme alterações dadas pela Lei 12.683/2012, que dispõe sobre a persecução penal dos crimes de lavagem de dinheiro, já previa a necessidade da adoção de "políticas, procedimentos e controles internos". Com a promulgação da Lei Anticorrupção[31], verificamos um aumento na procura pelo estabelecimento de Departamentos de Compliance

---

[29] V. glossário.

[30] V. glossário.

[31] V. glossário.

e, consequentemente, um aumento na demanda por executivos que sejam responsáveis pelo gerenciamento e pela supervisão desses departamentos.

O Decreto 8.420/2015, que regulamenta a Lei Anticorrupção, por sua vez, trouxe clareza sobre a necessidade de implementação de um "programa de integridade" que crie mecanismos e procedimentos eficientes na detecção e resolução de desvios, fraudes, irregularidades e atos ilícitos.

A própria existência de uma instância independente e com adequada autoridade tornou-se critério na avaliação de um "programa de integridade". Assim, ao avaliar a responsabilidade administrativa de pessoa jurídica perante a Lei Anticorrupção,[32] considerar-se-á se o "programa de integridade" implementado dispunha de instância responsável pela sua supervisão, com poderes adequados para tal.[33] Não há dúvidas de que essa instância é centrada na figura do CCO.

Esse cenário legislativo tornou-se bastante palpável ao empresariado brasileiro com o desenvolvimento da operação Lava Jato e seus procedimentos correlatos nos últimos anos. A análise de casos de corrupção e de desvios de compliance levou a inúmeras condenações, multas e sanções não apenas à Petrobras, mas a grandes e tradicionais empresas brasileiras de diversos ramos, com principal foco no setor de construção. Prisões de empresários e políticos tomaram os noticiários e, como veremos, observamos, pela primeira vez, a responsabilização de executivos responsáveis pelo Compliance de empresas.

A função do CCO não se tornou apenas mais complexa e trabalhosa; atualmente, essa função levanta sérias preocupações sobre o nível de responsabilização a que o executivo de compliance estará sujeito, frente a eventuais infrações que possam ser identificadas sob sua supervisão.

Sabemos que a função do Compliance e de seus responsáveis não é medida pelo fim específico de evitar determinadas condutas e ações, mas sim pelos meios empregados para que um descumprimento seja evitado. Sabemos também que as obrigações e as responsabilidades de um CCO variam conforme a estrutura de uma determinada organização e dependem das competências que lhe foram atribuídas pelo conselho de administração, pela assembleia geral ou resolução de sócios.

Apesar disto, a legislação mencionada não é clara em relação à responsabilização do CCO dentro de sua atividade, em especial nos casos em que haja descumprimento de sua função, seja por ação ou omissão. Surge, com

---

[32] Por meio de um processo administrativo de responsabilização (PAR).
[33] Art. 42, IX, do Decreto nº 8.420/2015.

Cap. 6 · RESPONSABILIDADE DOS *CHIEF COMPLIANCE OFFICERS* | 79

esse cenário, grande preocupação sobre os limites em que um CCO possa ser responsabilizado dentro de seu âmbito de atuação.

Com exceção de dois casos criminais abordados no item 1 abaixo, ainda não há, no Brasil, jurisprudência envolvendo responsabilização de CCOs, o que dificulta, ainda mais, a verificação dos limites dessa responsabilização.

No entanto, casos de responsabilização de CCOs verificados nos Estados Unidos nos dão um norte de como a questão poderá vir a ser tratada por aqui.

O caso mais emblemático foi a prisão, em janeiro de 2017, do CCO da Volkswagen, Oliver Schmidt. Ele foi acusado de conspiração por cometer fraudes no escândalo de falsificação de resultados de emissões de poluentes em motores a diesel, no qual a montadora admitiu que, para burlar inspeções, usou um programa de computador em 11 milhões de carros em todo o mundo. De acordo com a acusação, Schmidt supostamente desempenhou um papel central na tentativa de convencer os órgãos reguladores de que o excesso de emissões foi causado por problemas técnicos e não decisão deliberada pela própria montadora[34].

Em 2016, a *Financial Industry Regulatory Authority* (FINRA), autoridade reguladora da Bolsa de Valores de Nova Iorque (NYSE), anunciou a assinatura de um acordo com a empresa de investimentos Raymond James Associates, Inc. (RJA), com a sua subsidiária Raymond James Financial Services, Inc. (RJFS) e com a ex-CCO Linda L. Busby, por violações de uma lei relacionada à implementação e ao funcionamento de regras e procedimentos de compliance contra a lavagem de dinheiro. Linda L. Busby foi responsabilizada pela FINRA por não garantir a implementação satisfatória e o funcionamento adequado dos procedimentos e análises de combate à lavagem de dinheiro. Ela concordou em pagar uma multa de 25 mil dólares ao FINRA e foi suspensa de participar de qualquer empresa por três meses[35].

Outros dois acordos foram celebrados no ano de 2017. Em um deles, Thomas Haider, antigo CCO da MoneyGram International Inc., celebrou acordo com o DOJ[36] e com o Financial Crimes Enforcement Network (FinCen), depois de ele ser considerado responsável por crimes de fraude eletrônica e lavagem de dinheiro devido a falha nos controles internos da financeira. No acordo, ele admitiu, entre outras, a responsabilidade pelas

---

[34] https://fcpablog.com/2017/1/9/report-fbi-arrests-vw-compliance-officer/

[35] https://www.finra.org/media-center/news-releases/2016/finra-fines-raymond-
-james-17-million-systemic-anti-money-laundering

[36] V. glossário.

80 | GUIA PRÁTICO DE COMPLIANCE

falhas no fechamento de agências mesmo após receber informações que indicavam fortemente que tais agências estavam envolvidas nos esquemas de fraude ao consumidor. Ele concordou em pagar uma multa de 250 mil dólares e em ficar impedido de trabalhar como CCO em qualquer empresa do mesmo segmento pelo período de três anos. Este acordo encerrou a ação pelo qual o DOJ pretendia executar uma multa de 1 milhão de dólares que o FinCEN impôs contra ele em dezembro de 2014[37]. O outro caso envolve William Quigley, ex-CCO da empresa de investimentos Trident Partners Ltd. Ele foi acusado pelo DOJ por ter participado diretamente de um esquema fraudulento de lavagem de dinheiro praticado pela Trident Partners Ltd. Ele e seus irmãos prometiam aos seus clientes investir o dinheiro em fundos blue chips, como Dell e Berkshire Hathaway, quando, na realidade, o dinheiro era transferido para contas nas Filipinas para uso pessoal. Quigley declarou-se culpado das acusações e foi condenado à prisão e ao confisco do valor aproximado de 357 mil dólares. Na parte administrativa, Quigley celebrou em 2017 um acordo com a SEC, no qual foi acertado que ele pagaria a mesma cifra do confisco, cujo pagamento foi considerado satisfeito pelo confisco determinado no processo criminal, e ele foi impedido de participar de negócios envolvendo valores mobiliários no futuro. A SEC se pronunciou dizendo que, como CCO, era obrigação dele relatar violações e suspeitas de violação de leis, regras e regulamentos de valores mobiliários, incluindo qualquer transação que ele soubesse ou suspeitasse de envolvimento em atividades ilegais[38].

Em 2018, o ex-CCO da corretora Aegis Capital, Kevin McKenna, celebrou acordo com a SEC onde, sem admitir as violações a ele imputadas, aceitou pagar multa de 20 mil dólares e a ficar proibido de atuar em funções de compliance e de combate à lavagem de dinheiro na área de valores mobiliários. Segundo a SEC, ele seria um dos responsáveis por apresentar ao FinCEN os Relatórios de Atividades Suspeitas (*Suspicious Activity Reports – SARs*) em nome da empresa, mas, durante o período em que atuou como CCO, ele não apresentou ao FinCEN os referidos relatórios mesmo depois de tomar conhecimento de transações que exibiam inúmeras *red flags*[39] da área de prevenção à lavagem de dinheiro[40]. Outro ex-CCO da Aegis Capital, Eugene Terracciano, é parte de processo administrativo na SEC por não ter

---

[37] https://www.fincen.gov/news/news-releases/fincen-and-manhattan-us-attorney-announce-settlement-former-moneygram-executive

[38] https://www.sec.gov/litigation/admin/2017/33-10327.pdf

[39] V. glossário.

[40] https://www.sec.gov/litigation/admin/2018/34-82957.pdf

apresentado ao FinCEN os Relatórios de Atividades Suspeitas em centenas de transações em que sabia, suspeitava ou tinha motivos para suspeitar do envolvimento do uso de corretores para facilitar atividades fraudulentas ou que não tinham nenhum negócio ou finalidade legal aparente, com demonstrações de possível manipulação do mercado[41].

Referidos exemplos, combinados às análises que serão feitas a seguir, demonstram algumas situações em que os CCOs poderão, em situações análogas, ser responsabilizados pessoalmente no Brasil.

Nas seções a seguir aprofundaremos as análises das hipóteses de responsabilização do CCO no Brasil em face de diferentes situações e conforme os diferentes ramos do direito, seja essa potencial responsabilização criminal, cível ou administrativa. Para tal, serão analisadas situações concretas e identificadas melhores práticas e precauções que podem ser implementadas pelo CCO de forma a reduzir os seus riscos de responsabilização.

1. RESPONSABILIDADE CRIMINAL

A condução de um programa de compliance pelo CCO o sujeita a situações em que potencialmente serão apuradas responsabilidades criminais.

A responsabilidade penal de pessoas jurídicas no Brasil limita-se aos danos causados por estas ao meio ambiente.[42] Não há previsão legal de responsabilização da pessoa jurídica em relação aos crimes contra a ordem econômica e financeira, contra os direitos do consumidor ou contra a economia popular[43]. Em hipótese diversa da ambiental, configurando-se um crime, deverá ser responsabilizada apenas a pessoa física que lhe deu causa.

No âmbito da responsabilização criminal, deve-se imputar a alguém um resultado criminoso caso aquele o tenha dado causa, seja por uma ação ou por uma omissão[44]. Também é responsabilizado quem, de qualquer modo,

---

[41] https://www.sec.gov/litigation/admin/2018/34-82958.pdf

[42] Lei nº 9.605/1998.

[43] BRODT, Luís Augusto; MENEGHIN, Guilherme de Sá. Responsabilidade penal da pessoa jurídica: um estudo comparado. *Revista dos Tribunais*, v. 961, nov. 2015. Disponível em: <http://www.mpsp.mp.br/portal/page/portal/documentacao_e_divulgacao/doc_biblioteca/bibli_servicos_produtos/bibli_boletim/bibli_bol_2006/RTrib_n.961.10.PDF>. Acesso em: 23 jul. 2017.

[44] Art. 13 do Código Penal.

concorreu para o crime, na medida em que seja culpável[45]. Cumpre notar que a aplicação da lei penal pressupõe análise da responsabilidade subjetiva do agente, isto é, a comprovação de dolo ou culpa do agente em relação ao resultado causado por uma ação ou omissão de sua autoria. Há de se averiguar o dano, a conduta culpável e o nexo de causalidade entre estes.

O CCO, por sua vez, é o principal responsável por supervisionar e gerenciar o programa de compliance de uma instituição. Assume posição, assim, que visa a evitar que as condutas praticadas por funcionários da organização estejam em desacordo com as leis.

A adoção de medidas preventivas e o estabelecimento de responsabilidades claras dentro de uma empresa, entretanto, não eliminam a possibilidade da ocorrência de condutas ilegais ou criminosas. Cumpre questionarmos, assim, em que medida poderá o CCO ser responsabilizado por conduta criminosa realizada no âmbito da corporação.

Seria contraproducente e desarrazoado supor que o CCO pudesse ser responsabilizado por qualquer atividade criminosa perpetrada por membros da organização, meramente pelo fato de não ter evitado que tais condutas fossem praticadas. Nesta hipótese, se puniria o CCO caso a empresa fosse envolvida em uma prática de corrupção, ou em qualquer outra conduta que caracterizasse um ilícito penal.

Entretanto, responsabilizar o CCO pela prática de crime no âmbito da organização meramente pelo cargo que ocupa implicaria responsabilidade objetiva, que é vedada no âmbito penal. Notamos também que a legislação brasileira não prevê um crime específico que puna o mero descumprimento dos deveres de compliance pelo CCO.

Em quais hipóteses, assim, deve o CCO preocupar-se com eventual responsabilização penal? Apontamos abaixo duas diferentes situações que devem ser consideradas atentamente pelos *compliance officers*.

Na primeira situação, entendemos claro que o CCO será responsabilizado criminalmente caso seja responsável pelo crime ou tenha concorrido para sua prática. Imaginemos, por exemplo, uma situação em que se configure abuso sexual por parte do CCO, dentro da entidade.

Além de um tanto óbvia, esta hipótese nos aparenta menos relevante, por não guardar correlação específica com o cargo de gestão do Compliance de uma empresa, mas sim com um puro desvio de conduta e de responsabilidade. O cargo ocupado, igualmente, não poderia servir de escudo ou desculpa

---

[45] Art. 29 do Código Penal.

para evitar a responsabilização penal; muito pelo contrário. A depender da conduta realizada, pode-se argumentar que há violação de dever inerente ao cargo ou profissão, hipótese que pode ser considerada como circunstância agravante do crime praticado.[46]

Na segunda situação, trataremos da hipótese em que o CCO possa ser responsabilizado criminalmente por não ter evitado uma conduta criminal no âmbito da empresa. Trata-se do crime por omissão imprópria (também denominado "comissivo por omissão"), no qual o omitente devia e podia agir para evitar um determinado resultado.[47]

Em nossa discussão, será relevante discutir se o CCO "assumiu a responsabilidade de impedir o resultado"[48], equiparando-se assim à posição de "garante", ou seja, responsabilizando-se por seus atos e pelos de outros. Os deveres de vigilância e controle incumbem, originalmente, aos sócios, acionistas, administradores e diretores estatutários de uma empresa, podendo entanto ser delegados ao *compliance officer*. Como veremos, a configuração dessa situação dependerá da estrutura organizacional da empresa e das responsabilidades atribuídas ao CCO em cada caso concreto.

A depender das funções de gestão e de mando que a figura do CCO assuma dentro de uma organização, será impossível que ele tenha poder suficiente para que lhe seja exigido evitar um resultado. Devemos avaliar quais eram as competências de um determinado CCO em sua atuação, aferindo se realmente lhe foram delegadas funções de vigilância e supervisão. Esclarecemos: não deriva do cargo em si o "dever de garante", mas sim das competências realmente assumidas ao exercê-lo. A mera função de CCO, assim, não é suficiente para que ocorra responsabilização penal, sem que se apure corretamente qual o papel do CCO na empresa e em qual nível hierárquico ele se situa.

Estando o CCO em posição de garante, ele poderá responder criminalmente como se tivesse agido (crime comissivo) nas vezes em que se omitiu em suas obrigações (omissão). Recomenda-se, assim, que todas as funções efetivamente assumidas pelo CCO estejam descritas e sejam claras dentro de sua organização, vez que podem balizar sua responsabilização.

Relacionamos a seguir casos em que a responsabilização penal poderia ocorrer. Na hipótese em que o CCO esteja ciente da possibilidade da

---

[46] Art. 61, II, *g*, do Código Penal.

[47] Art. 13, § 2º, do Código Penal.

[48] Requisito conforme o art. 13, § 2º, *b*, do Código Penal.

ocorrência de um crime, ele poderá ser responsabilizado ao deixar de informar (omitindo-se, assim) o conselho de administração (ou órgão diretivo competente) sobre tais irregularidades. Igualmente, poderá ser responsabilizado caso informe o órgão diretivo incorretamente, levando este a cometer erro que se constitua em delito criminal. Por fim, caso o CCO se omita dolosamente, deliberadamente deixando de agir para impedir conduta criminal que, com suas competências, poderia evitar, também poderá ser responsabilizado.

Temos também de realizar importante diferenciação entre a atuação do CCO diante de subordinados e a perante superiores hierárquicos. Em relação aos subordinados hierárquicos, o CCO deverá comunicar quaisquer irregularidades apuradas ao órgão diretivo, cooperando assim para impedir que ocorram crimes. O reporte de irregularidades pelo CCO a órgão superior faz que ele cumpra sua função de garante, mesmo que tal órgão mantenha-se inerte, visto que terá realizado tudo dentro de suas atribuições para evitar o resultado criminoso.

Em relação aos superiores hierárquicos, o CCO pode assumir a figura de garante apenas nos casos em que tenha poderes para impedir suas ações (como, por ex., por meio de vetos), ou caso seja possível reportar os atos praticados a uma matriz, por exemplo.

O caso mais emblemático de responsabilização penal de CCO no Brasil ocorreu com a Ação Penal 470, o caso do "Mensalão",[49] julgado pelo Supremo Tribunal Federal (STF). A questão relevante versou sobre a responsabilidade de dirigentes do Banco Rural pelo crime de gestão fraudulenta de instituição financeira, discutindo-se sobre o dever de denunciar condutas ilícitas e prevenir o crime de lavagem de dinheiro em certas operações de empréstimos.

As discussões mais relevantes para nossa análise centraram-se na atuação de Ayanna Tenório Torres de Jesus, ex-vice-presidente do Banco Rural e Vinícius Samarane, então diretor responsável pela área de Controles Internos e Compliance, equiparado ao CCO.

Em debate, os ministros do STF discutiram que, apesar de não possuir poder de impedir ou conceder empréstimos, o então diretor Vinícius possuía o poder de alertar suas autoridades superiores sobre irregularidades nessas operações. Segundo o acórdão, entretanto, Vinícius teria atuado na alteração de relatórios internos do banco relativos a Compliance e prevenção da lavagem de dinheiro por meio da exclusão de determinadas operações de empréstimos que, posteriormente, seriam consideradas fraudulentas. Foi

---

[49]   STF. APn nº 470-MG, Acórdão de 17.12.2012, fls. 51.616.

condenado por gestão fraudulenta, mesmo não tendo participado diretamente da concessão ou da renovação dos empréstimos ilegais. Nota-se, assim, que era responsável pela verificação da conformidade das operações de crédito em questão com as normas aplicáveis, tendo o crime se consumado com sua omissão no exercício de suas obrigações.[50]

Por sua vez, na posição da vice-presidência, parte da responsabilidade da então vice-presidente Ayanna incluía a subscrição dos relatórios financeiros preparados pela Superintendência de Compliance. Ayanna acabou absolvida pelo STF; este considerou que sua participação nos procedimentos e controles internos era mera formalidade. Para o STF, Ayanna não possuía conhecimento técnico da matéria financeira que lhe era submetida, não tendo recebido informações sobre as ilegalidades dos empréstimos considerados ilegais. Apesar de sua absolvição, notamos que a posição de Ayanna era hierarquicamente superior à de Vinícius.

O acórdão da Ação Penal 470 não determinou de forma precisa as responsabilidades das partes envolvidas na condução do programa de compliance. Como vemos, no acórdão, o STF responsabilizou os agentes envolvidos diretamente nas condutas fraudulentas – ainda que por omissão –, atrelando a responsabilidade à culpabilidade de cada agente, e não à condição de CCO *per se*.

Há ainda, na jurisprudência pátria, outro caso envolvendo a responsabilização criminal de CCO. A empresa holandesa SBM Offshore, acusada de desvios em contratos com a Petrobrás relativos a afretamento para operação dos navios-plataforma, aceitou celebrar um acordo extrajudicial com o Ministério Público Federal (MPF), no valor de 250 mil dólares para encerrar as denúncias contra o Sietze Hepkema, que era o CCO da SBM Offshore à época das acusações. Ele foi denunciado, no Brasil, no âmbito da operação Sangue Negro, pelo crime de favorecimento pessoal, por ter adotado condutas tendentes a evitar a ação penal contra algumas das pessoas envolvidas diretamente no esquema de pagamento de propinas a funcionários da Petrobras.

2. RESPONSABILIDADE CIVIL

Tal como ocorre na esfera criminal, o exercício do cargo de CCO o sujeita a situações em que lhe poderão ser imputadas responsabilidades cíveis.

---

[50] COSTA, Helena Regina Lobo da; ARAÚJO, Marina Pinhão Coelho. Compliance e o julgamento da APn 470. *Revista Brasileira de Ciências Criminais*, ano 22, v. 106, jan./fev. 2014.

O grau de responsabilidade variará de acordo com o tipo de cargo que ele ocupa (estatutário ou não) e do nível das atribuições que lhe forem atribuídas.

O CCO que tiver um cargo estatutário, ou seja, tiver sido eleito de acordo com a Lei das Sociedades por Ações[51] para representar e administrar uma empresa (que não necessariamente precisa ser uma sociedade anônima, mas qualquer sociedade que adote as regras da sociedade limitada com a aplicação das regras impostas pela Lei das S/A de forma supletiva), poderá ser responsabilizado pelos prejuízos que causar quando agir, dentro das atribuições que lhe foram conferidas, com culpa ou dolo, ou quando violar a lei ou o estatuto.[52]

Tomamos como exemplo um CCO estatutário que decide não prosseguir com a apuração de denúncia de corrupção que estava prestes a ser consumada, seja por entender que a denúncia não apresentava elementos suficientes a serem investigados (culpa), seja por possuir algum interesse particular (dolo). E suponhamos que essa denúncia tenha se mostrado, posteriormente, verdadeira, com a consumação do ato de corrução, o que culminou com o pagamento, pela empresa, de valor milionário em acordo celebrado com os órgãos públicos responsáveis.

Nessas duas hipóteses, o CCO estatutário poderá ser responsabilizado civilmente a indenizar a corporação pelos prejuízos que a não investigação da denúncia causou. Isso porque todos os administradores de companhias sujeitos à Lei das S/A (diretores e conselheiros) devem observar certos deveres legais,[53] como o de diligência, que consiste em empregar todo o cuidado que qualquer homem probo costuma empregar na administração dos seus próprios negócios, e o de lealdade, que consiste no dever de praticar seus atos de acordo com os objetivos da companhia e com o interesse social, não podendo jamais atuar em benefício próprio ou se omitir no exercício ou proteção de direitos da organização.

No exemplo acima, em que o CCO estatutário agiu com culpa, ele não observou o dever de diligência, deixando, negligentemente, de apurar a denúncia que foi feita, mesmo que com poucos elementos a serem investigados. Já no exemplo em que agiu com dolo, ele descumpriu, entre outros, o dever de lealdade, pois deixou de levar adiante uma investigação para preservar interesses próprios.

---

[51]   Lei das S/A – Lei 6.404/1976.

[52]   Art. 158 da Lei 6.404/1976.

[53]   Arts. 153 a 157 da Lei 6.404/1976.

Em outra hipótese, suponhamos que o CCO estatutário esteja ciente de que outros membros da diretoria estejam envolvidos em qualquer tipo de ilícito ou ato que possa gerar a responsabilidade da instituição ou dos administradores. Nesse caso, o CCO estatutário poderá vir a responder conjuntamente com esses outros membros, nos casos em que for constatado que ele agiu de forma conivente, se negligenciou em descobri-los ou se, ao tomar conhecimento da prática ilícita, deixou de agir para impedir a sua prática. Esse CCO somente se eximirá de responsabilidade se consignar sua divergência em ata de reunião do órgão de administração ou, não sendo possível, se comunicá-la expressamente ao órgão de administração, ao conselho fiscal ou à assembleia geral.[54]

Importante esclarecer que a efetiva responsabilização do CCO estatutário, com base na Lei das S/A, depende de ação judicial que a empresa deve promover (ou qualquer acionista, quando a organização não a promover após aprovação da assembleia), sendo que, em caso de responsabilização, o resultado da ação beneficiará a própria empresa.[55] Não obstante, qualquer acionista ou terceiro diretamente prejudicado por ato praticado pelo CCO estatutário pode promover ação de responsabilidade civil, conforme ressalvado na própria Lei das S/A.[56]

No curso da ação, o juiz deverá reconhecer a exclusão da responsabilidade do CCO estatutário se ficar comprovado que ele agiu com boa-fé e conhecimento, baseado em informações suficientes para a tomada das decisões, visando ao interesse da organização, aplicando, assim, a exceção do conceito norte-americano do *business judgment rule,* também presente na nossa lei.[57]

E quando o CCO não ocupa um cargo estatutário? O CCO que não ocupa um cargo estatutário, embora traga na nomenclatura de seu cargo o termo de diretor (*officer*), estará sujeito, no tocante à responsabilidade civil, às normas do Código Civil.[58]

Sua posição não lhe dará automaticamente poderes de representação perante terceiros (como acontece com os CCO estatutários, observadas as

---

[54] Artigo 158, § 1º, da Lei 6.404/1976.

[55] Artigo 159 da Lei 6.404/1976.

[56] Artigo 159, § 7º, da Lei 6.404/1976.

[57] Artigo 159, § 6º, da Lei 6.404/1976.

[58] Exceto se ele tiver concorrido com qualquer administrador estatutário no exercício de prática de atos que violam a lei ou o estatuto, quando então responderá, solidariamente, pelos prejuízos causados, de acordo com o disposto no artigo 158, § 5º, da Lei nº 6.404/1976.

restrições impostas no estatuto ou no contrato social). Não obstante, ele ainda assim pode ser considerado como mandatário e como preposto da empresa, pois receberá poderes para, em nome dela, praticar atos ou administrar interesses da instituição na área de Compliance. Assim, deverá, tal qual um CCO estatutário, aplicar toda a diligência necessária na execução das tarefas que lhe foram atribuídas, devendo indenizar a corporação por prejuízos a que deu causa[59].

A indenização dependerá da análise concreta das atribuições que lhe foram conferidas e do grau de autonomia que o CCO tinha para resolver ou impedir a prática do ato que possa ter gerado um prejuízo à empresa.

Neste contexto, um CCO não estatutário não poderá ser responsabilizado por não ter demitido um empregado que apurou estar praticando atos ilícitos, se ele não tinha poderes para decidir sobre o assunto (como ocorre na maioria das empresas). Mas não se discute que o fato de ele decidir, intencionalmente, não reportar esse fato ao superior hierárquico, após a devida investigação interna e constatação da prática ilícita para que esse superior tome as medidas cabíveis, constitui uma falha grave, que poderá sujeitar a empresa a danos reputacionais. Nesse caso, a organização poderá buscar indenização cível dos prejuízos que ela tiver suportado.

Por outro lado, não há de se falar em responsabilidade civil do CCO não estatutário perante a empresa pelo simples fato de ter ocorrido uma conduta criminosa ou não *compliant* por parte de qualquer colaborador. Qualquer CCO, e não somente o não estatutário, só poderá vir a ser responsabilizado civilmente perante a empresa pelos danos que ela suportou se ficar comprovado que a conduta criminosa ou não *compliant* tem relação ao não cumprimento de um dever fiduciário formalmente atribuído a ele para desenvolvimento, aplicação ou monitoramento do programa de compliance.

3. RESPONSABILIDADE ADMINISTRATIVA: LEI ANTICORRUPÇÃO

A Lei Anticorrupção estabelece que a responsabilização da pessoa jurídica não exclui a responsabilidade individual de seus dirigentes ou de qualquer pessoa natural que seja autora, coautora ou que participe do ato ilícito.[60]

---

[59] Arts. 667 e 1.177, parágrafo único, do Código Civil (neste último caso, entende-se que a regra pode ser aplicada, por analogia, em atos de qualquer natureza praticados por prepostos, e não apenas nos relacionados à contabilidade).

[60] Art. 3º, *caput,* da Lei Anticorrupção.

Cap. 6 · RESPONSABILIDADE DOS *CHIEF COMPLIANCE OFFICERS* | 89

Verifica-se que o CCO poderá vir a ser responsabilizado no âmbito da Lei Anticorrupção, quer ocupe um cargo estatutário ou não, da mesma forma que qualquer pessoa física ou dirigente envolvido no ato ilícito contra a administração pública.

Ao contrário da responsabilidade da pessoa jurídica, que é objetiva, a responsabilidade da pessoa física atingida pela Lei Anticorrupção será avaliada na medida da sua culpabilidade.[61]

A responsabilidade do CCO no âmbito da Lei Anticorrupção não decorre do simples exercício do cargo, mas da prática comprovada dos atos lesivos previstos na referida lei. Assim, o CCO somente poderá ser responsabilizado pela prática de atos previstos na Lei Anticorrupção se ficar comprovado que ele efetivamente praticou o ato que gerou a responsabilização objetiva da empresa na qual ele exerce o referido cargo.

4. RESPONSABILIDADE ADMINISTRATIVA: BACEN

No âmbito da regulamentação do Banco Central do Brasil (Bacen), notamos a vigência da Resolução 4.595/2017,[62] que dispõe sobre as políticas de compliance das instituições financeiras e da demais instituições autorizadas a funcionar pelo Bacen. A regulamentação não dispõe especificamente sobre eventual responsabilização do CCO no descumprimento de suas obrigações, mas estabelece que a divisão e a identificação de responsabilidades das pessoas envolvidas no desempenho da função de conformidade deverão ser definidas nas políticas de conformidade das instituições.[63]

É obrigatória também a definição da posição da unidade responsável pelo Compliance na estrutura organizacional da instituição.[64] A definição clara da pessoa e do escopo de atuação do CCO nessas instituições, portanto, é razão adicional para que tal profissional esteja atento aos cumprimentos de suas funções.

Apesar disto, a regulamentação atribui ao conselho de administração a responsabilidade de assegurar gestão adequada, efetividade e continuidade da

---

[61] Art. 3°, § 2°, da Lei Anticorrupção.

[62] Resolução Bacen 4.595/2017. Disponível em: <https://www.bcb.gov.br/pre/normativos/busca/downloadNormativo.asp?arquivo=/Lists/Normativos/Attachments/50427/Res_4595_v1_O.pdf>. Acesso em: 23 jul. 2019.

[63] Art. 5°, II, da Resolução Bacen 4.595/2017.

[64] Art. 5°, IV, da Resolução Bacen 4.595/2017.

política de conformidade, como também lhe atribui a obrigação de garantir a aplicação de medidas corretivas.[65]

5. RESPONSABILIDADE ADMINISTRATIVA: CVM

A Instrução 480/2009 da Comissão de Valores Mobiliários (CVM),[66] que dispõe sobre o registro de emissores de valores mobiliários admitidos à negociação em mercados regulamentados de valores mobiliários, foi alterada pela Instrução 586/2017,[67] para incorporar ao formulário de referência anual informações relacionadas a procedimentos internos de integridade, código de ética e canal de denúncias,[68] bem como para inserir o Informe sobre o Código Brasileiro de Governança Corporativa – Companhias Abertas,[69] em que as companhias – que não são obrigadas a seguir as diretrizes do referido Código, mas explicar o motivo de não terem adotado certas práticas – deverão informar, por exemplo, se possuem programa de integridade/conformidade (compliance) adequado ao porte, ao risco e à complexidade de suas atividades, bem como os órgãos responsáveis pela criação, aprovação, avaliação e pelo monitoramento dessas políticas.

A Instrução 480 não faz menção expressa à figura do CCO, mas estabelece que os administradores têm o dever de zelar, dentro de suas competências legais e estatutárias, para que as companhias sujeitas a ela cumpram com a legislação e regulamentação do mercado de valores mobiliários. Estabelece, também, que a responsabilidade atribuída ao diretor de relações com investidores, que deve prestar todas as informações exigidas pela legislação e pela regulamentação do mercado de valores mobiliários, não afasta eventual responsabilidade da companhia, do controlador e de outros administradores pela violação das normas legais e regulamentares que regem o mercado de valores mobiliários.[70] Assim, a CVM poderá, com base nesses dispositivos legais, vir a responsabilizar o CCO pela violação de normas ou regulamentos

---

[65] Art. 9º da Resolução Bacen 4.595/2017. Em instituições que não possuam conselho de administração, tais atribuições são alocadas à diretoria da instituição.

[66] Instrução CVM 480/2009. Disponível em: <http://www.cvm.gov.br/legislacao/instrucoes/inst480.html>. Acesso em: 25 ago. 2019.

[67] Instrução CVM 586/2017. Disponível em: <http://www.cvm.gov.br/legislacao/instrucoes/inst586.html>. Acesso em: 25 ago. 2019.

[68] Anexo 24 da Instrução CVM 480/2009. Acesso em: 25 ago. 2019.

[69] Anexo 29-A Instrução CVM 480/2009. Acesso em: 25 ago. 2019.

[70] Arts. 42, 45 e 46 da Instrução CVM 480/2009.

da CVM cujo cumprimento tiver sido delegado pela companhia a ele, na extensão de sua culpabilidade.

A CVM dispõe, entretanto, de outras regulamentações que fazem referência expressa à figura de um diretor responsável pelo Compliance. Nos termos da Instrução CVM 558/2015,[71] que dispõe sobre o exercício profissional de administração de carteiras de valores mobiliários, a responsabilidade pelo cumprimento de regras, políticas, procedimentos e controles internos da referida instrução deve ser atribuída a um diretor estatutário, que deve exercer suas funções com independência.[72] A Instrução CVM 592/2017,[73] que dispõe sobre a atividade de consultoria de valores mobiliários, também dispõe que a responsabilidade pela implementação e pelo cumprimento de regras, procedimentos, controles internos e normas estabelecidas pela referida instrução deve ser atribuída a um diretor estatutário.[74] Nesses dois últimos casos, fica mais evidente que o diretor responsável pelo Compliance das sociedades sujeitas a essas duas instruções poderá vir a ser responsabilizado, perante a CVM, nos casos em que houver a não implementação ou o descumprimento das regras de compliance previstas nas respectivas regulamentações.

6. CONCLUSÃO

Nos limites de sua atuação, o CCO deve sempre atentar a situações que possam culminar em sua responsabilização pessoal – seja esta responsabilização criminal, cível ou administrativa. É fato que o gerenciamento e a supervisão do Compliance de uma organização, apesar de posição muito nobre, geram preocupações ao seu titular quando situação desconforme é identificada.

Ao mesmo tempo, seria injusto e pouco razoável que, realizados os esforços devidos, ficasse o CCO sujeito à responsabilização por infrações cometidas dentro de uma empresa. Entretanto, a ausência de regulamentação específica sobre a responsabilização do CCO em sua atuação cria incerteza jurídica e gera riscos à atuação desse profissional.

---

[71] Instrução CVM 558/2015. Disponível em: <http://www.cvm.gov.br/legislacao/instrucoes/inst558.html>. Acesso em: 25 ago. 2019.

[72] Arts. 4º, IV, § 3º, I, e 22 da Instrução CVM 558/2015.

[73] Instrução CVM 592/2017. Disponível em: <http://www.cvm.gov.br/legislacao/instrucoes/inst592.html>. Acesso em: 25 ago. 2019.

[74] Art. 4º, IV, da Instrução CVM 592/2017.

Visando a mitigar riscos de responsabilização, entendemos ser prudente a adoção de conduta conservadora, realizando sempre a averiguação plena de situações com potenciais desconformidades (por ex.,por meio de investigações), como também reportando tais situações aos órgãos diretivos competentes; tão importante quanto será a definição clara, dentro da estrutura da instituição, dos poderes e deveres dos profissionais de compliance. O estabelecimento de competências e a definição da estrutura de forma escrita e detalhada poderão, assim, auxiliar o CCO a avaliar como deve ocorrer sua atuação, evitando condutas que possam, por ação ou omissão, resultar em sua responsabilização.

REFERÊNCIAS

BANCO CENTRAL DO BRASIL. Resolução 4.595, de 28 de agosto de 2017. Disponível em: <https://www.bcb.gov.br/pre/normativos/busca/downloadNormativo.asp?arquivo=/Lists/Normativos/Attachments/50427/Res_4595_v1_O.pdf>. Acesso em: 23 jul. 2019.

BRASIL. Lei 9.613, de 3 de março de 1998. *Diário Oficial da União*, DF, 4 mar. 1998. Disponível em: <http://www.planalto.gov.br/ccivil_03/leis/l9613.htm>. Acesso em: 14 out. 2019.

BRASIL. Lei 12.683, de 9 de julho de 2012. *Diário Oficial da União*, DF, 10 jul. 2012. Disponível em: <http://www.planalto.gov.br/ccivil_03/_Ato2011-2014/2012/Lei/L12683.htm>. Acesso em: 14 out. 2019.

BRASIL. Lei 12.846, de 1º de agosto de 2013. *Diário Oficial da União*, DF, 2 ago. 2013. Disponível em: <http://www.planalto.gov.br/ccivil_03/_ato2011-2014/2013/lei/L12846.htm>. Acesso em: 14 out. 2019.

BRASIL. Decreto 8.420, de 18 de março de 2015. *Diário Oficial da União*, DF, 19 mar. 2015. Disponível em: <http://www.planalto.gov.br/ccivil_03/_ato2015-2018/2015/decreto/d8420.htm>. Acesso em: 14 out. 2019.

BRASIL. Decreto-Lei 2.848, de 7 de dezembro de 1940 (Código Penal). *Diário Oficial da União*, DF, 31 dez. 1940. Disponível em: <http://www.planalto.gov.br/ccivil_03/decreto-lei/del2848.htm>. Acesso em: 14 out. 2019.

BRASIL. Lei 6.404, de 15 de dezembro de 1976 (Lei das Sociedades por Ações). *Diário Oficial da União*, DF, 17 dez. 1976. Disponível em: <http://www.planalto.gov.br/ccivil_03/LEIS/L6404consol.htm>. Acesso em: 14 out. 2019.

BRASIL. Lei 9.605 de 12 de fevereiro de 1998. *Diário Oficial da União*, DF, 13 fev. 1998. Disponível em: <http://www.planalto.gov.br/ccivil_03/leis/l9605.htm>. Acesso em: 14 out. 2019.

BRASIL. Lei 10.406, de 10 de janeiro de 2002 (Código Civil). *Diário Oficial da União*, DF, 11 jan. 2002. Disponível em: <http://www.planalto.gov.br/ccivil_03/LEIS/2002/L10406.htm>. Acesso em: 14 out. 2019.

BRASIL. Supremo Tribunal Federal. Ação Penal 470, de Minas Gerais. Brasília, DF, 17 de dezembro de 2012.

BRODT, Luís Augusto; MENEGHIN, Guilherme de Sá. Responsabilidade penal da pessoa jurídica: um estudo comparado. *Revista dos Tribunais*, v. 961, nov. 2015. Disponível em: <http://www.mpsp.mp.br/portal/page/portal/documentacao_e_divulgacao/doc_biblioteca/bibli_servicos_produtos/bibli_boletim/bibli_bol_2006/RTrib_n.961.10.PDF>. Acesso em: 23 jul. 2017.

COSTA, Helena Regina Lobo da; ARAÚJO, Marina Pinhão Coelho. Compliance e o julgamento da APn 470. *Revista Brasileira de Ciências Criminais*, ano 22, v. 106, jan./fev. 2014.

CVM. Instrução 480, de 7 de dezembro de 2009. Disponível em: <9.

CVM. Instrução 558, de 26 de março de 2015. Disponível em: <CVM. Instrução 586, de 8 de junho de 2017. Disponível em: </legislacao/instrucoes/inst586.html>. Acesso em: 25 ago. 2019.

CVM. Instrução 592, de 17 de novembro de 2017. Disponível em: <

7

CONCILIANDO O COMPLIANCE COM AS DECISÕES ESTRATÉGICAS DE NEGÓCIO: CASOS PRÁTICOS

FERNANDO IAZZETTA
MONIQUE SIQUEIRA VALÊNCIO

Ao refletir sobre o estilo de escrita a ser adotado no capítulo, acabamos optando – com uma pitada de ousadia e na direção oposta à trama coloquial presente na fala (escrita) dos advogados – por uma linguagem leve e direta. A ideia seria, portanto, trazer os ensinamentos adquiridos nas experiências vivenciadas ao longo da carreira até então, proporcionando aos leitores uma rápida absorção e adoção de algumas práticas em seu dia a dia, por que não?

E por falar em rápida compreensão, começamos com algumas palavras cada vez mais recorrentes nas bocas e ouvidos de executivos mundo afora. São elas: governança corporativa, risco, controle e integridade que, em conjunto e somadas a outras tantas que compõem esse "novo mundo", acabam por formar o alicerce ético que chamamos de *Compliance corporativo*, uma das áreas de maior crescimento e importância dentro de uma empresa.

Em tempos atuais é raro – para não dizer praticamente impossível – ouvir empresas fazendo referência às decisões estratégicas do seu segmento, sem que a palavra "compliance" seja incluída como um dos alicerces de seu planejamento que antecipam suas ações no mercado.

Um planejamento singular com direcionamento autossustentável demanda cada vez mais decisões estratégicas tomadas de forma rápida e direta, ao menor risco possível para a integridade do negócio. Essa agilidade, por sua vez, acaba por refletir o novo perfil econômico trazido pela quarta revolução industrial – ou indústria 4.0 – que há tempos deixou de ser um mero conceito teórico para figurar como uma das teses econômico-sociais de maior importância no século XXI. Nela, notamos uma mudança de paradigma que transforma o modo com que a sociedade consome e se relaciona, atrelada diretamente ao avanço contínuo tecnológico.

Neste constante processo de transformação, as indústrias não podem ficar paradas, e a adaptação ao novo ambiente empresarial é imprescindível na busca pela expansão dos negócios e, por consequência, pela sua lucratividade, sem deixar de lado missão e visão, cultura organizacional e valor agregado ao que a empresa representa.

A questão é: como cuidar para que o crescimento do negócio ocorra de maneira sustentável, de forma a manter a continuidade dos negócios e a reputação da empresa, estando esta diretamente relacionada àquela, já que a confiança é elemento essencial a todas as relações?

É justamente neste contexto que estão inseridas as decisões estratégicas de negócio de uma organização (ou, pelo menos, deveriam estar), no qual, também nós, profissionais de riscos e compliance, atuamos, auxiliando as empresas na mitigação de riscos e condução de seus negócios.

Se, da perspectiva estratégica, o Compliance vem ganhando significativa importância nas corporações, a consequência natural é o crescimento exponencial da demanda por cursos técnicos profissionalizantes de curta, média e longa duração, que proporcionem aos executivos da área um maior desenvolvimento e a capacitação técnica exigidos para preencher uma posição tão preponderante na pirâmide corporativa. Mas como os conceitos, ensinamentos e teorias ensinados pelos professores e livros didáticos não conseguem prever todas as situações e desafios vivenciados no dia a dia, compartilharemos neste artigo exemplos práticos que evidenciam o sucesso dessa parceria entre as áreas de Negócio e de Compliance, especialmente no tocante às decisões estratégicas de uma empresa. As iniciativas adotadas ao longo dos casos práticos acabam por servir como um benefício de conhecimento no dia a dia de empresas distintas, mas que acabam por ter o respeito à ética, à integridade e às boas práticas de mercado como direcional para os executivos de suas instituições.

O primeiro exemplo diz respeito a uma empresa multinacional de origem norte-americana, renomada no mercado de seguros e resseguros, com programa de compliance devidamente constituído e implementado, com escritórios em diversos países, incluindo o Brasil ("Empresa Adquirente").

Como parte de sua estratégia de negócios, tal empresa decide pela aquisição de uma empresa brasileira, de origem e administração familiar, sem área (e programa) de Compliance, e com relevante representatividade em seu segmento de atuação ("Empresa Adquirida").

Embora atuantes, ainda que de forma parcial, no mesmo segmento, suas estruturas e seus modelos de negócio eram completamente distintos.

Enquanto o modelo de negócio da Empresa Adquirida era baseado no estabelecimento de parcerias com terceiros, de forma que praticamente toda a sua carteira de negócios resultava dessas parcerias, a Empresa Adquirente possuía, como parte de seu programa de compliance, uma política de limitação ao uso de terceiros, em razão, dentre outros motivos, dos riscos inerentes a esse tipo de relacionamento.

Tal política não apenas limitava o uso de terceiros, mas também estabelecia uma série de requisitos para viabilizar contratações dessa natureza, incluindo processo minucioso e extenso de *due diligence*[1] para avaliação de potenciais parceiros de negócios, bem como a necessidade de aprovação individualizada por um comitê multidisciplinar e regional, o que lhe conferia um caráter independente.

Para ilustrar de forma quantitativa, enquanto a Empresa Adquirente possuía relacionamentos com aproximadamente cem parceiros de negócios, a Empresa Adquirida possuía dez vezes mais parceiros. Sim, dez vezes mais! E com o objetivo de aumentar, já que este era o modelo de negócios da organização.

Pois bem. A aquisição foi concluída e o desafio lançado ao Departamento de Compliance. Sabemos que inúmeras são as questões e riscos envolvendo relacionamentos com terceiros, mas neste artigo limitar-nos-emos a tratar de apenas alguns aspectos que envolvem esse tipo de relacionamento.

Em um primeiro momento, o desafio era definir as condições para avaliação e aprovação de todos os parceiros pelo mencionado comitê multidisciplinar regional, incluindo seus sócios e acionistas, com relacionamento vigente à época da aquisição. Assim, itens mínimos de *background check*[2], como, por exemplo, a regularidade do registro das empresas parceiras, dentre outros, foram definidos.

De acordo com os resultados do *background check*, uma primeira categorização dos terceiros foi realizada: de um lado, os que não possuíam restrições e, do outro, os que possuíam restrições de qualquer natureza. A partir daí, outras segregações foram realizadas.

E, assim, definiu-se o cronograma de aprovação pelo comitê multidisciplinar e independente, de acordo com as categorizações criadas para os parceiros, que levaram em consideração os terceiros mais relevantes do ponto de vista comercial e de riscos.

---

[1] V. glossário.
[2] V. glossário.

As aprovações dos terceiros ocorreram em blocos, obedecendo-se às categorizações, sendo submetidos à aprovação, em primeiro lugar, os parceiros que apresentavam maior remuneração e, consequentemente, maiores riscos e relevância comercial. Em seguida, os que apresentavam menor risco e, por fim, os que possuíam contrato de parceria vigente, porém, sem negócios ativos.

Importante mencionar que, antes da submissão dos terceiros ao comitê, estes também foram avaliados pela área de negócios, que sinalizou as parcerias em relação às quais não havia interesse em seguir com o relacionamento e que, portanto, poderiam ser rescindidas.

De forma paralela à avaliação e à aprovação das parcerias já existentes, era necessário adaptar a política e os procedimentos até então aplicados pela Empresa Adquirente frente à nova estratégia da corporação. Para isso, foi necessário que o Departamento de Compliance entendesse o modelo de negócio da Empresa Adquirida, incluindo seus produtos e forma de comercializá-los, as categorias de parceiros e os modelos de parcerias.

Uma vez entendidas todas as características desse modelo de negócio até então completamente novo para a Empresa Adquirente, um novo modelo de avaliação e aprovação de parcerias foi desenhado e implementado, levando em consideração os riscos identificados.

Em razão do volume, esse novo processo incluiu a criação de um comitê multidisciplinar local em complemento ao comitê regional, de maneira que as potenciais parcerias seriam avaliadas primeiro localmente e, apenas se aprovadas, seriam submetidas à apreciação do comitê regional.

Outro desafio foi a elaboração de um novo modelo de contrato, com a inclusão de cláusulas para mitigação de riscos de corrupção, fraude, restrições em razão de sanções comerciais, dentre outros, bem como a substituição dos contratos até então vigentes pelo novo modelo. Um cronograma para substituição dos contratos foi estabelecido.

Além do novo modelo de contrato, treinamentos presenciais sobre os princípios éticos norteadores e principais políticas da Empresa Adquirente foram executados pelo Departamento de Compliance para aqueles parceiros comerciais classificados como de alto risco. Também se aplicaram a certificação do conhecimento e o dever de cumprimento, por todos os terceiros, de tais princípios e políticas, em ferramenta própria.

O envolvimento da área de Compliance nesse caso, com o suporte das áreas de negócio para entendimento do modelo de operação da Empresa Adquirida, foi essencial para que as políticas e processos então vigentes fossem avaliados de acordo com critérios de identificação, avaliação e mitigação de riscos e, então, adaptados à nova realidade da instituição, permitindo que a sua estratégia fosse atendida de forma segura.

O segundo caso traz um exemplo bem distinto do anterior, uma vez que diz respeito a um ramo muito peculiar e conhecido de todos, que é o segmento farmacêutico, caracterizado pela sua importância no desenvolvimento científico e produtivo de tecnologias e medicamentos no combate a doenças que impactam os seres humanos diariamente. Além de extremamente regulada por órgãos governamentais, a indústria farmacêutica ainda possui uma autorregulamentação entre concorrentes, que busca continuamente o aprimoramento de seus estudos e produtos, na busca pelas melhores opções de tratamento para os pacientes.

É nessa linha de raciocínio que tanto a decisão de entrada em um novo segmento do mercado como o lançamento de um produto ou indicação terapêutica demandam o que chamamos de trabalho multidisciplinar, "clínico", e que conta com a participação efetiva de diferentes áreas dentro da organização, de forma a buscar o maior número de informações de maneira rápida, que traga respostas que respaldem a estratégia adotada.

Quando olhamos friamente para a área de Compliance, o desafio torna-se ainda mais peculiar e interessante, uma vez que o executivo precisa conciliar a sua função essencial – zelar pelas políticas, código de condutas e regulamentações da região, ao passo de mapear riscos e ameaças internas e externas – com as necessidades e objetivos estratégicos relacionados à missão corporativa da empresa.

Voltando ao exemplo prático, o lançamento do produto "Beta" foi encarado pela filial brasileira como um grande divisor de águas em sua participação no mercado, e, justamente por esta importância, seu planejamento contou com a participação e o engajamento simultâneo de diferentes equipes e planos de ações variados, cujo impacto de cada movimento poderia representar avanços importantes ou riscos significativos para o atingimento do objetivo corporativo.

O plano, apesar de múltiplas e complexas frentes, tinha como fatores de destaque a estratégia científica regulatória, com o desenvolvimento dos estudos clínicos e mapeamento dos prazos e expectativas no processo de aprovação do produto perante o órgão regulatório correspondente – Agência Nacional de Vigilância Sanitária ("Anvisa"), passando pela inteligência de mercado com informações como epidemiologia da doença no país, mapeamento de regiões endêmicas, conhecimento dos profissionais de saúde a respeito da doença e formas de tratamento e suas peculiaridades. Além disso, outro aspecto de alta relevância é a forma e viabilidade de acesso ao produto pela população, que compreende o trabalho na construção e reformulação de políticas públicas e privadas de acesso ao tratamento, além do engajamento e contribuição dos principais influenciadores na área da saúde, que também são balizadores importantes na implementação do planejamento adotado.

É nesse momento que a participação da área de Compliance foi preponderante para o sucesso da estratégia. Respaldada nos alicerces de governança transparente, integridade e respeito à cultura e aos valores que compõem a missão da empresa, adotou, em curto espaço de tempo, um plano de ação transparente e corajoso, mas que, se seguido à risca, traria a segurança e a confiança para que os colaboradores tivessem ampla independência na implementação de suas ideias e estratégias para o desenvolvimento do plano tático do lançamento do produto, seguindo as normas, as regulamentações e os princípios éticos exigidos pelo próprio segmento de atuação.

E foi assim que se seguiu. Em uma primeira onda de ação, fez-se a implementação de políticas e procedimentos (ou para conhecedores do mercado, "tropicalização" de políticas globais), cujo objetivo inicial era justamente legitimar as ações, interações e interlocuções perante terceiros, necessárias para o desenvolvimento do plano de ação.

Interações com profissionais de saúde, agentes públicos e pagadores, boas práticas na concretização de parcerias de negócio, realização e patrocínio de eventos científicos, interlocução com associações de pacientes e organizações sem fins lucrativos, contratação de pesquisadores, palestrantes, definição de critérios para o estabelecimento de honorários a serem pagos pelos profissionais contratados, *due diligence* na contratação de fornecedores e desenvolvimento de materiais institucionais e promocionais foram alguns exemplos de ações, relacionamentos e comportamentos desenhados nas políticas e nos procedimentos.

A implementação também contou com programas de comunicação e treinamentos com vistas a proporcionar a melhor captação das orientações para que as etapas fossem cumpridas de maneira segura. As "regras do jogo" foram apresentadas em um modelo de comunicação efetiva para áreas de negócios, em que conteúdos técnicos complexos deram espaço a conceitos objetivos e de absorção rápida, com uso de exemplos práticos vivenciados no dia a dia dos colaboradores. Reproduzir os desafios do dia a dia em discussões estratégicas, mapear tendências do mercado e causa-raiz dos obstáculos era a forma criativa de buscar os melhores caminhos para o negócio.

O progresso da implementação e treinamentos foi acompanhado por indicadores de risco (*KRIs*) e desempenho (*KPIs*) bem desenhados, já que algumas orientações trouxeram impactos significativos no perfil comportamental

Cap. 7 · COMPLIANCE COM AS DECISÕES ESTRATÉGICAS DE NEGÓCIO | 101

e de atuação de alguns colaboradores, que até aquele momento não haviam passado por um acompanhamento e gestão de riscos de um projeto de uma forma tão próxima. É aí que a gestão da área de Compliance tem um papel importante de transmitir a ideia de parceiros de negócio e não de "polícia interna", demonstrando que o objetivo não é limitar a atuação das áreas do negócio, mas justamente mitigar riscos e proteger suas ações.

O resultado desse trabalho multidisciplinar foi extremamente positivo, com grandes conquistas e importantes aprendizados observados em diferentes aspectos ao longo do projeto. De um lado, o sucesso na implementação da estratégia de negócio e o cumprimento dos prazos estabelecidos para cada etapa do lançamento do produto; por outro aspecto, o valor agregado construído no trabalho em conjunto de diferentes áreas e colaboradores buscando um objetivo em comum, tendo a área de Compliance um papel fundamental como parceira no desenvolvimento dos negócios da empresa, provendo soluções rápidas e modernas com a percepção de segurança jurídica e integridade no desenvolvimento das ações.

Voltando ao segmento (res)securitário, compartilharemos a seguir um exemplo relacionado à prevenção do risco de uma empresa seguradora ser utilizada por criminosos como veículo para a lavagem de dinheiro, crime este muito falado desde o surgimento da Operação Lava-Jato.

É bem verdade que o risco de lavagem de dinheiro por meio da contratação de seguro é menor, se comparado a outros produtos financeiros. No entanto, tal risco é extremamente relevante, à medida que criminosos buscam diversificar as formas para a lavagem do dinheiro obtido de forma ilícita, sendo, portanto, um dos principais riscos do setor, com regulamentação específica, inclusive.

Independentemente do segmento de atuação, sabemos que uma das principais maneiras para mitigação do risco em questão, é a implementação de controles relacionados à política de *KYC (Know Your Client)*, que, de forma geral, nada mais é do que a adoção de procedimentos para conhecer a pessoa (física ou jurídica) com a qual a organização pretende estabelecer relação de negócio.

É nesse contexto que uma seguradora multinacional implementou procedimentos globais unificados para obter informações e comprovações relacionadas à identificação de seus clientes, bem como consulta a listas de pessoas politicamente expostas, restrições comerciais e mídias negativas.

Ocorre, todavia, que as regulamentações para prevenção do risco de lavagem de dinheiro são diferentes em cada jurisdição, e que também sofrem alterações de tempos em tempos, o que por si só constitui um desafio para a implementação e manutenção de um programa de prevenção à lavagem de dinheiro com procedimentos padronizados aplicações globalmente para identificação e monitoramento de seus clientes.

Esse primeiro desafio foi endereçado com o mapeamento e monitoramento, pelo Departamento de Compliance de cada país onde a seguradora tem atuação, dos requisitos regulatórios adicionais aplicáveis e, consequentemente, a criação de procedimentos adicionais em complemento ao processo padronizado já existente, conforme necessidade. Ou seja, para os países em que a regulamentação não possui especificidades ou variações em relação aos procedimentos padrão, estes são adotados sem a necessidade de qualquer adequação. Já para os países em que há variações ou requisitos regulatórios adicionais, aplicam-se os procedimentos mínimos padrão, porém, complementados com os procedimentos adicionais específicos.

Adicionalmente, do ponto de vista das áreas de negócio, o procedimento padrão de *KYC* no modelo até então implementado demonstrou-se insatisfatório, tendo em vista o tempo demorado para sua conclusão, muito em razão da falta de automatização de etapas do processo, e também em razão das particularidades de negócio locais, fazendo com que o processo em questão não atendesse as necessidades e dinâmica da contratação de seguros do mercado brasileiro, sendo necessário inovar.

Como caráter ilustrativo e exemplificativo, dentro das particularidades de negócio locais acima mencionadas está a criação de produtos de prateleira que não exigem customização, bem como sua comercialização por meio de plataformas digitais, o que pressupõe inovação (tecnológica, processual etc.) e celeridade.

Nesse sentido, com orientação e apoio do Departamento de Compliance, o time de *business* desenvolveu e implementou processo local de *KYC* que atendesse às necessidades locais, bem como à regulamentação vigente, considerando inclusive aspectos da lei de proteção de dados pessoais que entrará em vigor em 2020[3], já que em um processo de *KYC* pressupõe-se a coleta de dados pessoais relacionados à identificação de seus clientes.

Com esse exemplo evidenciamos, mais uma vez, situação prática de apoio mútuo entre as áreas de Negócio e Compliance, e alinhamento entre as estratégias da empresa e o compromisso com a integridade nos negócios.

Como se pôde observar ao longo deste artigo, as decisões enfrentadas pelas organizações acerca de suas estratégias de negócio passam cada vez mais por "crivos analíticos" que demandam reflexão contínua em temas tão

---

[3] V. Capítulo 21 deste *Guia*.

Cap. 7 · COMPLIANCE COM AS DECISÕES ESTRATÉGICAS DE NEGÓCIO | 103

sensíveis como o impacto da aquisição de um *player*[4] no mercado, adequação de procedimentos necessários ao cumprimento de requisitos regulatórios, ou até mesmo o lançamento de um novo produto do portfólio. Conciliar ações comerciais com a missão e a visão da empresa ou avaliar a implementação de uma estratégia de marketing e os possíveis impactos à reputação da organização são consideradas, no bom jargão jurídico, "cláusulas pétreas" institucionais, não negociáveis de atropelamento.

Apesar de as empresas mencionadas nos exemplos atuarem em segmentos distintos, os exemplos de casos compartilhados acabam por transparecer um pouco do dinamismo do dia a dia de um profissional na área de Compliance e a importância do perfil comportamental moderno, multidisciplinar, mas também com senso analítico muito bem apurado para riscos e tendências, ações e reflexões.

O que se procurou evidenciar, portanto, foi justamente o que chamamos de um executivo moderno para gestão de riscos e *Compliance Corporativo* aliado aos interesses comerciais das empresas, seja em razão da crescente onda de investigações e ações penais envolvendo grandes empresas nos mais variados segmentos, seja porque a integridade passou a ser entendida como peça fundamental para o sucesso de qualquer organização, em decorrência de um processo de conscientização das empresas e seus executivos.

O sucesso desse novo modelo de gestão de riscos a qual nos referimos em muito decorre da conscientização da liderança das organizações quanto ao papel da área de Compliance e em que medida os colaboradores terão o espaço necessário para implementar iniciativas para proteger o seu modelo de negócio.

Parte dessa transformação passa pela transparência entre áreas, em especial pelo aprimoramento e pela capacitação dos profissionais, interessados em entender os negócios das instituições para as quais trabalham e dispostos a mapear riscos e tendências e avaliar alternativas aos caminhos desenhados, atuando como verdadeiros parceiros de negócio. Ao final, o profissional tem o dever de zelo pelas boas práticas empresariais de sua organização considerando também os riscos e desafios éticos ao seu segmento do mercado, sem descuidar-se de sua função social – inerente a qualquer ser humano – e interesses legítimos da sociedade.

Dessa forma, não nos restam dúvidas de que, para decisões de negócio, visando à mitigação de riscos e continuidade dos negócios, buscamos o time de compliance. E há a célebre frase que, dita diariamente, se transforma no carma positivo para os militantes da área: "praticar estratégia para construir confiança".

---

[4]   V. glossário.

8

ROLE-PLAY DE SITUAÇÕES EM PATROCÍNIO DE EVENTOS E HOSPITALIDADES

ANDRÉ CASTRO CARVALHO
ISABEL MAZONI ANDRADE

COMO USAR ESTE *ROLE-PLAY*?

Este *role-play*[5], de viés eminentemente prático, descreve algumas situações típicas às quais empresas privadas podem estar sujeitas na interação com agentes públicos quando as práticas de marketing de sua marca, produtos e serviços envolvem o patrocínio de eventos com a participação de referidos agentes, podendo também envolver a oferta de hospitalidades.

O *role-play* contém, também, sugestões de encaminhamento das situações apresentadas, as quais podem ser utilizadas para múltiplos propósitos, quais sejam: (i) dirimir dúvidas da empresa privada patrocinadora; (ii) serem aplicadas em treinamentos de compliance internos e de terceiros; (iii) serem utilizadas como material de comunicação da empresa, tanto para seu público interno como para partes terceiras. Também pode ser incorporado como FAQ (*frequently asked questions*) em códigos de ética e conduta.

Ele é válido tanto para as empresas privadas que patrocinam eventos e/ou custeiam as hospitalidades a agentes públicos, como para as empresas terceiras que organizam tais eventos e/ou interagem com os agentes públicos participantes, incluindo para fins dos arranjos de hospitalidades custeadas pela patrocinadora.

---

[5] *Role-play* é uma técnica de ensino ou treinamento por meio de jogos ou dinâmicas de interpretação de papéis diante de situações hipotéticas que simulam a realidade.

As próprias empresas organizadoras de eventos podem ter políticas próprias robustas, mas o pressuposto utilizado para fins do presente artigo é que somente a empresa patrocinadora as possui e a empresa organizadora, não.

As situações aqui descritas, incluindo a dinâmica de funcionamento de uma política interna-modelo de brindes, presentes, hospitalidades e entretenimento (definida aqui como "políticas") como *benchmark*, são hipotéticas e com finalidade didática, concebidas sob a ocorrência de um fictício Congresso Internacional de Direito Ambiental ("Congresso"). Logo, quando no *role-play* é dado que a política permite ou proíbe algo, parte-se da premissa que existe dispositivo específico a respeito. Outra premissa no presente artigo é que as políticas existentes são aderentes ao arcabouço legal brasileiro aplicável ao caso ("Normas")[6].

Por fim, se não houver menção a qualquer política, presume-se que as políticas não são suficientemente claras ou específicas diante da situação e, portanto, a solução será apontada com base na interpretação dos autores em relação a normas, bem como potenciais normas estrangeiras que possam ajudar a interpretar a situação por meio de analogia – nesse contexto, destaque para o FCPA dos EUA[7], o UKBA do Reino Unido[8], a *Loi Sapin II* da França[9] e o *Prevention of Bribery Ordinance* de Hong Kong (POBO)[10] – embora esta última norma seja mais flexível com relação a esse tipo de despesa.

Qualquer semelhança com situações reais é mera coincidência, sem qualquer objetivo de reprodução de alguma situação real ocorrida. Também são discussões hipotéticas sem a intenção de imputar qualquer tipo de conduta-padrão a um profissional específico ou a categoria profissional específica.

O *role-play* pressupõe um robusto contrato de patrocínio fictício que tenha algumas premissas, como, por exemplo, que a empresa organizadora dos eventos siga as políticas da contratante, qual seja, a empresa privada

---

[6] Em especial a Constituição Federal de 1988, a Lei n. 12.813, de 16 de maio de 2013 (Lei de Conflito de Interesses), o CCAAF (Código de Conduta da Alta Administração Federal, aprovado em 21 de agosto de 2000 e alterações posteriores), a Resolução n. 2 da CEP (Comissão de Ética Pública), de 24 de outubro de 2000, a Resolução n. 11 da CEP, de 11 de dezembro de 2017 e a Resolução n. 170 do CNJ (Conselho Nacional de Justiça), de 26 de fevereiro de 2013, entre outras normas.

[7] V. glossário.

[8] V. glossário.

[9] V. glossário.

[10] V. glossário.

patrocinadora. Portanto, o *role-play* é válido tanto para as empresas que patrocinam eventos como para as empresas que os organizam e recebem as quotas de patrocínio por parte dos patrocinadores.

SITUAÇÕES

1. O CONGRESSO

A mineradora EMPRESA S.A. ("Empresa") atuará como patrocinadora integral do Congresso e contará com um painel em que serão discutidas as principais implicações do meio ambiente na sua indústria de atuação. Para tanto, a Empresa deseja patrocinar o Congresso, que está sendo organizado por uma empresa de eventos (a "Organizadora"), por meio da aquisição de uma quota-ouro no valor de 70 mil reais.

A Empresa sugere à Organizadora convidar e custear as despesas para que as seguintes pessoas possam palestrar no Congresso e aportar o seu conhecimento técnico em direito ambiental:

a. um juiz de primeiro grau da comarca X (onde está tramitando uma ação civil pública do Ministério Público local contra a Empresa), o qual é professor titular de Direito Ambiental de universidade pública;

b. um desembargador do Tribunal de Justiça que engloba a mesma comarca da Câmara de Direito Público, tendo julgado já casos ambientais que envolvem o setor de mineração;

c. um agente de fiscalização do Ibama;

d. um(a) ministro(a) de Tribunal Superior.

e. o procurador-geral do Estado X, que tem livros sobre o tema.

O Organizador, nos termos da cláusula contratual estipulada no contrato de patrocínio, submete ao *chief compliance officer* ("CCO") da Empresa os nomes das pessoas que ocupam os cargos acima para aprovação.

Pergunta: Quais convites poderiam implicar riscos à Empresa?

Resposta: O juiz certamente representa um conflito de interesses, ainda que ele seja uma referência no tema do Congresso.

O desembargador do Tribunal de Justiça que engloba a referida comarca e o(a) ministro(a) do Tribunal Superior representam um risco mais remoto, visto que, à primeira vista, não estão diretamente atuando no referido caso, embora possam, potencialmente, vir a estar envolvidos caso a Empresa recorra das decisões de primeiro grau. Se a Empresa tiver um apetite maior ao risco, ela poderia, portanto, nesse caso, aprovar as hospitalidades dos referidos agentes e, seguindo orientação de suas políticas, fazer constar registro apontando que "até o presente momento, não há situação que possa configurar conflito de interesses por meio do convite ao magistrado de segundo grau".

O convite ao agente do Ibama pode trazer um conflito de interesses direto (se ele estiver sob a circunscrição territorial de fiscalização das atividades da Empresa) ou potencial (caso ele não esteja territorialmente nas áreas de atuação da Empresa, mas tenha possibilidade de remoção ou qualquer outra mobilidade no curto ou médio prazo). Logo, no caso de agentes de fiscalização que atuam diretamente na atividade da Empresa, há riscos de conflito de interesses.

O procurador-geral do Estado X, a princípio, não exibiria algum risco de envolvimento direto com a Empresa, salvo se houver alguma questão específica sobre licença ou discussão de contratos administrativos com o Poder Executivo respectivo, por exemplo.

2. A COMPRA DA PASSAGEM AÉREA

A Empresa tem um maior apetite ao risco e decide, então, autorizar o convite ao ministro do Tribunal Superior[11]. Quando o Organizador formaliza o referido convite, o ministro solicita passagens aéreas de classe executiva, considerando que o Congresso ocorrerá em Santiago, no Chile, local que está a cerca de quatro horas de voo do Aeroporto de Guarulhos. A política da Empresa estabelece que executivos da alta administração da Empresa têm direito a voos de classe executiva quando os voos forem superiores a cinco horas.

Pergunta: O Organizador pode comprar a passagem tal como sugerido pelo ministro?

Resposta: Não. É importante que, por dispositivo contratual no patrocínio, o Organizador deva seguir a respectiva política da Empresa para a realização dos convites aos agentes públicos. Se fosse um voo superior a cinco horas, por extensão (eis que o cargo de ministro, do setor público,

---

[11] A partir deste ponto, utilizar-se-á o gênero masculino como padrão com fins de facilitar a exposição do dilema ético.

Cap. 8 · *ROLE-PLAY* DE SITUAÇÕES EM PATROCÍNIO DE EVENTOS E HOSPITALIDADES | 109

corresponderia ao de um alto executivo em empresa privada) poderia ser adquirida a passagem aérea de classe executiva ao ministro.

Pergunta: Se o ministro se dispuser a pagar a diferença tarifária de *upgrade* de classe econômica para executiva, reembolsando posteriormente os custos, o Organizador pode autorizar a compra das passagens?

Resposta: Não. O pagamento de despesa diferenciada implica riscos por conta de (i) transações entre contas envolvendo o agente público e a parte interessada; e (ii) potencial descumprimento da obrigação de reembolso, visto que não haverá nenhum título jurídico para lastro dessa operação (um contrato ou outro ajuste entre a Empresa e o ministro). Por consequência, essa solicitação somente poderá ser aceita se o próprio agente público gerenciar junto à companhia aérea para fazer o *upgrade* de classe econômica para executiva, por exemplo, utilizando suas milhas próprias ou gerando inequívoco comprovante de pagamento da diferença, o qual deverá ser efetuado diretamente pelo agente público.

3. LEVANDO ACOMPANHANTES

O ministro comenta à Organizadora que deseja levar o cônjuge para o referido Congresso, visto que ela é advogada e também atua com direito ambiental, e pede para o Organizador custear as passagens do cônjuge.

Pergunta: Tal solicitação é possível pelas políticas da Empresa?

Resposta: Não. A política proíbe que acompanhantes possam viajar e receber hospitalidades às custas da Empresa.

Pergunta: Se, em vez de cônjuge, fosse uma amiga do ministro, a resposta mudaria?

Resposta: Não. É irrelevante o estado civil do(a) acompanhante e se eles possuem ou não alguma relação afetiva.

Pergunta: Se o ministro estivesse com alguma enfermidade que exigisse a presença constante do cônjuge, a Empresa poderia custear a viagem?

Resposta: Sim. Desde que comprovado documentalmente, a política prevê que, em caso de problemas de saúde e necessidade de acompanhamento, essa exceção poderá ser aprovada e suas despesas com hospitalidade pagas.

Pergunta: E se fosse uma amiga, em vez do cônjuge, a resposta permanece a mesma?

Resposta: Sim. Novamente, é irrelevante o estado civil do(a) acompanhante e se eles possuem ou não alguma relação afetiva. O que importa é que

110 | GUIA PRÁTICO DE COMPLIANCE

o(a) acompanhante, em caso de saúde, possa dar assistência ao palestrante em caso de necessidade.

4. RESERVANDO HOTÉIS

O ministro terá de dormir uma noite em São Paulo por conta da conexão com o voo de Santiago. Ao saber que foi reservado em São Paulo um quarto de hotel *single,* no valor de 700 reais, fica aborrecido, pois ele entende que tal categoria é incompatível com o cargo que ocupa. Informa que deseja o *upgrade* de *single* para *double*, o que aumentará o valor do quarto em mais 500 reais. Comenta, inclusive, que pretende desistir de comparecer ao Congresso caso seu pedido não seja atendido, visto que ele não está habituado com o respectivo hotel e tem receio de sua segurança pessoal.

Pergunta: Como a Empresa deve agir diante dessa solicitação feita à Organizadora?

Resposta: Deve explicar que se aplica o princípio da reciprocidade na situação. A política limita a hospedagem ao valor de diária de 700 reais para a diretoria, e que não é possível aplicar padrões diferenciados para agentes públicos em relação às próprias regras aplicáveis aos colaboradores internos. Deve deixar claro que o ministro pode, às suas expensas, solicitar ao hotel o *upgrade* de quarto, pagando a diferença diretamente no *check-in* do hotel. E se o agente público tem algum receio com relação à sua segurança pessoal, poderá informar o fato às autoridades locais.

Pergunta: Se o ministro decide pagar a diferença, mas prefere transferir o valor à Organizadora para não ter o trabalho de ligar ao hotel e solicitar o *upgrade*, a Organizadora poderá autorizá-lo?

Resposta: Apesar de não haver vedação legal, não se recomenda a existência de transações financeiras entre as contas de agentes públicos e de empresas privadas – à luz de orientações internacionais, tal como no FCPA. A resposta, portanto, seria *não*. Qualquer *upgrade* deve ser organizado pela própria parte interessada, isto é, o agente público em questão.

5. PAGANDO AS DESPESAS DO PRÓPRIO BOLSO

O diretor de marketing está um pouco irritado por conta das constantes negações por parte do CCO da Empresa a respeito das despesas de hospitalidade. Como a diferença de *upgrade* de quarto não é substancial (totalizaria algo em torno de 1.500 reais a mais no orçamento do Congresso), o referido diretor solicita à Organizadora o contato do referido ministro. Ele entra em

Cap. 8 · *ROLE-PLAY* DE SITUAÇÕES EM PATROCÍNIO DE EVENTOS E HOSPITALIDADES | **111**

contato e comenta que ele mesmo fará o pagamento do *upgrade*, tendo em vista que o valor não é substancial.

Pergunta: A Empresa pode ser afetada por essa conduta do diretor?

Resposta: Sim. Não importa de que bolso tenha saído a despesa com hospitalidade. Considerando que nesse contexto ela é uma despesa corporativa, e não exclusivamente pessoal, por meio de leis com responsabilidade objetiva (como a brasileira, a britânica e a francesa, por exemplo), a Empresa poderia ser responsabilizada pela conduta do diretor caso isso seja interpretado como uma vantagem indevida. Além disso, a política proíbe que sejam feitos pagamentos por meio de pessoas físicas em nome da pessoa jurídica.

6. REFEIÇÕES ATRELADAS À HOSPITALIDADE

Como o processo interno de aprovação da Empresa está demorado, o ministro aceita hospedar-se no quarto *single*. Informa à Organizadora que tem restrições alimentares e que, portanto, gostaria de saber se ele terá direito ao faturamento de todas as despesas de frigobar e alimentação durante essa e as demais hospedagens.

Pergunta: Como a Organizadora deve reagir a essa pergunta?

Resposta: A Organizadora deve informar ao ministro que, para a diretoria da Empresa (categoria que seria similar, em uma empresa privada, ao cargo do ministro dentro do setor público), o limite é de 100 reais nas viagens nacionais e de 150 dólares nas viagens internacionais. A divulgação das regras descritas nas políticas deve ser transparente e, portanto, faz-se imprescindível o esclarecimento, ao agente público convidado, das normas da Empresa patrocinadora sobre hospitalidades – parte integrante do contrato firmado entre a Empresa e a Organizadora – a fim de mitigar riscos de violações. A Empresa não deve autorizar que a Organizadora deixe *voucher* aberto nos hotéis, já que as despesas do agente público poderiam ultrapassar o limite estabelecido na política. A Organizadora deve dar prioridade ao faturamento das despesas de alimentação diretamente ao hotel no qual o Ministro estiver hospedado, evitando-se refeições fora do hotel ou do ambiente do Congresso.

7. FAZENDO CONEXÃO EM OUTRA CIDADE

O ministro menciona que, antes de chegar a Santiago, gostaria de fazer um voo com conexão em Lima, pois tem interesse em conhecer tal cidade. No entanto, existe voo direto, sem conexão, entre São Paulo e Santiago. Solicita,

112 | GUIA PRÁTICO DE COMPLIANCE

de qualquer forma, que a Organizadora compre o voo com a referida conexão e envia, ele mesmo, o número do voo para que essa compra seja realizada.

Pergunta: Isso representaria um risco para a Empresa?

Resposta: Sim. Em havendo voo direto disponível, não é justificável a compra de um tíquete aéreo com conexão em outra cidade, sobretudo porque isso representaria uma vantagem indevida ao agente público, já que a conexão em Lima não tem pertinência com o Congresso em questão.[12] Inclusive, a política não permite o *downgrade* para mudança de rota em benefício do colaborador – o que deve se aplicar, igualmente, a agente público. Por fim, há o risco reputacional caso algum fato notório ocorra com o ministro em Lima (por ex.,o agente público pode ser sequestrado ou vítima de violência), local que não possui qualquer pertinência temática em relação ao Congresso.

Pergunta: Se a passagem com conexão em Lima for mais barata que o voo direto, o risco permanece?

Resposta: Sim. A vantagem ou benefício é auferido pelo agente público, e não pela Empresa ou pela Organizadora.

8. FICAR MAIS DIAS ALÉM DO EVENTO

O ministro menciona que, para poder ir ao Congresso e não se desgastar fisicamente, desejaria chegar um dia antes e ir embora um dia depois de sua palestra. Afinal, ele não está acostumado com viagens muito longas – a não ser quando está em férias.

Pergunta: Seria possível à Organizadora atender à requisição?

Resposta: A política é omissa nesse sentido. No entanto, a solicitação é razoável e poderá ser aprovada pelo CCO, por não representar benefício indevido ao agente público. Por se tratar de um voo internacional, com diferença de fuso horário, é justificável a existência de um período de adaptação física e mental e, por consequência, isso justificaria o pagamento das hospitalidades adicionais pela Organizadora.

---

[12] Já houve um precedente nos Estados Unidos, sob a ótica do FCPA, com a FLIR Systems Inc., em que se realizou praticamente um *world tour* de conexões para o agente público. Cf. JORDAN, Jon. World tours and the Summer Olympics: recent pitfalls under the FCPA in the areas of gifts, entertainment, and travel. *Fordham Journal of Corporate & Financial Law*, v. 21, n. 2, p. 313-314, 2016.

Cap. 8 · *ROLE-PLAY* DE SITUAÇÕES EM PATROCÍNIO DE EVENTOS E HOSPITALIDADES | 113

Pergunta: Se o voo fosse para Salvador, em vez de Santiago, a resposta mudaria?

Resposta: Sim, pois ausentes os motivos que justificariam o pagamento de hospitalidades para os dias adicionais, considerando também que há voos regulares de Salvador para Brasília. As hospitalidades oferecidas devem ser as mínimas possíveis, acomodadas dentro da oferta de voos existentes pelas companhias aéreas.

Pergunta: O Congresso termina no sábado e a passagem de volta para o domingo, a única disponível no dia, é a opção mais cara para a Organizadora. O ministro informa que gostaria de ficar até terça-feira e solicita o pagamento das hospitalidades adicionais. A Organizadora verifica que, mesmo pagando as hospitalidades extras do ministro até terça-feira, ainda assim, isso representaria uma economia para o orçamento geral do Congresso, pois o voo de terça-feira é muito mais barato que o de domingo. Seria possível à Organizadora atender à solicitação?

Resposta: Não. Isso representaria vantagem indevida ao agente público, pois converteria o restante da viagem em entretenimento. Nesse caso, a vantagem auferida pelo ministro, que seria indevida, anula a vantagem auferida com a economia consequencial de custos. O primeiro critério é sempre observar, preliminarmente, se a vantagem ao agente é indevida, e somente depois, caso não haja vantagem indevida, verificar se a conduta representa vantagem de economia de custos.

CONCLUSÃO

Essas situações, apesar de inspiradas na realidade empresarial e suas interações com agentes públicos, costumam ser corriqueiras em grandes empresas, sobretudo nas que patrocinam eventos e ficam expostas pelo risco de terceiro (no caso, a Organizadora). Logo, é importante que as políticas de brindes, presentes, hospitalidades e entretenimento dessas empresas sejam robustas o suficiente para prever essas e outras situações e, no ato de patrocínio, que elas sejam incorporadas ao contrato de patrocínio, para que as empresas organizadoras de eventos possam utilizá-las como baliza na tomada de decisões e, dessa maneira, mitigar riscos jurídicos e reputacionais.

Embora juridicamente se possa defender que o patrocinador não teria responsabilidade em relação às decisões da empresa organizadora, uma área de Compliance deve enxergar além dos aspectos jurídicos e considerar os aspectos reputacionais envolvendo referidos eventos, tendo em vista que são corriqueiras essas relações entre agentes públicos e empresas privadas, quando não transparentes, serem expostas pela imprensa.

REFERÊNCIAS

JORDAN, Jon. World tours and the Summer Olympics: recent pitfalls under the Foreign Corrupt Practices Act in the areas of gifts, entertainment, and travel. *Fordham Journal of Corporate & Financial Law*, v. 21, n. 2, p. 313-314, 2016.

II

RISK MANAGEMENT (GESTÃO DE RISCOS)

9

GESTÃO DE RISCOS (*RISK MANAGEMENT*): DESAFIOS E MELHORES PRÁTICAS

ANDRÉ LUIS FRIAÇA RODRIGUES
EUNICE ALCÂNTARA
FABIO DE LIMA
JULIANA OLIVEIRA NASCIMENTO

INTRODUÇÃO

A gestão de "riscos" tornou-se um assunto de extrema relevância nas organizações. No entanto, por mais estranho que possa parecer, identificam-se cenários em que não há percepção de seu valor, muito menos atitude para enfrentá-los.

Neste sentido, será que existe uma compreensão clara do conceito de risco, ameaça, incerteza e controle, para sustentar posições com argumentação técnica? As bases para sustentar uma maturidade adotando modelos preditivos, métricas para demonstrar a relevância, impactos e custos estariam evoluindo?

O propósito não será apenas restringir-se a conceituar, mas também exemplificar na prática do dia a dia, nos momentos em que pressionados por diversos interesses concorrentes, o que teria prevalecido como determinante para as decisões das organizações, e suas respectivas consequências.

Observa-se que em muitas das situações, pode se evidenciar um processo de "estrangulamento" das vozes responsáveis por garantir que nada de significativo seja negligenciado.

Com isso, o gerenciamento de risco caracteriza-se por adotar ferramentas inerentes a determinados processos de trabalho e portes das empresas. Cada ferramenta possui sua própria particularidade e tem aplicações para diferentes situações e níveis decisórios.

GUIA PRÁTICO DE COMPLIANCE

Atualmente, uma das metodologias mais conhecidas e utilizadas é a do *Committee of Sponsoring Organizations of the Treadway Commission (COSO)*, que será tratada em um tópico específico, pois entidades reconhecidamente de controle e fiscalização respaldam a sua aplicação.[13]

Estariam, nesse caso, sendo desenvolvidas ferramentas nas organizações para atuação efetiva nos pontos de vulnerabilidade nos processos ou existiriam condições como pré-requisitos que ainda não foram consolidados?

As organizações são diferentes, em modelos de gestão e portes. Podem ser mais ou menos abertas, e são influenciadas pela sua cultura e impactadas por suas estruturas de governança e vieses comportamentais de gestores, líderes e formadores de opinião.

O propósito também é instigar a reflexão do leitor sobre o nível de atuação das forças de poder de decisão em suas organizações, que podem por vezes transformar-se em um cabo de guerra.

Os cenários de lacunas organizacionais podem também gerar efeitos nocivos ao processo de construção de um ambiente propício a gestão de riscos, obviamente por influenciar no nível de qualidade e disponibilidade das informações, que são muitas vezes não integradas.

Ressalta-se, por meio de casos práticos, como a falta de informação e conscientização sobre riscos, bem como a falta de conhecimento sobre a importância do resultado efetivo de uma ação de controle, foram fortes determinantes na ocorrência e materialização de riscos indesejáveis.

Diante disso, conclui-se que gerenciar riscos deve ser conduzido de maneira consistente, com suas práticas vinculadas a valores e políticas organizacionais existentes e bem consolidadas aos princípios de governança; caso contrário, seu fim será inócuo em face do nível de exigências de programa de compliance, que também trataremos em um tópico específico.

---

[13] "*O COSO (Committee of Sponsoring Organizations)* foi reconhecido pela *SEC*, como modelo a ser aplicado para atendimento a controles internos (Lei *Sarbanes-Oxley – SOX*) tornando obrigatório o que antes era considerado boas práticas de governança. Disponível em: <https://www.coso.org/Documents/ COSO-ERM-Executive-Summary-Portuguese.pdf>. Acesso em 11 ago. 2019. [...]
A *SOX* exige o monitoramento de controles internos sobre os relatórios financeiros. Esse monitoramento é presente entre um dos três objetivos do *COSO* e seus cinco componentes a serem aplicados nas empresas ou unidades de negócio. O objetivo específico para as demonstrações financeiras é o relatório financeiro".

Deste modo, replicar-se-ão também esses fatores aos cenários das PMEs (pequenas e médias empresas), que se caracterizam por deixar de lado a gestão de riscos e demais processos, com o objetivo de gastar menos tempo e reduzir custos, correndo o risco de o produto não ter qualidade, confiabilidade e perder, logicamente, a competitividade.

Além disso, a baixa capacitação gerencial também decorre do fato de que essas empresas são, em sua maioria, familiares, "arriscando-se" a não ter uma administração capacitada a gerir riscos, ou, até mesmo, capaz de "encobrir" riscos potenciais, por estarem relacionados a membros da própria família.

É no contexto da realidade de conflitos originados de casos práticos que se vivenciam em carreiras profissionais que se pretende contribuir para enriquecer o conhecimento e agregar experiência para a formação dos profissionais que atuam ou desejam atuar em Compliance.

Diante disso, faz-se pertinente o conhecimento aprofundado da gestão de riscos, um dos importantes elementos do programa de compliance.

1. AVALIAÇÃO DE RISCOS COMO UM DOS ELEMENTOS DO PROGRAMA DE COMPLIANCE

O DOJ[14], na sua orientação da eficácia de um programa de compliance[15], define três grandes questões a serem respondidas: o programa de compliance está bem desenhado? O programa de compliance está sendo implementado efetivamente? O programa de compliance funciona na prática?

Neste sentido, destaca-se:

> Qualquer programa de conformidade bem concebido implica políticas e procedimentos que dão conteúdo e efeito a normas éticas e que abordam e visam a reduzir os riscos identificados pela empresa como parte de seu processo de avaliação de risco. [...] Como uma questão de limite, os promotores devem examinar se a empresa tem um código de conduta que estabelece, entre outras coisas, o compromisso da empresa com a plena conformidade com as leis federais relevantes que sejam acessíveis e aplicáveis a todos os funcionários da empresa.[16]

---

[14] V. glossário.

[15] *U.S. DEPARTMENT OF JUSTICE. Evaluation of corporate compliance programs. April 2019.* Disponível em: <https://www.justice.gov/criminal-fraud/page/file/937501/download>. Acesso em: 11 ago. 2019.

[16] *Idem.*

Assim, a avaliação de risco é um elemento essencial dentro de um programa de compliance, sendo que os processos e as metodologias utilizados variam de acordo com a maturidade tanto do programa de compliance quanto da empresa em relação ao entendimento e à implementação de uma gestão de risco eficiente.

Em geral, as empresas realizam avaliações para identificar diferentes tipos de risco organizacional. Por exemplo, elas podem conduzir avaliações de risco corporativo para identificar a estratégia, riscos operacionais, financeiros e de conformidade aos quais a organização está exposta, aqueles que poderiam impactar a capacidade de a organização atingir seus objetivos estratégicos. A avaliação de riscos do programa de compliance foca principalmente as ameaças potenciais relacionadas ao descumprimento de legislação, políticas, código de ética ou conduta – o que poderia levar a multas ou penalidades e danos à reputação.

O desenho de um programa de compliance obrigatoriamente passa pela identificação dos principais riscos relacionados aos negócios, às leis e regulamentações necessárias, para que a partir de então possa definir, desenvolver os elementos de compliance relacionados àquele risco, tais como: políticas, treinamentos, comunicação, monitoramento, incentivos à disciplina e canal de denúncias, como parte do plano de mitigação. Desta forma, a avaliação de riscos é um dos elementos essenciais do programa de compliance.

O objetivo da avaliação de riscos é desenvolver uma visão clara e consistente dos riscos emergentes, identificar controles existentes e atividades de mitigação e áreas onde podemos ajustar ou melhorá-los, e possibilitar a mitigação do risco por meio de controles de compliance. Seus benefícios incluem uma melhor visibilidade das áreas de risco pela organização, o fortalecimento do pensamento estratégico, o conhecimento do negócio, a promoção de uma linguagem comum sobre o risco e, também, a validação das ações necessárias para os ajustes e melhorias do programa de compliance com base nos riscos identificados.

A execução da avaliação de riscos em compliance deve incluir uma avaliação do ambiente externo. Em geral, essa avaliação do ambiente pode ser feita pela área legal, dando uma visão geral com relação a novas regulamentações, mudanças de leis e seus impactos, bem como, uma visão dos principais desafios e processos enfrentados pelas empresas daquele segmento, índices de corrupção do país, tendências regulatórias e evolução do mercado e suas práticas.

Um outro pilar importante é a identificação do ambiente interno para avaliar o conhecimento do negócio. É feito por meio de entrevistas, questionários a serem respondidos pelos gestores do negócio ou por intermédio de grupos de discussão. Para isso, é necessário identificar quais são os líderes do negócio a serem entrevistados, definir as perguntas relacionadas aos objetivos internos e suas implicações. Além das entrevistas, é necessário coletar informações sobre resultados de auditorias, investigações, processos legais, resultados financeiros, para que, em conjunto com as entrevistas, se obtenha um cenário o mais preciso possível. Algumas perguntas podem incluir: quais seus principais objetivos e qual sua estratégia de negócio? Quais as barreiras e oportunidades? Quais os novos projetos ou lançamentos, tais como mudança de estratégia, aquisições, terceiros? Quais os processos ou áreas que mais preocupam e quais os principais desafios?

Com essas informações, definem-se as condições para avaliação do risco identificado e seu mapeamento de acordo com a matriz de risco, ou seja, seu impacto com relação à maturidade e ao nível de controle, bem como, as estratégias e planos de ação para mitigação do risco. Atividades de alto risco com controles mínimos serão mensuradas de forma diferente de atividades bem controladas. Também é necessário que, uma vez finalizados, tanto os riscos identificados, quanto a matriz de riscos e o plano de mitigação, que esses sejam compartilhados com os líderes do negócio para que assumam o compromisso como responsáveis pela execução dos planos de mitigação.

Esse processo deve ser realizado anualmente. Uma boa prática é compartilhar os resultados dos planos de mitigação trimestralmente como parte da agenda do Comitê de Compliance. De maneira geral, podemos definir as etapas como sendo: (1) planejamento anual da avaliação de risco; (2) condução da avaliação do ambiente externo; (3) condução da avaliação do ambiente interno; (4) identificação e calibração das áreas de risco conforme matriz de risco; (5) desenvolvimento e definição das estratégias de mitigação de risco; (6) revisão e alinhamento da avaliação de risco e os planos de mitigação com o Comitê de Compliance. Na análise anual, recomenda-se também a comparação com o ano anterior para identificar impactos gerados pelas ações de mitigações, bem como novos riscos e tendências. Como definido nas diretrizes para empresas privadas do *Programa de integridade* elaborado pela Controladoria-Geral da União:[17] "é importante que o processo de mapeamento de riscos seja periódico a fim de identificar eventuais novos riscos, sejam eles decorrentes de alteração nas leis vigentes ou de edição de novas regulamentações, ou de mudanças

---

[17] BRASIL. Controladoria-Geral da União. *Programa de integridade*: diretrizes para empresas privadas. Disponível em: <http://www.cgu.gov.br/Publicacoes/etica-e-integridade/arquivos/programa-de-integridade-diretrizes-para-empresas-privadas.pdf>. Acesso em: 11 ago. 2019.

internas na própria empresa, como ingresso em novos mercados, áreas de negócios ou abertura de filiais, por exemplo".

O processo descrito acima demanda uma governança corporativa estruturada e compromissada com a avaliação de risco, com o entendimento dos impactos dos riscos identificados e que sejam suporte para reforçar a necessidade de implementação das ações de mitigação.

Há empresas com menor estrutura que o processo de avaliação de risco; embora tenham os mesmos conceitos e propósitos, o processo é feito de forma mais simplificada, não se utilizando de sistemas de gestão de riscos, mas sim de alternativas mais simples como uma planilha, por ex.,para documentação e acompanhamento. Uma sugestão, nesses casos, é obter o plano de negócio da empresa, entender os objetivos de cada área mediante entrevista com seus responsáveis. Para cada um dos principais objetivos, listar quais os desafios e as oportunidades para cada um dos projetos definidos no plano de negócio. Ao entender os desafios e as oportunidades, identificar e definir quais elementos do plano de compliance serão necessários para mitigação desses riscos, e, a partir daí, definir um plano de ação e acompanhamento. Por isso, faz-se relevante o conhecimento de metodologias de aplicação referentes à implementação de gestão de riscos, sendo uma das mais importantes a metodologia do *COSO*.

2. GESTÃO DE RISCOS UTILIZANDO A METODOLOGIA DO *COSO*

A gestão de riscos contribui para que as organizações atinjam seus objetivos e ainda possam minimizar perda de recursos, tendo como premissa alcançar as metas de desempenho e de lucro. Dessa forma, colabora para preservação da reputação, além de assegurar o cumprimento legal, e, também, resguarda a organização, permitindo-lhe uma atuação preventiva.

Diante disso, a gestão de riscos tem como referência mundial a utilização da metodologia do *COSO*,[18] uma entidade privada, criada nos Estados Unidos em 1985, independente e sem fins lucrativos, dedicada à melhoria dos relatórios financeiros com base em ética, efetividade dos controles internos e governança corporativa. Sua maior contribuição foi desenvolver um

---

[18] *COMMITTEE OF SPONSORING ORGANIZATIONS OF THE TREADWAY COMMISSION (COSO). Gerenciamento de riscos corporativos*: estrutura integrada. 2007. Disponível em: <https://www.coso.org/Documents/COSO-ERM--Executive-Summary-Portuguese.pdf>. Acesso em: 11 ago. 2019.

modelo integrado global, descrito por quatro categorias de objetivos e oito componentes essenciais de um sistema eficaz de controle interno e riscos, usualmente chamado de "cubo do *COSO*".

Como parte de sua atuação, há mais de uma década, o *COSO* publicou a obra *Internal control: integrated framework*, para ajudar empresas e outras organizações a avaliar e aperfeiçoar seus sistemas de controle interno. Desde então, a referida estrutura foi incorporada em políticas, normas e regulamentos adotados por milhares de organizações para controlar melhor suas atividades visando ao cumprimento dos objetivos estabelecidos

Diante disso, no que atine ao risco, dentre as suas finalidades encontram-se: alinhar o apetite a risco com a estratégia adotada; fortalecer as decisões em resposta aos riscos; reduzir as surpresas e prejuízos operacionais; identificar e administrar riscos múltiplos e entre empreendimentos; aproveitar oportunidades e otimizar o capital.[19]

Neste sentido, conceitualmente, a gestão de riscos corporativos trata-se de um processo conduzido em uma organização pelo conselho de administração, pela diretoria e pelos empregados. É utilizada na concepção estratégica e contempla todos os níveis, sendo formulada para identificar os eventos com potencial de risco para afetar a corporação. Com isso, a gestão tem o condão de administrar os eventos de modo a mantê-los compatíveis com o apetite a risco da organização e possibilitar garantia razoável do cumprimento dos seus objetivos.[20]

Os riscos são priorizados pela gravidade considerando-se o apetite ao risco. A organização seleciona respostas aos riscos e monitora o desempenho para possíveis mudanças. Como resultado desse processo, desenvolve uma visão de portfólio do número de riscos que a entidade assumiu e que afetam sua estratégia e objetivos de negócios.

Neste sentido, na prática, cabe analisar a mensuração dos riscos com fundamento no planejamento estratégico. A gestão de riscos deve ter olhar nos objetivos da corporação, sendo classificados em quatro categorias:[21]

---

[19]   *Idem.*

[20]   *COMMITTEE OF SPONSORING ORGANIZATIONS OF THE TREADWAY COMMISSION (COSO). Gerenciamento de riscos corporativos*: estrutura integrada. 2007. p. 4. Disponível em: <https://www.coso.org/Documents/COSO--ERM-Executive-Summary-Portuguese.pdf>. Acesso em: 11 ago. 2019.

[21]   *COMMITTEE OF SPONSORING ORGANIZATIONS OF THE TREADWAY COMMISSION (COSO). Gerenciamento de riscos corporativos*: estrutura integrada. 2007. p. 5. Disponível em: <https://www.coso.org/Documents/COSO--ERM-Executive-Summary-Portuguese.pdf>. Acesso em: 11 ago. 2019.

Estratégicos: que indiquem metas que se relacionam ao embasamento da missão;
Operações: para utilização adequada, racional e eficiente dos recursos;
Comunicação: indicação de relatórios confiáveis;
Conformidade: observância e cumprimento a leis e regulamentos aplicáveis.

Figura 1: Objetivos da organização

Dentre essas categorias, ainda se podem evidenciar os elementos que as compõem e que são relacionados entre si, que integram o processo de gestão de riscos da organização:

Ambiente Interno
Fixação de Objetivos
Identificação de Eventos
Avaliação de Riscos
Resposta a Risco
Atividades de Controle
Informações e Comunicações
Monitoramento
Componetes do Gerenciamento de Riscos Corporativos

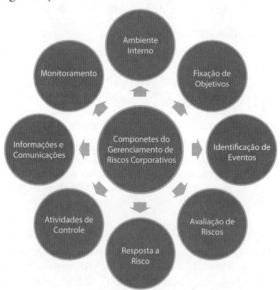

Figura 2: Componentes do gerenciamento de riscos corporativos

Com base nisso, apresenta-se a relevância da composição entre objetivos e componentes, já que tais processos se relacionam, representando a totalidade da gestão de riscos. Sendo assim, esse panorama é apresentado, para melhor compreensão, na figura do cubo tridimensional, que representa tal relacionamento; na vertical temos os componentes e na horizontal os objetivos.

Figura 3: Relacionamento entre objetivos e componentes[22]

Ressalta-se como a gestão de riscos compreende uma perspectiva ampla e que abrange toda a organização.

Com isso, utilizando-se dessa base metodológica, a possibilidade de verificação dos riscos deve ser iniciada com uma análise prévia, um diagnóstico a ser realizado com todas as principais pessoas da organização: integrantes do conselho de administração, da diretoria executiva e os principais gestores. Não há como se conhecer os riscos existentes meramente por uma análise documental ou de sistema, que pode até ser importante, mas é fundamental ir ao cerne da questão. Muitos eventos serão realmente analisados e descobertos, quando da entrevista com esses profissionais.

Deve-se considerar a realização de entrevistas com cada um, com questões específicas a serem feitas, para coleta de dados e mensuração dos riscos, sendo que deve ser resguardada a confidencialidade de quem concedeu as informações; esta é uma responsabilidade da área que se encontra com tal processo.

Neste ínterim, enfatiza-se que, da compilação de respostas, obter-se-á um diagnóstico da organização, que deverá ser consolidado em uma matriz de riscos corporativos.

---

[22] COMMITTEE OF SPONSORING ORGANIZATIONS OF THE TREADWAY COMMISSION (COSO). Gerenciamento de riscos corporativos: estrutura integrada. 2007. p. 7. Disponível em: <https://www.coso.org/Documents/COSO--ERM-Executive-Summary-Portuguese.pdf>. Acesso em: 11 ago. 2019.

Salienta-se que essa matriz apresentará, de acordo com a reincidência das respostas, qual a gravidade do **impacto** dos riscos apontados (com escala de 1 a 5 – muito baixo, baixo, moderado, alto, muito alto) e qual sua **probabilidade** (de 1 a 5 – raro, pouco provável, provável, muito provável, quase certo), podendo ainda haver mensuração de impactos financeiros, que devem ser verificados de acordo com o porte e o faturamento da organização. Diante disso, segue uma matriz de riscos, que evidencia a sua aplicação.

Probabilidade/ Impacto	1 – Muito baixo	2 – Baixo	3 – Moderado	4 – Alto	5 – Muito alto
5 – Quase certo	5	10	15	20	25
4 – Muito provável	4	8	12	16	20
3 – Provável	3	6	9	12	15
2 – Pouco provável	2	8	6	8	10
1 – Raro	1	3	3	4	5

Figura 4: Matriz de riscos

Destaca-se, com isso, que os riscos são classificados como: (i) inerentes, ou seja, riscos que a organização terá de enfrentar pela ausência de medidas efetivas de mitigação pela gestão; e (ii) residuais, que compreendem aqueles que ainda permanecem, mesmo quando da resposta por parte da gestão.

Além disso, enfatiza-se como é importante a gestão dos riscos com a perspectiva do modelo das linhas de defesa, que é uma maneira eficiente e efetiva de aprimoramento da gestão de riscos e controles por meio da elucidação dos papéis e das responsabilidades. Neste prisma, o modelo assegura uma nova perspectiva a respeito das operações, auxiliando no gerenciamento de riscos de empresas de qualquer porte: pequenas, médias e grandes, organizações públicas ou privadas.[23]

Ressalta-se que cada uma das três linhas de defesa apresenta papel diferenciado na estrutura de governança de cada corporação, pois a gestão de riscos não pode ser considerada de maneira integral, sem atentar às competências dos órgãos de governança e da alta administração, pois essas partes são as mais interessadas e asseguram que o processo de gerenciamento dos riscos seja aplicado em toda a corporação.

---

[23]   *THE INSTITUTE OF INTERNAL AUDITORS. Declaração de posicionamento do IIA*: as três linhas de defesa no gerenciamento eficaz de riscos e controles. 2013. p. 2. Disponível em: <http://www.planejamento.gov.br/assuntos/empresas-estatais/palestras-e-apresentacoes/2-complemento-papeis-das-areas-de-gestao-de-riscos-controles-internos-e-auditoria-interna.pdf>. Acesso em: 11 ago. 2019.

Nessa esfera, é essencial o apoio da alta direção e a orientação dos órgãos de governança, para aplicação do modelo das três linhas de defesa. Além disso, os órgãos de governança possuem a responsabilidade e devem prestar contas no que tange ao alcance dos objetivos estratégicos da organização.

Figura 5: Modelo de três linhas de defesa[24]

Em síntese, a 1ª linha de defesa encontra-se relacionada à gestão operacional, a 2ª linha trata do gerenciamento de riscos e conformidade e a 3ª linha da auditoria interna.

1ª LINHA DE DEFESA	2ª LINHA DE DEFESA	3ª LINHA DE DEFESA
Proprietários/ Gestores de Riscos	Controle de Risco e Conformidade	Avaliação de Riscos
• gerência operacional	• independência limitada • reporta primeiramente à gerência	• auditoria interna • maior independência • reporta ao órgão de governança

Figura 6: Modelo de coordenação entre as três linhas de defesa[25]

---

[24] THE INSTITUTE OF INTERNAL AUDITORS. *Declaração de posicionamento do IIA*: as três linhas de defesa no gerenciamento eficaz de riscos e controles. 2013. p. 2. Disponível em: <http://www.planejamento.gov.br/assuntos/empresas-estatais/palestras-e-apresentacoes/2-complemento-papeis-das-areas-de-gestao-de-riscos-controles-internos-e-auditoria-interna.pdf>. Acesso em: 11 ago. 2019.

[25] THE INSTITUTE OF INTERNAL AUDITORS. *Declaração de posicionamento do IIA*: as três linhas de defesa no gerenciamento eficaz de riscos e controles. 2013. p.

GUIA PRÁTICO DE COMPLIANCE

Desta forma, é pertinente que a gestão de riscos seja realizada como uma boa prática para assegurar a perenidade da organização. Neste sentido, os casos envolvendo as corporações têm evidenciado a relevância de uma gestão de riscos alinhada às práticas de um Compliance efetivo, e, para tanto, a avaliação de maturidade é um processo fundamental a ser aplicado, como se verá no tópico seguinte.

3. AVALIAÇÃO DO NÍVEL DE MATURIDADE

A discussão sobre gestão de riscos reforça o aspecto relacionado à necessidade de percepção sobre seu nível de maturidade. E bem que se poderia defini-la como um divisor de águas para a organização.

É importante que se tenha, a partir de um "choque de realidade", uma visão clara e concreta de como a administração determina, avalia, gerencia e monitora os riscos de forma harmoniosa aos processos da gestão operacional de seu dia a dia.

Gerenciar riscos exige mudanças culturais e estratégicas, bem como decisões no nível apropriado, como, por exemplo, contemplar realocação de pessoal e responsabilidades, revisão de orçamentos, compromissos e integração de áreas e processos, cumprimento das normas de contabilidade e obediência às leis; desde o planejamento estratégico até os processos de todas as áreas, funções e atividades relevantes para o alcance dos objetivos-chave da organização.

Sem dúvida, será um determinante para aferir a grandeza dos desafios quando se tem a noção do quanto a gestão de riscos está conectada à liderança, às políticas e à estratégia, e, obviamente, ao preparo das pessoas para assimilá-la.

Observam-se, por exemplo, modelos de avaliação de nível de maturidade em que se questiona previamente se os princípios, a estrutura (componentes) e os processos colocados em prática para o gerenciamento de riscos "estariam presentes e funcionando integrados aos processos de gestão operacional".

Como fator positivo, ao utilizar-se esse tipo de modelo, em que se aplica um questionário de autoavaliação,[26] gera-se maior responsabilização e comprometimento.

---

6. Disponível em: <http://www.planejamento.gov.br/assuntos/empresas-estatais/palestras-e-apresentacoes/2-complemento-papeis-das-areas-de-gestao-de-riscos-controles-internos-e-auditoria-interna.pdf>. Acesso em: 11 ago. 2019.

[26] BRASIL. Tribunal de Contas da União. *Roteiro de avaliação de maturidade da gestão de riscos*. Brasília: TCU, Secretaria de Métodos e Suporte ao Controle Externo,

Ao ponderar os resultados obtidos utilizando-se de pesos e critérios – tais como integral, parcial ou ausência –, pode-se ao final apurar um índice de maturidade de cada dimensão (ambiente, processos, integração etc.).

O interessante é que a partir do resultado consolidado dessa classificação em relação a qual nível de maturidade (inicial, básico, intermediário) a organização se encontra, ela pode autoavaliar-se em relação aos seus desafios e aos esforços que necessita empregar para alcançar patamares mais altos. Obviamente, planejando-se para tais atividades – muito diferente de começar esse processo emergencialmente ("pela dor") em função de um risco materializado.

Por conseguinte, evidencia-se o quanto questões de riscos relacionados a fraude, entre outros fatores, ocorrem usualmente em diversas corporações ao redor do mundo, principalmente pela ausência de controle, como se destaca nos casos que contextualizam a importância da realização de gestão de riscos nas organizações e que serão demonstrados, na sequência.

4. CONTEXTO PRÁTICO (*CASES*)

A análise de casos reais de fracassos de controles relatados a seguir permitirá tirar lições sobre como prevenir novos casos, porém, mais que isso, nos conduzirá também a um diagnóstico sobre a relação com os critérios de maturidade na gestão de riscos.

Neste prisma, pode-se extrair dos relatos o quanto em sua causa-raiz estão impactados pela inexistência ou ineficácia de:

→ ambiente: liderança, políticas e estratégias, preparo das pessoas para gestão de riscos;

→ processo de gestão de riscos: um processo formal, com padrões e critérios definidos para a identificação e análise de riscos, avaliação e resposta a risco;

→ integração: relacionamento colaborativo entre partes, visando ao alcance de objetivos de interesse comum.

A gestão de riscos, se adequadamente estruturada, com reporte correto na organização e processos definidos, configura-se em sua essência uma questão de governança corporativa.

2018. Disponível em: <https://portal.tcu.gov.br/lumis/portal/file/fileDownload.jsp?fileId=8A81881E61E3109601620CBEC2333A04>. Acesso em: 11 ago. 2019.

GUIA PRÁTICO DE COMPLIANCE

Case 1: Desvio de recursos de uma média empresa por meio de transferências eletrônicas (TED) feitas diretamente pelo próprio beneficiário final do esquema

Neste primeiro caso, a ocorrência foi caracterizada por gestão fraudulenta, apropriação e desvio de valores realizados pelo coordenador financeiro, ato este realizado de forma continuada e restringindo-se historicamente ao período de seis meses.

O respectivo coordenador elaborava relatórios de fechamento financeiros adulterados (manipulados em planilhas eletrônicas, após os números e lançamentos terem sido obtidos do sistema financeiro), de modo que na apresentação aos sócios e às diretorias, não transparecesse o delito de apropriação e desvio dos valores que realizava.

Ele detinha procuração concedida pela administração com poderes exclusivos para movimentar a conta corrente da empresa no banco e preparar os relatórios para a contabilidade e os gestores. Elaborava os relatórios financeiros internos sabendo que eram falsos, ou seja, não correspondiam à realidade da movimentação registrada originalmente nos extratos bancários.

Ainda, tinha o poder de comando na instituição, participava da sua alta administração, enfim, tinha influência nas decisões significativas e acerca das diretrizes a serem tomadas pela própria empresa.

Agravando-se a esse fato, o presidente solicitava que o mesmo responsável financeiro administrasse suas contas pessoais, criando-se nesse caso um cenário potencialmente de alto risco.

Diante disso, evidenciaram-se TEDs efetivadas pelo próprio "login que lhe foi autorizado" de valores entre 10 mil reais e 30 mil reais, totalizando 120 mil reais, sem que o correspondente documento comprobatório tivesse autorização de alçada superior para respaldar que tais transferências para si próprio pudessem ser devidas. Pelo contrário, emitia a nota fiscal eletrônica (por ser pessoa jurídica) para compor o movimento a ser enviado para a contabilidade (terceirizada) e nada lhe era questionado a respeito. O movimento não era conciliado por outro responsável.

O contador não tinha atribuições para questionar a gestão orçamentária, restringindo-se a contabilizar o fato recebendo o documento contábil/fiscal considerado válido para tal fim.

Na ausência do presidente e sem que este soubesse, um dos sócios da empresa (mesmo sem ter essa atribuição formalmente registrada em ata), solicitou um dos extratos bancários visando a conferir um lançamento de

Cap. 9 • GESTÃO DE RISCOS (*RISK MANAGEMENT*): DESAFIOS E MELHORES PRÁTICAS | **131**

estorno de lançamento a um cliente, sem nenhum motivo relacionado ao que estava ocorrendo.

Por "erro", o coordenador enviou-lhe também extratos do banco em que realizava os pagamentos para os funcionários, inclusive os indevidos feitos a si próprio. Dessa forma, o sócio questionou ao presidente os valores pagos a esse coordenador, desencadeando-se um processo de "auditoria" em que se apurou o volume das fraudes realizadas, além dos detalhes do que foi relatado no texto acima exposto.

Ao ser questionado após a coleta das provas, o autor do delito criou um racional tão profundo que passou a acreditar que o que foi feito, além de ser estratégico, era correto e profissionalmente aceito como uma atitude normal, sem nenhum viés de irregularidade. Ele afirmou: "Sou de confiança, me sinto até irmão dos acionistas, por isso participei da distribuição de lucros que considerava por direito e acertado 'informalmente' com o presidente".

Identificar os riscos que ameaçam o cumprimento dos objetivos e tomar as ações necessárias quando executadas a tempo e de maneira adequada, permite a redução ou gestão dos riscos.

No caso relatado, infelizmente, o risco concretizou-se com consequências porque não foram aplicadas *atividades de controle* (**princípio do COSO**) que, em sua natureza, poderiam ser atividades de prevenção e detecção, como, por exemplo:

Prevenção	Alçadas	São os limites determinados a um funcionário, quanto à possibilidade de este aprovar valores ou assumir posições em nome da Instituição.
Prevenção	Autorização	A administração determina as atividades e transações que necessitam de aprovação de um supervisor (superior ao executor) para que sejam efetivadas.
Prevenção	Normas	Validação de determinada transação com base em critérios e conformidade com as políticas e os procedimentos estabelecidos.
Detecção	Conciliação	Confrontação da mesma informação com dados vindos de bases diferentes, adotando as ações corretivas quando necessário.

132 | GUIA PRÁTICO DE COMPLIANCE

No caso relatado: a *conciliação bancária* é a comparação entre o saldo do extrato bancário e dos livros contábeis (controle interno, com a classificação de cada operação de acordo com o plano de contas financeiro). É um elemento essencial da gestão financeira da empresa, instrumento de controle e até mesmo de planejamento, uma vez que pode ser utilizado junto à elaboração do orçamento. Devendo ser:

- tempestiva, ou seja, deverá ser lançada e atualizada, de preferência, diariamente;
- consistente, ou seja, seus resultados e eventuais diferenças entre o extrato e o que está registrado na contabilidade, deverão estar explicados e detalhados;
- observado o *princípio da segregação de funções*. Para evitar erros ou fraudes no processo, deverá ser realizada por uma pessoa *diferente da que faz os depósitos ou até mesmo daquela que faz a emissão dos extratos.*

Detecção	Revisão de desempenho	Acompanhamento de uma atividade ou processo, para avaliação de sua adequação e/ou desempenho em relação às metas orçamentárias (por exemplo) e comparativo às respectivas contas contábeis.
Prevenção e detecção	Segurança de acesso	Senhas para controle de acesso a transações específicas, rodízio periódico e, para determinadas transações, travas automáticas executando controles de monitoramentos e testes para satisfazer condições específicas para efetivação.
Prevenção	Segregação de funções	Reduz tanto o risco de erro humano como o de ações indesejadas. Funções do executor e aprovador e conciliação; contratação e pagamento.
Prevenção e detecção	Sistemas informatizados	Concebidos para atender plenamente o processo, para atender às premissas que são: efetividade, confiabilidade e conformidade.

Em uma abordagem desse processo fundamental, destacando até os requisitos básicos que o sustentam, pode-se interpretar como absoluta "negligência" com a responsabilidade corporativa, o fato de serem "ignorados".

Com certeza, caso um processo formal de "gestão de riscos" tivesse sido realizado, certamente seria eleito como um *red flag*[27] gigantesco. Mas o que também impressionou nesse caso foi a não punição do responsável à altura dos delitos praticadas.

A resposta comprova e engrossa os números da *Association of Certified Fraud Examiners (ACFE)*, e destacamos, dessa forma, o nível da maturidade das lideranças como sendo um grande desafio a evoluir para justificar o investimento em um processo de gestão de riscos. Neste sentido, se destaca a pesquisa realizada pela *ACFE* (2018), apontando que empresas vítimas de fraudes ocupacionais constantemente optam por não aplicar sanções severas aos autores dos desvios de conduta, sendo que a razão mais citada pelos empregadores é o medo de uma má publicidade e de prejuízo à imagem.[28]

***Case* 2: Fraude contábil visando a aumentar os bônus da diretoria em empresa multinacional de origem europeia com faturamento anual superior a 100 milhões de reais e mais de 100 empregados, fabricante de equipamentos eletroeletrônicos para venda "business-to-business", com serviços de instalação, garantia e manutenção preventiva e corretiva dos mesmos**

Um executivo de finanças, logo que assumiu uma de tantas posições de diretor financeiro que ocupou em sua carreira, se deparou com os seguintes indícios:

- na preparação do primeiro relatório financeiro mensal de sua gestão para a matriz, detectou que os valores reportados no mês anterior não eram os mesmos que constavam no balancete contábil;
- as diferenças eram significativas (especialmente nas contas de resultado) e ninguém conseguia explicá-las (o gerente de contabilidade somente fornecia os dados para o diretor financeiro anterior, não participando ativamente de sua elaboração) – o lucro estava 200% superior àquele apresentado no balancete, havendo grandes diferenças em contas de receitas, custos e despesas (foi constatada praticamente a mesma diferença entre os livros e o relatório da auditoria externa relativa ao exercício anterior);

---

[27] V. glossário.

[28] *ASSOCIATION OF CERTIFIED FRAUD EXAMINERS. Report to the Nations*: 2018 global study on occupational fraud and abuse. Disponível em: <https://s3-us-west-2.amazonaws.com/acfepublic/2018-report-to-the-nations.pdf>. Acesso em: 11 ago. 2019.

- havia saldos de balanço sem documentação suporte ou cálculos atualizados, bem como sem conciliações periódicas:

✓ adiantamentos a fornecedores, especialmente à transportadora que era responsável por toda a sua logística (principalmente entrega de seus produtos aos clientes e busca de matérias-primas de fornecedores) – os adiantamentos eram feitos sem base documental, por meio de pedidos telefônicos da transportadora, sendo os conhecimentos de transporte emitidos *a posteriori*, e os saldos não eram confirmados nem conciliados;

✓ custos incorridos na fabricação e/ou instalação dos equipamentos de períodos anteriores sendo reconhecidos no período atual (regime de caixa em vez de regime de competência);

✓ provisão para devedores duvidosos que não correspondia à real necessidade para cobrir as potenciais perdas por inadimplência de clientes, de acordo com o *aging list* (relatório de antiguidade de saldos de contas a receber, que detalha as faturas vencidas e a vencer) – normalmente essas perdas podem ser bem estimadas pela tesouraria/área de crédito e cobrança, com base na situação de cada cliente;

✓ provisão para estoques obsoletos insuficiente para cobrir a menor valia dos valores de livros dos estoques da empresa, *vis-à-vis* seu giro (sem movimentação), sua obsolescência técnica ou comercial – normalmente essa menor valia pode ser estimada com base no giro de estoques (por ex., estoques sem movimentação há mais de um ano devem ser provisionados), bem como no conhecimento das áreas de operações e comercial acerca da serventia daqueles para fins comerciais;

✓ provisão para garantias insuficiente para cobrir os custos a incorrer com retrabalhos para manutenção corretiva de equipamentos dentro do período de garantia dada aos clientes (um ano, em média) – esses custos podem ser estimados com base no histórico de ocorrências de gastos com garantia em relação às vendas (estatisticamente);

✓ impostos a recuperar (ICMS, IPI, PIS, Cofins, IRRF etc.) com datas de lançamento nos livros muito antigas (fato gerador).

O executivo apresentou os problemas primeiramente ao presidente (que afirmou desconhecer aqueles problemas relatados, mostrando-se surpreso com os fatos) e, posteriormente, ao vice-presidente regional de finanças

Cap. 9 · GESTÃO DE RISCOS (*RISK MANAGEMENT*): DESAFIOS E MELHORES PRÁTICAS | 135

(ambos eram seus chefes). Logo, decidiu-se convocar uma reunião com os auditores externos (empresa multinacional definida pela matriz).

Da reunião com os auditores não resultou uma conclusão do que acontecera, mas eles se prontificaram a recolocar parte da equipe em campo para rever os trabalhos realizados no ano anterior. Dessa revisita, constatou-se que realmente havia diferenças que não estavam documentadas nos seus papéis de trabalho e decidiu-se que eles continuariam investigando com uma equipe diferente da que tinha executado o trabalho anterior, para descobrir o que efetivamente havia ocorrido.

Paralelamente a isso, formou-se uma força-tarefa para rever a política de reconhecimento de receitas e de seus respectivos custos (área financeira/contabilidade), bem como para assegurar que os números reportados à matriz passassem a ser os efetivamente gerados pelos livros contábeis.

Igualmente, formou-se outra força-tarefa para conciliar os saldos com a transportadora e deixá-los atualizados de forma transparente (área financeira/tesouraria). Nesses trabalhos de conciliação descobriram-se muitas divergências de dados entre as partes, constatando-se vários documentos sem contabilização de um lado e de outro, mas, principalmente, nos livros da transportadora quanto ao registro dos adiantamentos. Igualmente, detectaram-se pagamentos em duplicidade e (até) mais faturas emitidas pela transportadora, especialmente devido ao fato que ela descontava tais faturas em uma empresa de *factoring* (ou seja, a empresa adiantava valores, que não eram descontados dos pagamentos das faturas, pagando-as novamente à *factoring*). Devido ao grande volume e à exiguidade de tempo, decidiu-se contratar uma consultoria especializada para conduzir a conciliação e chegar a um número final.

O executivo passou a analisar a estrutura de controles internos para fazer um diagnóstico da situação, com o intuito de descobrir as causas-raiz dos problemas detectados até então e propor medidas para evitar (ou mitigar) tais causas, visando a gerenciar de forma efetiva os riscos inerentes à atividade da empresa (de acordo com os princípios do *COSO*). Dessa análise, resultou o seguinte diagnóstico de causas prováveis dos problemas:

- não havia uma política de compras para normatizar seu processo, de forma que várias áreas compravam, diretamente, tudo de que necessitavam para operar, sem efetuar um processo licitatório (por ex., investigação da idoneidade dos fornecedores, avaliação de sua qualidade e eficiência, cotação de preços etc.) – no caso da transportadora, esta foi escolhida pela área de expedição;

GUIA PRÁTICO DE COMPLIANCE

- não havia política de dupla assinatura para os pagamentos da empresa no *website* dos bancos, de forma que qualquer diretor ou procurador com poderes assinava pagamentos individualmente – no caso da transportadora, os adiantamentos eram aprovados e assinados pelo diretor financeiro (em sua maioria), e, eventualmente, pelo presidente;
- apesar de haver um *software* (do tipo *ERP – Enterprise Resources Planning*), este era muito simples e não era adequado à operação da empresa, não atendendo às necessidades mínimas de controle interno, de modo que muitos processos eram extremamente manuais (ou executados em planilhas eletrônicas), o que dificultava seu controle sistêmico ou pontos de checagem automatizados com bloqueio de operações suspeitas ou de origem duvidosa;
- não havia um manual de políticas contábeis divulgado para as áreas contábil e financeira, que estabelecesse as diretrizes a serem seguidas na elaboração das demonstrações financeiras, especialmente quanto a:

✓ reconhecimento de receitas;

✓ confrontação de custos e despesas;

✓ reconhecimento de despesas em seu período correto;

✓ provisões contábeis a serem feitas com a melhor estimativa;

✓ contabilização de operações de *leasing*;

✓ outras;

- igualmente, as conciliações contábeis não eram preparadas de modo sistemático, nem sempre estavam atualizadas, adequadamente revisadas ou sofrendo um *follow-up* / acompanhamento periódico quanto à eliminação de itens antigos pendentes, o que denotava possibilidade de erros e fraudes;
- a parcela variável dos salários era alta, podendo chegar a 40% da renda anual de alguns executivos, o que aumentava a pressão por reconhecimento de receitas e pela geração de lucro contábil mensal;
- a estrutura organizacional não proporcionava uma adequada segregação de funções, constatando-se muito poder em algumas funções, no sentido de aprovação unilateral (sem limites) para várias despesas e, posteriormente, a assinatura dos respectivos pagamentos;
- devido à sua origem familiar (fora adquirida pelo grupo multinacional há alguns anos), ainda tinha uma governança corporativa frágil, concentrando muito poder em alguns executivos e havendo

parentes ou amigos deles trabalhando na empresa (mais por confiança que por meritocracia), guardando resquícios de seu passado;

- não havia um comitê de avaliação de riscos, especialmente para a assinatura de novos contratos de venda, focando a qualidade do cliente, sua reputação, capacidade de pagamento, análise das exigências do contrato e capacidade de atendimento, além de condições financeiras daquele (por ex., preços e rentabilidade, custos, variação de taxa de câmbio, reajustes de preços em contratos de longo prazo etc.).

Nesse contexto, o executivo passou a recomendar a introdução e a criação de um ambiente de controles internos para elevar o nível da segurança do negócio, pois os seguintes riscos foram identificados:

Tipo de risco	Circunstâncias/Impactos	Mitigação
Risco de crédito	Havia atrasos de recebimentos de clientes, sem ação efetiva (nem preventiva nem corretiva) pela área de tesouraria/crédito e cobrança).	Política de crédito e cobranças/KYC (*know your customer*).
Risco de câmbio	A empresa importava uma considerável parte das matérias-primas utilizadas no processo fabril e ainda dependia de outras adquiridas localmente, cujos preços variavam de acordo com o mercado internacional.	Comitê de gestão de riscos para novos projetos/RAC (*risk assessment committee*); política de *hedge* cambial.
Risco de inflação	A incerteza da economia brasileira sempre é um fator importante, tanto para os custos locais (aluguel, água, luz, telefone, insumos produtivos e não produtivos) quanto, principalmente, para salários e encargos sociais, já que há dissídios anuais que afetam toda a folha de pagamento e esse fator não era considerado quando da assinatura de contratos de venda, que não continham cláusulas de reajuste periódico.	Comitê de gestão de riscos para novos projetos (RAC – Risk Assessment Committee); política de compras que preveja renegociação de preços com fornecedores.

Risco tributário	Devido à complexidade da legislação tributária brasileira e à enorme quantidade de tributos existentes no país (impostos, taxas e contribuições), esse é um importante fator de risco, especialmente levando-se em consideração as suas esferas de competência (federal, estadual e municipal), a extensão territorial do país e sua aplicabilidade (por ex., 27 estados e um Distrito Federal), bem como a sua volatilidade (*i.e.*, mudanças muito frequentes na legislação). Estes fatores não eram devidamente tratados quando das assinaturas de contratos, que muitas vezes envolviam vários estados.	Comitê de planejamento tributário participativo e atuante nos projetos e interagindo com o RAC (*Risk Assessment Committee*).
Risco técnico	Possibilidade de falhas no funcionamento do produto e os respectivos custos correlatos de uma falha de funcionamento ou não atendimento aos requerimentos dos clientes e suas consequências para esses e seus funcionários (incluindo o risco de acidentes e danos pessoais e materiais/lucros cessantes). Não considerados adequadamente, haja vista o volume de gastos com garantias.	Comitê de gestão de riscos para novos projetos/RAC (*Risk Assessment Committee*); comitê destinado a avaliar o atendimento técnico e operacional aos requisitos dos clientes/S&OP (*Sales and Operations Committee*).
Risco de rentabilidade	Possibilidade de não entrega dos resultados esperados, sendo uma consequência da junção dos riscos acima – o que efetivamente aconteceu neste *case*, em que o resultado final, depois da aplicação de todos os ajustes contábeis abaixo, saiu de um lucro a um enorme prejuízo, como segue:	Políticas e práticas contábeis claramente alinhadas com os princípios de contabilidade internacionais/IFRS (*international financial reporting standards*); departamento financeiro bem estruturado; auditoria interna atuante; auditoria externa eficaz.

Risco de fraudes e de reporte financeiro	i. provisão de devedores duvidosos, incluindo os adiantamentos feitos à ii. transportadora; iii. provisão de obsolescência de estoques; iv. provisão de custos passados e a incorrer sobre receitas reconhecidas; v. reversão de receitas reconhecidas incorretamente. Tanto econômicas (contábeis) como financeiras (desvios) podem ocorrer quando o ambiente de controles internos não apresenta robustez para a detecção de fraudes ou erros que podem levar as demonstrações financeiras a não refletir a situação econômica da empresa de forma fidedigna.	Governança corporativa eficaz, formada por uma estrutura organizacional hierárquica funcional, como: i. conselho de administração; ii. conselho fiscal; iii. comitê de auditoria; iv. área de Compliance com reporte ao conselho; v. diretoria.

5. CONSIDERAÇÕES FINAIS

A gestão de riscos é um processo que consiste na aplicação de metodologias de controle e de mitigação de incertezas e assume um papel fundamental no ambiente empresarial, pois, por meio de sua aplicação, esses riscos podem ser administrados de forma a atingir os objetivos estratégicos da empresa.

Neste sentido, a gestão de riscos envolve identificar, avaliar, mitigar e monitorar os riscos e as incertezas. Com isso, ao administrar respostas apropriadas dentro dos níveis considerados aceitáveis, propicia-se um ambiente no qual as oportunidades podem ser aproveitadas de forma mais eficaz.

Sabe-se que os riscos fazem parte do mundo dos negócios, e, as empresas estão sujeitas a eles, até como parte de sua estratégia, sendo que, como é conhecido, eles também podem gerar oportunidades. Adicionalmente, quanto maior o risco, maior a possibilidade de retorno. Portanto, não existe negócio sem riscos.

Por outro lado, é de grande importância a adequada coordenação da gestão desses riscos (equilíbrio entre o apetite *versus* seu nível de tolerância), pois a materialização de um risco pode por vezes prejudicar significativamente um negócio, ao gerar prejuízos à imagem, à reputação e financeiros, que, em última instância, podem levar à falência da organização e ao seu desaparecimento.

Sendo assim, ao ressaltar-se a "adequada coordenação" acima, entende-se também por estruturar bases para um efetivo sistema de controles internos, e nesse caso, dentre as metodologias existentes no mercado, destaca-se o *COSO*.

As empresas podem encontrar-se em diversos níveis ou estágios de maturidade no que tange ao modo com que a gestão de riscos está "internalizada" na organização. Isso depende de vários aspectos como estrutura, pessoas, cultura organizacional e governança corporativa; dependendo do caso, seus desafios poderão ser maiores ou menores, e consequentemente, obterá mais ou menos eficiência em atingir seus objetivos estratégicos.

Neste prisma, a gestão de riscos é extremamente importante para a área de Compliance da empresa, e, seu relacionamento é direto, no sentido em que este último visa a assegurar o atendimento às normas, aos regulamentos e às leis, garantindo elevados padrões éticos de atuação, sendo seus três pilares: prevenção, detecção e correção.

Logo, a gestão de riscos é fundamental para o atingimento desses padrões e para perpetuar um ciclo virtuoso de sustentabilidade, uma vez que ao avaliar-se um risco pode-se antecipar a ele (prevenção); com um sistema efetivo de controles internos, mitigam-se os riscos, possibilitando a descoberta de atos contrários ao código de ética (detecção); e, finalmente quando se monitoram esses, garante-se que erros não serão repetidos (correção).

Dessa forma, considerando-se que Compliance e gestão de riscos são essenciais na formulação da estratégia da empresa, ambos devem estar totalmente alinhados, para assegurar a perenidade da organização.

REFERÊNCIAS

ASSOCIATION OF CERTIFIED FRAUD EXAMINERS. Report to the Nations: 2018 global study on occupational fraud and abuse. Disponível em: <https://s3-us-west-2.amazonaws.com/acfepublic/2018-report-to-the-nations.pdf>. Acesso em: 11 ago. 2019.

BRASIL. Controladoria-Geral da União. *Programa de integridade*: diretrizes para empresas privadas. Disponível em: <http://www.cgu.gov.br/Publicacoes/etica-e-integridade/arquivos/programa-de-integridade-diretrizes-para-empresas-privadas.pdf>. Acesso em: 11 ago. 2019.

_____. Ministério do Planejamento, Desenvolvimento e Gestão. *Manual de gestão de integridade, riscos e controles internos da gestão*. Brasília, DF: Ministério do Planejamento, Desenvolvimento e Gestão, 2017. Disponível em: <http://www.planejamento.gov.br/assuntos/gestao/controle-interno/manual-de-girc/view>. Acesso em: 11 ago. 2019.

_____. Ministério da Transparência e Controladoria-Geral da União *Manual de orientações técnicas da atividade de auditoria interna governamental do poder executivo federal*. Brasília: CGU, 2017. Disponível em: https://www.cgu.gov.br/Publicacoes/auditoria-e-fiscalizacao/arquivos/manual-de-orientacoes-tecnicas-1.pdf. Acesso em: 11 ago. 2019

_____. Ministério da Transparência e Controladoria-Geral da União. *Metodologia de gestão de riscos*. Disponível em: https://www.cgu.gov.br/Publicacoes/institucionais/arquivos/cgu-metodologia-gestao-riscos-2018.pdf/view. Acesso em: 11 ago. 2019.

_____. Tribunal de Contas de União. *Manual de gestão de riscos do TCU*. Brasília: TCU, Secretaria de Planejamento, Governança e Gestão, 2018. Disponível em: p?fileId=FF8080816364D79801641D7B3C7B355A. Acesso em: 11 ago. 2019.

_____. Tribunal de Contas da União. *Roteiro de avaliação de maturidade da gestão de riscos*. Brasília: TCU, Secretaria de Métodos e Suporte ao Controle Externo, 2018. Disponível em: https://portal.tcu.gov.br/lumis/portal/file/fileDownload.jsp?fileId=8A81881E61E3109601620CBEC2333A04. Acesso em: 11 ago. 2019.

COMMITTEE OF SPONSORING ORGANIZATIONS OF THE TREADWAY COMMISSION (COSO). *Gerenciamento de riscos corporativos*: estrutura integrada. 2007. Disponível em: . Acesso em 11 ago. 2019.

RIZO, Frank. *Mapeamento de controles internos SOX*: práticas de controles internos sobre demonstrações financeiras. São Paulo: Atlas, 2018.

THE INSTITUTE OF INTERNAL AUDITORS. *Declaração de posicionamento do IIA*: as três linhas de defesa no gerenciamento eficaz de riscos e controles. 2013. p. 2. Disponível em: http://www.planejamento.gov.br/assuntos/empresas-estatais/palestras-e-apresentacoes/2-complemento-papeis-das-areas-de-gestao-de-riscos-controles-internos-e-auditoria-interna.pdf. Acesso em: 11 ago. 2019.

U.S. DEPARTMENT OF JUSTICE. *Evaluation of corporate compliance programs*. April 2019. Disponível em: https://www.justice.gov/criminal-fraud/page/file/937501/download. Acesso em: 11 ago. 2019.

III
INVESTIGAÇÕES INTERNAS

10

INVESTIGAÇÕES INTERNAS: CONDUÇÃO, DESAFIOS E MELHORES PRÁTICAS

Antonio Carlos Hencsey
Christina Montenegro Bezerra
Marisa Peres

INTRODUÇÃO

O processo de investigação interna nunca é fácil. São inúmeros os elementos que devem ser levados em consideração para preservar não só a ética e o profissionalismo, como também a imagem, os ativos, os colaboradores e os relacionamentos no ambiente empresarial. Conduzir esse tipo de trabalho faz parte da rotina da maioria dos profissionais de *Compliance Corporativo* e demanda preparação, conhecimento e experiência por parte do seu responsável. Possuir a referência das melhores práticas ajuda a ter um melhor desempenho nessa função, e no momento de tomar decisões críticas para uma organização.

A cobrança corporativa sobre o líder dos processos investigativos internos também costuma ser intensa e precisa ser gerenciada de forma madura para que se chegue ao cerne do caso com mais eficácia e melhores resultados.

Este texto trata exatamente disso: como lidar com todos os elementos complexos que envolvem uma investigação interna, diante de diferentes cenários, e mesmo assim potencializar o sucesso. Quais barreiras devem ser enfrentadas e quais devem indicar uma mudança de rota na condução do caso? Quando levar uma investigação de forma interna e quando é melhor contar com um suporte externo para diminuir a probabilidade de conflitos, vazamentos e intervenções?

GUIA PRÁTICO DE COMPLIANCE

Sem a pretensão de esgotar o tema, que é farto, os autores deste artigo apresentarão ao leitor algumas de suas experiências de anos de trabalho com processos complexos envolvendo casos de comportamentos desviantes em diversas esferas como fraudes, corrupção, quebra de confidencialidade, entre outros. Também discorrerão sobre como lidar com os demais *stakeholders*[1] envolvidos direta e indiretamente nas análises dos casos, sempre trazendo vivências práticas de êxitos e adversidades vistos ao longo da jornada profissional.

Como complemento, discutirão ações de tratamento dos casos investigados propondo atuações que diminuam riscos nas esferas financeira, jurídica e de comunicação de marca sem, contudo, perder o rigor da punição necessária diante de desvios éticos que prejudicam os valores e o bom andamento do negócio.

Os autores esperam que esta apresentação traga ao leitor uma onda de reflexões e informações que amplie sua gama de recursos ao conduzir processos internos de investigação e, com isso, enriqueça o leque de ferramentas e argumentos sobre como defender suas decisões diante de comitês de conduta ética e conselhos de administração.

1. FATORES QUE DEFLAGRAM UMA INVESTIGAÇÃO INTERNA

Várias são as fontes e os fatores que podem deflagrar uma investigação interna. Denúncias, relatórios de inconformidade de auditoria, monitoramentos automatizados de processos e até mesmo autoconfissões podem dar início a uma investigação interna envolvendo uma gama gigantesca de desvios de conduta, cada qual com sua complexidade e impactos a serem considerados.

Não há dúvida de que os profissionais responsáveis por esse processo devem estar atentos e capacitados para lidar com o problema quando ele ocorrer. Ou será que também devem estar atentos para identificar o problema *antes* de sua ocorrência?

O processo passivo para a execução de uma investigação corporativa não é mais uma prática adequada. É óbvio que existem situações quando se toma conhecimento de uma irregularidade a *posteriori* do fato, mas essa não é mais uma melhor prática. Cada vez mais o profissional que encabeça essa atividade

---

[1] V. glossário.

Cap. 10 · INVESTIGAÇÕES INTERNAS: CONDUÇÃO, DESAFIOS E MELHORES PRÁTICAS | **147**

na empresa deve construir uma relação de contatos e de confiança entre as diversas áreas do negócio a fim de mapear e identificar irregularidades antes que estas impactem a organização. O conceito das três linhas de defesa, envolvendo todos os *stakeholders* na gestão da ética corporativa é uma ação positiva nesse processo, mas não é a única. A área responsável pelas investigações também deve contar com um processo de inteligência empresarial que possibilite um cruzamento de dados relevantes, a princípio desconexos, mas que permitam uma visão antecipada de que algo possa estar saindo do controle.

Quando não houver possibilidade dessa ação proativa, o que ainda ocorre na realidade empresarial, a resposta às ações ilícitas deve ser rápida e certeira na medida da análise de riscos e impactos previamente desenhada, impedindo não só um aumento dos danos perpetrados como também reforçando a mensagem de que tais atos não são aceitos e serão combatidos pela organização. Para isso, um mapeamento e o desenho antecipado das fragilidades existentes, bem como de impactos possíveis, devem ser realizados considerando todas as vulnerabilidades.

Um plano macro ou protocolo de condução dos processos de investigação interna e gestão de crises também deve ser realizado de maneira preventiva considerando principais acionamentos e medidas a fim de conter problemas que sejam eventualmente identificados.

Com esses comportamentos, a organização estará mais preparada para identificar um ato ilícito ou desvio de conduta e iniciar o curso de uma investigação interna, reduzindo a probabilidade de o gestor da área investigativa descobrir o problema por meio de um telefonema de emergência anunciando a chegada de agentes da lei, na presença da imprensa noticiando um ato crítico, tomando ciência de um prejuízo financeiro que poderá comprometer uma porção do negócio ou até mesmo conhecendo a descrença referente às políticas e aos controles organizacionais por parte dos demais colaboradores.

2. PROTOCOLOS DE RISCO E ATENDIMENTO DE UMA INVESTIGAÇÃO

Ao se estruturar a área de investigações internas, é muito importante o desenvolvimento de um protocolo ou guia, que servirá como o documento-mestre para a condução dos processos de investigação interna.

De forma geral, o protocolo oferecerá as definições para a análise de risco dos casos que deverão ser investigados, a forma como a investigação deverá ser conduzida, incluindo-se aqui se esta será realizada apenas pela equipe interna ou se contratar-se-á um time externo, quais os papéis e as responsabilidades, as etapas da condução da investigação, a forma de condução de entrevistas, a necessidade ou não de decisão colegiada ao final da investigação, as formas de remediação existentes, bem como a maneira de se dar publicidade aos resultados, quando for o caso.

O protocolo também é o documento que será compartilhado em caso de auditorias internas, ou nos casos de a empresa vir a ser investigada por autoridades governamentais, e que demonstrará que o time responsável pela investigação interna seguiu os padrões definidos pela área de Compliance e que o tratamento dado a todos os casos foi feito com base nas melhores práticas apresentadas nesse documento-mestre.

É muito importante que a alta administração da empresa tenha conhecimento da existência do protocolo, que geralmente deve ser aprovado antes de entrar em vigência.

Como mencionado acima, denúncias, relatórios de inconformidade de auditoria, monitoramentos automatizados de processos e até mesmo autoconfissões podem ser fontes ou fatores que deflagram o início de uma investigação interna. Contudo, é o protocolo que definirá se todos esses casos demandarão a condução de uma análise completa ou não. Essa avaliação de risco é necessária considerando-se que os recursos da organização são limitados e, por essa razão, nem sempre é possível investigar todos os casos existentes utilizando um volume grande de recursos.

A análise inicial de risco, a qual também é chamada de triagem, deve levar em consideração vários fatores que serão estipulados no protocolo, os quais, quando ocorrerem conjuntamente, definirão a necessidade de se conduzir um processo de investigação.

Normalmente, em uma análise de risco, são considerados, por exemplo, a gravidade do ato ilícito ou do desvio de conduta e os impactos financeiros para a corporação. As empresas podem estabelecer um limite de valor como um dos aspectos que definem a necessidade de uma investigação interna.

Outro ponto pode ser a reincidência na violação, ou seja, a pessoa que se supõe ser quem violou a lei, a política ou o procedimento, já tem histórico similar de caso de descumprimento. Obviamente, os outros fatores mencionados no protocolo como necessários para a condução de uma investigação também devem ser considerados para a definição do início e do escopo da realização de uma investigação interna.

Estes são alguns exemplos de fatores que poderão ser utilizados na análise inicial de risco antes de se dar continuidade ao processo de investigação interna.

Os fatores variam de empresa para empresa e o importante é que o processo de triagem de casos esteja claramente definido no protocolo específico para que todos os casos sejam igualmente avaliados e que, em casos de auditorias internas, ou, se a empresa vier a ser investigada, o time de compliance possa informar como a avaliação foi feita e como trata os casos recebidos.

3. ETAPAS DE CONDUÇÃO DE UM PROCESSO DE INVESTIGAÇÃO INTERNA

Feita a análise de risco por meio da qual se concluiu pela necessidade de condução de um processo de investigação, e sendo esse um processo que será conduzido internamente, deve o investigador responsável pelo caso iniciar definindo o seu plano de investigação.

O plano de investigação conterá, ao menos, a delimitação do escopo e do objeto da investigação, ou seja, o que se pretende investigar e a lista de atividades que serão executadas durante o trabalho a fim de alcançar tal objetivo.

Importante reforçar que o plano não é um documento estático e que deverá ser atualizado com base nos resultados que forem obtidos ao longo do processo de investigação interna.

Na lista de atividades deve ser incluída, entre outras, a revisão de documentos relacionados ao caso em tela, que deverão ser identificados e preservados durante toda a investigação, podendo esses documentos ser relatórios financeiros, livros contábeis, e-mails, dados físicos e/ou eletrônicos.

Após a verificação documental, deve o investigador listar as pessoas que podem estar envolvidas no caso ou que podem ter informações que auxiliarão no processo de investigação interna e que, portanto, deverão ser entrevistadas.

A entrevista é uma das principais etapas de um processo de investigação e deve ser conduzida com muito cuidado, devendo-se evitar qualquer ato de constrangimento do entrevistado, considerando os limites estabelecidos pelas leis trabalhistas locais. De toda forma, a condução da entrevista deve seguir o que foi definido no protocolo de investigação, ou seja, qual a sequência e o local da realização das entrevistas, se ela será ou não gravada, se haverá um termo no final, quem deve participar da entrevista, entre outros.

Em muitos casos, como resultado das entrevistas, pode surgir a necessidade de uma nova rodada de revisão de documentos que não haviam sido verificados anteriormente, ou, inclusive, que foram enviados pelos entrevistados como evidência do que foi relatado na entrevista.

Finalizadas essas etapas, normalmente é o momento de preparar o relatório final, no qual se deve incluir o foco da investigação, as etapas conduzidas no processo e as conclusões obtidas.

Em muitas empresas, o protocolo de investigações já define quais perguntas deverão ser respondidas no relatório final, como, por exemplo, se foi confirmada total ou parcialmente a violação, se é necessário que o caso passe por um comitê de remediação, qual foi a remediação definida para o caso em tela, entre outras.

Finalmente, é importante que todas as etapas definidas para o caso em questão, bem como as evidências que foram colacionadas sejam devidamente registradas pelo investigador de maneira transparente e completa, de tal modo que, tanto a auditoria interna da empresa quanto qualquer auditoria externa ou monitoria que a empresa venha a sofrer, tenha como verificar os passos do investigador na condução da investigação e as conclusões obtidas no caso. Em outras palavras, o relatório final deve conter elementos suficientes a poder permitir que qualquer pessoa que não tenha participado do processo de investigação possa chegar às mesmas conclusões a que chegaram os investigadores diante dos mesmos fatos e evidências.

4. DESAFIOS NA CONDUÇÃO DE INVESTIGAÇÕES INTERNAS

Toda investigação interna contém mais elementos de arte do que de ciência e o processo de investigação traz inerentemente diversos desafios. Não pretendendo esgotar o tema, os autores reunirão alguns desafios que consideram mais relevantes e comuns a diversos tipos de investigações internas, para os quais os profissionais responsáveis por esses processos deverão estar constantemente atentos.

4.1 Aspectos culturais: adaptando sua abordagem à cultura corporativa

Um dos elementos mais importantes ao se planejar e conduzir uma investigação interna diz respeito à observância da cultura organizacional. De maneira bem objetiva, a cultura organizacional determina a maneira como as pessoas se comportam dentro de uma instituição, baseadas em suas crenças e valores coletivos construídos ao longo do tempo.

Na prática, da mesma forma como um programa de compliance deve ser ajustado à cultura corporativa e aos riscos específicos de cada empresa, também o modelo de investigação deve ser adaptado ao contexto empresarial

Cap. 10 · INVESTIGAÇÕES INTERNAS: CONDUÇÃO, DESAFIOS E MELHORES PRÁTICAS | **151**

para que possa ser efetivo. De pouco adiantará um modelo de investigação formal e excessivamente estruturado em uma empresa com uma cultura mais inovadora ou informal. Ou um modelo de investigação que limite demais os níveis de pessoas envolvidas no processo de investigação em uma empresa mais relacional ou com uma cultura de poder.

Uma das vantagens das investigações internas conduzidas por profissionais da própria empresa é que eles já estão inseridos e conhecem a cultura corporativa, podendo com isso ter mais facilidade para navegar no ambiente empresarial. Mesmo que se opte pela condução de uma investigação com profissionais externos, cabe ao profissional de compliance interno ou da área responsável transmitir ao profissional de fora da empresa sua visão quanto aos aspectos culturais.

Este aspecto da sensibilidade à cultura organizacional torna-se particularmente importante quando há protocolos ou diretrizes para condução de investigações internas estabelecidos pela matriz ou por alguma estrutura regional sediada no exterior.

Os autores entendem fazer parte das responsabilidades do profissional de compliance local apontar para a matriz ou para a estrutura regional, se for o caso, as diferenças culturais, buscando encontrar um entendimento que permita, ao mesmo tempo, seguir o protocolo e adotar parâmetros globais ou regionais, podendo adaptá-los com razoável flexibilidade aos elementos culturais locais.

4.2 Mantendo isenção e credibilidade durante as investigações internas

Há empresas que adotam áreas específicas e independentes para a condução de investigações internas. Todavia, na maioria das empresas, o papel de conduzir ou gerenciar investigações internas é atribuído ao profissional de compliance, ao time de auditoria interna ou ao Jurídico. Nestes casos, é fundamental que o responsável pelos processos esteja atento para manter o equilíbrio desse papel de investigador com outros papéis que porventura exerça.

Isto porque, para serem efetivos em todos os papéis que desempenhem, os profissionais das chamadas áreas de controles internos devem sempre zelar por manter sua boa reputação e gozar de credibilidade dentro da empresa, em todas as camadas da organização.

Como fazer isso? Na experiência dos autores, alguns pontos são essenciais:

a. Respeito pelas pessoas

Os profissionais aos quais for atribuída a responsabilidade por conduzir ou gerenciar investigações internas devem manter em mente que estão lidando com colegas da própria empresa, pessoas com as quais convivem e que podem ou não ter cometido atos antiéticos ou ilícitos.

Fato é que ninguém gosta de se ver na posição de ser sujeito de uma investigação, seja culpado ou inocente. Ser sujeito de uma análise como essa é um processo normalmente desgastante, que costuma deixar marcas mais ou menos profundas a depender de como for conduzida.

Uma investigação malconduzida ou medidas disciplinares aplicadas com base em conclusões precipitadas podem afetar permanentemente a carreira ou a vida das pessoas. A boa investigação, por sua vez, permite que a empresa aplique justiça organizacional, adote medidas para reduzir seus riscos e suas vulnerabilidades, colabore efetivamente com as autoridades, quando for o caso, reduzindo eventuais penalidades, e fortaleça seus processos internos e a confiança dos seus *stakeholders*.

Portanto, todo o processo deve ser conduzido de maneira a se chegar à verdade dos fatos, com elementos de provas suficientes para que a organização possa formar uma convicção e tomar decisões assertivas quanto à remediação de determinado problema, além de medidas disciplinares em relação àqueles que eventualmente cometeram um ato ilícito ou um desvio de conduta.

Aos profissionais envolvidos nas investigações internas recai, assim, o dever de apurar corretamente os fatos, de maneira isenta, objetiva e imparcial, com sigilo, proporcionalidade e celeridade, respeitando a dignidade das pessoas. O respeito à dignidade deve ocorrer não apenas ao sujeito da investigação, e sim a todas as pessoas de alguma forma relacionadas aos fatos investigados, incluindo eventuais vítimas, denunciantes e testemunhas.

Desde o início, ou seja, a partir do fator que deflagrar a investigação, a postura dos investigadores deve ser de neutralidade, considerando todas as possibilidades e não descartando nenhum cenário ou hipótese. É bastante comum que as investigações conduzam a conclusões que não se imaginavam no início do processo, portanto, ter mente aberta e disciplina rigorosa na apuração dos fatos e no levantamento das provas são fundamentais.

b. A armadilha do viés

Este aspecto a ser considerado por todos os profissionais responsáveis pela condução de investigações internas poderia ser tratado como uma subcategoria do aspecto anterior, uma vez que o viés afeta justamente a isenção, a objetividade e a imparcialidade que se almejam. Dada a relevância deste elemento, será tratado de forma destacada.

Todos os seres humanos possuímos vieses inconscientes, percepções baseadas em nosso sistema de crenças individuais que impactam de forma

Cap. 10 · INVESTIGAÇÕES INTERNAS: CONDUÇÃO, DESAFIOS E MELHORES PRÁTICAS | 153

direta e imperceptível as decisões que tomamos. Os vieses inconscientes normalmente decorrem de nossas experiências, de nossa criação familiar ou religiosa, do nível de educação, do entorno e de outros fatores, podendo levar a julgamentos prévios em relação a determinadas pessoas ou situações.

Do ponto de vista prático, é frequente que os profissionais responsáveis pelas investigações internas tenham tido experiências na convivência com alguma ou com todas as pessoas relacionadas a uma determinada investigação. A qualidade dessas experiências pode levar os investigadores a fazerem prejulgamentos em relação a tais pessoas.

Também é possível que os investigadores tenham juízos antecipados em relação a determinados temas, como, por exemplo, assédio moral ou sexual, corrupção ou fraude, reagindo inconscientemente de determinada forma quando for um tema que lhes toque de maneira especial.

Os vieses inconscientes são inevitáveis. O que se pode é simplesmente tentar trazê-los à consciência e buscar minimizar seus impactos para a condução de uma boa investigação. Os autores consideram uma boa prática envolver outras pessoas da área no planejamento e na execução de investigações internas, dando preferência à diversidade. Ou seja, buscar discutir o tema em comitê formado por pessoas de gêneros, idades, culturas e formações diferentes das suas, aumentando as perspectivas e buscando uma avaliação objetiva dos fatos que são alvo da investigação.

4.3 "Se" e "quando" ouvir o sujeito da investigação interna

Um dos principais desafios que comumente enfrentam os responsáveis pelas investigações internas é o de "se" e "quando" ouvir o sujeito da investigação.

O mais natural é pensar que todo aquele que for suspeito ou acusado de ter cometido um ato ilícito ou um desvio de conduta teria o direito a ser informado e ouvido sobre a investigação, de modo que possa defender-se e apresentar uma posição contraditória. Pode-se argumentar que este seria um direito decorrente do dever da empresa de respeitar a dignidade das pessoas.

Considerada a questão por outro ângulo, o que a empresa objetiva quando conduz uma investigação interna é justamente identificar seus riscos e vulnerabilidades, agindo de forma objetiva para descobrir com elementos de provas suficientes qual é a verdade dos fatos.

Neste aspecto, são objeto das investigações os fatos ou condutas que possam expor a empresa a consequências negativas, como riscos legais, reputacionais ou perdas financeiras. As pessoas são sujeitos das investigações.

Assim, há uma diferença fundamental entre uma investigação interna e uma demanda judicial, esta última tendo por finalidade responsabilizar alguém por determinada conduta. No caso de uma demanda judicial são assegurados os direitos ao contraditório e à ampla defesa, cada parte da demanda sendo representada adequadamente.

Por sua vez, a investigação interna é um processo unilateral, conduzido pela própria empresa para identificar seus próprios problemas. Uma vez identificados os problemas, com provas suficientes dos fatos, além de tomar ações corretivas, a organização adotará as medidas disciplinares em relação às pessoas envolvidas, na proporção de seu envolvimento e da gravidade dos atos praticados.

Assim, cabe aos investigadores a sensibilidade de perceber, dentro dos aspectos da cultura organizacional e do contexto de cada investigação, se ouvir o sujeito da investigação fará mais bem do que mal ao processo de investigação e às pessoas que eventualmente tenham relação com os fatos, inclusive com o próprio sujeito da investigação.

De acordo com a experiência dos autores, seria mais recomendável ouvir o sujeito da investigação em um momento mais avançado do processo, quando houver elementos de provas ou evidências que apontem para uma conclusão desfavorável em relação a esse sujeito, ou quando ouvir a versão do sujeito seja fundamental para a boa apuração dos fatos.

Caso a investigação esteja numa fase inicial, quando há normalmente mais suposições do que fatos, ou mesmo quando a investigação estiver mais avançada, mas não houver elementos suficientes para se concluir se houve ou não a ação por parte do sujeito, recomenda-se manter a investigação de forma sigilosa.

Saber que é alvo de uma investigação pode causar um impacto na saúde, na motivação, no engajamento e no desempenho de um profissional, sendo difícil saber como cada um reagirá, independentemente de seu nível de maturidade profissional.

Portanto, a decisão sobre "se" e "quando" levar o caso ao conhecimento do sujeito da investigação é um dos principais desafios de toda investigação interna e as melhores práticas indicam que é preferível tomar uma decisão colegiada, considerando-se múltiplas perspectivas.

5. GESTÃO DE RESULTADOS

Um aspecto importante com relação ao processo de investigação, e fundamental para a manutenção da confiança dos funcionários no processo, a boa gestão de resultados fomenta um ambiente no qual os colaboradores se sentem confortáveis em relatar, reportar, informar alguma possível violação às leis, às políticas e aos procedimentos da empresa, pois uma das reclamações mais comuns relativas aos canais de denúncia e aos processos de investigação é que a organização não dá publicidade sobre os resultados das investigações.

É claro que a empresa não pode publicar diretamente os resultados de uma investigação, informando a ação corretiva definida em casos específicos, o que violaria o princípio da confidencialidade e poderia expor a organização a outros riscos, mas é importante que se dê publicidade a resultados obtidos, de forma genérica, como, por exemplo, o número de casos analisados em um período, os tipos de violações reportadas, em quantos casos foi constatada efetivamente uma violação e quais os tipos de ações corretivas/remediações foram implementados.

Esses dados devem ser apresentados periodicamente à alta administração e também a toda a instituição, para demonstrar a eficácia do processo de investigação definido e também a importância da participação de todos na manutenção do programa de compliance. Além disso, é importante também que, no protocolo de investigações, estejam definidos os tipos de resposta que serão fornecidos a quem fizer uma denúncia ou informar a possibilidade de uma violação. Esse funcionário deve receber algum tipo de resposta periódica, como, por exemplo, que a investigação foi iniciada e/ou encerrada. Também é necessário sempre reforçar na comunicação interna que o funcionário que deu início a uma investigação por meio de uma denúncia nem sempre terá acesso aos resultados do processo ou receberá informação específica sobre as ações corretivas definidas como remediação para aquele caso.

Outro aspecto importante na gestão dos resultados das investigações internas é definir um fluxo que assegure a manutenção de consistência na aplicação das ações corretivas. O protocolo de investigações deverá listar os tipos de políticas de consequências possíveis, sendo que podemos citar, como exemplos, a advertência verbal, a advertência escrita, o treinamento, o *coaching*, a demissão sem justa causa e a demissão por justa causa.

Ainda que muitos entendam não ser possível se falar em uma dosimetria de ações corretivas, é importante que, no caso concreto, sejam levados em consideração também fatores agravantes e atenuantes existentes no momento da definição da remediação específica, e que casos similares com fatores similares sejam tratados da mesma maneira.

Como é possível imaginar, ainda que se tenham definido objetivamente os tipos de ações corretivas e as formas de definição de remediação, é impossível se prever com total precisão o impacto que o resultado de uma investigação poderá ter no dia a dia da empresa, e esse fator subjetivo também deve ser considerado dependendo do caso.

O caso concreto é que irá ditar esse aspecto, mas podemos pensar, por exemplo, em casos nos quais seja necessário afastar um funcionário durante a investigação. Ao final do processo, não se confirmando a violação, esse funcionário retornará à empresa. O seu convívio com os demais colegas poderá ser impactado e talvez seja necessário algum ato em conjunto com o time de recursos humanos para reinserir o colega na organização.

Outro exemplo interessante seria o caso de uma investigação na qual a empresa confirma a existência de violação que tenha impacto externo, ou seja, na qual a corporação entende ser necessário fazer um autorreporte para autoridades governamentais. Como será o tratamento com relação aos funcionários envolvidos no caso? A empresa irá assegurar algum tipo de garantia na hipótese de colaboração conjunta? Todas essas hipóteses deverão ser avaliadas no caso prático e não é possível definir previamente qual será a ação corretiva. Neste caso, inclusive, é necessário o acompanhamento de advogado externo, que, provavelmente, foi responsável por orientações jurídicas durante a condução da investigação.

Muitas empresas estabelecem um mapa de consequências ou remediações, listando os fatores e as possíveis ações corretivas aplicáveis e revisam esse mapa regularmente, com base nos casos existentes, monitorando a consistência na aplicação da remediação. Esse monitoramento permite o aprimoramento contínuo do processo de investigações internas.

6. CONCLUSÃO

Conforme os autores retrataram neste texto, o processo de investigações internas merece bastante cuidado no ambiente corporativo. Entendem que a melhor forma de trabalhar o tema seja por meio de planejamento e estruturação prévios, aumentando assim a probabilidade de sucesso futuro. Os autores recomendam, portanto, que o leitor revise ou construa o método, os alicerces, as estratégias e a gestão de riscos previamente, de maneira ampla, a fim de possuir um guia definido como base, de modo a otimizar tempo e demais recursos em momentos de pressão ou crises.

Chama a atenção a necessidade de um alinhamento cultural e de validações internas desse processo, evitando-se ferir os valores corporativos e causar prejuízos às pessoas e às organizações.

Um ponto adicional que recomendam ao término deste artigo diz respeito à importância do treinamento constante dos investigadores, a fim de estarem sempre atualizados para fazer frente aos mais diversos tipos de desvios éticos corporativos. Além de leituras e treinamentos estruturados, é fundamental que profissionais que trabalhem nessa área troquem experiências em fóruns e ambientes propícios para esse tipo de desenvolvimento. Uma rede adequada de contatos com outros investigadores pode ser um rico recurso para ampliação do conhecimento, mantendo-se, obviamente, a confidencialidade dos casos investigados.

Mesmo para aqueles profissionais que têm a investigação como uma das suas atividades primárias, a reflexão e a busca por aprimoramentos constantes são imprescindíveis. Quando desempenhada ainda que esporadicamente essa atividade, que admite pouca margem para falhas, suas consequências podem ser altamente impactantes ao negócio.

Desta forma, esperam os autores haver contribuído com parte desse processo contínuo de educação sobre o tema, bem como que as reflexões e ações aqui propostas possam ser aplicadas no dia a dia do leitor.

REFERÊNCIAS

THE INSTITUTE OF INTERNAL AUDITORS. *Declaração de posicionamento do IIA*: as três linhas de defesa no gerenciamento eficaz de riscos e controles. 2013. Disponível em: <http://www.planejamento.gov.br/assuntos/empresas-estatais/palestras-e-apresentacoes/2-complemento-papeis-das-areas-de-gestao-de-riscos-controles-internos-e-auditoria-interna.pdf>. Acesso em: 14 out. 2019.

11

CONDUÇÃO DE ENTREVISTA EM INVESTIGAÇÕES INTERNAS

FILIPE GOLLNER BONFANTE
REGINA HADDAD
ROGERIA GIEREMEK

INTRODUÇÃO

De acordo com a Lei Anticorrupção, para que o programa de compliance seja considerado efetivo, é necessário que haja ferramentas de controle. Neste sentido, um dos aspectos mais importantes para que seja demonstrada a sua efetividade é a investigação corporativa, que tem por objetivo a verificação e a apuração das denúncias realizadas por meio dos canais disponibilizados pela pessoa jurídica empregadora.

Assim, para que a empresa comprove que está comprometida com o combate à fraude e à corrupção, deve demonstrar que as denúncias são 100% tratadas por meio de investigações isentas e bem executadas.

Cada investigação tem a sua peculiaridade e o processo de análise variará de acordo com o fato a ser investigado. Muitas vezes, é necessário o apoio de equipes de diferentes *expertises*, para que possa ser confirmada a existência da fraude cometida, principalmente, quando se refere a um *cybercrime*[2], em que a prova técnica é fundamental para a comprovação da materialidade e da autoria delitiva.

Outras vezes, é necessária a realização de diligências, no próprio local do fato, por meio de análise de imagens, para a sua constatação, demandando-se

---

[2] *Cybercrime*: crimes cibernéticos, ou seja, delitos praticados através de plataformas tecnológicas.

o apoio das equipes de segurança, ou, ainda, na hipótese de ser necessária uma perícia contábil, da equipe de controladoria, finanças ou auditoria.

No entanto, o que todos os tipos de investigação possuem em comum é a possibilidade (ou obrigatoriedade, até) da realização de **entrevista**, independentemente do tipo de fraude a ser investigada, conforme a peculiaridade de cada caso.

1. QUAL A IMPORTÂNCIA DA ENTREVISTA NA INVESTIGAÇÃO INTERNA?

Quando a denúncia é recebida pela equipe de compliance, a primeira tarefa a ser executada, por mais básica que pareça ser, é estudar os fatos apresentados.

Para tanto, é necessário identificar:

i. a existência da irregularidade denunciada;

ii. as informações que serão necessárias para esclarecer os fatos objeto da denúncia;

iii. as equipes a ser envolvidas no processo de apuração dos fatos;

iv. o(s) denunciado(s) e/ou a(s) testemunha(s), se houver;

v. o denunciante, caso não se trate de denúncia anônima.

Essa primeira fase é de suma importância para delinear todo o processo de investigação, principalmente porque, muitas vezes, as denúncias são realizadas de forma incompleta e sem as informações necessárias para o deslinde adequado da apuração dos fatos. É neste momento que se define, também, quando e para que deve ser realizada a entrevista.

Em grande parte das investigações, a entrevista é uma ferramenta de crucial importância para conhecimento dos fatos e, principalmente, para a compreensão do *modus operandi* empregado. Dessa forma, é muito comum que ocorram vários tipos de entrevistas para a conclusão de um único caso.

A definição do tipo de entrevista e do momento de sua realização dependerá muito do nível de informações já obtidas no processo investigativo.

Por isso, é importante que essa definição seja realizada de forma conjunta com as equipes envolvidas na resolução do caso, as quais, normalmente, são compostas pelo Departamento de Compliance, pelo Departamento Jurídico, por Recursos Humanos, além de setores acionados especificamente para cada caso, tais como: alguém do setor onde ocorreram os fatos, um representante da equipe de Tecnologia da Informação, Auditoria, Segurança Corporativa e outros, conforme o tipo de fraude em investigação.

Ressalta-se que a entrevista pode, inclusive, servir de prova para a empresa, caso ela seja acionada como responsável pelos atos praticados pelo funcionário, ou, até mesmo, como embasamento em futura ação judicial a ser por ela interposta para ressarcir-se dos prejuízos experimentados em razão dos fatos.

Portanto, a entrevista é uma das etapas comumente necessárias ao esclarecimento da fraude e/ou desvio de conduta, e serve para respaldar as medidas judiciais a serem eventualmente adotadas e a sanção disciplinar, se for o caso, mas deve ter como principal objetivo verificar o cumprimento das políticas e dos procedimentos estabelecidos.

2. O QUE É UMA ENTREVISTA?

A entrevista é uma das ferramentas mais utilizadas no processo de investigação corporativa. É a oportunidade que o responsável pela investigação possui de obter informações diretamente das pessoas envolvidas.

Consiste em um diálogo, a ser realizado entre o entrevistador e o entrevistado, sempre na presença de ao menos uma testemunha, com o objetivo de obter informações relevantes sobre o caso a ser investigado. O entrevistador nunca deve estar sozinho, e também deve ser facultado ao entrevistado ter a presença de uma testemunha sua (inclusive, seu advogado), se assim o desejar.

Invariavelmente, o entrevistador deve ser uma pessoa capacitada para o desempenho dessa atividade. Esse profissional pode ser parte da equipe de compliance ou inspetoria, da própria empresa, ou, em casos mais complexos, pode ser contratado um escritório de advocacia ou consultoria específica em entrevistas.

A realização da entrevista possui o propósito de obter informações para esclarecer dúvidas, corroborar informações já devidamente apuradas, e, inclusive, definir medidas a serem adotadas.

Auxilia, desse modo, substancialmente, no alcance do objetivo de uma investigação corporativa, que não é somente levar à punição de eventuais culpados, mas, principalmente, identificar e ajudar a sanar possíveis vulnerabilidades nos processos corporativos, evitando desvios futuros.

3. QUAIS OS TIPOS DE ENTREVISTAS?

As entrevistas podem ocorrer, basicamente, em três momentos: o primeiro, no início do estudo de caso, chamada de "entrevista elucidativa", que é extremamente positiva e ocorre quando o denunciante se identifica e se predispõe a auxiliar no esclarecimento dos fatos.

É comum que a pessoa que domine um assunto, ao relatar o fato referente à denúncia, utilize termos e siglas específicos que dificultem o conhecimento por parte de um "leigo". Assim, essa entrevista é fundamental para compreender em minúcias a ocorrência da fraude, por exemplo, com o descumprimento do processo e das normas aplicáveis ao caso concreto.

Esse tipo de entrevista não necessita de formalidades especiais, mas, apenas, de um registro, para que possa servir de base para consultas futuras, considerando-se que a denúncia já foi formalizada.

Essa entrevista é uma ferramenta complementar à denúncia e, a partir dela, é comum que seja feita referência a novas informações a serem investigadas ou a testemunhas presenciais que podem ajudar na elucidação do caso.

Em um segundo momento, já com as informações básicas para iniciar o processo, se inicia a segunda fase da investigação corporativa, que é a busca para obtenção de novas informações; para atingir este objetivo, há a "entrevista informativa", na qual se busca o levantamento de possíveis fatos, datas e pessoas envolvidas. Podem ser pessoas citadas pelo próprio denunciante para ajudar no esclarecimento do processo ou dos fatos. Nela, não há a necessidade de formalidades, mas, sim, do registro para consulta, se necessário.

Investigações que tratem de desvio de conduta (comportamental), via de regra, incluem pessoas que possam ter presenciado os fatos, e, nestes casos, caracteriza-se a "entrevista testemunhal", na qual o entrevistado pode ter testemunhado o desvio de conduta.

Recomenda-se que, nessa hipótese, a entrevista seja formalizada em ata, que pode ser assinada por todos os presentes.

Existe, ainda, um tipo de entrevista, mais sensível, que é a "entrevista da vítima", nos casos que, normalmente, se referem a investigações de assédio moral e/ou sexual. Neste caso e dependendo da gravidade do tema, é conveniente a contratação de pessoal capacitado para lidar com possíveis distúrbios ocasionados em face desse tipo de infração. Também é recomendável que todos assinem o registro da entrevista.

Cap. 11 · CONDUÇÃO DE ENTREVISTA EM INVESTIGAÇÕES INTERNAS | 163

E, finalmente, já na terceira e última fase da investigação, há a "entrevista investigativa", a ser realizada com o denunciado ou o suspeito da fraude/ desvio de conduta.

O que se pretende, nesse tipo de entrevista, é confrontar ou robustecer ainda mais as provas já produzidas, trazendo mais detalhes sobre os fatos ou, ainda, traçar uma linha de raciocínio com o investigado para que ele possa descrever o processo que deveria ter sido cumprido e a justificativa para o descumprimento desse processo ou norma.

Nessa entrevista, além da testemunha, dependendo da complexidade do caso, poderá ser conveniente a presença de um profissional que tenha conhecimento técnico do processo descumprido ou do ilícito cometido, para que se tenha uma percepção mais robusta do ponto de vista técnico. E, caso seja necessário, pode-se instruir o entrevistador com informações relevantes para serem utilizadas por ocasião da entrevista.

Caso ocorra essa situação específica, com necessidade do auxílio de um profissional específico, que denominamos "observador", deverá ser previamente estabelecido um protocolo com o entrevistador, no qual serão definidos a forma e o momento adequado para o observador auxiliar na entrevista, seja fazendo perguntas técnicas ou suportando o entrevistador com seus conhecimentos; contudo, é muito importante que a conexão do entrevistador com o entrevistado não seja dispersada. Reforçamos que essa participação deverá ocorrer somente em ocasiões especiais, quando a complexidade técnica do fato necessite da presença desse observador.

Por isso, o ideal é que o entrevistador se prepare com conhecimento profundo dos fatos, que domine o assunto e tenha um roteiro de perguntas prévio, porque com estas ferramentas é comum que o entrevistado caia em contradição, provocando a consequente confissão dos fatos em apuração. Também é possível obter informações sobre a participação de terceiros envolvidos no malfeito.

Recomenda-se que esse tipo de entrevista seja devidamente formalizado, e, caso o entrevistado se negue a assinar a ata correspondente, pode ser solicitada a assinatura de duas testemunhas, a rogo, para a comprovação da recusa de assinatura. Esse tipo de entrevista comumente é o último no processo de investigação.

Assim, os tipos de entrevistas podem variar de acordo com cada caso; no entanto, a postura do entrevistador deve ser sempre uniforme, tratando a todos com respeito, cordialidade e educação, e restringindo-se à apuração do fato investigado.

4. PROCEDIMENTOS DURANTE A ENTREVISTA

Estando clara a importância e os tipos de entrevistas no processo de investigação, torna-se necessário discorrer acerca dos procedimentos na realização dessa atividade.

Primeiramente, deverá ser elaborada a lista das pessoas a serem entrevistadas – a prática demonstra que, na maioria dos casos, a ordem deve ser construída com o denunciante sendo o primeiro, e, o denunciado, o último a ser entrevistado – depois um roteiro geral de perguntas e temas, bem como de eventuais documentos para exame e/ou confronto com cada um dos entrevistados.

O convite para o entrevistado deve ser feito por e-mail, com o menor número possível de pessoas em cópia – de preferência, apenas o entrevistado deve ser convidado.

Sobre esse tema, faz-se relevante um comentário: existe uma discussão doutrinária sobre a obrigatoriedade ou não de envolver o gestor do colaborador nesse convite. Caso opte-se por envolvê-lo logo de início é importante ter a certeza de que ele não é o denunciado. Além disso, o envolvimento do líder pode ser relevante para que o colaborador possa se ausentar do trabalho sem qualquer tipo de indagação por parte de seu gestor.

Deverá também constar do convite o *compliance officer* quando não seja o próprio entrevistador. O assunto do convite já deve explicitar a confidencialidade da comunicação (por ex., CONFIDENCIAL – Revisão de processos internos). É necessário que esse *e-mail* seja armazenado.

Durante essa etapa, é importante que sejam utilizadas ferramentas internas para que o convite seja enviado já com a data e a hora da entrevista. Deve-se evitar remarcá-la, salvo situações de força maior, sob pena de a confidencialidade do processo ser prejudicada.

Superada essa etapa, a maioria dos profissionais já inicia o processo, em si. Contudo, é importante que o *compliance officer*[3] ou *investigation officer*[4] estabeleça, previamente, um protocolo que deve ser seguido durante as entrevistas. Há casos em que pode ser necessário adaptá-lo, cabendo ao profissional de compliance decidir com base em sua experiência e nas especificidades da situação enfrentada.

---

[3] V. glossário.
[4] V. glossário.

Cap. 11 · CONDUÇÃO DE ENTREVISTA EM INVESTIGAÇÕES INTERNAS | **165**

Em se tratando da formalização da entrevista, deve ser elaborado um documento-padrão, a ser armazenado pelo Departamento de Compliance, com os procedimentos básicos a serem adotados durante uma entrevista, que deve conter os seguintes itens:

i. apresentação do entrevistador e da testemunha (e observador nos casos excepcionais);

ii. esclarecimento de que o motivo da entrevista se refere à apuração de ato ilícito e validação dos procedimentos;

iii. pedido formal de concordância do entrevistado em participar da entrevista;

iv. esclarecimento sobre a forma de registro da entrevista, como, por exemplo, vídeo, áudio ou ata;

v. pedido formal de concordância do entrevistado na forma de registro da entrevista.

Como já abordado anteriormente, a formalidade de certos tipos de entrevistas é fundamental para a correta composição de todas as etapas da investigação.

Vale ressaltar que o funcionário da empresa pode se recusar a participar da entrevista, todavia, essa recusa pode ser prejudicial a ele mesmo, que não poderá esclarecer, do seu ponto de vista, os fatos examinados. Além disso, pode ser utilizada durante o processo de investigação como elemento formador do juízo do investigador sobre os fatos examinados.

O idioma utilizado durante a entrevista deve ser a língua materna do entrevistado, não apenas para evitar potenciais falhas de comunicação, como, também, para diminuir a carga de *stress* do indivíduo que esteja sendo ouvido, uma vez que ser convidado para esclarecer fatos perante o Compliance ou a inspetoria não é algo que seja tranquilo para muitos dos profissionais de uma empresa, mesmo que estejam cientes de ter atuado corretamente em seus processos.

Importante destacar que a sala onde será realizada a entrevista deve ser reservada, evitando que outros colaboradores possam interferir no processo. Este cuidado deve ser tomado para que o entrevistado fique confortável sobre a confidencialidade do processo, evitando a sua exposição desnecessária.

Adicionalmente, a sala deve ser confortável, e a postura do entrevistador deve ser calma e serena, mantendo sempre respeito e tom de voz compatível, garantindo a urbanidade de tratamento.

Algumas empresas, por questões de logística e custo, utilizam rotineiramente entrevistas por videochamadas. É fundamental que, mesmo nessas situações, alguma testemunha, convidada pelo Departamento de Compliance (ademais de outra, eventualmente trazida pelo entrevistado, conforme já abordado no item 3, acima), esteja presente na sala com o entrevistado, para assegurar a lisura do procedimento interno.

A entrevista deve contar com o menor número possível de pessoas. Nos casos em que o potencial desvio de conduta não implique ilegalidade, recomenda-se a presença, apenas, por parte da empresa, do entrevistador e de um auxiliar, encarregado de registrar a conversa e ser testemunha do procedimento interno, ou, como já dito anteriormente, uma pessoa com capacidade técnica que possa ajudar na percepção do relato, pelo entrevistado.

Em situações nas quais a conduta potencialmente adotada possa ter implicações legais para a empresa, recomenda-se a presença de um advogado externo, para assegurar o sigilo profissional, ou *privilege* em inglês,[5] entre cliente e advogado, disposto no art. 7º, II,[6] do Estatuto da Ordem dos Advogados, assim como na Carta Maior, em seu art. 133.[7] O advogado externo deve ser o entrevistador e armazenar o relatório da entrevista em seu escritório, para assegurar a proteção legal plena.

Além disso, há de ressaltar-se que, durante a entrevista, o colaborador deve ter a ciência da confidencialidade da conversa, bem como a certeza da proteção contra retaliação, quanto a relatos de boa-fé. A prática demonstra que a assinatura de um termo, logo no início da entrevista, reforçando esses

---

[5]   O privilégio entre cliente e advogado vigora entre a empresa contratante e o advogado contratado. É recomendável destacar esse aspecto para o colaborador presente. O emblemático caso *Upjohn Co. v. United States, 449 U.S. 383, 1981,* é o precursor dessa prática. No caso, a Suprema Corte dos Estados Unidos reconheceu que as informações obtidas por advogado externo, durante a entrevista em processo de investigação interna, também gozam do sigilo profissional. Desse caso surgiu a expressão *Upjohn Warning*, que constitui a obrigatoriedade de que, durante o patrocínio de clientes empresariais, os advogados informem claramente ao entrevistado que estão representando os interesses da companhia, evitando que a sua atuação possa ser questionada por conflito de interesses.

[6]   Art. 7º da Lei nº 8.906/1994: "São direitos do advogado: [...] II – a inviolabilidade de seu escritório ou local de trabalho, bem como de seus instrumentos de trabalho, de sua correspondência escrita, eletrônica, telefônica e telemática, desde que relativas ao exercício da advocacia".

[7]   Art. 133 da Constituição da República Federativa do Brasil: "O advogado é indispensável à administração da justiça, sendo inviolável por seus atos e manifestações no exercício da profissão, nos limites da lei".

aspectos, pode ser de grande valia para a obtenção de informações, bem como para a proteção da empresa.

Em casos que possam ocasionar a demissão por justa causa do empregado, é recomendável a realização da entrevista, tanto em busca de eventual confissão e/ou implicação de outros possíveis envolvidos, quanto para dar ao empregado a oportunidade de justificar-se.

Por incrível que possa parecer, casos há em que tudo parece estar contra o empregado, e ele, na entrevista, traz à luz esclarecimentos que têm o condão de mudar completamente a análise dos fatos, evitando a sua demissão. Exemplo disso é a ordem de seu superior, em um contexto em que o empregado não tinha razões para dela desconfiar ou achar que estava fazendo algo errado.

No mínimo, nesses casos, pode-se descaracterizar a justa causa, e a demissão, caso ocorra, há de ser imotivada.

Registrar o conteúdo da entrevista é de suma importância para o profissional de compliance, uma vez que o objetivo do processo é justamente a elucidação de fatos previamente diagnosticados durante a revisão interna. Note-se que a entrevista complementa o processo de investigação, mas, por ser um procedimento que gera desgaste dentro da empresa, deve ser feita em situações nas quais seja necessário algum esclarecimento adicional.

O registro deve apresentar o nome completo do entrevistado, a data, a hora e o local da entrevista, bem como os nomes do entrevistador e da(s) testemunha(s), e todos devem assinar a ata. Essa padronização permite a lisura do processo e facilita a manutenção de um banco de dados interno para os indicadores de compliance, auxiliando na melhoria dos procedimentos de investigação.

É necessário que a ata contenha o que foi dito pelo colaborador da forma mais fidedigna possível, mas sem necessariamente tornar-se uma transcrição. O registro deve sanar dúvidas existentes, esclarecer aspectos relevantes e ser suficientemente completo para auxiliar de maneira eficaz na conclusão dos investigadores internos.

Não há consenso na literatura sobre a obrigatoriedade ou não de entrega de uma via do termo de confidencialidade e do registro da entrevista para o entrevistado. Ressalta-se, contudo, que, tendo em vista questões trabalhistas envolvidas, não se recomenda tal entrega. Entretanto, cabe destacar que há autores que defendem que o entrevistado receba uma via de suas declarações.

Outro ponto relevante é como lidar com casos sensíveis para a empresa, ou seja, aqueles de maior risco. Nesses, o entrevistador pode querer armazenar a entrevista em áudio ou imagem. Caso assim proceda, é recomendável incluir tal informação no termo assinado pelo colaborador, que deve explicitamente concordar com esse tipo de registro, tendo em vista que a transparência integra os procedimentos de compliance.

A prática em questão está sendo cada vez mais utilizada, mas seus impactos ainda não estão claros na jurisprudência pátria. Portanto, deve ser adotada apenas em situações específicas. O ideal é que o profissional de compliance crie um padrão objetivo para utilizar esse tipo de técnica.

Adicionalmente, não é recomendável que o entrevistado realize qualquer tipo de registro da entrevista, sob risco de quebra da confidencialidade do processo interno. O entrevistador deve estar atento a essa prática e, caso perceba sua ocorrência, deve interromper a entrevista e registrar que não autoriza a gravação.

A entrevista não pode ser usada como meio de coação, assim como o entrevistador deve estar atento para não revelar informações além das necessárias, ao entrevistado, de modo a comprometer a confidencialidade do processo.

O entrevistador deve, ainda, evitar fazer acusações ao entrevistado, e os seus questionamentos devem ser objetivos, sem o viés da busca da confirmação de um prejulgamento. Isso não significa a ausência de um roteiro para a entrevista, que deve ser efetiva e esclarecedora.

É importante que o entrevistado se sinta ouvido e não julgado. Uma prática que tem sido adotada com relevante sucesso é a técnica da "escuta ativa", que é uma ferramenta consistente numa demonstração genuína de interesse naquilo que o entrevistado está dizendo, com total atenção às informações fornecidas, estabelecendo-se um vínculo, sem preconceitos.

Vale ressaltar que, quando o entrevistado se sente julgado, sua reação é defensiva, e ele pode ser tentado a omitir qualquer tipo de informação que possa vir a ser útil na verificação dos fatos, acarretando, por via de consequência, uma entrevista vazia e sem conteúdo significativo.

Assim, ter uma escuta ativa e uma metodologia, com perguntas já elaboradas previamente e pontos a observar, é fundamental para garantir a qualidade e a efetividade da entrevista.

5. CONSEQUÊNCIAS JURÍDICAS

O tema em questão pode ser abordado por perspectivas diversas, que abrangem desde as sanções aplicáveis às empresas, com base na Lei

Anticorrupção[8] – o que não é o foco desta análise –, até potenciais reparações judiciais devidas a erros na condução das entrevistas, tópico sobre o qual se discorre em breves linhas.

Tendo em vista o advento da referida Lei Anticorrupção com a sua regulamentação[9] em 2015, ainda não se pode falar na existência de farta jurisprudência pátria acerca de impactos cíveis e trabalhistas para as empresas, decorrentes de falhas nos procedimentos de entrevistas internas, pois as demandas que tratam explicitamente do tema ainda são escassas.

É possível, todavia, estabelecer pontos sensíveis durante as entrevistas que, caso conduzidos de maneira equivocada, podem se desdobrar em reparações judiciais aos entrevistados que tenham sido sancionados internamente. Não se aborda a discussão doutrinária sobre a responsabilidade pessoal do *compliance officer* pois o tema está em artigo específico desta obra.

A entrevista conduzida de maneira agressiva ou que procure imputar condutas tipificadas na legislação penal ao entrevistado pode, independentemente da culpabilidade deste, ensejar, em tese, a obrigação de oferecer-lhe reparação cível e trabalhista.

Assegurar a confidencialidade do processo de investigação é fundamental, não só para o melhor deslinde do trabalho, como, também, para preservar a reputação de todos os envolvidos. A confidencialidade é um direito e um dever de todo entrevistado, tendo em vista seu contrato de trabalho com a empresa.

O desrespeito ao sigilo da investigação pode acarretar consequências irreparáveis àqueles participantes, os quais podem ter sua imagem arranhada perante seus pares e no próprio mercado de trabalho, em razão de alegações que podem não condizer com a realidade ou não ser comprovadas.

Reforça-se, aqui, a orientação de envolver o menor número possível de pessoas na equipe de entrevistas, para dirimir esse risco de exposição desnecessária.

É fundamental preservar o sigilo mesmo nos casos em que a investigação resulte na demissão de empregados cujo desvio de conduta restou comprovado, sob pena de uma punição *bis in idem*,[10] ou seja, a demissão

---

[8]   Lei Anticorrupção.

[9]   Decreto nº 8.420/2015.

[10] *Bis in idem*: expressão jurídica originária do latim. Trata-se do princípio jurídico *non bis in idem*, que representa a proibição à repetição de uma pena ou sanção sobre um mesmo fato.

e a impossibilidade de reingresso no mercado de trabalho por conta dessa mácula reputacional. Ao Compliance, cabe também zelar para evitar isso.

Faz-se necessário observar que, aqueles entrevistados durante o processo de investigação, no papel de colaboradores, ou seja, sem a imputação de condutas contrárias às políticas internas, também podem ser responsabilizados, civil e criminalmente, por crimes contra a honra, caso falhem no dever de manter a confidencialidade do procedimento do qual participaram. Podem, também, sofrer sanções disciplinares por parte da empresa, por conta dessa postura antiética.

6. QUAIS AS ÁREAS DA EMPRESA QUE DEVEM SER ENVOLVIDAS NO PROCESSO DE INVESTIGAÇÕES INTERNAS?

Conforme esclarecido acima, o menor número possível de pessoas deve participar da realização das entrevistas.

É importante que, caso o profissional sinta necessidade, sejam consultados os departamentos da empresa importantes para a investigação, como, por exemplo, Auditoria Interna, Recursos Humanos, Jurídico e Tecnologia da Informação, para a definição da lista de pessoas a entrevistar.

Em algumas empresas, está estabelecida a possibilidade de que alguns temas, pela sua peculiaridade, sejam liderados – investigação e entrevistas – por outras áreas que não a de Compliance, que teria participação meramente reativa, como nos casos de assédio moral e/ou sexual, por exemplo, nos quais o Departamento de Recursos Humanos pode ser protagonista, em virtude de sua maior qualificação para tratar sobre o tema em questão , embora ainda seja algo raro no mercado, que opta por concentrar o processo de investigação e entrevista no Departamento de Compliance.

É necessário que o entrevistador esteja atento ao envolver outras áreas da empresa, pois deve evitar conflitos de interesses e a mobilização excessiva de ativos, sob pena de fragilizar a confidencialidade de um processo que apresenta natureza sensível, *per se*. O alinhamento prévio é essencial para a melhor condução desse processo.

7. CONCLUSÃO

Diante do exposto, é inegável a grande importância da entrevista no processo de investigação corporativa, que não só auxilia na elucidação dos fatos, como pode trazer informações importantes em relação à percepção dos funcionários quanto ao cumprimento dos processos, das normas da companhia e até mesmo da efetividade dos controles da empresa.

Com as informações obtidas por meio das entrevistas, é possível elaborar um plano de ação que faça sugestões de melhoria em todo o processo, não somente naquele ponto em que não foi cumprido ou foi burlado.

Pode-se ter uma oportunidade de melhoria efetiva, pois as observações e relatos partem daqueles que são os verdadeiros condutores do processo.

Observa-se, inclusive que, excetuando-se a entrevista investigativa, os demais tipos de entrevistas são comumente recebidos pelos funcionários de forma bastante positiva, porque entendem que a empresa está preocupada em validar as informações e melhorar os processos. Cria-se um clima de respeitabilidade, o que resulta em um ambiente corporativo saudável e produtivo.

REFERÊNCIAS

BRASIL. Constituição da República Federativa do Brasil de 1988. *Diário Oficial da União*. Brasília, DF, 5 out. 1988. Disponível em: <http://www.planalto.gov.br/ccivil_03/constituicao/constituicao.htm>. Acesso em: 14 out. 2019.

_____. Decreto 8.420, de 18 de março de 2015. *Diário Oficial da União*. Brasília, DF, 19 mar. 2015. Disponível em: <http://www.planalto.gov.br/ccivil_03/_ato2015-2018/2015/decreto/d8420.htm>. Acesso em: 14 out. 2019.

_____. Lei 8.906, de 4 de julho de 1994. *Diário Oficial da União*. Brasília, DF, 5 jul. 1994. Disponível em: <http://www.planalto.gov.br/ccivil_03/Leis/L8906.htm>. Acesso em: 14 out. 2019.

_____. Lei 12.846, de 1º de agosto de 2013. *Diário Oficial da União*. Brasília, DF, 2 ago. 2013. Disponível em: <http://www.planalto.gov.br/ccivil_03/_ato2011-2014/2013/lei/L12846.htm>. Acesso em: 14 out. 2019.

U.S. SUPREME COURT. Upjohn Co. v. United States, 449 U.S. 383 (1981). Disponível em: <https://supreme.justia.com/cases/federal/us/449/383/>. Acesso em: 14 out. 2019.

IV

DUE DILIGENCE DE INTEGRIDADE

12

BACKGROUND CHECK: MELHORES PRÁTICAS

Luciana Dutra de Oliveira Silveira
Luiz Eduardo Salles
Sara Cristina Jampaulo Santos

INTRODUÇÃO

A verificação do histórico de integridade dos terceiros que se relacionam com a empresa é um dos principais elementos de um programa de compliance eficaz. Não há uma nomenclatura uniforme para essa verificação, que pode ser conhecida como *due diligence*[11] ou verificação de integridade, ou procedimento de *background check*[12]. A execução sistemática e adequada dessa verificação permite evitar e mitigar riscos para o negócio no relacionamento com terceiros – que, segundo um estudo da OCDE[13] com ampla amostra de casos, foram apontados em 75% dos casos de corrupção.[14] Além disso, a realização de *due diligence* em terceiros é expressa ou implicitamente

---

[11] V. glossário.
[12] V. glossário.
[13] V. glossário.
[14] OECD. *OECD Foreign Bribery Report*: an analysis of the crime of bribery of foreign public officials. Paris: OECD Publishing, 2014.

incentivada em lei[15] e regulamento[16] no Brasil, bem como em documentos oficiais no exterior.[17]

Embora a realização de *background check* de terceiros seja rotina em programas de compliance maduros, não há muitos estudos publicamente disponíveis sobre como as empresas, na prática, têm estruturado e conduzido essas diligências. Sem pretender esgotar o tema, e tampouco adotar uma perspectiva estatística, este artigo visa a apresentar um panorama da prática de *background check*. O estudo foi realizado por pesquisa estruturada com envio de questionário, que foi respondido por representantes de 23 empresas dos mais diversos ramos de atividade. Os autores também se valeram de suas experiências na estruturação e condução de verificações de integridade.

Após esta introdução, o item 1 apresenta a metodologia da pesquisa, o item 2 discute os resultados da pesquisa a partir das respostas ao questionário e o 3 apresenta comentários gerais a título de conclusão.

1. METODOLOGIA

Os autores remeteram a 53 empresas com atuação no Brasil um questionário eletrônico estruturado com 19 perguntas de múltipla escolha, divididas em quatro grandes grupos temáticos[18]. Foram respondidos 23 questionários,

---

[15] Ao estabelecer responsabilidade objetiva às pessoas jurídicas por atos de terceiros, a Lei Anticorrupção convida as empresas a verificar e monitorar as partes com as quais se relacionam e que poderiam, em tese, praticar atos lesivos no "seu interesse ou benefício, exclusivo ou não" (art. 2º). Caso haja uma violação à Lei Anticorrupção, em interesse ou benefício da empresa, o procedimento de *background check* pode, em tese, ensejar redução (mas não isenção) da penalidade aplicável à empresa.

[16] O Decreto nº 8.420/2015 determina que a existência e a aplicação do programa de integridade são avaliadas a partir da condução de diligências apropriadas para contratação de terceiros e da verificação de vulnerabilidades em pessoas jurídicas envolvidas em processos de fusões, aquisições e reestruturações societárias.

[17] Ver, por exemplo, UNITED STATES DEPARTMENT OF JUSTICE. Criminal Division. *Evaluation of corporate compliance programs*: guidance document, April 2019, p. 6. O Departamento de Justiça dos Estados Unidos tem como diretriz que um programa de compliance bem desenhado aplique *due diligence* baseada em riscos para os relacionamentos com terceiros em fusões e aquisições. Como a responsabilidade por violação do FCPA é subjetiva, é possível, em tese, que o procedimento de *background check* leve à isenção de responsabilidade da empresa por ato praticado por terceiro.

[18] O questionário se encontra ao final deste artigo como Anexo I.

Cap. 12 · *BACKGROUND CHECK*: MELHORES PRÁTICAS | **177**

por empresas com ramos de atividade variados entre si. Todas as respostas obtidas foram consideradas na elaboração do presente artigo. A lista de empresas para as quais o questionário foi enviado está disponível com os autores e o questionário está em anexo ao presente capítulo. Por razões de confidencialidade, a identificação do participante e da empresa no questionário era facultativa.[19]

O primeiro grupo de perguntas do questionário tem o objetivo de identificar de forma genérica o perfil das empresas participantes, definindo (1) a classificação da empresa como industrial ou prestadora de serviços; (2) a classificação da empresa brasileira como nacional e atuação somente no território brasileiro, multinacional brasileira, ou multinacional estrangeira com atuação no Brasil; (3) a faixa de faturamento da empresa; e (4) a faixa correspondente ao número de empregados da empresa. A identificação do perfil das empresas participantes é relevante para dimensionar as conclusões porventura alcançadas pelo estudo e direcionar o aproveitamento dos resultados para efeito de melhores práticas do mercado. Por exemplo, na percepção dos autores, empresas brasileiras com atuação local (pergunta 2) e empresas de micro, pequeno e médio porte (perguntas 3 e 4) são menos propensas a realizar procedimentos de *background check*. De outra sorte, multinacionais estrangeiras com atuação no Brasil ou multinacionais brasileiras têm seguido uma tendência de conduzir tais atividades de forma mais rotineira e sistemática.

O segundo grupo de perguntas tem o objetivo de (5) confirmar se as empresas participantes possuem programa de compliance e (6) departamento ou função específica de compliance. Tendo em vista os profissionais e as empresas para as quais o questionário foi enviado, os autores esperavam que a grande maioria das empresas participantes tivesse um programa de compliance implementado, o que foi confirmado pelos resultados. Além de buscar essa confirmação, entendeu-se útil identificar se as empresas possuem área dedicada exclusivamente a Compliance e se tal fato influencia a execução de procedimentos de *background check*.

Um terceiro grupo de perguntas tem o objetivo de (7) determinar em quais situações as empresas participantes realizam procedimentos de *background check* e (8) compreender se políticas e procedimentos definem as situações em que será realizado *background check*. Empresas diferentes podem não realizar *background check* para tipos idênticos de situações, ou categorias

---

[19] Para preservar o sigilo prometido aos pesquisados, os autores não fornecerão informações individualizadas sobre qualquer participante.

GUIA PRÁTICO DE COMPLIANCE

idênticas de terceiros. Aliás, a noção de 'terceiros' é ampla e, em tese, inclui todos aqueles que se relacionam com uma empresa e não se classifiquem como *stakeholders* internos, ou integrantes da empresa.[20] Assim, buscar delinear o conjunto de situações em que as empresas têm realizado procedimentos de *background check* é importante para a discussão de melhores práticas nesse sentido. Quanto à previsão expressa em políticas internas acerca da exigência em conduzir tais procedimentos, esse quesito denota maior maturidade do programa de compliance.

Finalmente, o quarto e maior grupo de perguntas do questionário centra-se nas práticas de *background check* de fornecedores. Esse foco se justifica por duas razões principais. Em primeiro lugar, entende-se que, de forma geral, a categoria 'fornecedores' tende a ser a mais ampla categoria de terceiros que se sujeitam a procedimentos de *background check*. Geralmente, a definição de fornecedores inclui fornecedores de materiais e de serviços para as mais variadas funções.[21] Por outro lado, pode haver diferenças pontuais na definição de fornecedores no que se refere a certas categorias de terceiros. Por exemplo, uma empresa pode tratar 'agentes intermediários' como fornecedores de serviços, ao passo que outra empresa pode tratar 'agentes intermediários' em subcategoria diversa. Essa última abordagem pode ter relação com o texto do Decreto 8.420/2015, que lista separadamente "fornecedores, prestadores de

---

[20] Cunha apresenta uma definição ligeiramente diferente: "terceiros são todos aqueles que se relacionem com uma organização, que não se classifiquem como prepostos ou *stakeholders* internos (colaboradores, administradores, gestores, conselheiros etc.), mas que se colocam como intermediários na relação entre duas pessoas, físicas ou jurídicas" além de mencionar terceiros cujas relações não têm fins comerciais (CUNHA, Matheus. Pilar 8 – *due diligence* de integridade: uma estratégia para riscos de terceiros. In: CUNHA, Matheus; EL KALAY, Marcio [Org.]. *Manual de* compliance, compliance mastermind. São Paulo: LEC, 2019. v. 1, p. 262). Ayres é mais restritivo: "toda e qualquer pessoa física ou jurídica, independentemente de sua nomenclatura, que aja em nome de outrem" (AYRES, Carlos H. da S. Utilização de terceiros e operações de fusões e aquisições no âmbito do *FCPA*: riscos e necessidade da *due diligence* anticorrupção. In: DEL DEBBIO, Alessandra et al. [Org.]. *Temas de anticorrupção e* compliance. Rio de Janeiro: Elsevier, 2013. p. 204).

[21] Por exemplo, o Código de Defesa do Consumidor (Lei nº 8.078/1990) define fornecedor como "toda pessoa física ou jurídica, pública ou privada, nacional ou estrangeira, bem como os entes despersonalizados, que desenvolvem atividade de produção, montagem, criação, construção, transformação, importação, exportação, distribuição ou comercialização de produtos ou prestação de serviços". Seguindo esta definição, agentes, despachantes, representantes e inclusive distribuidores poderiam ser considerados fornecedores de serviços.

serviço, agentes intermediários e associados" na lista ilustrativa de 'terceiros', cuja contratação deve ser precedida de diligências.[22] Além disso, o referido Decreto 8.420/2015 inclui 'consultores' e 'distribuidores' no grupo de 'agentes intermediários'.[23]

Em segundo lugar, independentemente do perfil e do setor de atuação, empresas geralmente mantêm relacionamentos com fornecedores para a realização de seu objeto. Portanto, a despeito do setor de atuação, esse ponto une as mais diversas empresas. Além disso, considerando o grupo dos terceiros com quem uma empresa pode se relacionar, fornecedores, especialmente de serviços (e, entre eles, certas categorias de serviços), tendem a ocupar papel crítico na matriz de risco. Essa centralidade decorre, inclusive, da previsão de responsabilidade objetiva por atos lesivos no contexto da Lei Anticorrupção.

Ao focar fornecedores para os presentes fins, não se pretende diminuir a importância da verificação de integridade de outras categorias de terceiros com os quais a empresa se relacione. Por exemplo, o Decreto 8.420/2015 menciona expressamente, entre os requisitos de avaliação do programa de integridade, a verificação do cometimento de irregularidades ou ilícitos durante os processos de fusões, aquisições e reestruturações societárias, bem como a necessária transparência da pessoa jurídica quanto a doações para candidatos e partidos políticos.[24] Em outro exemplo, o DOJ[25] indica, no que se refere à realização de doações e patrocínios, que procedimentos adequados de *background check* e controles internos são críticos para um programa de compliance eficaz.[26]

À luz do exposto, o grupo de perguntas dedicado a *background check* de fornecedores tem como objetivo principal caracterizar esse procedimento e fomentar a discussão de melhores práticas a partir das respostas obtidas. Em detalhes, busca-se (9) determinar se as empresas selecionam certos fornecedores e qual o critério utilizado para realizar as verificações; (10) a etapa do processo de contratação em que o procedimento é realizado; (11) o objetivo principal do exercício; (12) se há um prazo preestabelecido para a conclusão do procedimento; (13) o método de busca de informações; (14) quem é o

---

[22]   Art. 42, XIII, do Decreto nº 8.420/2015.

[23]   Art. 42, § 1º, III, do Decreto nº 8.420/2015.

[24]   Art. 42, XIV e XVI, do Decreto nº 8.420/2015.

[25]   V. glossário.

[26]   UNITED STATES DEPARTMENT OF JUSTICE; SECURITIES EXCHANGE COMMISSION. *A resource guide to the U.S. Foreign Corrupt Practices Act*, November 2012, p. 19.

principal executor do processo de busca na empresa ou fora dela; (15) se a busca se resume ao fornecedor especificamente em questão, ou se pode ir além dele (sócios, empresas e pessoas relacionadas); (16) se o fornecedor é informado sobre a realização do procedimento e quando; (17) se há uma periodicidade predeterminada para renovação do processo e qual é ela; (18) se o fornecedor é chamado a prestar esclarecimentos caso sejam levantados pontos de preocupação; e (19) qual o provável resultado do processo caso o parecer quanto à integridade do fornecedor seja negativo. A próxima seção apresentará e discutirá os principais resultados obtidos.

2. RESULTADOS

2.1 Perfil das empresas participantes

Antes de aprofundarmos o estudo deste artigo, cabe destacar brevemente o perfil das empresas participantes, para contextualização dos resultados. Conforme descrito na seção anterior, o grupo de empresas participantes atua em diversas atividades econômicas. Em relação ao território de atuação, 78,3% das empresas participantes possuem atuação internacional, sendo 52,2% multinacionais estrangeiras e 26,1% multinacionais brasileiras. Os 21,7% restantes são empresas brasileiras com atuação nacional.

Quanto ao faturamento, 78,3% das participantes possuem faturamento superior a 1 bilhão de dólares por ano; entre elas, 100% das empresas multinacionais brasileiras, 75% das multinacionais estrangeiras e 60% das empresas brasileiras com atuação nacional. Do restante, verificou-se que 17,4% encontram-se na faixa entre 100 milhões e 500 milhões de dólares por ano e 4,3% faturam entre 10 milhões e 100 milhões de dólares por ano.

Já com relação ao número de empregados, 78,3% das empresas participantes possuem 1 mil ou mais. Nesse grupo, encontram-se, novamente, todas as multinacionais brasileiras, 83,3% das multinacionais estrangeiras e 40% das empresas brasileiras com atuação nacional. Por sua vez, 13,4% das empresas participantes empregam de 100 a 500 empregados e 8,7% entre 500 e 1 mil.

Nota-se que a grande maioria das empresas participantes é de grande porte. Diante deste fato, é necessária cautela para transpor os resultados da presente pesquisa para a realidade de pequenas e médias empresas no Brasil. Em outras palavras, ainda que o questionário seja uma referência quanto às melhores práticas adotadas na condução de *background check* para fornecedores, é preciso ressaltar que os resultados em questão refletem a prática de um grupo específico de empresas de grande porte.

2.2 Programa e estrutura de compliance

A adoção de programa de integridade e de instância interna para desenvolvê-lo, aplicá-lo e monitorá-lo é uma questão de responsabilidade e governança corporativa. Pelo resultado da pesquisa, 91,3% das empresas participantes (21 empresas) possuem programa de compliance. As duas empresas que responderam não possuir programa de compliance são brasileiras com atuação nacional, na faixa de faturamento entre 100 milhões e 500 milhões de dólares por ano. A ausência de programa de compliance para essas empresas contrasta com outras empresas brasileiras com atuação nacional (todas com faturamento superior a 1 bilhão de dólares por ano), que possuem programa. Por outro lado, as empresas sem programa de compliance também contrastam com as multinacionais, sejam elas brasileiras ou estrangeiras, a despeito da faixa de faturamento.

Segundo a pesquisa, 95,7% das empresas participantes (22 empresas) possuem departamento ou função de compliance, sendo que 73,9% contam com estrutura dedicada e 21,7% com estrutura compartilhada (sem dedicação exclusiva). A diferença entre as empresas que possuem programa de compliance (21 empresas) e departamento ou função de compliance (22 empresas) resulta do fato de que uma empresa respondeu não possuir programa de compliance e possuir departamento ou função de compliance. No que se refere a práticas de *background check*, os autores não identificaram diferenças relevantes entre o perfil de empresas que possuem estrutura dedicada ou compartilhada de compliance.

2.3 Programa de compliance e *background check*

O *background check* de terceiros auxilia a tomada de decisões de contratação, mas, principalmente, favorece a prevenção, antecipação e mitigação de possíveis riscos na relação com terceiros.[27] Nesta senda, a pesquisa permite constatar que entre as empresas que possuem programa de compliance (21 empresas ou 91,3% do universo de respostas), todas realizam procedimentos de *background check* de fornecedores. Além disso, 95,2% conduzem tais procedimentos também para doações e patrocínios, 81% para operações societárias e *joint ventures*, 52,4% para processos de seleção e recrutamento e 47,6% para clientes. Ainda, 81% desse grupo de empresas informaram que suas políticas e procedimentos escritos estipulam as situações em que o

---

[27] INTERNATIONAL CHAMBER OF COMMERCE. *Anti-corruption third party due diligence*: a guide for small and medium size enterprises, May 2015, p. 7.

background check é realizado e em 19% dos casos não há previsão expressa para tais atividades.

Também é digno de nota que todas as 23 empresas participantes indicaram realizar algum tipo de *background check*. Mesmo as duas empresas que não possuem programa de compliance formal informaram realizar procedimentos de *background check* no caso de possíveis operações societárias e *joint ventures*.

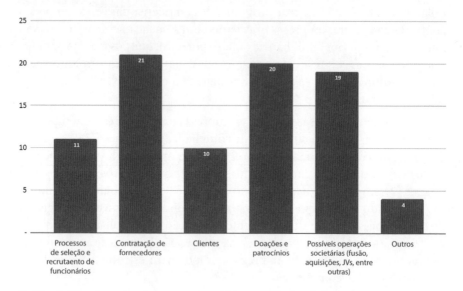

Gráfico 1: Situações em que as empresas conduzem *background check*

2.4 *Background check* de fornecedores

O *background check* de fornecedores consiste em processo investigativo dos antecedentes do fornecedor (podendo incluir seus sócios, administradores e empresas relacionadas) para identificação de possíveis *red flags*[28]. Os resultados especificados nesta subseção referem-se às empresas que realizam tais procedimentos (21 empresas ou 91,3% do universo de respostas).

2.4.1 Quais fornecedores são objeto de background check?

Diversos fatores merecem consideração para a definição do critério que determinará o tipo de fornecedor a passar pelo *background check*. No que se

---

[28] V. glossário.

refere à abrangência do procedimento de *background check* nas contratações de fornecedores, cinco empresas (25% das respostas válidas)[29] indicaram realizar o procedimento em qualquer contratação de fornecedor, sem distinção, e 75% indicaram adotar algum critério de seleção para a realização do procedimento. Deste universo, 50% das participantes adotam como critério de seleção a categoria do fornecedor, ao passo que 25% baseiam-se na categoria do fornecedor adicionalmente a um critério de valor da contratação.

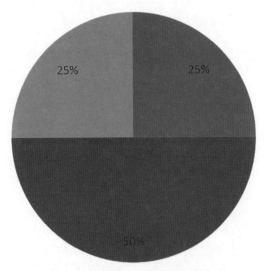

● Qualquer contratação de fornecedor, sem nenhuma distinção
● Uma ou mais categorias de fornecedor, independentemente do valor da contratação
● Uma ou mais categorias de fornecedor, a depender do valor da contratação

Gráfico 2: Fornecedores sujeitos ao *background check*

Com base na experiência dos autores, os critérios de seleção para realização de verificação de integridade podem dizer respeito, por exemplo: (i) à natureza do fornecimento, com particular relevância para o nível esperado de interação do fornecedor com agentes públicos ou pessoas politicamente expostas; (ii) à existência de pessoas politicamente expostas entre proprietários

---

[29] Uma das empresas participantes indicou adotar critérios diversos dos elencados nas alternativas, porém não trouxe dados adicionais que permitissem descrever a metodologia utilizada. Sendo assim, tal resposta foi desconsiderada para efeitos do cálculo estatístico acerca da abrangência do procedimento de *background check* de fornecedores.

e administradores do fornecedor; e (iii) ao escopo da contratação. Embora um critério de valor seja um possível filtro, é importante observar que o valor da contratação não necessariamente determina o risco relacionado ao fornecedor. Contratos com valores baixos podem, em certas circunstâncias, representar alto risco. Ademais, a Lei Anticorrupção não estipula piso para que um ato lesivo ao patrimônio público viole suas disposições. Por outro lado, contratos de valor alto podem representar risco inerente.

2.4.2   *Quando é realizado o* background check?

Em relação à etapa do processo de contratação em que o *background check* é conduzido, 14,3% das empresas apontaram realizá-lo logo após concluída uma *shortlist*[30] de fornecedores, 33,3% das empresas, logo após a seleção preliminar do fornecedor, e 52,4%, no processo de contratação do fornecedor selecionado, mas antes da sua efetiva contratação. Nenhuma empresa informou realizar *background check* logo após a primeira interação com o potencial fornecedor.

Na visão dos autores, o fato de que nenhuma empresa realiza *background check* logo após a primeira interação com o fornecedor e apenas 14,3% a realizam após a *shortlist* de fornecedores indica uma busca de eficiência no exercício de verificação. A realização de *due diligence*[31] de integridade após a seleção preliminar parece uma forma adequada de compatibilizar os objetivos do processo de verificação e o andamento das negociações com fornecedores. Já a condução da verificação no fechamento da contratação reduz custos do Departamento de Compliance ao tratar com um número menor de fornecedores a serem avaliados. Apesar disso, a circunstância do fechamento de uma contratação pode produzir uma maior pressão sobre o Departamento de Compliance, tendo em vista o estágio das negociações e a preferência de outras áreas da empresa pelo fornecedor sob avaliação. Finalmente, ainda que o questionário não tenha sido respondido nesse sentido, certas empresas podem optar por uma pré-qualificação de fornecedores, com o objetivo de otimizar o processo de contratação. Embora essa abordagem possa acelerar o processo de contratação, na visão dos autores, ela não parece ser pertinente a todos os tipos de negócios e pode, a depender de fatores específicos, gerar outros impactos negativos (por ex.,redução do rol de fornecedores e redução de concorrência efetiva).

---

[30]   V. glossário.
[31]   V. glossário.

2.4.3 Qual o objetivo principal do background check?

No que toca ao objetivo principal da realização do *background check* de fornecedores, a pesquisa apontou que 14,3% das empresas conduzem as verificações com o intuito de obter informações específicas quanto ao risco reputacional, 47,6% para obter informações sobre o risco jurídico e/ou de compliance, e 38,1% para obter informações sobre o risco jurídico, de compliance e reputacional. Nenhuma empresa selecionou as alternativas que indicavam (i) triagem inicial ou (ii) confirmação de qualificações/titulações e capacidade técnica e financeira do fornecedor.

Interessante notar que 66,7% das empresas brasileiras (multinacionais e com atuação local) indicaram como objetivo principal obter informações sobre risco jurídico, de compliance e reputacional, ao passo que 22,2%, sobre risco jurídico e de compliance, sem consideração a questões reputacionais. Já no caso de empresas multinacionais estrangeiras, os resultados foram praticamente inversos: 66,7% indicaram ter como objetivo principal obter informações sobre risco jurídico e de compliance, e apenas 16,7% indicaram ter como objetivo principal obter informações sobre os três riscos em questão. Os autores acreditam que, em razão da conjuntura de seguidos escândalos de corrupção no país nos últimos anos, empresas brasileiras possam estar considerando o risco reputacional de forma mais destacada do que multinacionais estrangeiras.

2.4.4 Quanto tempo leva o procedimento?

A pesquisa buscou identificar se as empresas adotam prazo determinado para a conclusão do procedimento de *background check*. Nesse quesito, 55% das empresas que realizam *background check* de fornecedores não estipulam prazo previamente.[32] Já 45% das empresas estipulam um prazo de até sete dias úteis, uma vez recebidos todos os dados necessários.[33] Nenhuma empresa selecionou a alternativa que indicava prazo de até sete dias úteis após iniciado o procedimento.

---

[32] Uma das empresas participantes não respondeu especificamente a esse item. Sendo assim, tal resposta foi desconsiderada para efeitos do cálculo estatístico acerca da abrangência do procedimento de *background check* de fornecedores.

[33] Cabe esclarecer que o prazo de sete dias úteis foi estipulado no próprio questionário como prazo máximo. Assim, se a empresa porventura estipular um prazo máximo inferior a esse, a alternativa em questão ainda faria referência ao prazo de até sete dias úteis.

186 | GUIA PRÁTICO DE COMPLIANCE

O estabelecimento de prazo máximo para a conclusão da *due diligence* de integridade após o recebimento das informações aumenta a previsibilidade do processo de contratação. Por outro lado, a depender da forma como os prazos internos são estabelecidos e administrados, bem como dos recursos (financeiros e humanos) disponíveis, pode haver prejuízo à avaliação das informações, ou incentivos para a solicitação de esclarecimentos e informações adicionais. Estes aspectos podem tornar o processo mais moroso, em vez de mais eficiente. No âmbito do FCPA, o histórico em relação a acordos com autoridades aponta que a falha em se realizar um *background check* minucioso, o que inclui a utilização do tempo necessário para tanto, pode ser utilizada em desfavor das empresas.

2.4.5 *O processo demanda utilização de ferramenta específica?*

Atualmente, as empresas contam com uma variedade de ferramentas ou *softwares* específicos para condução de *background check*. A utilização dessas ferramentas pode otimizar a busca de informações, apesar de não ser obrigatória. Nesse ponto, 81% das empresas conduzem as pesquisas com a utilização de plataforma ou ferramenta específica de busca contratada por assinatura (licenciada) junto a prestador de serviço. Os demais 19% realizam pesquisa livre na internet, com busca de certidões específicas e utilização de palavras-chave predeterminadas. Nenhuma empresa selecionou as alternativas (i) busca de certidões específicas, por exemplo, licenças e certidão negativa; (ii) contato a referências comerciais; ou (iii) pesquisa livre na internet, sem busca de certidões específicas, mas com utilização de palavras-chave predeterminadas.

2.4.6 *Quem conduz as buscas?*

Com relação ao agente condutor do *background check,* o estudo revelou uma diferença, vinculada à nacionalidade das empresas participantes, quanto à utilização de empresas especializadas para a condução das buscas. A busca de informações referentes à integridade do fornecedor é realizada internamente na empresa em 61,9% dos casos, sendo 38,1% dos casos pela área de Compliance, 19% dos casos pela própria área contratante e 4,8% dos casos pelo Departamento Jurídico.[34] Dos 38,1% que realizam o *background check* via prestador de serviço, 28,6% utilizam consultorias especializadas e 9,5% escritórios de advocacia.

---

[34] Houve apenas uma ocorrência em que a empresa informou ser o Departamento Jurídico o responsável por realizar o *background check*. Contudo, essa mesma empresa informou possuir um Departamento de Compliance sem dedicação exclusiva. Não é possível afirmar se a busca pelo Departamento Jurídico decorre da sobreposição de funções.

Interessante notar que 63% das empresas brasileiras que responderam ao questionário conduzem o procedimento de *background check* via prestador de serviço, ao passo que 69% das multinacionais estrangeiras conduzem essas atividades internamente, atribuindo a execução, principalmente, ao Departamento de Compliance. Os autores acreditam que essa diferença pode estar relacionada a certos fatores, tais como (i) administração de programas de multinacionais a partir de diretrizes globais; (ii) maturidade do programa de compliance; (iii) disponibilidade de recursos humanos; (iv) capacitação de pessoal para a busca e análise das informações; e (v) custos de contratação, já que, de forma geral, os custos de contratação de empresas especializadas no Brasil tendem a ser menores do que os mesmos custos nos países de origem das empresas.

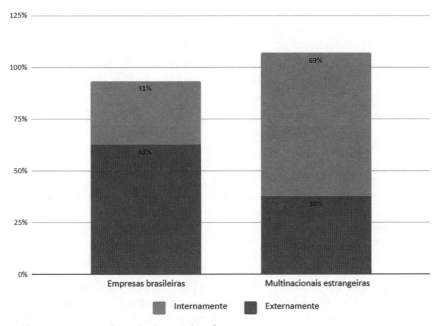

Gráfico 3: Agente condutor das buscas de informação

2.4.7 Quem é alvo da busca de informações?

Considerando que a categoria de fornecedores abrange pessoas físicas e jurídicas, buscou-se entender se o procedimento de *background check* é limitado à pessoa do fornecedor, ou inclui administradores e empresas relacionadas, entre outros possíveis sujeitos. Os resultados indicam que a busca pode ser estendida aos sócios do fornecedor e a empresas relacionadas sempre que houver *red flags* para 57,1% das empresas. Para 33,3%, as buscas são necessariamente estendidas a todos os sócios representantes do

188 | GUIA PRÁTICO DE COMPLIANCE

fornecedor, ao passo que 9,5% restringem as suas buscas apenas ao fornecedor (pessoa física ou jurídica) a ser contratado. Os autores acreditam que esta última limitação reduz a capacidade de detecção de riscos relacionados ao fornecedor em questão.

2.4.8 *O fornecedor sabe do* background check?

Quanto à pergunta que avalia se os fornecedores são informados pelas empresas acerca do *background check* ao qual serão submetidos, 85,7% das empresas informam o fornecedor sobre a realização desse procedimento (81% são informados previamente à realização das buscas e 4,8% após) e 14,3% não informam o fornecedor sobre a realização do *background check*. Os autores acreditam que as empresas que informam seus fornecedores da busca de informações o fazem por razões de transparência. Em geral, a existência do programa de compliance é um ativo da empresa, que inclusive é conhecido e divulgado publicamente. Dado que a realização de verificação de integridade é uma prática recomendada para empresas que almejam possuir programa de compliance eficaz, é esperado que a maioria das empresas informe aos seus fornecedores sobre a realização da *due diligence*.[35]

2.4.9 *Caso haja* red flag, *o fornecedor é chamado a esclarecer?*

O *FCPA resource guide*[36] indica que o nível de escrutínio em um processo de *background check* deve ser maior caso surjam *red flags*.[37] Cabe às empresas decidir se solicitam esclarecimentos aos fornecedores no caso de sinais de alerta. Das empresas pesquisadas,[38] 10% não solicitam tais esclarecimentos,

---

[35] Esclarece-se que, entre as três empresas consultadas que não informam os fornecedores sobre o exercício, duas realizam o procedimento previamente à seleção do fornecedor. Entre elas, uma delas pode solicitar esclarecimentos ao fornecedor a depender da questão envolvida, ao passo que a outra não solicita esclarecimentos. A terceira empresa que não informa o fornecedor sobre a verificação respondeu que o fornecedor pode ser instado a prestar esclarecimentos a depender da questão envolvida.

[36] UNITED STATES DEPARTMENT OF JUSTICE; SECURITIES EXCHANGE COMMISSION. *A resource guide to the U.S. Foreign Corrupt Practices Act*, November 2012.

[37] UNITED STATES DEPARTMENT OF JUSTICE; SECURITIES EXCHANGE COMMISSION. *A resource guide to the U.S. Foreign Corrupt Practices Act*, November 2012, p. 60.

[38] Uma das empresas participantes não respondeu especificamente a esse item. Sendo assim, tal resposta foi desconsiderada para efeitos do cálculo estatístico

20% solicitam esclarecimentos dependendo da gravidade do ponto identificado, 30% sempre solicitam esclarecimentos ao fornecedor e 40% solicitam esclarecimentos dependendo da gravidade do ponto identificado e da sensibilidade ou necessidade da contratação.

Os resultados confirmam que a grande maioria das empresas aprofunda o processo de verificação quando há sinais de alerta relevantes. Cabe ressalvar que o fato de que 10% das empresas se abstêm de solicitar esclarecimentos em caso de *red flags* não significa que essas empresas descumpram a diretriz quanto ao aprofundamento das diligências. Uma conclusão definitiva dependeria de avaliação específica sobre outras medidas que possam ser adotadas por tais empresas (por ex.,seleção de outro fornecedor para realização do processo de *background check* e, consequentemente, alteração do fornecedor a ser contratado).[39]

2.4.10 Qual a consequência da verificação para a contratação?

Um programa de compliance eficaz deve garantir a correspondência entre os resultados de procedimentos de verificação de integridade e a decisão pela contratação de fornecedores. Em última instância, a eficácia do programa está relacionada à possibilidade de veto ao fornecedor em casos críticos de risco de integridade. Entre as empresas que responderam ao questionário e possuem um programa de compliance,[40] 30% afirmaram que, caso haja um ponto de atenção muito relevante e o parecer quanto à integridade seja negativo, o potencial fornecedor será necessariamente vetado. Já 70% informaram que o fornecedor poderá ser vetado, mas a decisão final de veto cabe ao corpo executivo.

2.4.11 O processo de background check é renovado periodicamente?

Atualizar periodicamente o *background check* é importante, por exemplo, para assegurar-se de que não há riscos supervenientes ao início da contratação

---

acerca da ação de solicitar esclarecimentos ao fornecedor caso algum ponto de atenção seja identificado.

[39] Note-se que as duas empresas que informaram não solicitar esclarecimentos em casos de *red flags* conduzem *background check* após a seleção preliminar do fornecedor (e não no fechamento da contratação), o que parece ser compatível com a ressalva aqui realizada.

[40] Uma das empresas participantes não respondeu especificamente a esse item. Sendo assim, tal resposta foi desconsiderada para efeitos do cálculo estatístico acerca do resultado mais provável caso o parecer quanto à integridade seja negativo.

que mereçam tratamento, de que as medidas de mitigação originais são eficazes e de que medidas adicionais não são necessárias. Tendo em vista que as relações comerciais entre empresas e fornecedores podem ser duradouras ou repetidas, foi perguntado se o procedimento de *background check* é realizado periodicamente. Das empresas pesquisadas, 19% não conduzem reavaliações periódicas, 42,9% repetem os procedimentos em períodos variáveis, segundo critérios preestabelecidos e 38,1% reavaliam anualmente os fornecedores. Portanto, um número expressivo de empresas ainda não segue a diretriz de reavaliar seus fornecedores.

3. CONCLUSÃO

Este texto apresentou um panorama da realização de *background check*, sem pretender conferir um tratamento estatístico ao tema nem o esgotar, mas apontando as práticas comumente adotadas. As contribuições que embasaram o estudo são, principalmente, de empresas de grande porte. É possível constatar, em relação a esse grupo, que há relativa convergência de estrutura e práticas. Todas as empresas que possuem programas de compliance conduzem *background check*, sendo que todas o fazem em relação a fornecedores e mais de 90% em relação a patrocínios e doações caritativas. A grande maioria das empresas seleciona os fornecedores sujeitos a verificações e utiliza alguma ferramenta de busca licenciada junto a terceiro para coletar informações.

Entretanto, há diferenças dignas de nota. Por exemplo, talvez em decorrência da conjuntura brasileira quanto à luta contra a corrupção, empresas brasileiras têm se debruçado sobre riscos reputacionais advindos do relacionamento com fornecedores de forma pronunciada se comparadas às multinacionais com atuação no Brasil. Além disso, empresas brasileiras, mais do que multinacionais estrangeiras no Brasil, têm recorrido a assessores externos para a condução das verificações de integridade. Essa diferença pode ser atribuída a vários fatores, tais como a existência de diretrizes globais em empresas multinacionais, a disponibilidade e capacitação de recursos humanos e os custos de contratação no Brasil em relação aos países de origem das multinacionais. Há, ainda, diferenças quanto aos passos para definição de alvos do processo de *background check*, ou seja, sócios, representantes e partes relacionadas ao sujeito original. Finalmente, foram detectadas diferenças quanto ao momento de realização das verificações, a existência de um prazo máximo para resposta à análise e a condução de reavaliações de fornecedores.

Não seria razoável esperar que, mesmo tendo realizado a pesquisa a partir de um grupo de empresas que, de forma geral, se encontra na vanguarda do tema de integridade no Brasil, as respostas fossem uniformes. Os procedimentos de *background check* devem ser concebidos para as funções específicas que desempenham em cada estrutura e a partir das características dessas estruturas, em uma abordagem baseada nos riscos específicos do negócio. É preciso considerar a legislação aplicável, o passado da empresa, o setor de atividade, e os tipos de relações com terceiros. Enfim, fundamentalmente, é preciso atenção à matriz de risco em questão. Com essas ressalvas, espera-se que os resultados da pesquisa contribuam para a estruturação e a melhoria de programas de compliance no que se refere às relações com terceiros.

REFERÊNCIAS

AYRES, Carlos H. da S. Utilização de terceiros e operações de fusões e aquisições no âmbito do *Foreign Corrupt Practices Act*: riscos e necessidade da *due diligence* anticorrupção. In: DEL DEBBIO, Alessandra et al. (Org.). *Temas de anticorrupção e compliance*. Rio de Janeiro: Elsevier, 2013.

BRASIL. Decreto 8.420, de 18 de março de 2015. *Diário Oficial da União*. Brasília, DF, 19 mar. 2015. Disponível em: <http://www.planalto.gov.br/ccivil_03/_ato2015-2018/2015/decreto/d8420.htm>. Acesso em: 14 out. 2019.

_____. Lei 12.846, de 1º de agosto de 2013. *Diário Oficial da União*. Brasília, DF, 2 ago. 2013. Disponível em: <http://www.planalto.gov.br/ccivil_03/_ato2011-2014/2013/lei/L12846.htm>. Acesso em: 14 out. 2019.

CUNHA, Matheus. Pilar 8 – *due diligence* de integridade: uma estratégia para riscos de terceiros. In: CUNHA, Matheus; EL KALAY, Marcio (Org.). *Manual de compliance,* compliance mastermind. São Paulo: LEC, 2019. v. 1.

INTERNATIONAL CHAMBER OF COMMERCE. *Anti-corruption third party due diligence*: a guide for small and medium size enterprises, May 2015, p. 7. Disponível em: <https://iccwbo.org/content/uploads/sites/3/2015/07/ICC-Anti-corruption-Third-Party-Due-Diligence-A-Guide-for-Small-and-Medium-sized-Enterprises.pdf>. Acesso em: 14 out. 2019.

OECD. *OECD Foreign bribery report*: an analysis of the crime of bribery of foreign public officials. Paris: OECD Publishing, 2014.

UNITED STATES DEPARTMENT OF JUSTICE. Criminal Division. *Evaluation of corporate compliance programs*: guidance document, April 2019. Disponível em: <https://www.justice.gov/criminal-fraud/page/file/937501/download>. Acesso em: 14 out. 2019.

UNITED STATES DEPARTMENT OF JUSTICE; SECURITIES EXCHANGE COMMISSION. *A resource guide to the U.S. Foreign Corrupt Practices Act*, November 2012. Disponível em: <https://www.justice.gov/sites/default/files/criminal-fraud/legacy/2015/01/16/guide.pdf>. Acesso em: 14 out. 2019.

ANEXO I

QUESTIONÁRIO DE *BACKGROUND CHECK*: MELHORES PRÁTICAS

1. Caso você queira se identificar, por favor coloque o seu nome, cargo e empresa onde trabalha:

2. Selecione a melhor classificação para a atividade da sua empresa:
   a. Indústria (especificar setor)
   b. Prestação de serviços (especificar setor)

3. Selecione a melhor classificação para sua empresa:
   a. Brasileira com atuação nacional
   b. Multinacional brasileira
   c. Multinacional estrangeira

4. Selecione a melhor classificação para sua empresa considerando o faturamento:
   a. Faturamento até US$ 10 MM/ano
   b. Faturamento entre US$ 10 MM/ano e 100 MM/ano
   c. Faturamento entre US$ 100 MM/ano e 500 MM/ano
   d. Faturamento entre US$ 500 MM/ano e 1 bi/ano
   e. Faturamento maior que US$ 1 bi/ano

5. Selecione a melhor classificação para sua empresa considerando a estrutura:
   a. Até 20 empregados
   b. De 20 a 100 empregados
   c. De 100 a 500 empregados
   d. De 500 a 1000 empregados
   e. Mais de 1000 empregados

6. A empresa possui um programa de compliance?
   a. Sim
   b. Não

7. A empresa possui um departamento ou função específica de compliance?
   a. Sim, mas sem dedicação exclusiva
   b. Sim, com dedicação exclusiva
   c. Não

8. Em quais situações a empresa realiza procedimentos de *background check* (verificação de antecedentes, mídias e processos judiciais)? Marque TODAS as alternativas aplicáveis. Se a sua empresa não realizar *background check* em nenhuma circunstância listada, pule todas as demais perguntas e finalize o formulário.
   a. Não realiza *background check*
   b. Processos de seleção e recrutamento de funcionários
   c. Contratação de Fornecedores
   d. Clientes
   e. Doações e patrocínios
   f. Possíveis operações societárias (fusão, aquisições, JVs, entre outras)
   g. Outros (especificar)

9. As políticas e procedimentos escritos da sua empresa determinam as situações em que o *background check* será realizado?
   a. Sim
   b. Não

10. Qual a abrangência (cobertura) do procedimento de *background check* na contratação de fornecedores? Marque a alternativa que mais se aproxima da realidade da sua empresa.
    a. Realizado para qualquer contratação de fornecedor, sem nenhuma distinção
    b. Realizado somente para fornecedor de uma ou mais categorias independente do valor da contratação (por ex.,materiais vs serviços, diretos vs indiretos, e/ou alguma classificação de risco preestabelecida)
    c. Realizado somente para fornecedor de uma ou mais categorias a partir de determinado(s) critério(s) de valor da contratação (por ex.,

Cap. 12 • ANEXO I – QUESTIONÁRIO DE *BACKGROUND CHECK*: MELHORES PRÁTICAS | **195**

materiais vs serviços, diretos vs indiretos, e/ou alguma classificação de risco preestabelecida)

    d. Outro (especificar)

11. Em qual etapa do processo de contratação de fornecedores o *background check* é realizado? Marque a alternativa que mais se aproxima da realidade da sua empresa.

    a. Logo após a primeira interação com o potencial fornecedor

    b. Logo após realizada a shorlist de possíveis fornecedores

    c. Logo após a seleção preliminar do fornecedor

    d. No fechamento da contratação do fornecedor, mas antes da contratação

    e. Outra (especificar)

12. Qual o objetivo principal da realização do *background check* de fornecedor?

    a. Triagem inicial

    b. Confirmar as qualificações/titulações e capacidade (inclusive técnica e financeira) do fornecedor

    c. Obter informações sobre eventual risco jurídico/compliance para a contratação

    d. Obter informações sobre eventual risco reputacional para a contratação

    e. Obter informações sobre eventual risco jurídico/compliance e reputacional para a contratação

    f. Outro (especificar)

13. As políticas e procedimentos escritos da sua empresa determinam o prazo (SLA) no qual o *background check* de fornecedor será realizado?

    a. Sim, prazo de até 7 dias úteis após iniciado o procedimento

    b. Sim, prazo de até 7 dias úteis após recebidos todos os dados necessários

    c. Não há prazo preestabelecido

    d. Outro (especificar)

14. Qual o método de busca de informações para o *background check* do fornecedor? Marque a alternativa que mais se aproxima da realidade da sua empresa.

    a. Contato a referências comerciais

    b. Busca de certidões específicas (por ex., licenças e certidão negativa)

c. Pesquisa livre na internet, sem busca de certidões específicas, mas com utilização de palavras-chave predeterminadas

d. Pesquisa livre na internet, com busca de certidões específicas e utilização de palavras chave predeterminadas

e. Pesquisa com utilização de plataforma/ferramenta específica de busca contratada por assinatura/licenciada junto a prestador de serviço

15. As buscas de informações referentes à integridade do fornecedor são conduzidas: (Marque a alternativa mais representativa para o caso da sua empresa em situações de contratação de fornecedor, ou seja, caso mais de uma área/prestador esteja envolvida, marque aquela alternativa que representa o principal executor da busca).

a. Internamente, pelo Departamento de Compliance

b. Internamente, pelo Departamento Jurídico

c. Internamente, pelo Departamento de Recursos Humanos

d. internamente, pela área a contratar o fornecedor

e. Externamente, por prestador de serviço, escritório de advocacia

f. Externamente, por prestador de serviço, empresa de Recursos Humanos

g. Externamente, por prestador de serviço, empresa de consultoria

h. Outro (especificar)

16. Do ponto de vista da extensão do rol de informações buscadas sobre o fornecedor: (Marque a alternativa que mais se aproxima da realidade da sua empresa)

a. A busca de informações é restrita apenas ao fornecedor (pessoa física ou jurídica) a ser contratado

b. A busca é estendida a todos os sócios representantes do fornecedor

c. Além dos sócios, a busca pode ser estendida a todos os administra-dores e empresas relacionadas (e.g. subsidiária, filial, coligada etc.) sempre que houver pontos de preocupação/ *red flag*

d. Outro (especificar)

17. O fornecedor é informado sobre a realização do *background check* como uma etapa da contratação? Marque a alternativa que mais se aproxima da realidade da sua empresa.

a. Sim, previamente à realização do procedimento

b. Sim, após a realização do procedimento

c. Não

18. Existe uma periodicidade predeterminada para a renovação/repetição do procedimento de *background check* do fornecedor? Marque a alternativa que mais se aproxima da realidade da sua empresa.

    a. Sim, os fornecedores são reavaliado anualmente
    b. Sim, porém, a periodicidade pode variar de acordo com determinados critérios preestabelecidos
    c. Não
    d. Outro (especificar)

19. Caso seja identificado algum ponto de preocupação, o fornecedor é chamado a esclarecer a situação? Marque a alternativa que mais se aproxima da realidade da sua empresa.

    a. Sim, sempre
    b. Sim, mas depende da gravidade do ponto identificado
    c. Sim, mas depende da sensibilidade da contratação
    d. Sim, mas depende da gravidade do ponto identificado e da sensibilidade/necessidade da contratação em questão
    e. Não, nunca

20. Caso seja identificado algum ponto de preocupação muito relevante e o parecer quanto à integridade seja negativo, qual será o resultado mais provável do processo de contratação do fornecedor?

    a. O potencial fornecedor será necessariamente vetado
    b. As informações são utilizadas para classificação dos potenciais fornecedores em ordem de preferência
    c. O potencial fornecedor poderá ser vetado, mas a decisão final é do corpo executivo
    d. As informações são apenas para referência e não modificam o resultado do processo de contratação

13

CONTRATAÇÕES DE TERCEIROS DE ALTO RISCO OU EM SITUAÇÕES DE ALTO RISCO

CLARA CARNEIRO PEREIRA
MARCELO RHENIUS DE OLIVEIRA
RENATA FELIZOLA

INTRODUÇÃO

Diz o ditado que "pimenta nos olhos dos outros é refresco". Do ponto de vista das aplicações de compliance, referido brocardo não poderia estar mais distante da realidade. Ao contrário, os atos de corrupção praticados por um terceiro prestador de serviços podem se tornar um grande problema para a empresa que o contratou.

A vida é dinâmica, cheia de surpresas e imprevisões, o dia a dia é repleto de situações não pensadas ou não projetadas. Por mais que tenhamos cuidados, procedimentos ou expressivas análises precedentes, o fator imprevisibilidade jamais deixará de fazer parte da nossa matriz de risco. Aliás, a vida de qualquer operador de compliance, do assistente ao *chief compliance officer*[1], tem como norte a mesma diretriz: o risco!

Trabalhar com Compliance é trabalhar com identificação, análise e mitigação de riscos. Isso porque se sabe que não é razoável exigir que uma organização analise a contento 100% de seus terceiros. Ora, se já é uma árdua tarefa tomar ciência e mitigar riscos dentro da própria corporação, quanto mais será o de fazê-lo diante de terceiros.

---

[1] V. glossário.

200 | GUIA PRÁTICO DE COMPLIANCE

Nesse sentido, ao mesmo tempo que "conhecer o seu cliente" (na sigla em inglês KYC – *know your client* ou *know your customer*) revela-se uma atividade essencial para alguns setores, como o financeiro na prevenção e detecção do crime de lavagem de dinheiro, a atividade de "conhecer o seu terceiro" faz-se necessária em organizações de qualquer porte e de todos os setores, sendo entendida como um dos principais pilares de um efetivo programa de compliance.

A atuação do Compliance, como linha de defesa do negócio, que busca a mitigação do risco, traz a possibilidade de administrá-lo. Lidar com situações, objetivas ou não, imprevisíveis ou inesperadas, agir em momentos de crise, quando os caminhos estão obstruídos ou quando as comunicações estão cortadas, pode fazer do Compliance uma robusta armadura de um cavaleiro corajoso, pois é capaz de proteger o bem maior, que é a empresa, dando o suporte necessário para que pessoas qualificadas e com as devidas responsabilidades avancem em suas decisões, contrariando os elementos da crise.

Neste texto trataremos então das contratações de alto risco, tanto de terceiros de alto risco quanto de situações que apresentem alto risco para a empresa. Em termos práticos, abordaremos a dificuldade e a exposição da organização *versus* a necessidade de se efetivar, vez por outra, contratações de alto risco.

1. O QUE É ALTO RISCO?

Tomamos a liberdade de não recorrer às definições formais e/ou acadêmicas de risco e suas respectivas métricas, mas tão somente às definições oriundas da prática e de experiências pessoais. Beiraremos o empirismo, mas ao final teremos uma leitura pela ótica das dificuldades diárias de se enfrentar o alto risco no caso concreto.

Trataremos, assim, do risco como um evento inerente a qualquer atividade, capaz de gerar danos diretos ou indiretos àqueles que se sujeitam às relações em que tal evento esteja inserido.

A seguir, traremos um exemplo simplório, mas lúdico e pragmático o suficiente para esclarecer nosso ponto de vista. Andar de bicicleta é uma atividade bastante arriscada por natureza, afinal, ela tende sempre a cair ao chão por não ser autossustentável. Ainda assim, é bastante comum que as pessoas aprendam a andar de bicicleta e não caiam. A habilidade e o treinamento mitigaram o risco de queda, porém o risco não deixou de existir.

Uma pessoa que não saiba andar de bicicleta, sob essa ótica, pode até amplificar o risco inerente da própria bicicleta de tombar ao chão, afinal não pode se socorrer da habilidade e do treinamento, simplesmente, por não o possuir.

Eis aqui uma definição de risco e de sua categorização. Andar de bicicleta não representa um risco alto a menos que definitivamente não se saiba andar de bicicleta. Esse conceito serve ao nosso contexto.

Aos fins previstos na Lei Anticorrupção, especificamente com relação às violações nela listadas,[2] estamos basicamente diante de alguns riscos objetivos: corrupção; fraude à licitação; e cartel.

Os riscos sempre existirão, afinal são inerentes a todas as atividades. Se há qualquer relação entre o público e o privado, o risco de corrupção é latente. Simplesmente não se consuma enquanto crime por diversos fatores mitigatórios, dentre eles a proibição explícita de atitudes que possam levar a tal situação, porém, o risco jamais deixará de existir enquanto perdurar tal relação.

Exatamente sobre a classificação do risco, quando então definiremos se tal risco é alto ou baixo, urgente ou não, temos que tal interpretação depende estritamente da ótica, do ponto de vista objetivo pelo qual se observa a situação e, em última análise, pela sua própria tolerância ao risco.

Um funcionário da manutenção que precisa de uma peça para consertar uma máquina e que sofre pressão da empresa, pois a parada daquela atrapalha o andamento da produção, certamente terá um ponto de vista mais agudo com relação à compra da peça, ainda que de um fornecedor de alto risco. Porém, o executivo responsável pela produção não necessariamente compartilhará dessa ótica. A importância e o apetite ao risco variam muito entre as instâncias, da mesma forma que a sensibilidade a ele.

No nosso exemplo da bicicleta, o risco de queda de uma pessoa que não sabe andar de bicicleta é bastante alto, mas para que o risco se consume é necessário que ela ao menos tente andar de bicicleta. Porém, aos mais conservadores, o simples fato de a pessoa sentar-se ao selim da bicicleta já seria um indicativo de risco muito forte, capaz de já se determinar a possibilidade de um acidente. À ótica dos ciclistas, treinados e experientes, andar de bicicleta representa um baixo risco. Cabe ponderar, porém, que, para um ciclista de alta *performance* que compete em lugares íngremes e perigosos, o risco de cair é alto, como também será alto o impacto e o dano que sua ocorrência poderá causar, podendo inclusive levá-lo à morte.

---

[2] Conforme disposto no art. 5º da lei, que dispõe sobre os atos lesivos à administração pública nacional ou estrangeira.

Como dito, trouxemos apenas um exemplo lúdico de fácil compreensão, visando a equalizar o entendimento ao conteúdo deste artigo. No entanto, é importante pontuar que o risco (e a elaboração de uma matriz de risco) não deve ser tratado de forma simplória, ao contrário, existem muitos estudiosos do risco, e seu dimensionamento é algo bastante complexo. Dito isto, buscamos ilustrar em seguida situações potencialmente reais e como lidar com as *red flags*[3] e com a crise na qualidade de profissional de compliance.

2.   *RED FLAGS* NA PRÁTICA

Um risco pode ser definido como alto tanto de maneira objetiva e automática pela política corporativa tendo em vista certas situações que em si já caracterizam um alto risco de contratação (quando o terceiro é do setor público, por exemplo), como também ao se verificarem *red flags* no caso concreto que justifiquem a elevação do risco.

Por exemplo, uma contratação de baixo ou médio risco aparentemente inofensiva pode demandar uma análise mais aprofundada ao chegar ao conhecimento do profissional de compliance que o terceiro se nega a assinar contrato contendo cláusula de integridade nos negócios, e se mostra inflexível para negociar sua redação.

Muito se fala sobre a sensibilidade da contratação do terceiro quando este representa a empresa ou quando ele é um agente governamental, no entanto, pouco se chama a atenção para determinados serviços ou fornecimento de produtos que, na primeira notícia veiculada na mídia, podem gerar danos incomensuráveis ao contratante incauto.

Um parecer de uma consultoria para avaliar o risco de desabamento de uma barragem de minério, por exemplo, pode apresentar um valor de contratação baixo em relação ao faturamento da empresa, demandando uma aprovação de alçada de um gerente e constando na política corporativa como baixo ou médio risco. Tendo em vista que o impacto causado à organização caso o risco se concretize é de altíssima magnitude financeira, ambiental e reputacional, sem contar ainda o prejuízo a vidas humanas, tal contratação deveria ser classificada como de alto risco, diante dos possíveis e desastrosos danos ao contratante. Observe nesse caso que o serviço contratado não é

---

[3]   V. glossário. Os autores, entretanto, adicionam que neste artigo, referem-se a situações sinalizadoras de risco, normalmente categorizadas em três níveis, sendo o vermelho o nível mais crítico, que requer análise mais profunda e toda a atenção disponível.

essencial ao andamento do negócio, mas o alto risco se faz necessário pela perspectiva do alto impacto gerado pela concretização do risco.

Outro exemplo é o do fornecedor têxtil acusado de utilizar mão de obra escrava ou de trabalhadores em situação análoga à de escravo. O impacto reputacional negativo que pode atingir a loja de varejo que contrata tal fornecedor pode ser tão severo que chega a manchar sua marca de forma irreversível por longo tempo. Nesse caso, não só o dano à imagem deve ser considerado, mas também a possibilidade de que fornecedores têxteis que utilizam mão de obra irregular na sua atividade comercial estejam pagando propinas a agentes do governo para prosseguir com a atuação irregular.

Verifica-se assim que as potenciais situações geradoras de abalos de reputação podem conter cenários de corrupção em seus bastidores, justificando um olhar mais atento do profissional de compliance.

Importante ressaltar que a classificação de alto risco de um terceiro não deve, a nosso ver, necessariamente, incluir fatores técnicos ou de qualidade do produto ou serviço. Cada empresa, a depender de seu porte e ramo de atuação, deverá avaliar quais são os *gatekeepers*[4] da técnica e da qualidade de um fornecedor, pois, via de regra, a *due diligence*[5] de terceiro se refere a uma avaliação com olhar de compliance, reputacional e de integridade nos negócios.

Para deixar mais palpável, é claro que um acidente aéreo por falha de um *software* ou por outros problemas técnicos causa prejuízos de diversas ordens e de amplas magnitudes. No entanto, podemos especular que dificilmente esses danos foram causados por erro na *due diligence*[6] de terceiros. Entendemos, inclusive, que fornecedores de materiais utilizados na construção de aviões, por exemplo, podem ser classificados como de baixo ou médio risco, de modo que a avaliação da qualidade do material deva passar pelo escrutínio da área técnica competente, e não do Compliance.

Trouxemos até aqui alguns exemplos de quando o terceiro apresenta alto risco para sua contratação. Passemos agora para as situações que agregam o alto risco à contratação.

Muitas vezes nos vemos diante de situações em que os riscos são potencializados e as medidas mitigatórias típicas nem sempre se mostram adequadas a garantir, por meio das instâncias constituídas e sob as regras e

---

4   V. glossário.

5   V. glossário.

6   V. glossário.

processos preconcebidos, uma continuidade segura e eficaz dos negócios. Nesses casos, podemos dizer que estamos diante de uma crise, da forma mais ampla possível.

Crises podem ser originadas por diversos fatores, por um desastre natural, por uma operação policial na qual o mandado de busca e apreensão que foi levado a cabo retirou os HDs dos computadores robóticos que controlam a produção de uma fábrica, ou ainda, por ter de contratar um prestador de serviços sobre o qual recaia uma ou mais *red flags,* dentre outros motivos.

Apesar de serem possíveis inúmeros contextos diferentes, o processo de enfrentamento e solução de qualquer crise será similar. Um ou outro fator mudará, mas o conceito principal será sempre o mesmo: atuar conforme as leis do país, das políticas corporativas e de seu código de ética, da melhor e mais ágil forma possível, mitigando-se os riscos existentes e evitando-se novos.

Sob essa ótica, podemos usar como primeiro exemplo uma catástrofe natural, um *tsunami* inesperado e não detectado que atinja um *resort* de praia num local longínquo. Nesse caso, não há muito que se possa fazer para impedir o *tsunami,* porém, após o evento, muitas decisões precisam ser tomadas. Aqui começa a participação da empresa proprietária do *resort.*

No caso hipotético, imaginando um cenário devastado, medidas emergenciais de resgate de vítimas precisam ser tomadas, e muitas vezes a estrutura pública não é capaz de atender a toda a demanda sozinha. Lembremo-nos que estamos nos colocando na posição de empresa proprietária do *resort* devastado.

Seguindo no exemplo, suponhamos que serão necessários vários helicópteros para deslocar os bombeiros até o local da tragédia visando a permitir o início do trabalho de resgate. Pois bem, nem sempre os grupamentos de bombeiros possuem tantos helicópteros quanto necessários e, nesse caso, tempo é fundamental. Vamos considerar então que a empresa possua dois helicópteros nessa área, disponíveis e funcionais, passíveis de serem acionados imediatamente para que possam auxiliar os bombeiros.

Também vamos considerar que a instituição dispõe de combustível sobressalente de helicópteros, suficiente inclusive a abastecer os helicópteros dos serviços de bombeiros, e resolveu disponibilizá-lo por meio de doação.

Apesar de ser uma situação hipotética, não é incomum tomarmos conhecimento de situações como esta.

Num primeiro momento estamos não só diante de uma inevitável tragédia, mas de um enorme risco à empresa. Talvez o primeiro risco seja o risco à imagem, pois qualquer passo equivocado certamente gerará notícias

Cap. 13 · CONTRATAÇÕES DE TERCEIROS DE ALTO RISCO OU EM SITUAÇÕES DE ALTO RISCO | 205

de que a empresa não está prestando a assistência humanitária necessária, o que para uma empresa de *resort* poderia ser terrível.

Observemos ainda que os bombeiros, de um modo geral, são funcionários públicos, da mesma forma que seus helicópteros pertencem ao serviço público.

Se, na estrutura da empresa, não existir um manual de gerenciamento de crises bem formulado, com processos e procedimentos para serem utilizados durante crises e, especialmente, com a previsão de quem são os tomadores de decisões, correremos outro risco: o de a burocracia atravancar toda uma reação.

Veja o seguinte exemplo. Um único funcionário que, por um mau entendimento dos procedimentos de crise, alegue que a doação de combustível de aviação ao helicóptero dos bombeiros fere o código de ética ou a política anticorrupção, travando o processo, causará um grave dano à empresa devido à falta de resposta hábil à catástrofe, e isso não deve acontecer.

Devemos lembrar que, em situações de crise reais, o tempo é um fator muito importante e desperdiçá-lo, normalmente, traz agravamentos ao cenário.

Finalizando o exemplo, temos, em termos resumidos, uma catástrofe na qual a empresa precisa interagir com funcionários públicos e com bens públicos, realizando inclusive doações.

Antes de prosseguirmos na resposta, passaremos ao segundo exemplo, quando uma empresa em determinado momento da sua trajetória se vê diante de uma situação em que precisa contratar alguém cuja reputação não seja das melhores, pendendo sobre este contratado os alertas de *red flags*.

A título de exemplo, utilizaremos a seguinte situação: uma empresa de energia nuclear precisa fazer uma intervenção no reator de uma usina e, atualmente, em nosso país existe apenas uma empresa capacitada a realizar tal intervenção. Vamos considerar, a título de exemplo, que não será possível convidar empresas do exterior para o certame.

Consideraremos ainda que essa empresa, especialista em intervenções em reatores nucleares, nesse momento participa de um escândalo de corrupção, divulgado diariamente nos jornais.

Não existe outra possibilidade senão contratá-la, pois, em caso contrário, corre-se o risco de um acidente nuclear de grandes proporções, mas, da mesma forma que no exemplo anterior, devemos chegar a um denominador em que tal contratação seja possível e segura, pois apesar de extremamente necessária, é imprescindível que sejam adotados procedimentos capazes de mitigar o risco, permitindo que os negócios fluam sem maiores entreveros e resguardando a empresa contratante em caso de investigações futuras.

De plano, o conceito que devemos sempre lembrar para responder a ambos os casos é o princípio do *tone at the top*[7]. Tê-lo em mente é o primeiro grande passo para a solução.

Sistematicamente, a capacidade de decisão, execução e assunção de riscos dentro de uma organização compete a poucos. Todos sabemos que estar no *C-Level*[8] ou em conselhos de administração exige, além de conhecimento, responsabilidade e capacidade de decidir em períodos normais e de crise.

Nesse caso, a capacidade de decisão vai ser levada ao extremo, pois muitas intervenções sensíveis devem ser rapidamente efetuadas.

Outra importante ferramenta é um robusto plano de gerenciamento de crises. Ele sim é capaz de encurtar as distâncias e resolver, em tempo adequado, as questões que surgem naquele momento crítico. A sua entrada em execução cria novas rotinas procedimentais dentro da empresa, priorizando atividades que visem a atacar diretamente o problema, permitindo caminhos que, muitas vezes menos burocráticos, não deixam a desejar com relação à transparência e aos registros.

Vários são os exemplos de caminhos encurtados na condução da resposta, mas o mais simples e comum é a instalação de um "gabinete de crise", o qual catalisa todas as ações e decisões, sendo também o ponto focal das informações. Ou seja, basicamente se cria uma rotina especial de comunicação ponto a ponto. Lembremo-nos de que, do gabinete, fazem parte todas as peças-chave de uma corporação, possibilitando que decisões sejam rapidamente tomadas.

Especialmente no caso de uma contratação de um terceiro de alto risco, como acima exemplificado, normalmente não é necessária a instalação de um gabinete de crise, porém, todo o resto, como o plano de mitigação, o plano de resposta, o plano de ação, bem como as medidas de fiscalização e controle, muito se assemelham aos procedimentos que devem ser adotados pelo gabinete de crise.

Ter de contratar um terceiro que possua *red flags* demanda mais do que simplesmente a vontade de se contratar um terceiro. Exigem-se medidas e controles que sejam suficientes a garantir que as coisas funcionem de acordo com o que se espera, sem que problemas oriundos das *red flags* atinjam esse novo contratante.

---

[7] V. glossário.

[8] C-Level é um conjunto de cargos executivos de pessoas de alto escalão dentro de um empresa ou organização, normalmente associado à Diretoria Executiva (CEO, CFO, CCO etc).

3. MITIGAÇÃO DOS RISCOS

Não se pode deixar de mencionar que, no dia a dia, a mitigação de riscos faz sentido quando o serviço ainda não foi prestado ou o produto ainda não foi fornecido. Isso porque é evidente que a atuação do Compliance ficará bastante comprometida quando o caso é trazido após a contratação. Por vezes, o caso somente vem ao conhecimento do Compliance após, até mesmo, a efetivação do pagamento.

Como a prática é bastante diferente da teoria, essas situações são aparentemente esdrúxulas, mas razoavelmente comuns na correria corporativa. Por esse motivo, o *tone at the top* constante e bem comunicado, informações efetivas sobre mudanças nas políticas corporativas, somados a treinamentos regulares das partes envolvidas no processo de contratação, bem como a existência de um canal aberto de comunicação entre o Compliance e os demais departamentos, são peças fundamentais que antecedem a própria *due diligence* dos terceiros. Ademais, no tocante à contratação de terceiros, o apoio do setor financeiro é indispensável como *gatekeeper* do processo, uma vez que o bloqueio na efetivação do pagamento gera reflexos em cadeia por diversos outros setores da empresa.

Feita essa ressalva, para falarmos de mitigação de riscos na contratação de fornecedores, precisamos abordar os fundamentos de um Compliance efetivo – prevenir, detectar, corrigir e monitorar – e o famigerado "triângulo da corrupção" – racionalização/incentivo, pressão e oportunidade.

Assim, deve-se primeiro entender e categorizar o risco de contratação, que pode ser definido pela natureza pública da outra parte do contrato (quando o terceiro é um agente público ou instituição do governo), pela outorga de poderes ao terceiro para agir no nome da empresa (por ex.,representação comercial), pela situação atual do fornecedor a ser contratado (por ex.,o sócio da empresa está sendo investigado por evasão fiscal), ou, por conta do impacto que o risco, se concretizando, pode causar (por ex.,consultoria de fiscalização de barragens em represas).

Entendido e dimensionado o risco (há vários exemplos de matriz de riscos a serem adotados),[9] o contrato precisa ser aprovado de acordo com a política de contratação de terceiros. Aqui, abrimos um espaço para explicar como deve ser essa política.

---

[9] O Ministério da Economia possui uma matriz de riscos que pode servir de inspiração. Disponível em: <http://www.planejamento.gov.br/assuntos/gestao/controle-interno/matriz-de-riscos>. Acesso em: 14 out. 2019.

A política de homologação de fornecedores (ou terceiros) deve estar alinhada com o código de ética e com a realidade da empresa. Ou seja, não adianta haver uma política extensa e complexa para contratação de produtos ou serviços, com condução de *due diligence* e de *background check* imensos, se por conta desse excesso de zelo ela se torna impraticável e/ou morosa demais, já que a burocratização do processo pode incentivar que os membros da equipe demandante tentem burlá-la.

A política deve ser escrita em bases reais, coadunando as necessidades das áreas com as preocupações do Compliance. E mais, nada adianta uma política bem-feita se ela não é checada, ajustada e monitorada com o passar do tempo, demandando treinamentos periódicos aos colaboradores.

Retomando, assim como se espera que a estrutura do Compliance da empresa seja proporcional ao porte desta e à sua atividade, a política de contratação de fornecedores e seus rigores deve acompanhar essa mesma lógica.

Com uma matriz de risco elaborada, é necessário que se faça a análise de que checagem irá ser utilizada de acordo com a classificação do risco – se mais superficial, se o risco é baixo, ou se mais aprofundada, se o risco é alto. Via de regra, algumas perguntas devem ser feitas para embasar a busca por informações:

- a empresa possui CNPJ (Cadastro Nacional de Pessoas Jurídicas) e CNAE (Código Nacional de Atividade Empresarial) ajustados à atividade a ser contratada?
- qual é o histórico da empresa (pesquisa na internet, em cartórios, e em serviços como o do Serasa)?
- essa empresa está com seus impostos em dia (checagem de certidões negativas federais, estaduais e municipais)?
- alguém que tenha voz diretiva ou lucro nessa empresa exerce função pública? É funcionário público?
- quem são os sócios da empresa? Há alguma informação que possa atingir a contratante tanto financeiramente quanto à imagem?
- quem são os demais representantes legais da organização?
- quais são as referências bancárias dessa empresa?
- onde fica o escritório? É compatível com a atividade corporativa?
- a empresa foi indicada por algum agente público?
- o valor cobrado pelo produto ou serviço é razoável?
- existe algum ex-funcionário da contratante na empresa contratada?

- existe algum ex-funcionário da contratada na empresa contratante?
- a empresa atuará em nome da contratante? A procuração outorgará quais poderes? É permitido o substabelecimento?
- a empresa subcontratará terceiros para realizar suas obrigações contratuais com a contratante?

Esse questionário deve ser respondido tanto pela área demandante interna quanto pela empresa a ser contratada, o qual será posteriormente analisado criticamente pelo Departamento de Compliance, que conduzirá a *due diligence* correspondente ao nível de risco da relação.

Após tal processo e decidido que esse é o melhor (ou único) fornecedor compatível e adequado, deve-se aprovar (ou não) a contratação com escalonamento de autorização. O grau de aprovação[10] deve variar conforme a complexidade da própria contratação e da empresa contratante, sem sacrificar a efetividade do sistema.

Wagner Giovanini[11] propõe uma matriz (no caso, para contratação de parceiros comerciais) que consideramos facilmente adaptável às situações a que a política de contratação enfrentará:[12]

a) Para uma empresa de pequeno porte

Risco	Responsabilidade pela aprovação da contratação
Baixo	O próprio setor demandante, na figura do responsável.
Médio	O responsável do setor demandante e o diretor financeiro.

---

[10] Não ignoramos a complexidade de se construir uma política de alçadas/aprovações que inclua o nosso exemplo da consultoria que avaliará a construção de barragens, ou seja, que demandará uma aprovação da alta hierarquia devido à magnitude do impacto negativo gerado caso o risco se concretize. Sabemos ser comum que as empresas possuam matrizes de aprovação com base nos valores envolvidos. Para abordar esse problema sem burocratizar ainda mais o processo, porém, nossa sugestão é a criação de um comitê com os *heads* de diversas áreas (como Compliance, Jurídico, Financeiro, Operações, Comercial etc.) que se reuniria a cada dois ou três meses para apontar situações consideradas como "cisne negro", imprevisíveis, mas que podem ter resultados catastróficos, o que culminaria com a criação de um plano de ação para mitigar tais riscos.

[11] GIOVANINI, Wagner. Compliance: excelência na prática. p. 174.

[12] Tabela adaptada à nossa interpretação.

210 | GUIA PRÁTICO DE COMPLIANCE

Alto   O responsável do setor demandante, o diretor financeiro e o mais alto nível hierárquico (CEO, presidente, proprietário).

b)   Para empresas maiores, que possuam um Compliance consolidado

Risco	Responsabilidade pela aprovação da contratação
Baixo	O próprio setor demandante, na figura do responsável.
Médio	O responsável do setor demandante e o gestor de departamento.
Alto	O responsável do setor demandante, o gestor de departamento, com a palavra final dada pelo Departamento de Compliance.
Altíssimo	O responsável do setor demandante, o gestor de departamento, o Departamento de Compliance e o mais alto nível hierárquico.

Esse escalonamento funciona tanto para contratação de fornecedores como para assinatura de contratos diversos.

A partir da definição da decisão pela contratação, voltamos a outro pilar de um bom programa de compliance: documentar, documentar e documentar.

Deve-se acompanhar toda a entrega do projeto contratado, de acordo com o nível de risco do fornecedor. Assim, um fornecedor de materiais de limpeza para um escritório de advocacia pode ter um processo de acompanhamento e pagamento (não relativo a valores) bem inferior ao de um fornecedor de *data center*, já que este último, por natureza da prestação de serviços, pode causar um impacto muito maior que o fornecedor de materiais de limpeza.

E, ainda, todo o processo de controle desse contrato, como o processo de pagamento e gestão, deve estar alinhado no nível de complexidade dos riscos e sensibilidade da relação contratante-contratado.

Outro ponto importante, e aqui, especialmente para o Departamento de Compliance, é que este não define, não ordena, não executa. O Compliance é para direcionamento, aconselhamento, prevenção. Assim, caso o mais alto nível hierárquico decida contratar um fornecedor de altíssimo risco, o Compliance não veta[13]. Aconselha apenas e documenta, documenta, documenta.

---

[13]   Não podemos deixar de mencionar que tal impossibilidade de veto por parte do Compliance tem gerado importantes debates diante da responsabilidade do *compliance officer* afinal, é de fato incongruente que a pessoa que não tem voz ativa para barrar o prosseguimento de uma contratação seja punida caso ela

Mitigar riscos não é impedir negócios. Mitigar riscos é decidir quais riscos vale a pena correr em face da necessidade da empresa, com o fim de tornar o negócio próspero e duradouro por longo prazo. Um ponto crucial de um bom Compliance é que este deve ser parceiro das outras áreas, seja a Comercial, o Financeiro, o Departamento Pessoal, o operacional ou a direção. Uma empresa só abraça a cultura de compliance quando se sente acolhida, e não recriminada ou tolhida. É papel do Compliance indicar caminhos que sejam melhores, alternativas, prevenções a serem tomadas, políticas a serem seguidas, sem esquecer de documentar todo o processo e o racional por parte de suas recomendações, em especial aquelas relativas a contratações de alto risco.

4. CONCLUSÃO

A contratação de produtos ou serviços de terceiros pode representar um alto risco às empresas. Exatamente por essa razão, não podemos deixar de envidar os melhores esforços na análise, caso a caso, dessas contratações. Ferramentas como as de *due diligence* de terceiros configuram importante auxílio, mas a última análise sempre dependerá de uma decisão que deve levar em conta não só a capacidade de realização, como também sua necessidade, tudo isso conjugado com o apetite ao risco.

O mesmo se aplica em situações de crise, principalmente, se não existir dentro da empresa um plano estruturado e suficientemente operacional de gerenciamento de crises, o que, diga-se de passagem, não é incomum.

Em tempos de FCPA[14], UKBA[15], *whistleblowers*[16], Lava Jato e tantas outras operações de investigação, o surgimento de *red flags* durante a condução de *due diligence* torna-se cada vez mais corriqueiro. Da mesma forma, desenvolvemos diariamente novos processos para lidar com elas de forma a se evitar, dentro do possível, o incremento do risco. Parece-nos bastante difícil uma empresa se relacionar com terceiros que não possuam nenhuma *red flag* nos dias de hoje – claro que isso depende do tamanho da empresa e do mercado em que se atua.

---

aconteça. Todavia, esta não é a seara adequada para tecer mais considerações sobre essa importante e necessária discussão.

[14] V. glossário.

[15] V. glossário.

[16] V. glossário.

O operador de compliance deve saber lidar com tais percalços e não só mitigar o risco com cláusulas contratuais mais severas ou exercendo seu direito de auditoria, mas também enrobustecendo seus controles internos e melhorando seu processo de monitoramento contínuo. Em ato contínuo, é importantíssimo contar com o apoio incondicional da alta administração, pois, ao final do dia, decisões sempre precisam ser tomadas. Em paralelo, espera-se também que esse profissional esteja atento à ocorrência de "cisnes negros", informando os tomadores de decisões e estimulando a criação de políticas de gerenciamento de crises, bem como de comitês para evitar tais crises.

Em suma, o que se espera de um bom profissional da área é que seja meticuloso em obter informações, realizar a análise, documentar a fundamentação de suas decisões, informar o negócio a respeito dos riscos incorridos e realizar a mitigação adequada, sem engessar o processo e com a agilidade necessária para manter o negócio competitivo. Podemos concluir que o provérbio adequado às contratações de alto risco seja "é melhor prevenir, do que remediar".

REFERÊNCIAS

BRASIL. Ministério do Planejamento, Desenvolvimento e Gestão. *Matriz de riscos*: gestão de integridade, riscos e controles internos da gestão. Disponível em: <http://www.planejamento.gov.br/assuntos/gestao/controle-interno/matriz-de-riscos>. Acesso em: 14 out. 2019.

GIOVANINI, Wagner. Compliance: excelência na prática. [S.l.]: [s.n.], 2014.

V

INFORMANTES DO BEM

14

CANAL DE DENÚNCIAS – MELHORES PRÁTICAS

Bernardo Gabineski
Cristiane Peixoto de Oliveira Marrara
João Carlos Abbatepaolo
Juliana Oliveira Nascimento

O presente artigo tem o propósito de apresentar as melhores práticas referentes ao canal de denúncias e qual a relevância dele para o programa de compliance[17] e para a empresa.

Neste sentido, ainda, tem o condão de evidenciar como o canal deve ser aplicado nas organizações, bem como, qual a melhor forma de ser utilizado para que gere credibilidade e confiabilidade nas tratativas a respeito das denúncias a serem realizadas. Para tanto, a conscientização do seu uso adequado é crucial.

Diante disto, é com essas bases que este texto destaca, sob a perspectiva prática, qual a acepção desse fundamental pilar do programa de compliance.

1. O CANAL DE DENÚNCIAS COMO UM DOS PILARES DO PROGRAMA DE COMPLIANCE

Um programa de compliance efetivo necessariamente precisa ser estruturado de tal forma que possa espelhar verdadeiramente a cultura empresarial, suas peculiaridades, as regulações às quais o *business*[18] está sujeito; mais ainda, conter elementos que o negócio entenda ser primordial no ambiente corporativo.

---

[17] V. glossário.
[18] V. glossário.

A recente história brasileira no combate à corrupção mostra o quanto é importante um programa de compliance efetivo; não basta a empresa contratar os melhores profissionais de compliance do mercado, desenhar e implementar um programa impecável, sem que tal programa possa, de fato, trazer os resultados esperados pelo *business*. Muitas empresas envolvidas na famigerada "operação Lava Jato" possuíam excelentes programas de compliance, entretanto, não possuíam efetividade alguma, o que levou, dentre outros elementos, à majoração das penas aplicadas a essas empresas.

Os programas de compliance, por apresentarem na sua essência características orgânicas, podem possuir estruturas diferentes, o que não quer dizer que estejam errados, muito pelo contrário, são pensados para uma cultura empresarial específica.

Observa-se que alguns pilares, existentes na maioria dos programas de compliance mundo afora, se replicam, como é o caso do canal de denúncias.

O canal de denúncias é uma ferramenta de extrema relevância, tendo em vista a sustentabilidade que ele garante ao programa como um todo. A conduta da empresa ao recepcionar e processar as denúncias será fundamental para determinar a maturidade do programa de compliance, bem como a forma como ela atua no mercado.

As empresas precisam ter claramente a compreensão da importância que o canal de denúncias possui, pois, a criação de um canal nada mais é do que a disponibilização de um meio facilitador, catalisador, para o recebimento dos incidentes negativos envolvendo as regras empresariais.

Logo, o canal de denúncias é uma ferramenta importante de comunicação nas empresas, que permite o conhecimento de irregularidades e desvios que não seriam trazidos à tona por outra forma.

Verifica-se que, em algumas empresas francesas, por exemplo, havia uma certa dificuldade de se compreender a razão pela qual o sigilo desse tipo de ferramenta é importante. Todavia, isso mudou com a nova legislação implementada no país em 2017, a Lei anticorrupção francesa, Sapin II[19], que trouxe uma série de obrigações, sendo uma delas o canal de comunicação sigiloso entre o denunciante e a empresa envolvida.

No Brasil, tal sigilo é considerado primordial para evitar algumas consequências nas empresas, como eventuais retaliações para o denunciante, por exemplo. Mesmo que esse conceito seja muito claro, internamente as empresas

---

[19] V. glossário.

têm interesse em conhecer os denunciantes, para facilitar a investigação dos dados e obter detalhes dos casos específicos, mas nem sempre isso é possível.

No que diz respeito ao objeto dos reportes, em terras brasileiras, o que se observa é que muitas denúncias dizem respeito a questões de relacionamento nos departamentos internos, que, na maioria das vezes, são tratados pela área de Recursos Humanos.

Também existem situações em que ocorrem denúncias de má-fé, realizadas por funcionários que visam a prejudicar desafetos, sem nenhum embasamento real. No entanto, em outros casos mais relevantes, o canal demonstra ser realmente efetivo, por trazer ao conhecimento dos acionistas desvios de conduta sérios e muitas vezes criminosos.

Salienta-se que um canal de denúncias, muitas vezes denominado como *hotline*[20], deverá ser disponibilizado na língua local do país, para facilitar a comunicação entre a pessoa que faz o reporte e a empresa envolvida. Em alguns casos, as empresas multinacionais tendiam a manter as línguas inglesa e espanhola disponíveis, por serem utilizadas em mais países, como padrão. Mas, a prática demonstra que as pessoas que não dominam o idioma estrangeiro não se sentem confortáveis para fazer o relato dessa forma, logo, se faz relevante que o canal de denúncias esteja disponível nos idiomas em que a organização possui empresas estabelecidas.

O reporte de uma situação atípica e de desvio é algo delicado e importante. Portanto, a utilização da língua nacional se torna primordial.

Outro ponto importante a ser considerado diz respeito aos tipos de acesso a esses canais. A constatação é que a diversidade dos meios de comunicação entre a empresa e seus funcionários, prestadores de serviços e comunidade em geral traz um resultado mais efetivo.

2. OS TIPOS DOS CANAIS DE REPORTE E IMPORTÂNCIA DA DIVULGAÇÃO

Atualmente, existem vários canais de denúncias em empresas que já possuem uma cultura de compliance efetiva, como telefone, *site* da própria empresa, reporte por intermédio de empresa terceirizada, relato ao gestor direto, ao Departamento de Recursos Humanos, às áreas Jurídica e de Compliance etc.

---

[20] V. glossário.

Em recente pesquisa[21] realizada com vários profissionais das áreas Jurídica e de Compliance feita com os autores da presente obra, foi possível constatar que a maioria das empresas utiliza uma linha telefônica específica para o recebimento de denúncias e que ao menos metade delas também tem um site específico para tal finalidade. Ao tratar das recomendações para um canal de comunicações eficiente, grande parte dos participantes entende ser importante que o canal de denúncias seja externo e independente.

Cabe ressaltar que não há uma fórmula de qual a melhor forma de acesso, mas sim a relevância da existência dessas ferramentas, assim como a sua divulgação constante e o incentivo ao seu uso de boa-fé.

Por outro lado, também é importante para as empresas ter seu próprio procedimento interno implementado, que irá determinar as áreas que receberão os reportes, quais as pessoas a serem diretamente envolvidas e o que fazer ao final das investigações.

Outra prática válida e que facilita o dia a dia da área de Compliance e demais departamentos envolvidos nas investigações recebidas pelo canal de denúncias é a classificação dos tipos de denúncias, que poderão ser direcionadas mais rapidamente para as áreas envolvidas nas apurações dos fatos.

Neste sentido, é relevante que os canais disponibilizados para a formalização de reportes de desvios possibilitem o contato com o denunciante, por meio de um registro específico e anônimo, que possa ser acessado por quem denunciou.

Em linhas gerais, o importante é que a ferramenta exista com o intuito de ser um canal aberto de comunicação entre a empresa, seus colaboradores, prestadores de serviços, clientes e a comunidade em geral.

O grande sucesso da ferramenta está na forma de como ela se estrutura, respeitando obviamente o tamanho da empresa e a sua extensão de atuação, nacional ou internacional; mas também, pela definição clara do processo, desde o recebimento da denúncia até a efetiva resposta a análise dos possíveis riscos relacionados às denúncias de violações da política de compliance.

3. INVESTIGAÇÃO – PROCESSOS DE ANÁLISE E APURAÇÃO DO CANAL

Com a implementação do canal de denúncias, por meio de comunicação, treinamentos, instituição de política e comitê, se iniciam os processos relacionados ao canal com a apuração de denúncias, o que demanda o início de tratativas com processos de investigação.

---

[21] Disponível em: <https://pt.surveymonkey.com/results/SM-3QS2DJFQ7/>.

Há um grande erro, por parte dos responsáveis pelo processo investigativo, ao pensar que, após o levantamento dos fatos, interrogatórios, preparação de relatórios de investigação e reporte do que foi descoberto, o trabalho estará concluído. O processo de investigação e o seu resultado oportunizam aos profissionais de compliance promover a função dentro da empresa; mais do que isso, auxiliam a fortalecer a sua relevância na organização.

Algumas questões são preponderantes ao término do processo investigativo, especialmente nas empresas que estão formatando os seus programas de compliance pela primeira vez, sobre o que fazer quando se chega a uma conclusão investigativa. Qual a pena que deve ser aplicada para tal violação? E quanto ao denunciante, deve ser comunicado da decisão tomada?

Os questionamentos parecem simples de serem respondidos; entretanto, para os profissionais que estão diante da árdua tarefa de formatar um programa de compliance, esses questionamentos levam a diversos pensamentos e indagações. Isso porque, como dito anteriormente, um programa de compliance é um organismo vivo, que se desenha perfeitamente para cada organização, com suas peculiaridades, respeitando sempre as boas práticas atreladas à cultura empresarial.

Diferentemente do que ocorre nas empresas que estão em processo de implementação de programa de conformidade, as empresas, nacionais e as internacionais, que estão expostas aos mecanismos de compliance há mais tempo, possuem um know-how bem definido sobre os procedimentos pós-processo investigativo.

Seja por meio de uma fonte externa ou interna, após a investigação e sua conclusão se faz necessária a confecção de um relatório contendo os fatos preponderantes advindos não só das entrevistas com as partes envolvidas, mas, também, de outras fontes coletadas, e-mails, degravações, outros documentos hábeis a subsidiar o caso investigado. O relatório final possui um papel de suma importância, pois além de agregar ao processo um tom organizacional, serve como elemento probatório para os casos de acordos de leniência, caso a empresa esteja sujeita às sanções administrativas pelos órgãos sancionadores.

Um programa de compliance inteligente, por meio da catalogação dos reportes, pode se valer desses preciosos dados para implementar melhorias, aprimorando ou desenvolvendo novos mecanismos na política e objetivando sempre a adaptação do programa à mais fidedigna realidade empresarial.

Um processo investigativo conduzido internamente pode demandar tempo, dedicação, e, acaso comprovada alguma violação à política interna, lei, norma regulatória ou à própria cultura empresarial, é esperada uma resposta, não somente a sancionadora, mas, também, a comunicação ao denunciante.

GUIA PRÁTICO DE COMPLIANCE

Além disso, cabe mencionar a importância de continuidade da comunicação com o denunciante, para dar andamento ao reporte a ser investigado e analisado, para não acarretar o descrédito da ferramenta. Esse contato se faz necessário para o esclarecimento de dúvidas, para a complementação de informações que permitirão o seguimento da investigação e, ainda, para que a pessoa que fez o reporte tenha conhecimento de que realmente o fato foi levado adiante.

As boas práticas sugerem que a comunicação com o denunciante tem um efeito positivo dentro do processo como um todo, pois uma resposta apropriada encerra o processo, reafirma o compromisso empresarial com a justiça e a imparcialidade, bem como pode remediar que o incidente extrapole as fronteiras da empresa, com um possível reporte ao regulador ou até mesmo à mídia.

Por outro lado, a comunicação deve ser processada por meio de uma forma que também cumpra os deveres de confidencialidade do processo investigativo.

A linguagem adotada na comunicação pode ser variada; comumente se agradece ao denunciante pelo reporte enviado, explica-se que a investigação foi concluída com êxito e que será enviado um relatório sobre a investigação às pessoas responsáveis, podendo ser aplicada alguma medida corretiva.

Outrossim, em momento algum a comunicação ao denunciante pode fragilizar as obrigações de confidencialidade assumidas pela empresa no tocante ao processo investigativo, não devendo conter a fundamentação das alegações ou as medidas disciplinares que podem ou foram tomadas em relação aos funcionários.

Desse modo, implementando-se um canal de denúncias confiável passível de gerenciar de maneira correta e eficaz, desde o recebimento da denúncia até o seu final tratamento, será possível se garantir a robustez do programa de compliance empresarial.

3.1 Quais áreas devem fazer as investigações das denúncias recebidas?

Ressalta-se que, conforme explorado no item "Os tipos dos canais de reporte e importância da divulgação" sobre as formas disponíveis para os funcionários, contratados, fornecedores, clientes, e demais stakeholders fazerem denúncias ou até mesmo indagações sobre determinado assunto ou política e procedimento da empresa, geralmente as investigações são realizadas por uma equipe multidisciplinar interna, muitas vezes liderada pela área de Compliance, em parceria com os Departamentos de Recursos

Humanos e Jurídico. Entretanto, há empresas que têm outras áreas designadas para a condução das investigações, como, por exemplo, as áreas de segurança patrimonial, operacional, de tecnologia da informação etc.; isto dependerá muito do segmento da organização, dos recursos disponíveis e da estrutura corporativa, caso a empresa esteja sediada fora do Brasil.

Há empresas, contudo, que não dispõem de recursos ou áreas internas designadas para a condução das investigações recebidas por meio do *hotline*, este comumente disponibilizado por meio gratuito (ligação telefônica 0800-XXX-XXXX) para os denunciantes. Nesses casos, as empresas terceirizam tal atividade para organizações especializadas, sendo que atualmente podem ser encontradas diversas no mercado que oferecem esse tipo de serviço.

Embora a área de Compliance, geralmente, deva conduzir e gerenciar todas as investigações recebidas, as entrevistas com as pessoas citadas nas denúncias, as quais podem ser funcionários, ou até mesmo terceiros (por ex.,clientes, fornecedores etc.), devem sempre ser realizadas, no mínimo, por duas áreas distintas da empresa – ou seja, Compliance e Recursos Humanos.

Como mencionado anteriormente, há empresas cujas investigações não são conduzidas pela área de Compliance, ou seja, acabam sendo executadas pelas áreas de Segurança Patrimonial, Finanças, Recursos Humanos, Auditoria ou pelo Departamento Jurídico, isoladamente. Contudo, esta não é a prática adotada contemporaneamente, pois as investigações são mais eficientes quando realizadas por uma equipe multidisciplinar, e devem envolver obrigatoriamente a área de Recursos Humanos e o Departamento Jurídico. É importante salientar que, no passado, muitas empresas tinham a sua estrutura de Compliance dentro do Departamento Jurídico (*Legal & Compliance Department*), porém, muitas organizações já separaram tais áreas, sendo que, nestes casos, em algumas vezes as linhas de reporte corporativas são distintas, de forma que a área de Compliance tenha total independência, evitando-se eventuais conflitos de interesses.

Após as entrevistas, em muitos casos, as investigações podem ou não gerar desdobramentos ou consequências, sendo que as mais comuns são:

- advertências formais ou verbais aos funcionários;
- desligamentos com ou sem justa causa;
- transferência de funcionários entre departamentos, em virtude de conflitos de interesses identificados durante as investigações;
- desencadeamento de outras investigações, a partir das denúncias originalmente recebidas;

- rescisão contratual com fornecedores, distribuidores, ou outros *stakeholders*;[22]
- esclarecimentos ao denunciante quando for observado que a denúncia não foi, de fato, uma violação de conduta ou ao código de ética da empresa.

Já no que tange às denúncias envolvendo áreas críticas ou a diretoria, existem questionamentos sobre a melhor forma de condução, ou seja, se devem ser conduzidas localmente ou pela matriz estrangeira no caso de multinacional.

Em empresas nacionais, mesmo quando as denúncias atingem funcionários executivos da alta administração, as investigações são, comumente, conduzidas pela área de Compliance, quando a empresa dispuser desse recurso. Entretanto, a experiência mostra que podem também ser realizadas por outras áreas, como já destacado anteriormente.

Em empresas multinacionais, cujas matrizes são sediadas no exterior, nas denúncias que envolverem membros do comitê executivo ou da alta administração (por ex., *general manager*, diretores, gerentes seniores), as investigações não serão conduzidas pela equipe local de compliance, tampouco pela área de Recursos Humanos ou pelo Departamento Jurídico; nestes casos, muitas empresas contratam escritórios externos de advogados ou auditores externos, visando à total independência nas investigações, pois são situações muito delicadas, as quais podem envolver violações graves do código de conduta, dos planos estratégicos da empresa etc., e são, via de regra, de conhecimento de todos os membros do comitê executivo.

No caso de contratação de escritório externo, a própria matriz é quem conduzirá o trabalho, orientando sobre o escopo a ser abrangido, amplitude das investigações etc. Há casos, contudo, em que a equipe de compliance da matriz conduz e executa o plano de investigações, e pode solicitar ajuda ao time sediado no Brasil, especialmente com relação ao levantamento de informações, documentações, entendimento dos processos, políticas e procedimentos locais, para que ela possa verificar a exatidão das informações recebidas do denunciante e aplicar as devidas sanções, se necessário.

A maioria das multinacionais tem seus canais de denúncias gerenciados na própria matriz, quer seja internamente ou por intermédio de terceiros.

---

[22] V. glossário.

Vale ressaltar que, independentemente de ser uma denúncia recebida pelo *hotline* da empresa, o próprio programa de compliance local, por meio do seu plano de monitoramento, poderá identificar situações que requeiram uma investigação, como, por exemplo, em controles dos relatórios de despesas de viagens dos funcionários da alta administração da empresa que apresentem indícios fraudulentos.

Nesses casos, há empresas que determinam que a seleção dos relatórios de despesas de viagens dos executivos seja previamente autorizada pela matriz. Isto ocorre quando a área que faz o monitoramento não tem total autonomia e independência, o que torna o processo um pouco mais lento.

Por isso, há a relevância da independência em tal processo, para consolidar a credibilidade do canal, além de promover a sua utilização de boa-fé, como se verá na sequência.

4. CREDIBILIDADE, REPUTAÇÃO E BOA-FÉ: QUAL A RELAÇÃO DO CANAL DE DENÚNCIAS COM ISSO?

O canal de denúncias, como já enfatizado, é uma importante ferramenta para descoberta de fraudes no âmbito corporativo. Salienta-se que a última pesquisa da *Association of Certified Fraud Examiners* (ACFE)[23] indica que, avaliando 2.690 casos de fraude, em 125 países, em 23 indústrias, se constataram perdas equivalentes a 7 bilhões de dólares, tendo em média perda de 130 mil dólares por caso, sendo que em 22% dos casos, as perdas passaram de 1 milhão de dólares.

Diante disso, se pode constatar a seriedade do canal de denúncias para uma organização, diante de números tão expressivos no contexto mundial.

Nessa esfera, um dos pontos importantes é que a organização assegure a credibilidade e confiança do canal de denúncias. Para tanto, os processos relacionados a investigações, apuração, tomadas de medidas e aplicação de penalidades devem ser efetivos.

Com isso, um ponto essencial se encontra no apoio da alta direção, para que, tanto a área responsável pelas tratativas do canal, quanto o Comitê de Ética ou Compliance formado, possam atuar com independência, de maneira eficaz e eficiente.

---

[23] ASSOCIATION OF CERTIFIED FRAUD EXAMINERS. *Report to the Nations*: 2018 global study on occupational fraud and abuse. Disponível em: <https://s3-us-west-2.amazonaws.com/acfepublic/2018-report-to-the-nations.pdf>. Acesso em: 11 ago. 2019.

Um ponto marcante nesse processo, é a consolidação de uma política clara do canal de denúncias que assegure a confidencialidade das informações por aqueles que estão envolvidos nos relatos, sejam os integrantes da área responsável, os membros do Comitê de Ética, os colaboradores e os gestores chamados a colaborar nas investigações com informações e documentos. Tudo deve ser tratado com cautela e confidencialidade para que essa relação de confiança não se rompa.

Nesse prisma, os integrantes do Comitê de Ética e os responsáveis por investigações, como uma relevante boa prática, devem assinar um termo de sigilo e confidencialidade, documento este que, instituído pela organização, adere, como instrumento anexo, ao contrato de trabalho do colaborador.

No que se refere à formação do Comitê de Ética, é relevante que sejam escolhidas pessoas importantes da alta direção (conselheiros, diretores executivos, superintendentes), além de pessoas-chave da organização, integrantes das principais áreas da empresa. Ressalta-se que a decisão de quais serão os integrantes do comitê depende de cada corporação, de acordo com a sua realidade. Recomenda-se sempre que a formação do comitê ocorra em número ímpar, para que a tomada de decisão ocorra por maioria. Para maior transparência e credibilidade do comitê sugere-se, também, a criação de um regimento interno.

Outro ponto a atentar, para a manutenção da boa reputação do canal, é o comprometimento dos integrantes do comitê com as reuniões e a participação das pautas, além das investigações. Destaca-se que, quando se deixa isso de lado, acaba ocorrendo atraso nas verificações dos reportes e tratativas, e essa postergação ocasiona descrédito do canal de denúncias, perante os *stakeholders*. Logo, tais cenários propiciam a desconfiança e, consequentemente, a sensação de que a ferramenta não funciona, podendo acarretar a desconsideração das denúncias.

Neste sentido, cabe o resguardo da imagem e reputação do programa de compliance da organização, visto que o canal de denúncias deve ser uma ferramenta forte, e de uso irrestrito de todos.

Por outro lado, um fato deve ser muito bem consolidado e propagado por parte dos responsáveis do programa de compliance[24], o de que todas as denúncias serão apuradas. E, ainda, caso comprovadas, que caberá a tomada de decisão adequada. Não obstante, isso deve servir para ambos os lados, tanto para quem comprovadamente cometeu algo inapropriado, quando

---

[24] V. glossário.

para aqueles que usam de forma maléfica a ferramenta. Enfatiza-se que a má utilização do canal com o intuito de prejudicar pessoas, uma vez configurada, da mesma forma, deve ocasionar a tomada de medidas necessárias para coibir tal prática. As pessoas devem ser muito bem conscientizadas da não utilização do canal de denúncias meramente para prejudicar outras pessoas.

Isso ocorre muitas vezes, simplesmente, por má-fé do denunciante que tem somente o propósito de lesar e denegrir outra pessoa. Tal conduta se apresenta como muito perigosa e quem estiver na gestão e apuração das denúncias do canal, bem como o Comitê de Ética, devem estar atentos.

Salienta-se que uma ausência de observância, ou uma investigação mal apurada poderá trazer consequências ruins, visto que, sem o exercício do princípio da equidade, uma pessoa pode ser entendida como responsável, sem que tenha culpabilidade, ou, mesmo, ser considerada culpada mediante aplicação de conduta muito mais grave do que efetivamente deveria ser.

Tem-se conhecimento de casos em que pessoas chegaram a ser dispensadas por uma decisão inadequada, antecipada, sem a devida apuração das ocorrências apresentadas no canal. Para tanto, esse importante instrumento não deve ser utilizado para prejudicar alguém de maneira injusta e inadequada. Isso pode ruir a credibilidade do canal e até minar a reputação do programa de compliance e da própria organização perante os *stakeholders*.

Ainda, com essa acepção, é essencial recordar que os denunciantes de boa-fé, identificados ou não, não devem sofrer qualquer retaliação pela denúncia realizada, quando esta for verdadeira, visto que confiaram no canal de denúncias e no processo envolvido para a apuração dos fatos, para resolução e tomadas de medidas para a sua cessação.

5. CONSIDERAÇÕES FINAIS

Conforme mencionado acima, é de suma importância que todas as empresas que possuam um programa da compliance efetivo mantenham um canal de denúncias disponível para seus funcionários, clientes, fornecedores, e demais *stakeholders*. Aliás, tem-se percebido que em muitas legislações, a disponibilização de um canal de denúncias é obrigatória, fato que fortalece cada vez mais a efetividade dos programas de compliance.

Como exemplo, corroborando neste sentido, se encontra a previsão da regulamentação da Lei Anticorrupção (art. 42, X, do Decreto 8.420/2015), que indica a necessidade da existência do canal de denúncias. Deste modo, o decreto estabelece que o canal deve ser um instrumento aberto, amplamente divulgado a funcionários e terceiros, e que ainda deve apresentar mecanismos destinados à proteção dos denunciantes de boa-fé.

Além disso, o Compliance norte-americano, com fundamento na FCPA e de acordo com o guia de diretrizes de Compliance elaborado pelo DOJ e SEC[25] também compreende o canal de denúncias como um dos pilares do programa de compliance.

Ainda, nesta diretriz, se ressalta a previsão do Decreto 9.571/2018, que dispõe acerca das diretrizes nacionais sobre empresas e direitos humanos. A lei prevê que a administração pública deve incentivar que as organizações venham a estabelecer mecanismos de denúncias e de reparação efetivos, que permitam apresentar reclamações e tratar qualquer violação relacionada a direitos humanos que possua conexões com as atividades corporativas.

Por fim, se destaca também o movimento de regulamentação por parte dos órgãos reguladores, estabelecendo normas que preveem a necessidade de existência do canal de denúncias como instrumento obrigatório das organizações por eles fiscalizadas.

Sendo assim, diante de todo o exposto, se compreende que o canal de denúncias é uma importantíssima ferramenta nas organizações, para colaborar na mitigação de riscos, prevenção de fraudes e aprimoramento de processos no programa de compliance empresarial.

REFERÊNCIAS

U.S. DEPARTMENT OF JUSTICE; SECURITIES AND EXCHANGE COMMISSION. *A resource guide to the U.S. Foreign Corrupt Practices Act.* Disponível em: <https://www.justice.gov/sites/default/files/criminal-fraud/legacy/2015/01/16/guide.pdf>. Acesso em: 11 ago. 2019.

ASSOCIATION OF CERTIFIED FRAUD EXAMINERS. *Report to the Nations*: 2018 global study on occupational fraud and abuse. Disponível em: <https://s3-us-west-2.amazonaws.com/acfepublic/2018-report-to-the-nations.pdf>. Acesso em: 11 ago. 2019.

---

[25] U.S. DEPARTMENT OF JUSTICE; SECURITIES AND EXCHANGE COMMISSION. *A resource guide to the U.S. Foreign Corrupt Practices Act.* Disponível em: <https://www.justice.gov/sites/default/files/criminal-fraud/legacy/2015/01/16/guide.pdf>. Acesso em: 11 ago. 2019.

15

ASSÉDIO MORAL E SEXUAL: TRATAMENTO DE DENÚNCIAS

ALEXANDRE SERPA
ANTONIO CARLOS HENCSEY
ROGERIA GIEREMEK

INTRODUÇÃO

Cada vez mais as empresas estão olhando para o respeito no ambiente laboral de forma mais crítica. Alguns fatores têm impulsionado essa mudança e é fundamental compreendermos que eles vêm para ficar. Uma sociedade mais crítica, uma maior democratização das vozes que se sentem agredidas, a compreensão de que hoje não é suficiente uma provisão para processos trabalhistas, tendo em vista os enormes riscos de exposição de imagem negativa e retaliação do mercado... Ou seja, o *zeitgeist*[26] dos dias atuais enfatiza que simplesmente remediar não é mais uma solução e que a prevenção se tornou a "bola da vez". Falar sobre assédio, seja na esfera moral ou na sexual é uma rotina em muitas organizações e esse é um processo positivo, uma vez que uma empresa mais justa e humana é necessária.

Mas o que fazer quando uma denúncia ocorre? Como agir no momento em que a prevenção não é mais possível e é preciso identificarmos se a agressão é real? É sobre isso que falaremos neste texto. Como uma empresa deve agir diante de um possível caso de agressão no ambiente de trabalho e quais as melhores técnicas para, não só confirmar ou descartar o relato, mas também fazê-lo de forma que preserve todos os envolvidos mantendo o profissionalismo e o respeito, além de garantir que o programa de compliance

---

[26] Em português: espírito da sociedade.

seja retroalimentado para que melhore de forma contínua e seja considerado efetivo?

Ao longo da leitura ficará claro que tratar desses casos é, de fato, complexo, e as técnicas, embora semelhantes, em diversos momentos diferem das investigações tradicionais de fraude. Também verificar-se-á que a relação da empresa com as vítimas e com os supostos agressores traz peculiaridades, e cabe ao profissional responsável pela gestão do programa de compliance conduzir esse processo com maestria, isenção e firmeza a fim de impedir que injustiças sejam cometidas, tanto por falhas no processo como por preconceitos e julgamentos.

Costumamos dizer que atuar em casos de agressão no ambiente de trabalho é algo extremamente recompensador. Aliviar o sofrimento de uma vítima ou de alguém acusado injustamente não tem similaridade com qualquer outro processo investigativo corporativo. A dor trazida por tal desvio ético no ambiente corporativo é intensa e reverbera não só no trabalho, mas também na saúde, nas famílias, nos amigos e na sociedade, e, quando podemos contribuir com nosso conhecimento para minimizar esses impactos, temos uma sensação altamente positiva. A possibilidade de trazer transparência ao que vinha acontecendo na escuridão das relações profissionais é uma grande responsabilidade e intervém na vida e na rotina de um colaborador que confiou tanto parte de sua biografia ao nome da organização, como também acreditou que, ao fazer a denúncia, receberia um acompanhamento ético, correto e profissional.

Esperamos que tenham *insights* e ampliem suas técnicas com o que iremos trazer nas próximas páginas.

Uma boa leitura!

1.   AS PRINCIPAIS ETAPAS DA INVESTIGAÇÃO

Para realizarmos as investigações dos casos de agressões nas esferas moral e sexual temos de estar preparados. Essa condição virá não só do conhecimento técnico, mas também de um equilíbrio emocional e psicológico para enfrentarmos as situações que estão por vir. Ao nos envolvermos nesses casos, somos convidados a empatizar com vítimas e até mesmo com os agressores, e se não conseguirmos filtrar o que é nosso e o que é do outro estaremos fadados ao fracasso e ao sofrimento. Esta relação contratransferencial pode ser intensa e afetar a análise técnica do profissional responsável pela investigação. Imagine uma investigação de assédio moral na qual o suposto agressor durante a entrevista relata o quanto se sente traído pela denúncia realizada.

Ele traz argumentos excessivamente racionais sobre como se dedica à empresa e ao desenvolvimento da equipe e relata, com profundidade, o quanto os possíveis denunciantes podem estar tentando prejudicá-lo pelo seu amor ao negócio. Também, justifica suas ações aparentemente agressivas como sendo necessárias diante de funcionários hostis, preguiçosos e mal-intencionados. Neste momento, o entrevistador se recorda de já ter trabalhado com pessoas assim. Indivíduos com os quais não simpatizava e que, constantemente, tentavam obter benefícios em detrimento da corporação. Inclusive pode já ter sido prejudicado por eles, que comprometeram seus esforços e resultados em algum momento. Se não estamos preparados, asseguramos que a tendência do investigador é diminuir sua crítica, tendendo a empatizar com o agressor ou, minimamente, aliviar sua culpabilidade. A empatia tornou-se uma armadilha que pode anuviar a visão daquele que deveria ser livre de julgamento. Ocorre, porém, que trabalhar com pessoas não é uma ciência exata e, por outro lado, a isenção total também resulta em prejuízo, pois gera um distanciamento negativo e impede a estruturação do *rapport*[27] com os envolvidos, impedindo a real compreensão dos fatos. Assim, talvez, a primeira etapa do processo investigativo em casos como esses seja o autoconhecimento.

Ou seja, o investigador tem de ter um alto grau de percepção sobre as suas características pessoais, suas fragilidades, sua história de vida, de maneira a, caso esteja pessoalmente envolvido em uma investigação, a ponto de perder a objetividade em suas análises, afastar-se dela, deixando que outro a conduza.

Uma vez passada essa fase, torna-se fundamental entendermos os tipos de agressões existentes nas esferas moral e sexual para que possamos classificar motivações, consequências e tratamentos de forma correta. Um pouco mais a seguir traremos um maior detalhamento desses pontos, mas já adiantamos que não é a mesma coisa identificarmos um caso de assédio moral ou de um comportamento moral inadequado. Por mais que, para a vítima, as consequências possam ser semelhantes e aos olhos de terceiros os atos pareçam iguais, a intenção do agressor e as possibilidades de readequação ao ambiente de trabalho são muito diferentes. E isso, obviamente, nos leva a distintos planos de ação, para com todos os envolvidos e, também, em relação às ações técnicas posteriores necessárias na gestão do programa de compliance.

O terceiro ponto é relacionado a como ler a denúncia. Um relato pode trazer muito mais informações em casos de agressão do que uma leitura pura de conteúdo possa indicar. A qualidade no recebimento e na transcrição do

---

27 Em português: relação de simpatia e empatia entre pessoas.

que foi dito pelo denunciante pode fazer muita diferença e influenciar enormemente o sucesso ou o fracasso do processo de apuração e resolução do caso. Essa etapa é tão importante que ditará diretamente a etapa posterior, que é a estratégia que utilizaremos para selecionar entrevistados e como abordaremos o tema.

Nesses casos, é imprescindível tratarmos a todos os envolvidos com extremo cuidado. Preservar a imagem de vítimas, testemunhas e possível agressor, com a mesma ordem de importância, é a base ética do nosso trabalho. Já ouvimos muitos casos em que, ao final de investigações malconduzidas, a agressão foi descartada e o "vilão inicial" tornou-se vítima, tendo impactada sua relação interpessoal na empresa e na sua carreira. Da mesma forma, o vazamento de informações ou os erros de processo resultaram na demissão de pessoas que sofriam e acreditavam que a empresa poderia ajudá-las. Apenas para citar duas possíveis situações negativas que decorrem de processos de investigação mal realizados.

Assim, veremos que existem técnicas específicas que precisam ser trabalhadas para minimizar ao máximo todo e qualquer impacto negativo e, ao mesmo tempo, permitir a obtenção de dados com a máxima segurança diante de casos muitas vezes subjetivos.

Como próxima etapa temos as entrevistas. Já vimos muitos profissionais acreditando que essa é a "figura" protagonista nas investigações de assédio, porém, pode não ser. Apesar de trazerem muitas informações e permitirem a confirmação ou negação das denúncias recebidas, se não conduzirmos as etapas anteriores com maestria, aumentaremos enormemente a probabilidade de falhas nas relações diretas com os entrevistados.

Por outro lado, uma investigação bem conduzida, com entrevistas feitas de maneira profissional e objetiva, baseada em fatos e não em julgamentos de valor, pode ser uma excelente ferramenta na busca da verdade material dos fatos.

E, por fim, temos o tratamento dos casos que, apesar de parecerem situações binárias, não são tão simples. Uma vez que confirmamos uma agressão, é muito comum termos de lidar com o julgamento de terceiros, como o próprio órgão definir a sanção aplicada e, assim, que também precisa estar alinhado com todos os conceitos previstos nas etapas anteriores, a fim de evitar favorecimentos ou punições tendenciosas ou baseadas em valores individuais de seus membros. Soma-se a isso a complexidade de realizar um desligamento de um executivo, por exemplo, pelo "simples fato" de este ter constrangido uma funcionária ao chamá-la insistentemente, mesmo após negativas, para se relacionar sexualmente com ele. Nesses casos, o processo de afastamento também envolve decisões estratégicas e pode ser necessário balancear o sofrimento da vítima com os interesses da empresa, o que é uma tarefa bastante complexa.

Isso se resolve com a criação de uma Matriz de Consequências, que estabeleça objetivamente as condutas e as penalidades inerentes a cada uma delas, com as respectivas graduações – em outras palavras, se houve dolo (vontade de praticar o ato) ou culpa (o ocorrido é fruto de negligência, imprudência ou imperícia), se houve prejuízo para a organização etc.

Uma vez apresentadas de forma macro as etapas propostas para a investigação de casos de agressão, vamos à discussão mais detalhada dos componentes destas etapas.

2. TIPOLOGIAS DAS AGRESSÕES MORAIS E SEXUAIS NO AMBIENTE DE TRABALHO

Quando falamos de agressões morais no ambiente de trabalho é comum vermos as pessoas tratarem todos os casos como *assédio*, mas, conceitualmente, essa descrição é equivocada. São vários os tipos de desvios dessa categoria e, como já falado, conhecê-los pode auxiliar tanto no processo preventivo, como na investigação e no tratamento dos resultados. Assim, na busca por auxiliar nesse caminho, descreveremos brevemente as diferenciações entre assédio moral, gestão e relação por injúria, agressões pontuais e comportamentos morais inadequados a seguir.

Assédio moral é o mais grave e impactante tipo de agressão nesse contexto. Conceitualmente, também recebe o nome de "assassinato psíquico" e é fruto de uma ação perversa e premeditada de um indivíduo que, por desprezo e raiva, tenta afastar sua vítima, de forma dolorosa, do ambiente de trabalho. No assédio moral, o agressor vê sua vítima como alguém que merece sofrer e, diante disso, passa a puni-la sistematicamente. Lembremos que um único ato nesse contexto não caracteriza o assédio, ele precisa de recorrência, porém esta não precisa ser diária. O assassinato psíquico também não precisa ser sempre verbalmente incisivo ou explicitamente brutal. Piadas irônicas, elogios falsos e constrangedores, humilhações, evitações de comunicação e até mesmo elaboração de falsas denúncias contra a vítima podem caracterizar ferramentas de tortura moral no ambiente de trabalho. O assédio também não ocorre somente entre chefes para com subordinados, podendo ocorrer entre pares, relações não hierárquicas e até mesmo vindo de subordinados em ataque à liderança. O assédio moral advém de valores e conteúdos internalizados no indivíduo agressor e, dificilmente, seus pensamentos e ações poderão ser transformados exclusivamente por punições, orientações ou quaisquer tipos de treinamentos corporativos. No máximo, será possível uma tentativa de controle por parte do agressor se este perceber que há mais a perder do que a ganhar com a tortura.

Já vimos casos nos quais líderes humilhavam e atacavam mulheres que categorizavam como "mulheres independentes". Também, já houve casos em que pessoas pobres eram vítimas por serem classificadas como "pessoas que aguentam tudo", obesos que foram destratados por seus algozes por serem vistos como desleixados e preguiçosos e chefes perseguidos por terem confrontado uma liderança informal da equipe.

Normalmente, as vítimas de assédio moral são individualizadas, mas existem alguns casos em que há uma massificação dos indivíduos atacados. Em tal caso, normalmente, esses apresentam características comuns, como, por exemplo, papéis análogos à escravidão para seu líder.

Um outro tipo de agressão, que é mais frequente que o assédio e muitas vezes confundido com ele, é a gestão ou relação por injúria, que se caracteriza pelo fato de o agressor não apresentar o mesmo sadismo ou intenção de destruir a vítima, apesar de muitas vezes ser compreendido da mesma forma. No caso de ataques por injúria, falamos de pessoas com dificuldades constantes ou momentâneas de lidar com pressões, frustrações, incapacidades ou insucessos e que, por falta de competência técnica ou emocional, passam a agredir indiscriminadamente pessoas para as quais desloca sua fragilidade. A cena básica é a do gestor que, vendo que não baterá uma meta e sendo cobrado por ela, passa a agredir sua equipe momentaneamente, a fim de tentar solucionar o seu problema. Essas agressões não são necessariamente constantes, mas também não ocorrem de forma única. Nesse caso, diferentemente do assédio, qualquer um pode ser alvo do comportamento destrutivo, bastando somente representar o foco da irritabilidade. Para as vítimas, o efeito pode ser tão nocivo quanto em casos de assédio, mas em tal caso o trabalho de mudança comportamental é mais possível. *Coaching*, mentorias, treinamentos técnicos e emocionais são saídas possíveis, desde que o profissional perceba a necessidade de mudança. Também, é fundamental identificarmos em um processo investigativo se a gestão ou relação por injúria tem a base da agressão motivada pelo comportamento do próprio indivíduo ou da própria empresa. Em alguns casos, a organização gera no ambiente laboral um contexto tão persecutório, hostil ou competitivo, que essa categoria de desvio ético passa a ser uma prática.

O terceiro tipo de agressão moral ocorre de forma pontual. Pessoas que, em um momento específico de sua vida profissional na empresa, agridem outras sem que, de fato, esse seja o seu padrão de comportamento. Eventos

Cap. 15 · ASSÉDIO MORAL E SEXUAL: TRATAMENTO DE DENÚNCIAS | 233

difíceis na vida pessoal podem gerar esse comportamento, como no caso em que um profissional recém-diagnosticado com uma doença grave apresenta reações agressivas no trabalho. Uma vez recebendo tratamento, suporte da empresa e mostrando melhoras, esse quadro não se repete. Esse tipo de agressão pontual tem dois grandes riscos: o primeiro é o de ser desproporcional e causar danos à vítima, e o segundo advém de quem a presenciou. Uma vez emitida uma agressão pontual, "fofocas" e "rádio peão" podem transformar um erro comportamental em algo muito pior aos olhos de outros funcionários da organização. A pessoa que fez algo indevido passa, então, a ser descrita nos corredores como um agressor e esse estigma dificultará não só o processo de condução da investigação como, também, o tratamento do caso.

E, por fim, temos os comportamentos morais inadequados. Piadas que podem ser ofensivas para algumas pessoas, indivíduos que se comunicam com palavrões, porém sem a intenção de agredir os demais, pessoas que falam algo e gritam por tom de voz não regulado. Essas são ações que podem ofender e atacar, porém, o suposto agressor não vê o contexto dessa forma nem com essa finalidade. Comportamentos inadequados, apesar de serem vistos muitas vezes como normais ou bobagens no ambiente de trabalho, podem causar impactos no clima e ambiente se não tratados.

Já quando falamos das agressões na esfera sexual, resumiremos essa categoria em três grandes grupos. O assédio em si, que, segundo definição da Organização Internacional do Trabalho (OIT) trata-se de "atos, insinuações, contatos físicos forçados, convites impertinentes, como uma condição clara para manter o emprego; influir nas promoções da carreira do assediado; ameaçar e fazer com que as vítimas cedam por medo de denunciar o abuso". Neste caso, as relações de poder diretas ou indiretas são importantes para que entendamos um comportamento como assédio. Mas não são só em relações de liderança que atos sexuais indevidos ocorrem e, nesses casos, categorizamos os atos como comportamentos sexuais inadequados.

De forma geral, ambos os desvios podem apresentar as mesmas características, mas conceitualmente demonstram contextos distintos. Configuram esses tipos de comportamentos indevidos palavras, gestos, toques, olhares constrangedores de cunho sexual e que geram constrangimento visível ou comunicado pela vítima. Abraços ou apertos de mão que duram mais tempo do que o padrão, olhares fixos para decotes ou partes do corpo do outro, convites ou comentários grosseiros podem ser considerados incorretos.

Tratamos um caso, certa vez, no qual durante reuniões um rapaz olhava fixamente para a boca e o colo de uma companheira de trabalho. Mesmo diante de constrangimento e pedidos de outros para que o comportamento cessasse, o agressor insistia em manter tal padrão. Em outro caso, um colaborador acreditava que chamar uma colega de "delícia" fosse algo adequado. Após solicitações, sem atendimento, para que parasse, o colaborador foi denunciado, investigado e punido.

Um dos temas mais complicados quando falamos de esfera sexual é a cantada, ou paquera. Esse comportamento só pode ser considerado assédio se for grosseiro ou se a negativa tiver sido dada claramente por parte da suposta vítima ou de um representante. Caso contrário, torna-se difícil caracterizar o ato como comportamento inadequado. Houve um caso, na nossa experiência profissional, no qual um colaborador estava, de fato, interessado em uma colega de trabalho. Não havia exposição, atos ofensivos ou qualquer ilicitude, apenas convites para sair. Ocorre que a outra parte nunca negou claramente as investidas. No primeiro convite, a colega disse que não podia sair naquele dia, no segundo relatou que sairia com a irmã, no terceiro que viajaria com uma amiga. Logo após, fez a denúncia, porque, em verdade, ela não queria aquela abordagem e suas evasivas anteriores deveram-se ao fato de tentar ser "gentil e educada". Entretanto, passou, involuntariamente, uma mensagem equivocada.

Um outro cuidado que deve ser tomado nesses casos é a adaptação cultural. Já vimos casos de pessoas que vêm de diferentes culturas nas quais comportamentos físicos são mais aceitos e, sem que soubessem, foram consideradas como agressores na esfera sexual.

Nesses casos, torna-se fundamental a revisão de políticas de integração e de orientações internas para evitar problemas que possam ter consequências bastante graves.

3. CONDUÇÃO DO PROCESSO INVESTIGATIVO

Não é incomum sermos acionados quando o tema já tenha gerado um certo "calor" na organização. Seja de forma explícita ou velada, as pessoas já comentam e têm seus julgamentos sobre o que tem ocorrido como causa e consequência das agressões morais ou sexuais. Também podemos ser acionados após áreas diferentes da empresa já terem ciência do que vem ocorrendo e, piorando o cenário, tentado soluções informais para o problema.

Tudo isso é um universo de crise, ou microcrise, quando falamos de investigação de "assédio". Dizemos isso porque, possivelmente, exposições já ocorreram, fontes de informação já foram "contaminadas" com versões unificadas do caso e a possibilidade de obtenção de dados não enviesados tornou-se mais restrita.

Nossa primeira ação ao assumirmos uma investigação como essa é ler a denúncia com calma e buscar no texto cruzamentos de mensagens emocionais

Cap. 15 · ASSÉDIO MORAL E SEXUAL: TRATAMENTO DE DENÚNCIAS | **235**

e racionais que nos darão indícios de por onde começar a investigação. Já vimos casos em que mulheres relatando assédios sexuais graves se descreveram como desconfortáveis na situação, enquanto outras manifestam-se enojadas e revoltadas. Cada palavra tem um peso e precisa ser avaliada. O mesmo ocorre com agressões morais. Vítimas que dizem não ter mais força para se levantar da cama e precisarem de ajuda, enquanto outras, em situações similares, passam por todo o texto apenas ofendendo o agressor. Isso, por si só, não indica total veracidade ou descarte das informações, mas pode nos dar indícios do que o denunciante espera com o processo. E, podem ter certeza, essa leitura prévia faz muito sentido.

Em paralelo, o investigador de casos de assédio deve fazer o que chamamos de "ancoragem do seu navio". Significa dizer que, a partir daquele momento, ele deve assumir o controle do caso, entender quem são as pessoas envolvidas até então e selecionar quem deve participar efetivamente do processo. O investigador deve, também, tomar ciência de tudo o que já ocorreu, das informações obtidas e, somente então, começar o seu trabalho.

Uma diferença substancial que existe entre investigarmos desvios dessa categoria em relação a fraudes é que, muitas vezes, as provas que temos são subjetivas e é fundamental lembrarmos que casos de agressão sempre possuem duas perspectivas de análise. A primeira é sempre da vítima ou testemunha que se sente violada em sua integridade ou percebe essa violação no outro. A segunda é a da equipe de investigação que, com fatos e dados, buscará evidências mais sólidas e menos passionais do que deve ser o ocorrido.

Para que isso ocorra, sem que pioremos o clima organizacional, muitas vezes temos de recorrer a histórias de cobertura que nos auxiliarão nas investigações. Como exemplo disso, tivemos o caso de uma empresa em que foi relatado um caso de assédio sexual por parte de um líder que, alegadamente, vinha fazendo convites e elogios indevidos para mulheres na organização, e não tinha pretensões de cessar o comportamento. Abordar o tema como assédio sexual naquela área seria demasiadamente explícito e, como já falamos, poderia expor, desnecessariamente, todos os envolvidos. Uma saída foi iniciarmos o trabalho sob o pretexto de uma pesquisa de diversidade, mapeando como as mulheres viam o ambiente empresarial de forma mais ampla. A partir de pesquisas que traziam perguntas genéricas e mais direcionadas ao respeito para com a mulher no trabalho, foi possível selecionar um número adequado de pessoas que tiveram algo importante a falar sobre o caso. Foi, também, possível coletar dados em entrevistas por meio da metodologia de "descascar uma cebola", indo de fora para dentro, a fim de que as próprias participantes trouxessem relatos sobre o caso sem se sentirem pressionadas. Isso também valeu para o denunciado, que só foi questionado sobre o fato após o *rapport* ter sido estabelecido, a obtenção de informações que pudessem ampliar a percepção, as evidências dos entrevistadores sobre o caso e quando houvesse sentido entrarmos em tal seara. Essa metodologia é eficaz não só quando confirmamos casos, mas, principalmente, quando as evidências ou os relatos dos denunciantes não se sustentam ou apresentam divergências. Atuar de maneira protegida, por meio de uma cobertura, permite oferecer uma saída respeitosa ao denunciado quando este se mostra inocente, sem prejudicar sua permanência ou confiança na empresa.

Ao investigar a questão, a forma de coletarmos as informações também é importante, seja antes ou durante a averiguação. Temos, da mesma forma que conduzimos outros processos investigativos, de buscar cercar o cenário com dados relevantes que nos auxiliem na avaliação do caso e, nesse universo de assédios, podemos falar sobre pesquisas de clima, avaliações de desempenho, históricos de treinamentos e formações, ou, acompanhamento de resultados, diante de metas *versus* estrutura da equipe. Tudo o que puder contextualizar motivações e ações deve ser observado. Só assim conseguiremos mapear e identificar a real categoria da agressão emitida. Neste ponto devemos lembrar que solicitar dados além dos necessários a fim de buscar o anonimato do investigado é uma técnica importante.

Por fim, iniciamos as entrevistas. Construir um ambiente adequado para a obtenção de informações é um dos grandes segredos desse trabalho. A escolha de um local não central, que não traga uma percepção de exposição para o entrevistado, pode ser importante. Vale lembrar que tanto a vítima como as testemunhas e o acusado podem ter receio de serem descobertos e isso influenciará a qualidade e efetividade de sua participação. A escolha dos entrevistadores é igualmente importante. Uma mulher assediada sexualmente tem uma tendência maior a se sentir mais à vontade falando sobre a violência com uma mulher, enquanto um homem agressor pode ter reações ricas e reveladoras diante de ambos os sexos. Já vimos casos nos quais um homem assediador demonstrou comportamentos sutis de cobiça em relação a uma entrevistadora, reforçando elementos descritos por denunciantes, enquanto em outros momentos foi a vergonha de olhar para essa profissional que o denunciou. Em outro caso, a identificação com o homem que o entrevistava possibilitou confissões por acreditar que seu gosto reverberaria no investigador. Entrevista é um jogo de xadrez e a avaliação caso a caso é sempre uma chave importante para o resultado.

4. TRATAMENTO DOS CASOS DE AGRESSÃO

O tratamento adequado dos casos é extremamente relevante para a continuidade da gestão ética no ambiente corporativo. Quando uma empresa erra nessa etapa pode colocar todo o resto do trabalho a perder. A quebra de confidencialidade diante da exposição do reporte final apresentado, uma tomada de decisão incoerente ou equivocada e a falta de responsabilidade do órgão decisor ao discutir os achados são as principais falhas que temos visto ao longo dos anos.

Nesse momento também é comum aparecerem julgamentos e valores individuais, conforme citamos em partes anteriores deste texto. Membros que acreditam que insistências de convites desconfortáveis são a razão de punição enquanto outros veem isso como mais um dos casos de *"mi mi mi"* que engessam as relações interpessoais no trabalho. É por essa razão que o relatório final do investigador deve ser pautado em dados, análise profunda de motivações e na categorização correta do desvio ocorrido. Ao demonstrar que não foi apenas um interesse legítimo, mas sim uma desvalorização da vontade e do direito da vítima, temos diferentes cenários que serão compreendidos de maneira um pouco mais científica se passarmos a não defender valores e, sim, fatos.

Outro elemento que auxilia sobremaneira nesse processo é a existência prévia de políticas de gestão de consequências e tomada de decisão para casos dessa esfera. Tomar a decisão baseada somente no caso a caso pode ser um risco e desvalorizar as ações de todos os envolvidos. Mas, uma coisa é certa: enquanto a política tem viés coletivo, parte das decisões deve, sim, ter caráter individual. Esse contexto pode parecer conflitante, porém na prática não o é. Não podemos negar a diferença entre desligarmos um executivo ou especialista relevante, por assédio, e o caso de um profissional cuja substituição possa ser realizada de forma menos traumática. Vale citar que a necessidade de se avaliar os casos de forma diferente não significa que ambos não serão desligados ao final do processo, se for o caso, mas, enquanto um pode sofrer a sanção imediatamente, outro terá a sua rescisão e a contratação de seu substituto conduzidas de forma estratégica. E esse processo deve ser sério, para que não passe a impressão interna de que nada foi feito ou de que há leniência para profissionais mais importantes.

Em outros casos menos críticos, como investigações bem conduzidas de agressões pontuais ou de comportamentos morais inadequados, dar o peso certo para as ações de remediação pode potencializar o sucesso da mudança comportamental chegando até mesmo a reforçar vínculos internos. Nesse ponto, há uma informação importante para reflexão do órgão julgador e dos investigadores envolvidos: pessoas tendem a ser mais tolerantes com seus pares do que com superiores, e esse é um aspecto que deve ser considerado na gestão das crises individuais. Já presenciamos situações nas quais abusos morais pontuais foram facilmente empatizados e aceitos quando entre iguais,

GUIA PRÁTICO DE COMPLIANCE

e, situações semelhantes vistas como condenáveis por terem sido executadas por membros de níveis hierárquicos mais altos da corporação. Esse telhado de vidro deve ser bem gerenciado e a criação de empatia entre as pontas do problema deve ser reforçada como uma das atividades que trarão melhores resultados para o trabalho.

5. ALGUNS CASOS PRÁTICOS PARA ANÁLISE CONJUNTA

O "Burro Velho"

Um empregado passou anos trabalhando no mesmo local, e era por todos conhecido como "Burro Velho". É verdade que ele era um profissional de idade mais avançada do que a da grande maioria de seus colegas, na faixa dos 20 ou 30 anos, e ele tinha mais de 40, mas isso não justificava o apelido.

Os e-mails que eram dirigidos a ele ou ao time sempre faziam referência ao *Burro Velho*, que estava encarregado disso ou daquilo, e todos sabiam muito bem a quem eles se referiam.

Aparentemente, o profissional que recebeu tal apelido aceitava a "brincadeira", porque nunca reclamou a quem quer que fosse.

Análise: Durante o processo de investigação do caso, identificou-se que o próprio funcionário chamado de *Burro Velho* não se opunha à brincadeira. Na verdade, ele nem chegou a refletir sobre o apelido que lhe foi dado. O funcionário entendia esse tratamento como mais uma das piadas do departamento e, assim como outros, foi alvo de uma chacota. Os demais colaboradores também não tinham nada contra o alvo dessa piada, e foi identificado que gostavam muito dele. O chamamento, apesar de ser bastante ofensivo, era definido como carinhoso e recebido dessa forma também. Já tínhamos, pela análise da denúncia, a possibilidade de que esta não havia sido feita pela vítima das agressões e, sim, por terceiros, que se sentiram ofendidos por ele.

Assim, o caso de comportamento moral inadequado foi tratado de maneira educativa no setor, servindo posteriormente de exemplo aos demais setores da empresa. A ação de fato era imprópria e potencialmente ofensiva, mas a motivação não seguia os mesmos valores. Isso desenhou um plano de ação específico para trabalhar um caso que, aos olhos de uma primeira instância, com razão, não deveria mais acontecer na empresa. Nesse caso, é importante ressaltarmos que havia um potencial significativo de assédio moral caso o contexto fosse diferente. E os riscos trabalhistas eram elevados caso o profissional agredido tivesse levado essa questão à justiça, independentemente da categoria técnica identificada.

Crise na área de TI – Tecnologia de Informação de uma grande Multinacional

Neste exemplo, citamos um profissional da área de TI, muito bom tecnicamente e reconhecido como um verdadeiro gênio em sua área de atuação por ser exímio conhecedor de uma determinada linguagem de computador mais antiga, mas bastante utilizada no parque informático da empresa na qual trabalhava. Entretanto, era de difícil trato e elevava a voz nas discussões de equipe, assim como dava *feedbacks* negativos em público humilhando os seus subordinados sempre que algo saía errado. Estes constantemente eram vistos chorando e reclamando de tal comportamento, havendo alguns que chegaram a apresentar transtornos como depressão e síndrome de *burn out*[28].

Depois de algum tempo, vários começaram a pedir demissão, e, em entrevistas de desligamento, começaram a reclamar da característica do chefe. Eles diziam que de forma geral o profissional era uma boa pessoa, mas trabalhar com ele mostrava-se impossível.

Também trouxeram relatos de que as broncas e humilhações não faziam sentido, tendo em vista que a equipe sempre foi determinada e focada nos desafios e objetivos da empresa.

Com o início dos desligamentos, foi iniciada a investigação do caso.

Análise: Um histórico dos profissionais da área bem como do gestor foi solicitado de forma protegida para a área de Recursos Humanos, buscando compreender melhor o perfil dos colaboradores e as características gerais do gestor. De fato, identificou-se que os colaboradores, de forma geral, atendiam aos padrões e metas estipulados pela organização, bem como eram avaliados de forma justa e objetiva pelo gestor denunciado. A pesquisa de clima, de maneira geral, era positiva, mas foi possível ver um desgaste entre a equipe e seu líder ao longo dos três anos coletados. Durante as entrevistas, viu-se que não havia nenhum fator pessoal que justificasse as agressões, mas o líder não se mostrou sensibilizado logo de início com o caso relatado. Justificou que a pressão era intensa e que a equipe precisava ser mais forte para entregar o que precisava. Também indicou que havia solicitado ao Recursos Humanos a contratação de três novos profissionais, mais *seniors*, para compor o seu time, mas esse processo não havia sido aprovado. Percebeu-se que as agressões, apesar de fazerem muito mal aos colaboradores agredidos, não vinham de uma má-fé do gestor e sim de uma incapacidade técnica e emocional para lidar com os problemas existentes. Também se viu que a *business partner*[29] responsável pela área havia negligenciado esse suporte, algo que dificultou ainda mais a situação.

---

[28] Em português: estresse crítico decorrente do trabalho.

[29] V. glossário.

GUIA PRÁTICO DE COMPLIANCE

A empresa, ao final, identificou a gestão por injúria, puniu o profissional com uma advertência escrita, mas também buscou remediar a situação colocando-o em um treinamento interno de liderança em momentos de crise, bem como reavaliou tanto a negativa nas contratações solicitadas como o papel do *business partner* no processo.

Em algum tempo auditou-se a área e o comportamento de seu chefe e percebeu-se uma mudança positiva de cenário, indicando que o plano de ação foi o correto.

O "Bola Preta"

Um empregado negro recebeu o apelido de "Bola Preta" por parte de um colega de trabalho, sendo assim chamado durante todo o decorrer o seu contrato. Ele se mostrava incomodado com isso, mas o seu parceiro continuava fazendo disso uma piada ainda maior. Os demais profissionais inicialmente tentavam dissuadir o agressor, mas quando assim o faziam lhes era perguntado se queriam levar o "Bola Preta" para casa e cuidar dele. Esse comentário era feito de forma agressiva e, assim, com o tempo, ninguém mais teve a iniciativa de reclamar explicitamente de tal comportamento, apenas o censurando de forma velada.

Depois de um pouco mais de um ano, a vítima das agressões, sofrendo solitariamente, resolveu utilizar o canal de denúncias recém-implantado, identificando-se e trazendo todos os relatos de comportamento inadequado que passara.

Análise: Em entrevistas com a vítima e com testemunhas foi possível identificar que o agressor apresentava tal comportamento de forma reiterada e dirigida, sendo até mesmo descrito que, na ausência da vítima, dizia ser uma pena não ter "seu brinquedinho" presente para se divertir. O denunciado, ao ser questionado, demonstrou indiferença completa ao sofrimento do colega de trabalho, dizendo que esse não sabia brincar e que "se escolheu denunciar um parceiro por algo assim, talvez nem devesse estar na empresa". Diante de uma série de relatos e evidências coletadas, classificou-se o caso como de assédio moral e o profissional agressor foi desligado da organização por desalinhamento com os valores da instituição.

Só posso pedir do que tem na bandeja?

Uma funcionária trabalhava há tempos com um empregado mais graduado do que ela, com grande fama de galanteador e que sempre lhe lançava olhares lânguidos, fazendo gracejos de cunho sexual implícito.

Necessitando muito do emprego, devido à sua situação financeira, e com medo de ser demitida, ela se fazia de desentendida, até o dia em que lhe pediram que entrasse na sala onde ele estava em reunião com um visitante externo, para lhes servir café, leite e biscoitos. Depois de fazê-lo, ela perguntou se queriam algo mais, ao que ouviu a seguinte resposta do colega de trabalho: "Só posso pedir do que tem na bandeja?", dando, então, uma piscadinha. Até o convidado se mostrou surpreso com a grosseria.

A mulher ficou muito irritada com tal comportamento, completamente dissociado das normas da organização, e decidiu fazer uma denúncia, a qual foi apurada e comprovada, ensejando a punição do profissional, por assédio sexual.

O romântico insistente

Um profissional da área de Marketing da corporação passou a buscar contato frequente com uma analista de Recursos Humanos, alegando que gostaria de aprender francês e sabia que esta tinha domínio do idioma. Dizia que a língua lhe parecia muito romântica e que sua colega de trabalho poderia ensiná-lo se tivesse tempo. A colega disse que não conhecia a didática do ensino de idiomas, mas poderia apresentar-lhe uma professora, algo que foi recebido de forma neutra pelo colaborador.

Em outro momento, o profissional passou a chamá-la para sair, inicialmente para almoçarem juntos, passando para jantares e posteriormente idas ao cinema, teatro e *shows* de música. A analista sempre recusava, alegando compromissos outros e o fato de não gostar dos filmes ou bandas propostas. A insistência continuou até o dia em que a colaboradora finalmente disse ao colega que não desejava mais ser cortejada por ele. Após esse fato, em conversa com uma amiga do trabalho, esta lhe disse que havia sido assediada e que deveria abrir uma denúncia no canal para que o suposto agressor não fizesse isso com mais ninguém. Seguindo a sugestão da parceira, a analista abriu uma denúncia, que foi investigada.

Análise: Durante o processo de análise e entrevistas, foi identificado, por relato da própria denunciante, que esta nunca havia dito "não" ao seu pretendente. Ao longo do período de insistência, não foi clara ao negar os convites, sempre alegando outros compromissos ou divergência de gostos, porém, não sendo firme nessas negativas. Por outro lado, percebeu-se que o suposto agressor tinha, de fato, um interesse legítimo na profissional, não havendo nenhum tipo de chantagem, constrangimento prévio ou atos que parecessem intencionalmente nocivos e contrários aos valores da organização.

Ambos os envolvidos foram claros ao dizer que, após a negativa, o suposto assediador parou imediatamente as investidas, chegando até mesmo a pedir desculpas pela insistência. No caso, não foi caracterizada a existência de assédio ou de comportamento inadequado direto, mas foram sugeridos treinamentos e orientações corporativas sobre como agir em situações como essa. Mesmo após acompanhamento, não foi identificada recorrência desse tipo de comportamento no profissional denunciado.

6. CONCLUSÃO

Já sabemos que os processos de investigação e de tomada de decisão em relação aos envolvidos não apenas são de extrema importância para a efetividade dos programas de compliance, como também são os processos que trazem mais desafios aos envolvidos. As possibilidades de que ações mal planejadas ou mal executadas – pela falta de conhecimentos técnicos ou experiência por partes dos envolvidos – são muitas, dada a natureza inerentemente complexa desse pilar. E essas dificuldades são ainda maiores quando se fala de investigação de casos de assédio, para os quais, além de toda a carga subjetiva e emocional dos envolvidos, pode haver uma carência de evidências materiais a serem analisadas. Soma-se a isso a falta de capacitação técnica e de conhecimento na investigação e na tomada de decisão, a "vontade de mostrar serviço", a interpretação do trabalho da área de Compliance como "guardiã da moral e da ética" e a pressão social, correta e necessária, para que o assédio deixe de ser prevalente nos ambientes profissionais. Com tudo isso, temos a receita para o desastre, que se materializa na forma de danos às pessoas envolvidas, seja por excesso de força nas penas ou, em outro extremo, por leniência aos culpados, ou, ainda, na forma de enfraquecimento do programa de compliance por abusos durante o processo, erros na condução de entrevistas, ao expor os partícipes do processo, ou aparente falta de efetividade no tratamento dos casos.

Então, a fim de se evitar que esse potencial desastre se materialize, temos de prezar pela existência de alguns elementos importantes nesse conjunto de ações, começando pela educação da organização em relação ao tema, explicando as distintas formas de agressão que são interpretadas, por vezes incorretamente, como assédio, passando por uma clara comunicação sobre as responsabilidades da organização de, não apenas ser ágil na condução de processos investigatórios, mas, também, garantir a correção no tratamento técnico e humano de todos. Como vimos no texto, isso incluirá um investimento relevante em tempo – ao se fazer a abordagem de investigação indireta – e em Recursos Humanos, uma vez que é necessário envolver mais pessoas no processo para garantir uma visão multidisciplinar do caso, envolver pessoas melhor capacitadas tecnicamente no tema ou com mais experiência em casos similares, além da discussão do relatório da investigação por parte do órgão julgador. E esse investimento será, por vezes, maior e mais custoso que aquele para processos de investigação mais "materiais", como fraudes.

Por fim, o tratamento dos casos deve resultar em ações preventivas retroalimentadas, o que significa que, a cada caso, motivação, ação e fatores de influência devem ser analisados a fim de promover mudanças organizacionais que impeçam a ocorrência de novos casos. Melhoria em processos seletivos, mais adequação aos perfis individuais em relação às áreas de atuação, treinamentos sobre o que é e o que não é uma agressão no ambiente de trabalho, capacitação adequada para novos gestores, revisão de metas, melhoria do suporte de *back office* às áreas de negócio e até mesmo mudança na forma como a empresa estimula suas confraternizações podem ser resultados importantes do processo investigativo. Além disso, a postura firme de que a empresa não tolera ações ilícitas contumazes em seu interior terá forte influência não só na transformação de cultura, se necessário, como no reforço ao respeito, à diversidade e à ética organizacional.

16

COMPLIANCE E A GESTÃO DE MEDIDAS DISCIPLINARES

ALEXANDRE SERPA
REYNALDO DOBROVOLSKY MOLINA DE VASCONCELLOS
ROBERTA GUASTI PORTO

INTRODUÇÃO

Quando falamos das aplicações de medidas disciplinares, é natural logo de início pensarmos que elas são ações reativas, pois normalmente algum fato já ocorreu, seja resultado de uma apuração de denúncia, seja por identificação de alguma irregularidade por monitoramento ou por outra ferramenta de compliance, contudo, uma medida disciplinar que, por vezes, é acompanhada de outras ações, acaba por fazer parte dos componentes preventivos [de um processo de prevenção, detecção e resposta]. Imagine a situação [real] em que um gestor *incentiva* fortemente seus funcionários a participarem de uma votação *on-line* a favor de um posicionamento religioso específico, indo contrário a um movimento de liberdade de expressão e ao próprio código de ética da empresa. Não tendo essa ação qualquer ligação com o ambiente de trabalho ou a empresa, e sendo realizada no horário de trabalho, com o computador da corporação, tal ato pode levar à percepção de existir uma discriminação ou, minimamente, um ambiente hostil para os subordinados que pensam de forma diferente, que possuem uma outra posição religiosa e que se sentem na obrigação de participar da votação, uma vez que a solicitação veio do líder imediato. Após a apuração desse fato, e concluindo não ter ocorrido a discriminação, mas sim uma conduta inadequada por parte do líder, a aplicação de uma medida disciplinar para o gestor, acompanhada da leitura do código de ética e conduta pelo grupo, conseguirá abranger as três frentes, por meio da (1) prevenção da recorrência de novas situações similares, (2) pela maior dedicação de compliance com ações relacionadas ao tema e, por último, (3) pela resposta efetiva da empresa em ter apurado e tomado as ações relacionadas a uma denúncia de boa-fé.

O papel da área de Compliance na aplicação de medida disciplinar é componente fundamental para garantir a sua efetividade,[1] pois além de dever possuir, por natureza de sua função, uma visão abrangente das ações necessárias, possui a capacidade, e responsabilidade, de interligar as medidas das distintas áreas que realizam cada etapa dos processos de educação, investigação e implementação das ações identificadas, cumprindo sua função de especialista conforme o modelo das três linhas de defesa.[2] Como exemplo, podemos citar o caso real de uma apuração realizada sobre gastos indevidos no cartão de crédito corporativo, em que o relato é apurado pela auditoria interna, que identifica falhas no processo de aprovação das despesas e a má intenção do colaborador no uso do cartão. A área de Compliance prezará pela implementação de ações multidisciplinares, que incluem a medida disciplinar ao funcionário, alinhamento com a área de controles internos para resolução dos pontos frágeis identificados no processo e atualização do conteúdo dos treinamentos relevantes e, finalmente, melhorando o programa de forma geral. Nesse exemplo simples, é possível observar a efetiva capacidade de [e responsabilidade por] conectar diversas áreas e frentes de trabalho para atuarem na prevenção, detecção e resposta às más condutas e fraudes.

1. A RELEVÂNCIA DO FATOR RESPOSTA PARA A ROBUSTEZ DO PROGRAMA DE COMPLIANCE: GESTÃO DE CONSEQUÊNCIA QUE FUNCIONA

Uma das formas mais efetivas de garantir a credibilidade de um programa de compliance é possuir um tempo de resposta adequado para as demandas recebidas, sejam demandas oriundas de denúncia, solicitação de informação, monitoramento ou outros meios. Dado o crescimento da importância do

---

[1]   BRASIL. Controladoria-Geral da União. *Guia de implantação de programa de integridade nas empresas estatais*: orientações para a gestão da integridade nas empresas estatais federais. 2015. Disponível em: <http://www.cgu.gov.br/Publicacoes/etica-e--integridade/arquivos/guia_estatais_final.pdf>. Acesso em: 8 abr. 2018.

[2]   THE INSTITUTE OF INTERNAL AUDITORS. Declaração de posicionamento do IIA: as três linhas de defesa no gerenciamento eficaz de riscos e controles. Disponível em: <http://www.planejamento.gov.br/assuntos/empresas-estatais/palestras-e-apresentacoes/2-complemento-papeis-das-areas-de-gestao-de-riscos-controles-internos-e-auditoria-interna.pdf>. Acesso em: 9 ago. 2019.

tema Compliance nas empresas, essa tarefa vem se tornando mais e mais importante e difícil, o que torna premente garantirmos que os processos de compliance não se tornem gargalo para os processos de tomada de decisão.

Como essa necessidade está ligada com ações a serem tomadas em razão de violação de política e procedimentos internos ou legislação, possuir um processo de gestão de consequências ajuda a organização, tornando mais fácil, e rápida, a tomada de decisão por conta da padronização, o que, também, aumentará a credibilidade em relação ao programa.

Por exemplo, uma situação identificada por meio de uma apuração em que funcionários estariam compartilhando as senhas dos seus computadores com outros colegas, e a empresa toma uma medida disciplinar de suspendê-los. Tempos depois, por meio de monitoramento, a mesma situação é identificada em área distinta e, por possuir um processo de gestão de consequência que documentou a decisão anterior, a empresa poderá tomar uma decisão muito mais agilmente.

Vale ressaltar que a matriz de consequência é diferente de gestão de consequência. A matriz compõe a gestão, ajudando a documentar as medidas tomadas historicamente e permitindo a equalização com novas decisões – sempre considerando os atenuantes e agravantes de cada caso. Já a gestão de consequência é um conjunto de ações que faz o papel de interligação da matriz com as ações efetivamente tomadas, o monitoramento dos resultados e a atualização da própria matriz. Em outras palavras, e utilizando o exemplo acima do compartilhamento de senha, a gestão de consequência nesse caso é avaliar se a medida tomada foi efetiva, por meio de *follow-up* junto às áreas envolvidas no processo, verificando se houve recorrência e, o mais importante, se a mensagem foi devidamente transmitida e entendida, pois não adianta encontrar a medida perfeita a ser tomada com quem descumpriu um procedimento, se a conscientização e a educação não acontecerem de fato de forma abrangente.

Uma ação potencialmente relevante e que compõe uma gestão de consequência é a devolutiva para quem levantou o problema que, caso seja a decisão da empresa, precisa ser tempestiva, prezar pela garantia da confidencialidade considerando todos os cuidados necessários quanto à preservação da imagem das pessoas envolvidas e evitando que possa ser utilizada como prova contra a própria empresa no futuro. Visando a garantir que todos os potenciais riscos dessa devolutiva sejam analisados e mitigados, a gestão desse processo deve estar sob a responsabilidade de Compliance, que tem a tarefa de conectar todas as áreas envolvidas nas análises e decisões.

Para muitas empresas é ainda tabu realizar a divulgação de ações tomadas em casos de investigação de compliance. Isso ocorre por diversas razões, desde o simples desconhecimento sobre as diversas formas de *como* divulgar o resultado de uma apuração, passando por inexistir uma dinâmica de comunicação interna na empresa, chegando até ao receio da liderança em fomentar o tema ou, ainda, a falta de apoio da própria alta liderança. Ainda há divergências entre profissionais da própria área de Compliance sobre uma gestão de consequência efetiva contemplar a divulgação das ações tomadas. De fato, se não for bem-feita, essa comunicação pode trazer impactos negativos, talvez irreversíveis, para a credibilidade do programa de compliance[3], sem falar de riscos trabalhistas, civis e, potencialmente, criminais. Um exemplo disso é a empresa decidir desligar um gestor em razão de uma suspeita de ter cometido uma irregularidade e divulgar essa medida a todos da área em que ele atuava, expondo o ocorrido e o denunciado, por vezes podendo expor o próprio denunciante. O resultado disso é um total desastre que, como citado, maculará a imagem do programa de compliance. Então o que fazer nesse caso? Uma situação de desligamento semelhante pode ser dividida com a equipe, de forma sutil, respeitosa e técnica, sem entrar em detalhes, e de forma suficiente para que todos entendam que a instituição, de fato, agiu em relação ao problema reportado, tomou atitudes coerentes e comunicou de maneira respeitosa às pessoas afetadas. Tudo isso devidamente discutido e analisado com as áreas responsáveis pelos temas de Compliance, Jurídico e comunicação da empresa.

2. CASOS CONCRETOS QUE DESAFIAM A ATUAÇÃO DE COMPLIANCE

Com base na noção de que sanções severas têm o condão de comunicar às pessoas que o comportamento objeto de punição é inaceitável, argumenta-se que a condução do processo sancionador de maneira correta e isenta estimula o comportamento íntegro.[4-5] Parte-se da premissa de que quem decide pela sanção tem autoridade, hierárquica e técnica, para comunicar aquilo que é ou não aceito.

---

[3]   V. glossário.

[4]   VERBOON, Peter; VAN DIJKE, Marius. When do severe sanctions enhance compliance? The role of procedural fairness. *Journal of Economic Psychology*, v. 32, n. 1, p. 120-130, 2011.

[5]   SIBILE, Daniel; SERPA, Alexandre. *Os pilares do programa de compliance*: uma breve discussão. [S.l.]: Legal Ethics Compliance, 2016.

A avaliação de transgressão da norma, ou seja, a análise de se houve ou não violação de regra é de competência do programa de compliance; quanto à aplicação e mensuração da medida disciplinar, recomenda-se que seja da alçada de um comitê interdisciplinar, no qual avalia-se o desvio e, também, o histórico do profissional da empresa. Mas, acima de tudo, essas avaliações encontram limites nas normas positivadas, ou seja, na legislação aplicável, bem como nas normas internas da empresa. A aplicação da medida disciplinar não encontra amparo em juízo de valor subjetivo ou em regramentos morais, senão aqueles explicitados no código de conduta e políticas da empresa.

Considera-se aqui que as normas de uma determinada empresa podem regulamentar condutas a partir de valores morais daquela organização – entendendo **moral** como um conjunto de normas, valores e princípios de comportamento e costumes específicos de uma determinada sociedade –,[6] um exemplo seria a proibição, em código de conduta, de relacionamento amoroso entre colaboradores. A rigor, essa conduta não constitui ilícito, nem colide com comportamento íntegro esperado de um profissional, mas aquela determinada organização pode estabelecer regramento para o relacionamento entre seus empregados. É importante esclarecer que a possibilidade de estabelecer regramento com conteúdo moralmente aceito nas organizações encontra limites em condições de discriminação e/ou qualquer tipo de preconceito.

A partir de então, quando do confronto da norma ao caso concreto, no qual se configura a violação, não cabe qualquer tipo de avaliação moral mas apenas e tão somente, na dosagem da medida disciplinar para aquela situação, sem permitir que circunstâncias alheias à violação em si e o histórico de comportamento do sujeito violador contribuam para a tomada de decisão. Em outras palavras, as empresas podem – e de fato o fazem – estabelecer regramentos a partir de valores moralmente observáveis. Todavia, a aplicação e a mensuração da gestão de consequência em caso de violação de regra no ambiente corporativo não devem, em hipótese alguma, se sujeitar a julgamento moral dos indivíduos membros do comitê que delibera pela sanção.

Como exemplo, o primeiro caso concreto que ilustra a necessidade de afastamento de julgamento moral na gestão de consequência como elemento de resposta do programa de compliance trata de dois colegas de trabalho que publicam em plataforma de mídia social um texto relatando as circunstâncias de assédio moral perpetrado por seu superior imediato. Na

---

[6]   PEDRO, Ana Paula. Ética, moral, axiologia e valores: confusões e ambiguidades em torno de um conceito comum. *Kriterion*, Belo Horizonte, v. 55, n. 130, p. 483-498, dez. 2014.

publicação constam nomes e isso acaba por expor a empresa, bem como os indivíduos envolvidos, publicamente. Os profissionais que supostamente estariam sofrendo o assédio não levaram o caso à ouvidoria ou ao gestor do seu superior imediato. Ou seja, a empresa tomou ciência do fato pelas redes sociais, sem ter tido a oportunidade de tratar a situação antes da exposição reputacional negativa.

Inicialmente, a ímpeto do comitê de investigação, decide-se, simplesmente, por demitir os dois empregados por terem deixado de cumprir seu papel – documentado em regramento interno – de denunciar o caso internamente e, ainda, descumprirem as regras internas da empresa relacionadas a publicações em mídias sociais, as quais expressamente proibiam a exposição de assuntos internos da empresa.

Nessa ocasião, o profissional de compliance precisou esclarecer ao comitê que uma etapa fundamental e crucial seria imperiosa: investigar a ocorrência de assédio naquela hipótese, pois esse seria o objeto central da apuração. A questão da violação das regras que proibiam a exposição de assuntos internos nas mídias sociais ficaria relegada a um segundo momento, quando se discutiria a aplicação de medidas disciplinares para todos aqueles envolvidos em violação de normas.

Em se tratando de caso de assédio procedente, caberia aplicação de medida disciplinar ao assediador (no caso concreto, o assédio foi comprovado e o superior imediato desligado). Já para os dois empregados que expuseram informação sensível da empresa em redes sociais, coube aplicação de suspensão. Fundamentou essa decisão o fato de que a medida deveria ser proporcional ao desvio – se o próprio assédio ensejaria a demissão, o relato, mesmo que de forma indevida não poderia ensejar a mesma penalidade do assediador – bem como o fato de que a hipótese de demissão deles poderia dar aos outros colegas a impressão de que a empresa punia quem reclamava ou expunha os problemas reais, o que deveras seria prejudicial para o programa de compliance da organização.

Outro exemplo que nos ajuda a refletir sobre as fronteiras que delimitam e orientam a gestão de consequência em decorrência de identificação de não conformidades perpetradas por empregados no interior das organizações aborda a seguinte situação: uma apuração de um relato de assédio moral resulta procedente, a gestão de consequência estabelecida contemplava o desligamento do profissional que agia de maneira assediadora. Todavia, tal medida não poderia ser implementada imediatamente, já que a profissional que teria cometido o assédio não poderia ser desligada por estar em férias. Nesse ínterim, entre a investigação do caso e a demissão da profissional, o autor do relato (não se tratava de relato anônimo) passou a noticiar para os colegas de trabalho que "havia feito a denúncia" e que seu gestor "seria penalizado", embora a equipe de investigação não tenha com ela compartilhado qualquer informação relacionada à medida disciplinar que seria adotada. Apenas, e tão somente, o fato de ter sido entrevistado fez o autor do relato acreditar na aplicação de consequência. Adicionalmente, o autor do relato, entendendo de forma errônea a proteção de "não retaliação" ao denunciante de boa-fé como estabilidade, passou a não cumprir suas tarefas diárias.

Fatos estes comprovados, e por proposição da área de Compliance, em virtude do descumprimento da política de confidencialidade sobre denúncias, decidiu-se também pelo desligamento do denunciante.

Um terceiro exemplo a ser analisado versa sobre um caso do assédio sexual de um gestor perante uma empregada que, ao final da apuração, resultou comprovado. Durante a discussão sobre a medida disciplinar a ser aplicada ao assediador, e para total surpresa do grupo que compunha o comitê que deliberava sobre o caso, o CEO[7] se pronunciou no sentido de que não estaria convencido de o assediador merecer punição, pois havia ouvido rumores de que a empregada [comprovadamente] assediada seria ex-garota de programa. Nesse momento, coube aos profissionais responsáveis pelo programa de compliance rememorar aos presentes de que se tratava da apuração de um caso de assédio sexual comprovado, e que a atividade adicional, alegadamente, exercida pela pessoa que sofreu o assédio em nada torna o comportamento do gestor que a assediou escusável ou pode ser interpretado como atenuante de tal conduta, e a alegação de atuação como garota de programa seria completamente irrelevante para a discussão. Ou seja, o julgamento moral pessoal e individual não encontra espaço no estabelecimento de medidas disciplinares.

Como mencionado anteriormente, há espaço para os valores moralmente observáveis quando do estabelecimento das regras de comportamento que se espera que os empregados e partes relacionadas observem, no momento da elaboração do código de conduta e políticas das empresas. Já na aplicação de gestão de consequência, em caso de violação de regra no ambiente corporativo, não cabem julgamentos morais, sob pena de incorrer em discriminação ou preconceitos calcados em valores morais individuais e não partilhados pela empresa.

Diante de tais casos, temos reconfirmado que a construção de um procedimento de gestão de consequência e a aplicação de medidas disciplinares

---

[7] V. glossário.

se mostram medidas salutares.[8-9-10] Esse procedimento estabeleceria os critérios para as questões ligadas à gestão de consequência, de forma a buscar padronizar as ações administrativas entre as diversas áreas e unidades da empresa. Essas medidas deverão sempre ter como objetivo a manutenção do ambiente de trabalho de forma ordeira e assim contribuir para a efetividade do programa de compliance da empresa.

3. POTENCIAIS RISCOS RELACIONADOS AO PROCESSO DE DECISÃO EM RELAÇÃO AOS RESULTADOS DE INVESTIGAÇÕES INTERNAS

Considerando todo o exposto acima e considerando, também, que o processo de tomada de decisão de medidas disciplinares é uma das partes componentes de um todo maior, que é o processo de gestão de um programa de compliance efetivo e que este é, também, apenas um componente de algo mais abrangente, que é a **gestão integrada de riscos corporativos** – Compliance é, apenas, uma das categorias de riscos que uma organização deve gerir para garantir que ela possa gerar valor às partes interessadas –, como citado no sumário executivo do COSO de gerenciamento de riscos corporativos: "O gerenciamento de riscos corporativos contribui para assegurar comunicação eficaz e **o cumprimento de leis e regulamentos, bem como evitar danos à reputação da organização e suas consequências**".[11]

Gerir um programa de compliance, além de executar as funções próprias do processo, também significa gerir riscos; nada mais adequado que pensar

---

[8]   GOMES, Rafael Mendes; BELTRAME, Priscila Akemi; CARVALHO, João Vicente Lapa de. Compliance empresarial: novas implicações do dever de diligência. In: CASTRO, Leonardo Freitas de Moraes e (Org.). *Mercado financeiro & de capitais*: tributação e regulação. São Paulo: Quartier Latin, 2015. p. 531-557.

[9]   BENTO, Alessandro Maier. Fatores relevantes para estruturação de um programa de compliance. *Revista da FAE*, v. 21, n. 1, p. 98-109, 2018.

[10]   PORTO, Roberta Guasti; CASSINI, Flavia Tiemi Oshiro; LIMA, Mirela Clemente Pedrosa. Reflexões sobre a efetividade de programas de compliance. In: OLIVEIRA, Luis Gustavo Miranda D. (Org.). *Compliance e integridade*: aspectos práticos e teóricos. Belo Horizonte: D'Plácido, 2019. v. 2.

[11]   COMMITTEE OF SPONSORING ORGANIZATIONS OF THE TREADWAY (COSO). *Gerenciamento de riscos corporativos*: estrutura integrada. Disponível em: <https://www.coso.org/Documents/COSO-ERM-Executive-Summary-Portuguese.pdf>. Acesso em: 15 out. 2019.

nos riscos **operacionais do processo de decisão em relação aos resultados de investigações internas.**

Para gerenciar riscos, a primeira etapa a ser realizada é identificá-los e, para isso, é necessário ter, previamente, identificado quais são os **objetivos** do processo em questão, uma vez que riscos são eventos com impacto negativo no atingimento dos objetivos.

Considerando que os objetivos do processo de tomada de decisão de medidas disciplinares incluem:

- demonstração: tanto para o público interno, quanto para o externo – como reguladores e órgãos de controle – do compromisso da alta administração com a seriedade e efetividade do programa de compliance,[12] ao evidenciar que não há tolerância para aquilo que vai contra os valores da empresa e seu regramento interno (políticas) e que há imparcialidade no tratamento dos problemas identificados;
- identificação de falhas: para sua posterior correção e melhoria contínua – no desenho do programa de compliance. Inclui tanto as falhas que permitiram que uma fraude ou uma má conduta acontecessem, como aquelas que não identificaram tais problemas;
- identificação: para posterior eliminação, treinamento ou realinhamento – dos administradores ou funcionários que não compartilhem da mesma filosofia e atitude da empresa em relação ao sucesso do programa de compliance.

É possível identificar então alguns dos riscos (aqueles mais prováveis e com maior impacto na efetividade do programa de compliance) que poderão atrapalhar o alcance de tais objetivos. Temos, numa lista não exaustiva, mas, suficientemente abrangente para efeitos da presente discussão:

- Decisões tomadas com base em valores e avaliações **pessoais** e não com base nos valores da organização.
  - Como exemplo, temos o caso de dois funcionários que estão se relacionando de forma romântica, em um relacionamento extraconjugal – sendo os dois envolvidos casados com terceiros que não são funcionários. Essa relação não impacta negativa-

---

[12] SIMONSEN, Ricardo. Os desafios do compliance. *Cadernos FGV Projetos*, ano 11, n. 28, p. 60-73, 2016.

mente suas funções na empresa, não gera conflitos de interesses e não está em desacordo com nenhum regramento interno. Contudo, um dos executivos do Comitê de Ética decide que isso é "errado e imoral" e que "nesta empresa não podemos aceitar pessoas assim".

- Decisões tomadas com base nos relacionamentos interpessoais dos membros do Comitê de Ética com o investigado, numa aplicação do dito popular *"aos amigos tudo; aos inimigos a lei!"*

- Decisões desbalanceadas em relação à falta, ou ainda em relação à posição hierárquica dos envolvidos, que impactariam negativamente a percepção de seriedade e efetividade do programa.[13]

  - Como exemplos: decisões "muito leves" ou "muito pesadas", a depender da posição hierárquica, ou departamento, do investigado (o representante de vendas é demitido, e o gerente de marketing é advertido, por casos semelhantes). Decisões muito brandas e ineficazes, que não passariam a mensagem de "efetividade" a nenhum regulador. Decisões muito "fortes" em comparação com a falta, que poderiam gerar mais medo dos colegas do que, de fato, a resolução do problema e melhoria do clima organizacional.

- "Delegação" da implementação das decisões de demissão a Compliance ou a Recursos Humanos, materializando a mentalidade de *"Eu não vou demitir o meu funcionário, a decisão foi de vocês, vocês que o demitam"*, demonstrando a falta de suporte da alta administração.

- Decisões que não atingem nem resolvem a causa-raiz do problema investigado, o que não contribuiria para a melhoria contínua, e aumento de efetividade, do programa de compliance.[14]

---

[13] BRASIL. Controladoria-Geral da União. *Guia de implantação de programa de integridade nas empresas estatais*: orientações para a gestão da integridade nas empresas estatais federais. 2015. Disponível em: <http://www.cgu.gov.br/Publicacoes/etica-e-integridade/arquivos/guia_estatais_final.pdf>. Acesso em: 8 abr. 2018.

[14] BRASIL. Controladoria-Geral da União. *Guia de implantação de programa de integridade nas empresas estatais*: orientações para a gestão da integridade nas empresas estatais federais. 2015. Disponível em: <http://www.cgu.gov.br/Publicacoes/etica-e-integridade/arquivos/guia_estatais_final.pdf>. Acesso em: 8 abr. 2018.

Cap. 16 • COMPLIANCE E A GESTÃO DE MEDIDAS DISCIPLINARES | 255

- Decisões que podem descumprir preceitos legais ou regulatórios – como "forçar" uma demissão por justa causa quando faltam elementos probatórios –, ou quando a decisão gerar alguma falha em cumprir um requisito regulatório.

4. CONSIDERAÇÕES FINAIS: A GESTÃO DE CONSEQUÊNCIA E O PAPEL DO GESTOR DO PROGRAMA DE COMPLIANCE

Como fazer, então, para minimizar os riscos [operacionais] do processo de decisão em relação aos resultados de investigações internas e monitoramentos de compliance? A resposta simples é "designar um dono a este risco que será responsável por elaborar atividades de controle para mitigar cada risco elencado".

Qualquer pessoa com um grau adequado de profissionalismo e conhecimento técnico pode ser apontada como responsável pelo risco, mas, se seguirmos o modelo das três linhas de defesa, acabaremos por alocar a responsabilidade de gestão desses riscos à primeira linha de defesa, que é a gestão "operacional" do processo que dá origem aos riscos, ou seja, à pessoa responsável pela gestão do programa de compliance, de forma concisa, *compliance officer*.

Assim, deveremos esperar que o *compliance officer* elabore, implemente e garanta a efetividade das atividades de controle que minimizem a probabilidade e/ou o impacto da materialização dos riscos do processo (também, o *compliance officer* precisará garantir a capacitação a quem for necessário e relevante e o monitoramento da efetividade e adequação das atividades no decorrer do tempo).

Tais atividades de controle não precisam ser complexas ou em alta quantidade, mas precisam sim, efetivamente, endereçar e minimizar os riscos identificados (que poderão ser outros além daqueles citados anteriormente), sendo bastante comum que sejam implementadas as seguintes atividades de controle (ou variações das mesmas):

- Criação de um comitê multidisciplinar para a avaliação do relatório da investigação, discussão das causas e efeitos da fraude ou má conduta nos âmbitos interno e externo à empresa, e decisão de quais são as ações derivadas da investigação, tanto aquelas relacionadas aos envolvidos quanto as relacionadas às causas-raiz que tornaram possível, facilitaram, ou acobertaram os fatos.

- Identificação dos membros efetivos, e convidados, para a composição de dito comitê, de forma que se garantam presentes os conhecimentos técnicos necessários para que as discussões sejam baseadas nos fatos e não em suposições ou sentimentos pessoais, e os níveis de autoridade adequados para que as decisões tomadas sejam finais e que o encerramento da investigação e a implementação das ações definidas sejam céleres e que respondam às necessidades da organização tanto na esfera técnica quanto na cultural.

- Apuração, compilação e compartilhamento da jurisprudência interna da empresa em relação a casos semelhantes que já tenham sido objeto de discussão e deliberação, buscando garantir um alto grau de homogeneidade e consistência na aplicação de sanções a colaboradores envolvidos nos casos, evitando, assim, tanto o exagero nas punições – que, via de regra, podem trazer apenas a sensação de medo exacerbado aos colaboradores, que acabarão por não cooperar com o processo de relato e investigação de denúncias no futuro – quanto à falta de força ou relevância nas punições – gerando a sensação de impunidade, que acabará por erodir a busca por uma cultura de integridade na empresa.

Cabe citar que não se quer dizer com isso que faltas iguais requerem punições iguais, já que isso não é uma realidade. Ilustra-se com um caso em que um funcionário de baixo escalão e um membro da diretoria-executiva cometem a mesma falta. A princípio, devemos lembrar que esse diretor-executivo da empresa, além de ter cometido a falta, também deixou de cumprir uma de suas funções adicionais como "alta administração", que é servir de exemplo e de guardião dos valores da empresa. Esse diretor-executivo deve, então, sofrer uma sanção pela falta em si, e um agravante adicionado por conta de não ter cumprido seu dever de executivo, o que pode levar a uma sanção mais forte por parte da empresa.

- Direcionamento da reunião para revisão do relatório de investigação visando a garantir que a discussão seja sempre:
  - baseada nos fatos identificados, e não em opiniões pessoais sobre os envolvidos;
  - direcionada pelos valores da empresa e pelo regramento interno desta, e não em valores pessoais/morais dos envolvidos na discussão;
  - com o melhor interesse da empresa em mente, mesmo que isso leve à conclusão de que ações difíceis precisam ser tomadas;

Cap. 16 · COMPLIANCE E A GESTÃO DE MEDIDAS DISCIPLINARES | 257

- o baseada na legalidade das decisões que serão tomadas, pois não se pode imaginar um programa de compliance efetivo que inclua a adoção de medidas ilegais como resposta a uma investigação;

- o com a melhoria contínua do programa de compliance em mente, o que significa pensar sempre em como: minimizar a probabilidade de recorrência da fraude ou má conduta; simplificar os processos para que todos os colaboradores tenham a capacidade de fazer a sua parte no programa; prover educação (via treinamento e/ou comunicação) sobre o tema em questão, visando a aumentar a conscientização de todos.

- Alocação das responsabilidades pela implementação das decisões aos colaboradores adequados, com base em suas funções e responsabilidades.

- Formalização das decisões tomadas em algum documento oficial interno (com o nível de detalhe adequado para garantir a manutenção da confidencialidade do processo e a proteção aos envolvidos) para evidenciar as ações da empresa e, também, para facilitar o acompanhamento da implementação dessas.

Tendo o acima implementado, é possível alcançar um nível de confiança razoável de que os riscos ao processo de resolução de casos de fraudes e má conduta estarão adequadamente gerenciados, o que, por consequência, culminará na efetividade desse componente do programa de compliance da empresa, o que, em suma, é o **papel** do *compliance officer*

REFERÊNCIAS

BENTO, Alessandro Maier. Fatores relevantes para estruturação de um programa de compliance. *Revista da FAE*, v. 21, n. 1, p. 98-109, 2018.

BRASIL. Controladoria-Geral da União. *Guia de implantação de programa de integridade nas empresas estatais*: orientações para a gestão da integridade nas empresas estatais federais. 2015. Disponível em: <http://www.cgu. gov.br/Publicacoes/etica-e-integridade/arquivos/guia_estatais_final. pdf>. Acesso em: 8 abr. 2018.

COMMITTEE OF SPONSORING ORGANIZATIONS OF THE TREAD-WAY (COSO). *Gerenciamento de riscos corporativos*: estrutura integrada. Disponível em: <https://www.coso.org/Documents/COSO-ERM-Executive-Summary-Portuguese.pdf>. Acesso em: 15 out. 2019.

GOMES, Rafael Mendes; BELTRAME, Priscila Akemi; CARVALHO, João Vicente Lapa de. *Compliance* empresarial: novas implicações do dever de diligência. In: CASTRO, Leonardo Freitas de Moraes e (Org.). *Mercado financeiro & de capitais*: tributação e regulação. São Paulo: Quartier Latin, 2015. p. 531-557.

PEDRO, Ana Paula. Ética, moral, axiologia e valores: confusões e ambiguidades em torno de um conceito comum. *Kriterion*, Belo Horizonte, v. 55, n. 130, p. 483-498, dez. 2014.

PORTO, Roberta Guasti; CASSINI, Flavia Tiemi Oshiro; LIMA, Mirela Clemente Pedrosa. Reflexões sobre a efetividade de programas de compliance. In: OLIVEIRA, Luis Gustavo Miranda D. (Org.). *Compliance e integridade*: aspectos práticos e teóricos. Belo Horizonte: D'Plácido, 2019. v. 2.

SIBILE, Daniel; SERPA, Alexandre. *Os pilares do programa de compliance*: uma breve discussão. [S.l.]: Legal Ethics Compliance, 2016.

SIMONSEN, Ricardo. Os desafios do compliance. *Cadernos FGV Projetos*, ano 11, n. 28, p. 60-73, 2016.

THE INSTITUTE OF INTERNAL AUDITORS. *Declaração de posicionamento do IIA*: as três linhas de defesa no gerenciamento eficaz de riscos e controles. Disponível em: <http://www.planejamento.gov.br/assuntos/empresas-estatais/palestras-e-apresentacoes/2-complemento-papeis-das-areas-de-gestao-de-riscos-controles-internos-e-auditoria-interna.pdf>. Acesso em: 9 ago. 2019.

VERBOON, Peter; VAN DIJKE, Marius. When do severe sanctions enhance compliance? The role of procedural fairness. *Journal of Economic Psychology*, v. 32, n. 1, p. 120-130, 2011.

17

RETALIAÇÕES: COMO EVITÁ-LAS?

DANIELA LASSEN
HELENA VASCONCELLOS
REYNALDO DOBROVOLSKY MOLINA DE VASCONCELLOS

INTRODUÇÃO

Retaliação significa uma ação prejudicial decorrente de revide com dano igual ao sofrido e pode também ser conhecida como vingança, represália, revanche, entre outros sinônimos.

É importante destacarmos que, neste texto, trataremos da retaliação proveniente exclusivamente de manifestações relacionadas a assuntos de compliance, como, por exemplo, desvios de conduta, corrupção, conflitos de interesses e principalmente, a retaliação contra quem faz uma denúncia.

Os pilares do programa de compliance são inter-relacionados e somente serão efetivos caso caminhem conjuntamente.

Treinamentos e comunicações encorajam os funcionários a se manifestarem em casos de dúvidas ou suspeitas de desvios. Canais de denúncias oferecem as ferramentas para que essas manifestações ocorram.

No entanto, colaboradores somente se sentirão confortáveis para se manifestar sobre situações inadequadas nos casos em que as empresas tenham um processo robusto de manutenção de confidencialidade e de não retaliação nos casos de denúncias de boa-fé.

Isto porque, apesar da garantia de confidencialidade, há situações em que um desvio de conduta tenha sido presenciado somente por um colaborador, em um departamento pequeno ou em que somente uma pessoa não esteja envolvida em um esquema de desvio de valores.

Nessas situações, a confidencialidade do denunciante pode ser prejudicada e cabe ao Compliance garantir a estabilidade do denunciante.

Desta forma, as chances de receber denúncias aumentam.

De acordo com informações da *Association of Certified Fraud Examiners* (ACFE),[15] algo em torno de 40% das fraudes detectadas pelas empresas, entre elas, corrupção, apropriação indébita, entre outras, foram inicialmente detectadas com base em denúncias.

Esse resultado jamais seria possível sem um processo robusto de canais de denúncias, bem como, e não menos importante, um processo robusto de prevenção à retaliação.

A retaliação pode acontecer de forma bastante clara e objetiva, como, por exemplo, com demissão ou rescisão do contrato do denunciante, ou de forma velada, com prejuízos na avaliação de desempenho, limitação das atividades e responsabilidades distribuídas ao denunciante, exclusão de projetos, mudança de área, dentre outros.

A retaliação também pode acontecer a denunciantes de todas as áreas e níveis hierárquicos.

Abordaremos mais à frente a dificuldade em se concluir a existência da retaliação velada.

É muito importante lembrarmos que nem sempre a retaliação ocorre de maneira racional ou planejada. Isso porque a retaliação está diretamente ligada à natureza humana.

Ninguém gosta de ser criticado, apontado ou "dedurado". A crítica não é, de forma geral, bem administrada pelas pessoas e uma denúncia pode ser interpretada como um ataque ou uma ameaça à imagem do denunciado. Afinal de contas, a pessoa será exposta de alguma maneira, principalmente quando a medida disciplinar adotada depois da conclusão da investigação não for a demissão do denunciado.

Por conta disso, é importante que os Departamentos de Recursos Humanos tenham participação muito ativa na prevenção de retaliações, bem como, que tenham autonomia para atuar em treinamentos, no intuito de ajudar gestores e funcionários a sempre fazerem a coisa certa.

O Departamento de Recursos Humanos também tem papel fundamental na prevenção de retaliações e no acolhimento de denúncias relacionadas a esse tema, afinal, retaliações podem facilmente se tornar assédio moral.

Como todas as partes do programa de compliance, a prevenção à retaliação somente será possível caso a alta administração entenda a importância

---

[15] V. glossário.

da robustez desse processo e o quanto isto está diretamente ligado ao sucesso do programa de compliance. Caso contrário, funcionários não se sentirão confortáveis para acessar os canais de denúncias das empresas.

A falha em ter um processo robusto de prevenção a retaliações pode não apenas colocar em risco o sucesso do programa de compliance, como estimular que denúncias sejam feitas externamente, ou seja, que funcionários se reportem diretamente a órgãos reguladores, imprensa, clientes, entre outros.

Além do risco de exposição externa, a falta de um programa robusto antirretaliação pode trazer riscos à cultura da empresa, à efetividade do programa de compliance, bem como à construção de uma cultura de "se fazer a coisa certa".

Não basta apenas haver uma breve menção no código de conduta indicando que denúncias de boa-fé não serão retaliadas. O programa de prevenção à retaliação é muito mais complexo do que isso e será aprofundado a seguir.

1. COMO, ENTÃO, EVITAR AS RETALIAÇÕES?

Precisamos primeiramente entender que a retaliação é um movimento de um indivíduo ou conjunto de indivíduos que decide punir, aberta ou veladamente, alguém que, na intenção de ajudar a empresa, denuncia um *wrongdoing*[16].

Obviamente que, ainda que tal ato inadequado ocorra em uma célula isolada da empresa, a própria existência da retaliação já significa, *per se*, que o programa de compliance da organização dificilmente é efetivo.

Afirmação tão precisa decorre do fato de que, em um programa em compliance em que todas as engrenagens funcionem (o chamado "programa de compliance efetivo"), o bom ambiente gerado pela colaboração de boa-fé é inclusive encorajado pela alta administração, como forma de evitar a perpetuação, na empresa, de indivíduos que cometeram atos ilícitos.

Segundo Richard M. Steinberg, para ser realmente efetivo, um programa de compliance precisa estar baseado em uma cultura de integridade e em valores éticos fortes. O autor considera que a cultura de uma empresa deve estar baseada, antes e acima de tudo, em ações mais do que nas palavras da

---

[16] V. glossário.

262 | GUIA PRÁTICO DE COMPLIANCE

alta administração, além de uma rede de gerentes que possam levá-las a toda a organização.[17]

No Brasil, entendemos que o programa de compliance efetivo é aquele que possui todos os 16 pilares do Decreto 8.420/2015, art. 42[18], § 5º, que passam pela tríade prevenção, detecção e correção/reparação. O problema é que muitas vezes só descobrimos se a empresa de fato aplica o que prega

---

[17] STEINBERG, Richard M. *Governance, risk management and compliance:* it can't happen to us – avoiding corporate disaster while driving success. Hoboken, New Jersey: John Wiley & Sons, 2011. p. 33.

[18] São eles:

"I – comprometimento da alta direção da pessoa jurídica, incluídos os conselhos, evidenciado pelo apoio visível e inequívoco ao programa;

II – padrões de conduta, código de ética, políticas e procedimentos de integridade, aplicáveis a todos os empregados e administradores, independentemente de cargo ou função exercidos;

III – padrões de conduta, código de ética e políticas de integridade estendidas, quando necessário, a terceiros, tais como, fornecedores, prestadores de serviço, agentes intermediários e associados;

IV – treinamentos periódicos sobre o programa de integridade;

V – análise periódica de riscos para realizar adaptações necessárias ao programa de integridade;

VI – registros contábeis que reflitam de forma completa e precisa as transações da pessoa jurídica;

VII – controles internos que assegurem a pronta elaboração e confiabilidade de relatórios e demonstrações financeiros da pessoa jurídica;

VIII – procedimentos específicos para prevenir fraudes e ilícitos no âmbito de processos licitatórios, na execução de contratos administrativos ou em qualquer interação com o setor público, ainda que intermediada por terceiros, tal como pagamento de tributos, sujeição a fiscalizações, ou obtenção de autorizações, licenças, permissões e certidões;

IX – independência, estrutura e autoridade da instância interna responsável pela aplicação do programa de integridade e fiscalização de seu cumprimento;

X – canais de denúncia de irregularidades, abertos e amplamente divulgados a funcionários e terceiros, e de mecanismos destinados à proteção de denunciantes de boa-fé;

XI – medidas disciplinares em caso de violação do programa de integridade;

XII – procedimentos que assegurem a pronta interrupção de irregularidades ou infrações detectadas e a tempestiva remediação dos danos gerados;

XIII – diligências apropriadas para contratação e, conforme o caso, supervisão, de terceiros, tais como, fornecedores, prestadores de serviço, agentes intermediários e associados;

Cap. 17 · RETALIAÇÕES: COMO EVITÁ-LAS? | **263**

(seguindo à risca, na prática, os 16 pilares), se de fato ingressamos em seu corpo de funcionários, sendo importante reforçar que, dispor em códigos e políticas sobre os pilares de um programa de compliance efetivo, por si só, não torna um programa de compliance efetivo.

Esclarecida essa questão, passemos àqueles pontos que entendemos como chave para o sucesso de uma boa denúncia e, em última análise, de um programa de compliance efetivo, em que retaliações não são toleradas.

O primeiro ponto a destacar é o tão aclamado *tone at the top*[19], o "tom definido pelo topo", que não é formado pelas palavras que a liderança profere, as quais podem ser vazias de significado – o famoso *paper program*, ou programa de compliance de papel, aquele para "inglês ver" –, mas sim pelas atitudes que toma. A real liderança é formada pelo exemplo.

Em empresas em que a alta administração estimula a colaboração e garante a não retaliação do denunciante de boa-fé, como um de seus princípios inabaláveis, dificilmente haverá espaço para retaliação, pois o retaliante, por mais que se sinta tentado a fazê-lo, não encontrará ambiente propício para tal.

O problema é que, muitas vezes, o estímulo à não retaliação se limita a uma frase clichê, no código de ética ou código de conduta: "*não admitimos a retaliação ao denunciante de boa-fé*". Quem seria o denunciante de boa-fé ou o que, para a empresa, é retaliação?

Essas definições precisam constar de uma política específica, que explique os conceitos de retaliação e de denunciante de boa-fé, inclusive prevendo sanções para o retaliante.

Da mesma forma, é preciso que a empresa em foco gere também uma política capaz de criar e dispor sobre a manutenção e o acompanhamento de um canal de denúncias igualmente completo, garantindo um ambiente para que a denúncia possa ser feita anonimamente ou sob identificação, de

---

XIV – verificação, durante os processos de fusões, aquisições e reestruturações societárias, do cometimento de irregularidades ou ilícitos ou da existência de vulnerabilidades nas pessoas jurídicas envolvidas;

XV – monitoramento contínuo do programa de integridade visando seu aperfeiçoamento na prevenção, detecção e combate à ocorrência dos atos lesivos previstos no art. 5º da Lei Anticorrupção; e

XVI – transparência da pessoa jurídica quanto a doações para candidatos e partidos políticos".

[19] V. glossário.

preferência por canal independente gerido por terceiros, disponível "24x7" e com absoluta garantia de confidencialidade.

Mais do que isso: essas políticas precisam ser seguidas à risca, a título de absoluto exemplo, pela alta administração, a fim de que a retaliação, de fato, não aconteça.

E não pensem que é suficiente contar com o apoio da alta administração e do Departamento de Compliance. Um Recursos Humanos atuante é fundamental para que possíveis retaliações sejam evitadas, uma vez que o profissional de recursos humanos pode, por exemplo, impedir retaliações que gerem demissão ou outras sanções trabalhistas, informando o Departamento de Compliance antes de aplicar a sanção ou demissão, desde que haja, nesses casos, a autonomia e/ou poder de veto do Compliance quanto à restrição de seguir em frente com a demissão.

Da mesma forma que a comunicação entre alta administração, Departamento de Compliance e demais áreas como Recursos Humanos, é importante e fundamental que haja treinamentos periódicos de todos os colaboradores da empresa, para que eles entendam os conceitos de canal de denúncias, anonimato, confidencialidade, não retaliação, entre outros.

No Brasil, os funcionários ainda têm muito medo de denunciar irregularidades e serem dispensados: é uma cultura de *fear*[20], em razão de a Lei Anticorrupção e o Compliance serem mais recentes do que nos Estados Unidos, por exemplo.

Por isso é tão fundamental que os treinamentos sejam periódicos, abranjam a totalidade dos funcionários, sejam didáticos, contendo linguagem adequada aos diferentes públicos, e contendo uma pequena prova ou verificação de conceitos ao final, para garantir que todos entenderam a importância da não retaliação, entre tantos outros conceitos significativos.

Caso o funcionário não tenha optado pelo anonimato da hora de denunciar, é fundamental, ainda, que o Departamento de Compliance faça um *follow up* da relação entre gestor e gestionado (denunciado e denunciante), para sugerir uma troca de setor ou de chefia, por exemplo, nos casos em que identificar uma retaliação expressa ou velada, embora nos casos de retaliação velada seja mais difícil de saber se o denunciante perdeu uma promoção pela denúncia ou pela falta de *performance* suficiente, por exemplo.

---

[20] Em português, medo. *Fear* em inglês é uma expressão utilizada para uma cultura em que os funcionários não denunciam irregularidades por medo de represálias.

Por isso é tão importante a independência efetiva do *compliance officer*[21]: para evitar que a retaliação de outros funcionários aconteça e para não ser, ele próprio, objeto de retaliação e demissão, caso leve à frente um caso que não é de interesse do CEO[22], por exemplo, ou quando o próprio CEO está envolvido e a empresa tem acionistas (nacionais ou estrangeiros) ou matriz estrangeira.

A independência do *compliance officer* aliás, costuma ser maior nas empresas multinacionais listadas em bolsa de valores. Nas não listadas, muitas vezes o Departamento de Compliance reporta para o VP de *Legal*, ou seja, do Departamento Jurídico, por exemplo, ou para outro departamento, em vez de reportar para um comitê que tenha, em sua constituição, membros independentes.

O menor grau de independência costuma ser visto, por fim, nas empresas familiares, em que muitas vezes é o dono que dá a última palavra, sem todo esse trâmite que identificamos acima.

Mas o que acontece quando nada disso funciona e, mesmo assim, o funcionário é retaliado? É o que veremos a seguir.

2. COMO AGIR QUANDO ACONTECE UMA RETALIAÇÃO?

Antes de sabermos como agir diante de uma retaliação, precisamos saber se de fato a retaliação aconteceu, uma vez que, assim como comentado anteriormente, há situações em que o funcionário possui um considerável problema de entrega ou até mesmo de comportamento, sendo natural a gestão precisar optar pelo seu desligamento. Nesse momento, existe um grande risco de esses elementos serem confundidos e se misturarem, ficando difícil distinguir um do outro.

Há situações em que apesar de serem procedentes as denúncias, alguns funcionários querem se utilizar do mecanismo contra retaliação para garantir algum tipo de estabilidade indeterminada no emprego. Normalmente, essa situação acontece quando o funcionário denunciante já está tão afetado pela má conduta do denunciado que fica desestabilizado e passa a agir de maneira inadequada também, com atitudes de desrespeito, insubordinação, e passando a gerar movimentos internos contra o líder, por exemplo. É claro que há ocasiões em que o denunciante, independentemente de estar em um ambiente hostil, mantém uma conduta inadequada, utilizando-se da proteção contra retaliação para ter uma sobrevida no emprego.

---

[21] V.glossário.
[22] V. glossário.

O melhor caminho para evitar injustiças é o profissional de recursos humanos envolver o *compliance officer* responsável pela gestão da apuração conduzida na área do colaborador, a fim de avaliarem em conjunto se há elementos suficientes que não se conectam com a apuração da denúncia e evidenciam falhas de *performance* ou conduta, a fim de seguirem com o seu desligamento.

A validação final precisa ser do Departamento de Compliance, pois, infelizmente, ainda é comum nas empresas os profissionais de recursos humanos não terem poder de veto em decisões estratégicas; isso por alguns motivos, tais como: não quererem se indispor e estragar a relação com a liderança, terem medo de deixar de ser envolvidos com a devida antecedência sobre decisões que estão para acontecer, terem medo de ser mal avaliados por esses gestores que são seus clientes internos etc.

E se não há uma retaliação? Uma vez identificado que não existe a retaliação, o Departamento de Compliance precisa formalizar tal análise e encaminhar diretamente para a liderança da área que pretende seguir com o desligamento, garantindo assim a imparcialidade na análise.

Para que essa análise seja completa, o *compliance officer* precisa analisar diversos elementos, tais como: avaliações de desempenho passadas e atual, histórico de medidas disciplinares, informações das entrevistas realizadas durante as apurações, cenário de mudanças na área, como reduções pré-programadas, realocação de profissionais em outras cidades, *sites*, regiões etc. Como podemos observar, não é uma análise simples, mas sim complexa e repleta de zonas cinzentas.

E se há uma retaliação? Primeiramente, o colaborador precisa comunicar imediatamente o *compliance officer* ou, se preferir, o profissional de recursos humanos, para que a devida sequência de análises possa ser feita de maneira tempestiva.

De toda forma, se o funcionário procurar primeiramente órgãos externos, como a Comissão de Valores Mobiliários (CVM), o Ministério Público, ou as autoridades norte-americanas SEC e DOJ, ou a justiça trabalhista, os impactos à imagem da empresa por meio da repercussão dos fatos certamente não serão nada benéficos, não só externamente, como também internamente, ao enfraquecerem o programa de compliance da organização.

A SEC, por exemplo, em 2019, pagou mais de 58 milhões de dólares aos *whistleblowers*[23], como são chamados os informantes ou denunciantes.

---

[23] V. glossário.

Em 2018, foram pagos 168 milhões de dólares para 13 indivíduos[24]. Ainda durante o ano de 2018, foram recebidos aproximadamente 2.770 telefonemas – isso significa quase oito ligações por dia – para tirar dúvidas diversas e rastrear o *status* da investigação[25]. Desde o início do programa de recompensa aos denunciantes, a SEC já pagou mais de 326 milhões de dólares para 59 indivíduos, tendo sido 50 milhões de dólares o maior valor pago em 2018[26].

Inclusive, há casos em que empresas foram multadas por desencorajar a existência de um programa de *whistleblowers*. O clássico exemplo é o caso Barclays, em que o CEO tentou identificar o autor de algumas cartas de denúncia, tendo sido multado pessoalmente, além de o Barclays ter recebido uma penalidade de 15 milhões de dólares pelo ocorrido[27].

De fato, ao vermos esses números, pode parecer tentador ao denunciante denunciar diretamente aos órgãos externos. Mas será que é só a recompensa o motivador de um colaborador deixar de informar a empresa primeiramente? Com certeza não, pois muitas pessoas desconhecem a existência de tal benefício, ou simplesmente preferem confiar nos mecanismos antirretaliação da empresa, buscando uma apuração correta e justa no âmbito da organização onde ocorreu o ilícito.

O *compliance officer* precisa agir imediatamente a fim de buscar as ações para mitigar os impactos de uma retaliação. Considerando ser unânime o entendimento quanto a seguir com o desligamento de quem tenha cometido a retaliação, é preciso considerar como fica o ambiente de trabalho para o denunciante e inclusive para as testemunhas que participaram do processo de apuração, pois em casos em que entrevistas são necessárias, a situação e as pessoas analisadas muitas vezes acabam sendo expostas.

Por exemplo, em um determinado caso real, o gestor denunciado deduziu que um de seus funcionários havia feito uma denúncia contra ele. Durante o processo, que foi longo, a equipe de apuração optou por entrevistar uma das testemunhas novamente e se surpreendeu ao ouvir que o denunciado pensou

---

[24] U.S. SECURITIES AND EXCHANGE COMMISSION. *2018 Annual report to Congress*: whistleblower program. Disponível em: <https://www.sec.gov/files/sec-2018-annual-report-whistleblower-program.pdf>. Acesso em: 16 out. 2019.

[25] *Idem.*

[26] *Idem.*

[27] RUBENFELD, Samuel; GRIFFIN, Oliver. Barclays fined $15 Million by New York over CEO's anti-whistleblower push. *The Wall Street Journal*. Disponível em: <https://www.wsj.com/articles/barclays-fined-15-million-by-new-york-over-ceos-anti-whistleblower-push-11545173167>. Acesso em: 16 out. 2019.

que ela teria feito a denúncia, e passou a retaliá-la de maneira velada. Foi realizada então uma análise específica do caso para se entender se aquele fato novo era procedente, tendo sido confirmado. A alta liderança foi comunicada sobre a procedência da retaliação e optou pelo desligamento do retaliante.

Uma vez entendido que pessoas são diariamente afetadas por retaliações veladas, a instituição precisa entender que deve proporcionar um ambiente de trabalho não hostil, o que significa, por vezes, ser necessário mudar pessoas de área. Vale ressaltar que, para os casos em que existe a suspeita de que uma retaliação esteja acontecendo, mas não há evidências, essa medida também é válida.

O que precisa ser também considerado para análise é o possível prejuízo ao futuro dos funcionários quanto à trilha de carreira, pois, sendo realocados, esse movimento pode ser malvisto do ponto de vista de carreira, contudo, é uma forma efetiva de manter os afetados longe do problema e evitar um prejuízo maior à sua condição na empresa, ou mesmo uma demissão.

Para realizar essas análises sobre a potencial existência de uma retaliação, é recomendável abrir um novo processo de apuração, pois as conclusões precisam ser específicas e o fato motivador é diferente do fato que motivou a denúncia inicial. A apuração precisa ser tempestiva e conter todas as análises necessárias, para evitar quaisquer dúvidas quanto à procedência da denúncia. A recomendação a ser emitida também precisa ser feita pelo Departamento de Compliance ou pelo Comitê de Ética, conforme o caso. Nesse momento, será possível observar o nível de aderência da alta liderança quando informada da comprovação da retaliação.

Por fim, apesar de ser difícil identificar que uma retaliação esteja ocorrendo, o acompanhamento pós-apuração é fundamental para se conseguir discernir se tal atitude está acontecendo ou não.

Enfim, são muitas as exigências e os cuidados, mas um fato se repete ao longo de todo o processo: a importância de um Departamento de Compliance efetivo e de um *tone at the top* capaz de apoiar o denunciante que realizar, de boa-fé, uma denúncia, sem que haja retaliação.

REFERÊNCIAS

STEINBERG, Richard M. *Governance, risk management and compliance*: it can't happen to us – avoiding corporate disaster while driving success. Hoboken, New Jersey: John Wiley & Sons, 2011. p. 33.

U.S. SECURITIES AND EXCHANGE COMMISSION. *2018 Annual report to Congress*: whistleblower program. Disponível em: <https://www.sec.

gov/files/sec-2018-annual-report-whistleblower-program.pdf>. Acesso em: 16 out. 2019.

RUBENFELD, Samuel; GRIFFIN, Oliver. Barclays fined $15 Million by New York over CEO's anti-whistleblower push. *The Wall Street Journal*. Disponível em: <https://www.wsj.com/articles/barclays-fined-15-million-by-new-york-over-ceos-anti-whistleblower-push-11545173167>. Acesso em: 16 out. 2019.

VI

MONITORAMENTO

18

COMUNICAÇÃO E TREINAMENTO: MELHORES PRÁTICAS

BRUNA AJEJE
MAYRA COLLINO
PRISCILA NOVAES MOLLICA
VIVIAN MARIANO

1. INTRODUÇÃO

Compliance é composto de vários pilares, como já abordado nesta obra, e o presente capítulo se prestará a falar de um dos pilares mais importantes, o qual traça o caminho para a efetividade do programa de compliance[28]: a comunicação.

O programa de compliance, como já mostrado em outros capítulos, é desenhado e pensado por profissionais da área, de acordo com a visão e perspectiva do conselho de administração (*board*), mas é de fato executado por todos na empresa. Este é o objetivo de um bom programa de compliance: que todos da organização o executem. Uma das formas mais eficientes que a instituição possui para expor e transferir as diretrizes de seu programa de compliance é por meio de treinamentos.

Os procedimentos presentes dentro das políticas da empresa devem ser discutidos abertamente com quem irá executá-los, uma vez que a linguagem e a metodologia devem atingir a todos. Por isso, trazer os receptores para dentro da construção do programa, por intermédio da comunicação direta com eles (conversas, reuniões), trará melhores resultados para o programa,

---

[28] V. glossário.

GUIA PRÁTICO DE COMPLIANCE

garantindo sua aderência e manutenção, pois as práticas devem ser factíveis de aplicação tanto à alta administração como para o time do administrativo.

Todas as políticas da organização devem ser efetivamente comunicadas aos seus receptores, sem medo e sem rodeios. Isso é tão necessário que é abordado pelos principais manuais, nacionais e internacionais, que tratam de Compliance. Desde o *Guia da OCDE*[29], até o *Guia da CGU*[30] (atualmente, Ministério da Transparência, Fiscalização e Controle), passando pelo FCPA[31] e o Cade (Conselho Administrativo de Defesa Econômica).

Essa comunicação deve ser de forma objetiva para ser efetiva. Para isso, o profissional de compliance tem de conhecer a empresa muito bem. Além do levantamento do *risk assessment*,[32] o profissional tem de conhecer os públicos aos quais os treinamentos serão ministrados e estabelecer um plano de comunicação de forma coerente com o programa de compliance para todos os níveis de pessoas da instituição.

1.1 *Budget* escasso/inexistente

Uma das grandes dificuldades encontradas em um programa de compliance imaturo em empresas é a falta de *budget* próprio. Infelizmente, as empresas tendem a ver o Compliance como uma área sem receita e, consequentemente, apenas como custo, e não costumam dispor orçamento para tal, até que uma sanção justifique o deslocamento de verba.

Por esse motivo, cabe a nós, profissionais de compliance, uma certa criatividade para implementar o trabalho sem depender de empresas de marketing e publicidade. E isso, graças a ferramentas gratuitas disponibilizadas pela internet, é cada vez mais possível, embora não seja fácil.

1.2 Criação de identidade visual

Um dos pontos iniciais é a criação da identidade visual, essencial para que o público, ao ver a mensagem, faça uma ligação direta e involuntária com o conteúdo transmitido. Neste sentido, é ideal que uma campanha tenha identidade visual própria, a ser utilizada em todo o material de compliance, como informativos e treinamentos, para que o público-alvo faça a conexão

---

[29] V. glossário – Organização para a Cooperação e Desenvolvimento Econômico.

[30] Disponível em: https://cgu.gov.br/Publicacoes/etica-e-integridade

[31] V. glossário.

[32] V. glossário.

sempre que receber uma mensagem de que, por se tratar de conteúdo de compliance, é mandatório.

A internet cada vez mais nos oferece artifícios e "equipamentos" para criar conteúdo para informativos, campanhas e a própria identidade visual, sem depender de recursos financeiros externos. Ainda, por meio de ferramentas disponíveis em nossos computadores, como o *PowerPoint®*, podemos elaborar peças criativas fazendo uso apenas de imagens com direitos gratuitos, capazes de despertar o interesse e prender a atenção dos funcionários mais exigentes.

O desafio nessa parte fica em encontrar, sem a ajuda de um profissional de publicidade, o equilíbrio entre o *too fun* e o *too serious*.[33] Como deixar a sua peça interessante e atrativa sem tirar a seriedade do tema? Como fazer o receptor gostar da mensagem sem achar que é brincadeira?

Nessa hora, o ideal é poder contar com os profissionais da área de comunicação da empresa para que eles possam apoiar a área de Compliance na determinação da ferramenta ideal e como utilizá-la.

Além disso, é essencial ter os profissionais do time de comunicação bem alinhados com as políticas da instituição e com as leis de anticorrupção, e deixá-los sabedores das consequências, pois todas as comunicações que eles emitirem ou transmitirem, independentemente do foco, sempre terão a presença das políticas da empresa. Essas duas equipes devem trabalhar de forma integrada.

Uma boa estratégia para ser utilizada junto do time de comunicação, até para aproximá-lo do programa de compliance, é deixá-lo encarregado de filtrar notícias externas nas mídias, principalmente sobre os erros e acertos dos concorrentes de mercado. Sempre podemos aprender com os erros das outras empresas e ajustarmos o nosso programa.

1.3 Informativos

Uma vez criada a identidade visual da campanha, faz sentido que sejam definidos os temas que devem ser abordados em informativos que porventura sejam encaminhados aos funcionários e/ou fornecedores periodicamente. Por mais que a organização tenha políticas vigentes, infelizmente, não são todos que as leem e, muito menos, releem ao longo dos anos, por mais que elas sejam recertificadas regularmente. Assim, faz sentido que o profissional de

---

[33] Em português: muito divertido e muito sério.

compliance pense nos assuntos que são de maior relevância e que faz sentido serem "relembrados" aos funcionários. Tais assuntos podem ser transformados em informativos ou peças "publicitárias" e enviados aos grupos destinatários. Por que não os transformar em pequenos cartazes, com mensagens diretas e concisas, em um fundo chamativo e/ou divertido?

Além disso, cabe ao profissional de compliance buscar sempre adaptar a mensagem e o próprio conteúdo ao receptor, quer seja ele um funcionário da fábrica, quer seja um diretor da empresa. Por exemplo, é pouco efetivo enviar um informativo sobre a desvalorização das ações da instituição àqueles que não recebem tal benefício, como é ineficaz explicar ao diretor de marketing utilizando exemplos de fiscais de obras nas quais ele nunca colocará os pés.

1.4 Treinamentos

A comunicação é a forma que a empresa tem de transparecer a cultura de compliance, os conceitos, valores e missões, e os quais podem ser transferidos por meio dos treinamentos. Um bom programa de treinamento é a melhor forma de garantir que o programa de compliance da organização está atingindo os principais receptores, quais sejam, colaboradores, prepostos, parceiros, diretores, presidentes, membros do conselho e também os *stakeholders*[34], aqueles terceiros/fornecedores que se relacionam com a empresa. E aqui, deve ser observado se a instituição possui terceiros/fornecedores considerados sensíveis no sentido de trazer riscos à empresa, como, por exemplo, agentes aduaneiros, pessoas ligadas ao governo ou atuantes com empresas públicas. Caso haja, a comunicação e o treinamento com eles devem ser feitos de forma diferenciada e direcionada.

Algumas empresas são mais formais e outras menos, e isso impacta diretamente o perfil das pessoas da organização. Não há uma forma correta ou errada de se aplicar os treinamentos, podendo ser formais ou informais. É importante sempre ter como foco que o objetivo dos treinamentos é transmitir a mensagem de forma clara e coerente com o programa. Por exemplo, a forma de aplicação de um treinamento de compliance de políticas específicas para os criativos de uma agência de publicidade e propaganda e para os colaboradores de uma linha de produção de uma indústria automotiva, é completamente diferente.

Devem-se ter em mente alguns requisitos para os treinamentos: atingir 100% das pessoas (observando o grupo de receptores citado acima); a

---

[34] V. glossário.

exposição deve ser de forma leve, com características locais do grupo; ter dados do dia a dia e mostrar as consequências financeiras positivas que a prática do programa trará para a organização.

Os treinamentos presenciais são tidos como o mundo ideal, mas na prática muitas vezes se tornam inviáveis, principalmente para as empresas que têm filiais e subsidiárias em outras cidades ou estados que não o da sede. Portanto, é recomendado que os treinamentos que tratem das políticas gerais, aquelas que são a porta de entrada da empresa, sejam presenciais e com o maior número possível de pessoas – é um bom momento para que haja a integração das pessoas dos diferentes departamentos, pois mostra que a política e o programa de compliance são para todos. Uma *compliance week*[35] pode ser uma boa estratégia. E aquelas políticas específicas e direcionadas devem ser feitas para públicos selecionados com foco na atuação de cada grupo, podendo ser a distância.

Dessa forma, é possível realizar a manutenção de um programa de compliance à distância, sem prejuízos para a sua efetividade. Os treinamentos remotos contam com a vantagem da interatividade do receptor com a plataforma e se torna mais fácil gerar evidências. Porém, a forma remota requererá mais criatividade do profissional de compliance.

Agora que já sabemos as linhas que a comunicação seguirá, partiremos para como executar esses treinamentos. Um dos alicerces dessa comunicação é assumir a prática do compliance como vantagem especial. O profissional de compliance tem de iniciar os treinamentos argumentando que o desenho do programa de compliance da instituição advém de decisões estratégicas da diretoria e que a sua prática gerará mais valor para a empresa trazendo benefícios e segurança nas atitudes do dia a dia para todos. Contudo, é importante também salientar que pessoas ou grupos estratégicos da organização participaram da construção do programa. Isso iguala os diferentes níveis hierárquicos da empresa e aproxima os receptores no treinamento. A argumentação da imposição nunca é benéfica.

Os treinamentos são o modo mais eficiente de passar o conteúdo obrigatório e de tirar dúvidas dos funcionários e fornecedores. Seria inocência e até mesmo menosprezo ao trabalho do profissional de compliance inferir que, ao ler as políticas, não restariam dúvidas e não seria necessário repassar o conteúdo ao público-alvo. É aí que mora a necessidade do treinamento, o qual deve, anualmente, ter seu conteúdo revisto, ainda que seus conceitos gerais se mantenham, caso não tenha ocorrido nenhuma revisão nas políticas.

---

[35] Em português: semana de compliance.

O ideal é que o treinamento seja preenchido com exemplos práticos e atuais para que o funcionário ou fornecedor consigam visualizar o conteúdo disposto na política.

Além disso, por que não inserir a identidade visual no treinamento e incluir vídeos que estejam no dia a dia do público-alvo? Cenas de filmes e novelas, desenhos e quadrinhos são muito eficientes no sentido de prender a atenção dos espectadores, pois fazem que eles se interessem mais pelo assunto e, consequentemente, assimilem melhor o conteúdo, possibilitando ter os mais variados tipos de receptores aptos a identificar situações de atenção (*red flags*[36]) em qualquer organismo da instituição. Um bom exemplo é o da produtora brasileira "Porta dos Fundos",[37] que traz um vídeo intitulado "Suborno", que pode ser brilhantemente exibido. Nele, o guarda de trânsito, com as mais variadas palavras, exceto os termos "suborno" ou "propina", tenta pedir vantagem indevida a um casal de cidadãos. O vídeo também demonstra às pessoas, de maneira leve e descontraída, que o risco da corrupção nem sempre estará caracterizado de maneira fácil. De fato, após participar de um treinamento como esse, uma copeira, ao servir café dentro da sala de um diretor de uma grande empresa, conseguiu identificar que ali estava acontecendo algo fora dos padrões e fez uma ligação ao canal de denúncias da organização. Foi dado flagrante no diretor que estava ofertando vantagem econômica indevida para um agente público.

Outros personagens populares interessantes de utilização nos treinamentos são os icônicos "Agostinho Carrara" e "Lineu Silva", ambos personagens da série *A Grande Família*.[38] Lineu, ao contrário do que gostaria seu genro, Agostinho Carrara, é um agente público íntegro e que não utiliza seu cargo para obter vantagens pessoais. Já Agostinho, mesmo não usando a máquina pública, utiliza de práticas e atos que não são morais para conseguir vantagens pessoais, mesmo que muitas vezes em nome da boa-fé.

No tocante à aderência ao programa, que é o objetivo, o profissional de compliance tem de ser assertivo para saber associar a mensagem que deseja expor e para qual público. Certa vez, com a proximidade das datas festivas de fim de ano, a sede de uma empresa multinacional, preocupada com os presentes de Natal – que ela sabia que aconteciam com frequência no Brasil –, solicitou

---

[36] V. glossário.

[37] Produtora de vídeos de comédia veiculados na internet.

[38] A grande família. Rio de Janeiro: Rede Globo, 2001. Programa de televisão.

que um treinamento de *gifts & hospitality*[39] fosse ministrado. O treinamento foi feito e aplicado para todos os diretores conforme a matriz inglesa determinou. Passados alguns meses, foram extraídos dados desses treinamentos e se observou que os números não mudaram como se esperava. O programa foi repensado pelo profissional de compliance, que identificou o problema: no dia a dia, quem comprava ou recebia os presentes não eram os diretores, e sim as assistentes executivas. Dessa forma, o time de compliance aplicou o treinamento para as destinatárias corretas e, após alguns meses, os dados extraídos foram relevantes e satisfatórios.

Portanto, após a aplicação dos treinamentos, é possível extraírem-se dados, relatórios, nível de aderência ao programa, e, dessa forma, o profissional de compliance consegue não só gerenciar, como mostrar para o *board*[40] o quanto os treinamentos já surtiram efeito ou não, sabendo assim mensurar o quanto ainda se deve caminhar ou onde basta monitorar e manter. Por isso é tão importante saber avaliar o que falar e para quem falar, frisando que os treinamentos não têm que ser iguais para todo mundo. Deve-se exaltar a cultura da instituição e ter em mente que a comunicação é a ferramenta da mudança da cultura das pessoas, que como receptores e verdadeiros executores do programa, mudarão a cultura da corporação.

É possível inovar nos treinamentos utilizando um orçamento baixo. Com criatividade e fazendo uso de animações e vídeos que façam sentido, o profissional de compliance pode repaginar o conteúdo tradicional de forma a instigar os funcionários e fornecedores treinados. A sugestão aqui é que, como neste exemplo, o treinamento seja elaborado por duas pessoas de personalidades opostas: uma extremamente criativa e outra crítica o suficiente para garantir que o material não perca sua seriedade e não passe a mensagem de "brincadeira" àqueles que serão treinados.

No entanto, mantendo a seriedade do conteúdo, é possível inserir atividades recreativas no treinamento, como um jogo de perguntas e respostas com direito a brinde para os que responderem mais rápido de forma correta. Para este caso, podem ser utilizadas ferramentas gratuitas disponibilizadas na internet que possibilitem, inclusive, a criação de um *ranking* projetado durante o treinamento. O fato de aparecerem os nomes dos melhores colocados é

---

[39] Em português: presentes e hospitalidade. Essa expressão em inglês é muito utilizada em Compliance para se referir à prática de se oferecer presentes ou brindes (*GIfts*) e hospedagem e outras cortesias em eventos.

[40] V. glossário.

capaz de despertar o interesse dos mais competitivos, que sequer estariam prestando atenção se não fosse por esse artifício.

No caso em questão, os custos são divididos entre locação de espaço, equipamento de som e brindes. Custos que não vemos como essenciais, caso a organização disponha de um lugar para treinamentos, assim como os brindes, que, por mais que "apimentem" a competição, são apenas um complemento à atividade. O simples fato de os funcionários terem os nomes projetados é suficiente para movimentar o ambiente.

1.5 Treinamentos para fornecedores

Ainda na seara dos treinamentos, há de atentar ao eventual público externo que possa existir, como fornecedores e clientes.

É de praxe a priorização do treinamento presencial por ser considerado mais efetivo, entretanto, o treinamento de fornecedores pode gerar um custo que nem toda empresa está disposta a pagar. Por este motivo, podem ser priorizados os treinamentos presenciais de fornecedores que precisam comparecer a *workshops* de outras áreas, aproveitando o espaço já disponibilizado. Para aqueles que não compareçem a nenhum *workshop* ao longo do ano, é possível utilizar ferramentas *on-line* disponibilizadas gratuitamente, mais um artifício que exige um pouco de criatividade, mas que poupa muita dor de cabeça no futuro.

Atualmente, a internet possibilita a utilização de aplicativos *on-line* que são gratuitos quando oferecidos a um determinado número de pessoas e por um determinado tempo. Um desses aplicativos possibilita o treinamento limitado a 100 pessoas por 45 minutos, o que pode ser adequado se a mensagem for adaptada a esse tempo, sem perder a lembrança de um espaço para perguntas e respostas. Além disso, tal aplicativo disponibiliza um fórum pelo tempo de duração do treinamento e todas as gravações de áudio, apresentação e fórum ficam disponíveis para *download*, o que é essencial para comprovar que o treinamento foi dado e quais eram os fornecedores presentes na sala.

2. A EVOLUÇÃO DA COMUNICAÇÃO E TREINAMENTO, UM GUIA PARA UM PROGRAMA DE COMPLIANCE JÁ IMPLEMENTADO

Que de nada adianta ter um código de conduta se não o disseminarmos para toda a instituição, já é assunto batido. Diversos livros de Compliance já nos ensinaram a necessidade e a importância de divulgarmos amplamente o código e as políticas de compliance para todos os colaboradores da empresa, sem exceção, para só assim construirmos uma cultura de integridade real e efetiva. Durante a implementação da área ou temas de compliance, o foco principal está na essência do trabalho do compliance, o combate à corrupção, às fraudes e suas consequências. O trabalho da comunicação e do treinamento é conscientizar da importância do olhar crítico e de seguir os novos processos e procedimentos. Tudo o que for apresentado será novo e terá uma abordagem com foco informativo: novas políticas, mudanças em processos, novos controles etc. As comunicações são básicas a fim de apresentar um novo conceito a todos.

Conforme comenta Lino Gaviolli,[41] normalmente no início de um programa de compliance "não é adequado, por exemplo, incluir aspectos de lavagem de dinheiro ou os meandros de antitruste nos primeiros meses do programa, sem que as pessoas saibam o que é compliance. Neste momento o desafio é transmitir a mensagem a toda a organização e, à medida que o programa avança progredir em questões mais complexas".

Depois de consolidada a cultura de integridade na instituição, é necessário renovar a estratégia conciliando os novos colaboradores que ainda não conhecem as regras da empresa com aqueles de anos de casa e que precisam ser relembrados dos temas. Igualmente importante é manter esta cultura viva. Isto ocorre, pois, à medida que a estrutura organizacional se renova com a entrada de novos colaboradores e novas políticas, a falta ou comunicação e treinamento inadequados constituem fator prejudiciais para a continuidade do programa de compliance.[42] Mesmo depois dessa cultura organizacional já bem estabelecida, ainda é necessário mantê-la.

Reinventar. Inovar. Fazer o mesmo com um olhar novo. Uma das formas de trazer um olhar de fora para dentro para melhorar o Compliance da organização é capacitar os chamados agentes ou embaixadores de compliance nas outras áreas das empresas. Eles serão os responsáveis por ajudar a área de Compliance a disseminar os valores da empresa junto às suas respectivas áreas de atuação. Engajá-los para juntos construírem um plano de comunicação pode dar o olhar de renovação necessário para manter o programa claro, objetivo e com foco no risco.

---

[41]   Entrevista sobre Treinamento e Comunicação de Compliance com o consultor de compliance, à época integrante da Siemens.

[42]   COIMBRA, Marcelo de Aguiar; BINDER, Vanessa Alessi Manzi (Org.). *Manual de compliance*: preservando a boa governa e a integridade das organizações. São Paulo: Editora Atlas, 2010.

GUIA PRÁTICO DE COMPLIANCE

A partir de então, traçamos algumas orientações de melhores práticas na análise para implementação da gestão dos embaixadores ou agentes de compliance:

(i) Perfil do representante de compliance: não há muito certo ou errado, é necessário analisar qual o objetivo em ter os representantes para ver quem melhor se encaixa no perfil. No geral, busque mesclar pessoas de diferentes idades, tempo de casa, cargo e função para ter um grupo com um olhar diverso. Os representantes devem ser pessoas de fácil relacionamento, conhecidas e com um bom conhecimento do negócio em que atuam para poderem identificar os possíveis riscos de compliance inerentes em suas áreas. Cargos muito altos não são recomendáveis, pois há pessoas que podem não se sentir confortáveis para conversar sobre determinado assunto com eles. Há empresas que, por exemplo, usam como critério escolher pessoas que não tenham sido alvo de investigação ou recebido algum tipo de sanção menor na empresa. Por outro lado, há empresas que aproveitam essa oportunidade para escolher justamente algum colaborador que tenha sofrido alguma sanção de menor grau e com função considerada chave para o negócio, no intuito de "trazê-lo para o lado" do Compliance. Independentemente do perfil escolhido, é importante lembrar que essas pessoas serão o "rosto" do Compliance e por isso devem ser escolhidas com muita cautela.

(ii) Quantidade dos representantes na instituição: não há uma quantidade ideal, cada empresa deve analisar sua estrutura e seu negócio para entender o que faz sentido. Inicie mapeando quais são as áreas de risco e maior volume de negócios e/ou pessoas da organização. Essas áreas merecem ter um representante que facilite e agilize a comunicação com a área de Compliance.

(iii) Papéis e responsabilidades: defina as responsabilidades desses representantes e alinhe suas expectativas. Quanto poder essas pessoas terão? Elas irão ajudar ou realizar sozinhas alguma atividade do Compliance? Tudo deve ser analisado. Uma boa prática é emitir uma carta de nomeação descrevendo o papel e a responsabilidade. Outro ponto importante é o alinhamento prévio com o gestor imediato da pessoa em questão. Consulte seu Departamento Jurídico, no que tange à prática de Direito do Trabalho para definir se essa função será voluntária e opcional ou o representante irá acumular funções. Este item deve ser claro e bem comunicado ao futuro representante.

Cap. 18 · COMUNICAÇÃO E TREINAMENTO: MELHORES PRÁTICAS | 283

(iv) Uso de representantes como consultores para temas diversos: eles são especialistas em suas áreas e possuem as mesmas dúvidas que os demais colegas. Eles devem ser os primeiros a receber novos treinamentos, ajudar em comunicados, campanhas e até com novos processos, especialmente quando inerentes à área deles.

Uma vez identificados e implementada a gestão desses embaixadores de compliance, é necessário garantir a efetividade de suas ações, de forma a trazer resultados positivos para a cultura ética da empresa. Assim, consideram-se a seguir outras orientações valiosas para tal etapa:

(i) escreva uma política de gestão de embaixadores com processos bem definidos;

(ii) faça um treinamento de integração diferenciado para os representantes com prova e emissão de certificado e refaça o treinamento ou a avaliação periodicamente, se achar necessário;

(iii) promova encontros periódicos para manter a boa comunicação dos pontos importantes pertinentes a eles. É recomendável um evento anual para renovação de temas e uma melhor integração entre todos;

(iv) defina a periodicidade da atuação dos representantes. Há pontos positivos em ter pessoas por um longo período, mas manter um rodízio de colaboradores pode ser uma forma de disseminar a cultura na instituição.

(v) divulgue esses representantes para toda a empresa, para que as pessoas saibam quem procurar em caso de dúvida. Uma ideia é identificá-los de alguma forma, seja com um cordão do crachá diferenciado, uma bandeira sobre a mesa, um broche ou até uma camiseta;

(vi) invista em seus embaixadores! Todos gostamos e queremos ser reconhecidos pelo bom trabalho. Como forma de engajar o trabalho dos embaixadores, premie-os, promova concursos, ofereça brindes a fim de incentivá-los e demonstrar agradecimento pelo tempo dedicado. Por que não oferecer outros cursos a eles? Pessoas bem capacitadas são melhores profissionais.

Uma fez estando a cultura interna estabelecida, é hora de expandir e compartilhar. Não importa o ramo e o tamanho de sua empresa, baseado no princípio do **KYC** (*know your counterpart* [conheça sua contraparte]), se você utiliza fornecedores, é primordial certificar-se de que eles compartilhem dos mesmos valores éticos que sua organização, antes da contratação. Uma forma de mitigar o risco atrelado aos terceiros é compartilhar o conhecimento adquirido, engajando sua cadeia de valor com temas éticos. Nesse processo, o treinamento e a comunicação são seus principais elementos de sucesso e as lições aprendidas na implementação do sistema em sua própria instituição serão as mesmas utilizadas com seus fornecedores.

Dentre as melhores práticas para refletir os valores da empresa em seus fornecedores, destacam-se os seguintes passos:

(i)   *risk based approach*[43]: tenha uma boa matriz de risco. Mapeie sua cadeia por categoria de negócio, risco etc. Os riscos de compliance devem obrigatoriamente ser mapeados, para se ter uma melhor gestão dos fornecedores. Isto ajudará para desenvolver materiais de treinamentos e comunicações adequados aos riscos de cada categoria do fornecedor;

(ii) faça um planejamento estratégico específico de comunicação e treinamento para seus fornecedores. Avalie a necessidade de diferentes formatos para os diferentes parceiros de negócio;

(iii) engaje outros setores da sua organização nesse planejamento, como, por exemplo, o próprio setor de suprimentos, sustentabilidade e financeiro;

(iv) comunicação periódica: desenvolva e garanta uma comunicação periódica com os fornecedores, comunicando acerca de novas políticas ou reforçando as diretrizes já estabelecidas;

(v)   KPIs: desenvolva KPIs (*key performance indicators* [indicadores-chave de *performance*]), de forma a visualizar o cumprimento de regras e padrões em seus fornecedores;

(vi) eventos em formato *workshop* com dinâmica e discussão de casos práticos costumam ser mais assertivos.

Expandindo os horizontes de aplicabilidade dos valores da empresa, garante-se um ambiente ético e íntegro em todas as relações, fluindo para a sustentabilidade de toda uma cadeia de negócios.

3.   UM OLHAR PARA O FUTURO

Leonardo da Vinci uma vez afirmou que "aprender é a única coisa de que a mente nunca se cansa, nunca tem medo e nunca se arrepende".

---

[43]   V. glossário.

Talvez o maior desafio de uma instituição seja, de fato, manter a cultura de compliance viva, depois de passado algum tempo desde que primeiro se falou no assunto e de sua real implementação.

É nesse cenário que o pilar da educação se mostra como principal meio de garantia e principal aliado à manutenção da cultura ética e de integridade, das diretrizes de compliance e dos valores da organização. Ao utilizar-se de uma campanha de comunicação interna constante e de treinamentos adequados, a empresa enaltece sua cultura para todos os colaboradores, aumentando a efetividade em seus processos e refletindo-se diretamente em seus resultados.

O conceito de Compliance e tudo o que rege sua formação, como diz o ditado popular, é transmitido "por amor ou pela dor". É com certeza – e infelizmente – muito mais comum que uma instituição aprenda suas diretrizes pela dor, com a implementação de uma série de elementos que, como uma enchente, atravessam todos os seus processos e todas suas áreas, invadindo e preenchendo todas as lacunas que uma vez existiram, com novos conceitos, novas políticas, novas regras, novos controles e um mundo novo para todos.

Resistência, desafios, investigações, escândalos, vergonha, medo, frustração. Barreiras ultrapassadas, implementação de melhorias, quebra de paradigmas, engajamento, reconstrução da imagem e evolução. Em uma organização em que muito já se falou em Compliance e onde muito já se fez, é imprescindível manter-se firme e deixar-se levar pelos bons ventos, sem esquecer-se, no entanto, de que ainda podem existir tempestades, e não se deitar confortável na falsa sensação de uma eterna calmaria.

Dessa maneira, e como já mencionado anteriormente, contar com o apoio da comunicação interna da instituição é essencial. O time de compliance necessita construir uma marca e uma campanha anual voltada para os temas de compliance, para que o assunto nunca caia no esquecimento. Da mesma forma, os treinamentos precisam ser aplicados para que tragam novos conceitos ou detalhes dos procedimentos em vigor, garantindo atualização contínua de quem os utiliza.

Constantes e atuais de fato, mas não se deve iludir em uma análise de disseminação de cultura em que apenas se olha a quantidade de cartazes e assinaturas de listas de presença. Longe do caráter quantitativo, as campanhas de comunicação e treinamento devem, antes de tudo, despertar o interesse de quem as presencia.

Talvez, iniciar com uma pesquisa na organização sobre o conhecimento e a consciência dos conceitos de compliance e valores da empresa, seja, afinal, um bom ponto de partida. Com os resultados da pesquisa será possível detectarem-se os temas que devem ser desenvolvidos ou melhorados, bem como as perspectivas de cada área, garantindo material suficiente para o time de compliance traçar um plano de ação, buscando sempre a homogeneidade de suas diretrizes e a certeza de que a mensagem chegue da mesma forma a todos os públicos.

Para despertar maior interesse, a área de Compliance pode trabalhar em conjunto com comunicação numa forma lúdica de expor alguns conceitos da área. Por exemplo, com certeza, a organização já tenha mantido especiais comunicações acerca do seu canal de denúncias, mas talvez nenhuma delas explique como de fato o canal funciona e como são tratadas as denúncias, ou ainda o que deve ou não ser direcionado ao canal. Utilizar-se do formato *cartoon* sem alongar-se no tempo torna a mensagem leve e interessante, podendo ser compartilhada entre os funcionários e exposta nos veículos internos de comunicação, como e-mails, televisores e mídias sociais internas.

O formato de pequenas histórias mostrando como funciona o olhar de compliance para os assuntos aproxima o público das diretrizes e, especialmente, faz que todos entendam os motivos por trás dessas diretrizes e a importância de elas existirem. Uma vez que se entendem a razão e os riscos, não mais se questiona sua utilização.

E por falar em manter a proximidade dos colaboradores com os temas de compliance, nada mais efetivo do que trazer a liderança para as iniciativas de comunicação.

O líder é quem dá o exemplo e quem orienta uma população inteira para o norte ou para o sul. Os líderes exercem papel grandioso na transformação e na manutenção de uma cultura ética e vê-los falar sobre o tema, abraçar a causa e realmente acreditar nas diretrizes de compliance, influencia positivamente o comportamento de seus liderados.

Compor uma série de vídeos de representantes da alta administração da empresa é de grande valia. Eles podem, assim, compartilhar situações e dilemas éticos que enfrentaram, cada qual em sua especialidade, e transmitir a importância de compliance. Atente, no entanto, a testemunhos verdadeiros, para trazer credibilidade aos vídeos. Os colaboradores, ao observarem seus níveis mais hierárquicos de liderança comentarem sobre seus dilemas, barreiras e como as diretrizes de compliance os ajudaram a tomar a decisão e a proteger a instituição, certamente mudarão a forma com que enxergarão seus próprios dilemas.

É certo que se presenciam alguns movimentos adversos, em que a força pela mudança se faz no sentido contrário, ou seja, os liderados confrontam seus líderes para um posicionamento diferente. Observa-se, de forma macro, o próprio caso da operação Lava Jato no Brasil, em que a população se manifestou e questionou o formato em que os negócios eram conduzidos no país. De toda forma, independentemente da direção, em ação ou em resposta, é imprescindível que os líderes se tornem sempre bons exemplos de ética, integridade e esbanjem os valores da empresa ao qual pertencem.

Assim, no mesmo sentido, a organização precisa se manter firme em seus conceitos quando enfrentar situações em que medidas disciplinares devam ser aplicadas a sua liderança. É necessário garantir que não se trata de pesos e medidas diferentes de acordo com a posição hierárquica que se ocupa, mas de princípios e valores que não se medem e que são aplicáveis a toda a população, igualmente. Significa dizer que a instituição deve estar preparada a deixar partir seu funcionário de excelente avaliação e, da mesma forma, deixar partir seu líder que traz bons resultados. A empresa deve ser exemplo.

Compliance tem, portanto, o papel e a independência de prover ensinamentos aos mestres. Deve, assim, participar das reuniões de diretoria, do conselho de administração, do desenvolvimento do plano estratégico e do plano de riscos. Deve estar presente, fomentando suas diretrizes nos alicerces da organização.

Evidentemente, a presença deve existir também para os demais níveis da instituição. Assim, passadas as obrigatoriedades de cursos e treinamentos iniciais, a equipe de compliance pode se movimentar para marcar reuniões presenciais com as diferentes áreas da empresa, seja de maior ou menor risco, para detectar de onde vêm as queixas, o que pode ser adaptado e o que precisa de maior explicação. É dessas reuniões presenciais, que a cultura japonesa chama de "*genba*" – em que se vai até o local para profundamente entender o processo e ouvir os defeitos –, que se extraem as oportunidades de melhoria e treinamentos dedicados àquele público-alvo.

Por se tratar de uma área que dita muitas regras, o time de compliance também precisa ouvir. Ouvir e ser atento ao que recebe e ser inteligente em como transmitir positivamente a resposta.

As semanas de compliance podem ser uma forma. Estender a participação a um maior grupo de pessoas é atingir positivamente o modo de pensar delas. Trazer os temas mais controvertidos e de resistência, novas políticas e novos procedimentos e incluir na pauta mesas redondas com representantes de outras empresas fará que a audiência entenda que a mesma música é dançada por vezes em tantos outros lugares.

Em um momento que se torna necessário se reinventar e trazer novos projetos, o time de compliance não pode se esquecer dos programas que já trouxeram resultados positivos. Manter o que já se construiu é igualmente valioso. Incluir elementos novos é elevar sua efetividade.

O programa de embaixadores de compliance (ou agentes de compliance, agentes transformadores, focais de ética) é, sem dúvidas, um dos melhores meios para se propagar a cultura de compliance e para mantê-la viva. Portando, se torna imprescindível a valorização do programa e de seus participantes, trazendo seu devido reconhecimento. Os embaixadores, assim, devem receber o devido incentivo, seja monetário ou em suas avaliações anuais, destacando-se suas atividades com premiações, participação em cursos e palestras, bem como informativos a todos seus colegas e líderes.

A depender do estágio de maturidade do programa de compliance, é possível tornar os embaixadores responsáveis por determinados níveis de aprovações em suas áreas, como, por exemplo, das análises de *due diligence*[44] de baixo e médio risco, tornando sua função ainda mais especial aos olhos da organização.

Ainda, como uma forma de estimular mais as atividades dos embaixadores e manter os temas de compliance constantes no dia a dia de suas atividades, pode-se lançar uma espécie de "projeto desafio", em que cada um desses profissionais deve desenvolver um projeto de compliance para sua área específica. O projeto pode ser simples, como, por exemplo, uma caixa disposta no centro da área em que as pessoas podem livremente depositar perguntas acerca de diretrizes de compliance e o embaixador então, listaria as questões, discutiria as respostas junto do Compliance e comunicaria a toda sua área as respostas adquiridas. De certa forma, faz que os embaixadores pensem em novas estratégias para suas áreas, contribuindo ainda mais para sua função e para a cultura.

Para as corporações que possuem diversas unidades espalhadas pelo mundo, uma forma de viabilizar a implementação e a manutenção da cultura do programa de compliance seria a criação de "comitês ou comissões de compliance", em que um grupo de pessoas seria responsável pelo programa localmente, comunicando-se diretamente com o time de *Compliance Corporativo*. Esse grupo pode ser formado por representantes da própria área de Compliance e, ainda, de Recursos Humanos, Comunicação Interna e Jurídico, áreas-chave para auxiliar nas diversas atividades e no cumprimento de regulamentos regionais.

Possuir tantas unidades significa enfrentar diversas culturas diferentes e desafiar o desenvolvimento do programa de compliance, que, por vezes, insere diretrizes que vão contra os próprios costumes locais. Nesses casos, despertam-se a beleza e a criatividade em utilizar-se da comunicação e do

---

[44] V. glossário.

treinamento para dizer que a cultura que rege os processos não é a do país "A" ou "B", mas sim a cultura e os valores da própria instituição, independentemente de onde estiverem.

De fato, será sempre um desafio manter a cultura de compliance por onde quer que se passe. Acarretará grande esforço dos envolvidos em ouvir e direcionar cuidadosamente os novos processos e decisões, bem como necessitará de grande apoio dos líderes da organização.

Mas, como um filme uma vez trouxe: *"have courage and be kind"*, que em tradução livre seria "tenha coragem e seja gentil".[45] Portanto, insira amor em suas palavras e gestos, dedique-se completamente, acredite piamente e, em sendo assim, a transformação de uma cultura será apenas uma consequência.

---

[45] CINDERELLA. Direção: Kenneth Branagh. Produção: Simon Kinberg, David Barron e Allison Shearmur. Intérpretes: Lily James, Richard Madden, Cate Blanchett e outros. Roteiro: Chris Weitz. Música: Patrick Doyle. Los Angeles: Walt Disney Pictures, 2015 (105 min).

19

INDICADORES PARA AVALIAÇÃO DO PROGRAMA DE COMPLIANCE

FERNANDA GARCIA
ISABELA DE M. BRAGANÇA LIMA
JEFFERSON KIYOHARA

O Compliance ganhou grande destaque no cenário mundial. A expressão de origem anglo-saxã é proveniente do verbo *to comply*, que significa, basicamente, estar em conformidade com algo. A simples semântica, contudo, extraída da tradução não resume o conjunto de medidas que devem ser adotadas por uma sociedade empresarial para controlar riscos e desvios oriundos de fator humano.

Estimular o desenvolvimento de uma cultura de integridade nas organizações e em suas atividades empresariais é o espírito da Lei Anticorrupção brasileira, que estabelece, em normativo próprio e específico, a responsabilização objetiva, civil e administrativa das pessoas jurídicas pela prática de atos contra a administração pública, nacional ou estrangeira.

Uma das funções centrais dos profissionais de compliance, ao exercer sua missão, é concentrar seus esforços na proteção do valor criado por sua organização e na melhoria da integridade institucional. Este é um pilar importante que reflete a transparência e aumenta a prestação de contas na instituição, seja ela pública ou privada.

Um indicador muito conhecido pelos *compliance officers* de todo o mundo é o *corruption perception index* (CPI), ou índice de percepção da corrupção (IPC) divulgado anualmente pela transparência internacional,[1] desde 1995, quando

---

[1] Disponível em: <https://www.transparency.org/>. Acesso em: 16 out. 2019.

foi criado. Esse índice apresenta qual é a percepção do nível de corrupção em diversos países, numa escala de 0 a 100, de 180 países e territórios avaliados.

O CPI é um indicador externo, mas que ajuda o *compliance officer* a ter uma noção dos riscos advindos dos países onde sua organização opera. Da mesma forma, é um indicador útil no processo de diligência de fornecedores e parceiros, pois, combinado com outras informações, orienta sobre cuidados a serem tomados antes de realizarem-se negócios com esses terceiros.

Os altos indicadores de corrupção em um país podem ser atribuídos a razões como instabilidade política, conflitos internos, guerras, desafios terroristas entre outras; ainda assim, isso não significa ficar de braços cruzados considerando que qualquer tentativa de melhoria na adoção de práticas de compliance e integridade nas organizações será confrontada por circunstâncias políticas instigantes. Independentemente da precisão dessas classificações, todos sabem que a corrupção é um fenômeno global que sempre afeta negativamente a vida dos indivíduos.

Uma das metodologias mais utilizadas para gestão e melhorias de processos, que pode ser inclusive utilizada em Compliance, é o ciclo PDCA[2] (*plan, do, check, act*), criado por Walter A. Shewhart[3] e também conhecido por ciclo de Deming, em que o passo "C", ou "*check*", estabelece que devemos checar, ou verificar, se os resultados das ações planejadas no primeiro passo "*plan*" e executadas no passo "*do*" estão alinhados com o desenho estabelecido.

O programa de compliance, ou de integridade institucional, ajuda a referenciar onde a empresa se encontra do ponto de vista de integridade e instrui a tomar medidas para definir o passo a passo que ainda precisa ser dado para influenciar positivamente toda a organização na adoção de práticas éticas e de compliance nas atividades corporativas. A avaliação da efetividade de um programa de compliance é imprescindível para demonstrar à alta administração da empresa e seus *stakeholders*[4] que os recursos humanos e financeiros investidos estão gerando resultados e trazendo o retorno sustentável esperado.

---

[2] Ciclo PDCA: Do conceito à aplicação. Disponível em <https://www.portal-administracao.com/2014/08/ciclo-pdca-conceito-e-aplicacao.html>. Acesso em: 27 out 2019

[3] Walter Andrew Shewhart (18 de março de 1891 - 11 de março de 1967) era um físico, engenheiro e estatístico americano, às vezes conhecido como o pai do controle estatístico de qualidade e também relacionado ao ciclo de Shewhart. Disponível em <https://history-biography.com/walter-a-shewhart/>. Acesso em: 27 out 2019. Tradução livre

[4] V. glossário.

Tem-se que a demonstração de resultados de um Departamento de Compliance, que lida em grande parte com custos intangíveis da organização, se diferencia de outras áreas, em que os resultados numéricos estão mais disponíveis, como, por exemplo: redução de 20% no custo de produção, ou então, aumento de 10% no volume de vendas de X produto. Um indicador de gestão financeira tipicamente utilizado em Compliance é o de *savings*[5] e recuperação a partir de fraudes identificadas em relatos recebidos no canal de denúncias oriundos de trabalhos de investigação.

A CGU (Controladoria-Geral da União) em seu guia *Programa de integridade*: diretrizes para empresas privadas[6] indica que um dos cinco pilares para um programa de integridade, ou programa de compliance, é o monitoramento contínuo:

> 5º: Estratégias de monitoramento contínuo – É necessário definir procedimentos de verificação da aplicabilidade do Programa de Integridade ao modo de operação da empresa e criar mecanismos para que as deficiências encontradas em qualquer área possam realimentar continuamente seu aperfeiçoamento e atualização. É preciso garantir também que o Programa de Integridade seja parte da rotina da empresa e que atue de maneira integrada com outras áreas correlacionadas, tais como Recursos Humanos, Departamento Jurídico, Auditoria Interna e Departamento Contábil-Financeiro.

Por sua vez, o DOJ[7], em seu guia *Avaliação de programas de compliance corporativo*[8] estabelece três perguntas fundamentais para que promotores possam avaliar um programa de compliance:

1. *"O programa de compliance da empresa é bem projetado?"*

---

[5] *Saving* é uma palavra inglesa que traduzida ao pé da letra **significa reduzir custos**. É medir o ganho do que foi orçado *versus* o que foi gasto. O objetivo é mostrar a eficiência do setor em gerar lucros diretos para a empresa. O *saving* age como um indicador, mensurando os resultados do negócio tanto no âmbito financeiro quanto na *performance*.

[6] CONTROLADORIA-GERAL DA UNIÃO. *Programa de integridade*: diretrizes para empresas privada. 2015. Disponível em: <http://www.cgu.gov.br/Publicacoes/etica-e-integridade/colecao-programa-de-integridade>. Acesso em: 25 jul. 2019.

[7] V. glossário.

[8] U.S. DEPARTMENT OF JUSTICE. *Evaluation of corporate compliance programs*. 2019. Disponível em: <https://www.justice.gov/criminal-fraud/strategy-policy-and-training-unit/compliance-initiative>. Acesso em: 25 jul. 2019. Tradução livre.

2. *"O programa está sendo aplicado seriamente e de boa fé?" (Em outras palavras, o programa está sendo implementado de forma eficaz?)*
3. *"O programa de compliance da empresa 'funciona' na prática?"*

Mas como fazer esse monitoramento ou demonstrar a efetividade do programa de compliance? Uma das maneiras é utilizar indicadores para isso.

1. O QUE SÃO INDICADORES?

Indicadores são ferramentas que quantificam a *performance* de um processo ou de ações realizadas e que permitem analisar esses resultados de forma mais direcionada.

Os indicadores são uma maneira de transformar dados em informação, auxiliam na tomada de decisão, correções de curso, melhorias nos processos, servem como base para comparação, e podem ser utilizados para criação de *dashboards*[9] para comunicação consolidada das informações, de forma a torná-las acessíveis aos gestores.

Os KPIs (principais indicadores de desempenho) são específicos para cada organização, e devem, portanto, ser definidos a partir das peculiaridades da missão e do negócio, juntamente com as metas que se buscam atingir como um todo. Não há uma lista "definida" de métricas. No entanto, existem vários tipos de indicadores, como por exemplo: indicadores de eficiência, capacidade, qualidade, rentabilidade, efetividade, entre outros.

Escolher quais KPIs utilizar representa um componente crítico para mostrar o sucesso (ou falha) do programa de compliance da organização. Dependendo do desempenho dos KPIs, isto pode ajudar a dar um passo para trás e ver onde é preciso alocar mais energia, tempo e estratégia. Essas são medidas importantes que envolverão todas as áreas da organização.

2. PRIMEIROS PASSOS

Uma premissa importante para a aplicação de indicadores de eficácia dentro de um programa de compliance é que todos os elementos ou pilares do programa estejam presentes.

A falta ou incompletude de um elemento ou pilar do programa, por si só, já indica falta de eficácia, e, pode também revelar o nível de maturidade

---

[9] V. glossário.

do programa. Por exemplo, ainda é comum encontrar programas que não tenham qualquer mapeamento de riscos de compliance realizado, ou não possuam um processo de diligência de terceiros definido.

Tendo todos os elementos, pode ser útil aos profissionais de compliance adotar um passo a passo (ou aplicarem um *checklist*) para avaliar a consistência do programa:

- O código de ética ou conduta está formalizado e acessível para todos os colaboradores?
- O programa de compliance possui um regulamento formal escrito e divulgado para toda a organização?
- Todos os colaboradores foram treinados no código de ética e na Lei Anticorrupção brasileira?
- Novos colaboradores são orientados sobre o código de ética e normativos do programa em sua integração?
- Já foi realizada ao menos uma auditoria com foco em Compliance?
- O programa possui um sistema de gestão antissuborno?
- Há a designação e atuação de um Comitê de Compliance independente?

Caso a resposta para qualquer dessas perguntas tenha sido "não", há ainda um trabalho básico a ser desenvolvido.

3. INDICADORES POR PILAR DO PROGRAMA DE COMPLIANCE

Um programa de compliance efetivo é composto por nove pilares.[10] Cada um deles pode ser gerenciado e monitorado a partir de um conjunto de indicadores.

1) Patrocínio da alta direção
- Existem evidências do suporte da alta direção ao programa de compliance?

---

[10] De acordo com a *Legal, Ethics and Compliance* (LEC), os pilares seriam as bases da instituição de um sistema complexo voltado para assegurar a integridade dentro de uma organização. Disponível em: <http://www.lecnews.com.br/blog/os-9-pilares-de-um-programa-de-compliance/>. Acesso em: 10 ago. 2019.

- A estratégia de Compliance está contida na estratégia corporativa?

2) Supervisão de Compliance

- Existe uma pessoa responsável por Compliance?
- Existe orçamento específico para o programa de compliance?
- Existe orçamento específico para capacitação do time de compliance?

3) *Assessment* de riscos de compliance

- Os riscos de compliance foram mapeados e formalizados?
- Os riscos de maior criticidade possuem um plano de mitigação?

4) Código de Ética e políticas

- O código de ética ou conduta está disponível e de fácil acesso para todos os colaboradores e terceiros da empresa, quer seja em formato eletrônico ou em papel?
- As políticas ou regras de compliance estão disponíveis no idioma local (para o caso de empresas multinacionais)?

5) Comunicação, treinamento e incentivos

- Há um plano de treinamento de compliance para todos os colaboradores e terceiros?
- Todos os colaboradores admitidos na empresa recebem um treinamento inicial sobre as políticas de compliance?
- Há um plano de comunicação do programa de compliance?
- É feito periodicamente o envio de comunicação sobre assuntos de compliance?

6) Monitoramento, auditoria

- O plano anual de auditoria contempla processos críticos do compliance e a avaliação do próprio programa?
- Processos críticos são devidamente monitorados?
- Há canal formal para reporte de situações de potencial conflito de interesses? Há fluxo de tratativa definido?
- Resultados recorrentes em avaliações e auditoria de compliance são identificados e tratados?

7) Controles internos

- Estão formalizados os controles internos do programa de compliance?
- Esses controles são testados periodicamente?

8) Diligência de terceiros e *background check*
- Existe uma política formal de diligência?
- Critérios de análise foram formalizados e são *risk based*[11]?
- Existe a avaliação do perfil ético dos profissionais e um comparativo com a aderência aos valores da organização?

9) Canal de denúncias, apuração e medidas disciplinares
- Existe um canal de denúncias implantado e acessível?
- A não retaliação ao denunciante de boa-fé está formalmente estabelecida?
- Existe uma política formal de apuração e um processo definido?
- Existe uma política formal de medidas disciplinares?

O dever de cuidado é um elemento importante para se avaliar a transformação da organização. E conforme evolui a maturidade, pode-se também aprimorar e qualificar os indicadores utilizados.

Para empresas com programa já desenvolvido, alguns exemplos de indicadores podem ser:

1) nota ou nível de classificação obtidos na avaliação independente do programa de compliance;
2) número e tipo (classificação por assunto) de reportes realizados por meio do canal de denúncia, tempo médio de resposta e taxa de sucesso;
3) porcentagem de pessoas treinadas em Compliance – este item pode ser dividido por tema, caso haja uma matriz de treinamento;
4) nota média nos testes de retenção sobre as políticas de compliance;
5) porcentagem de incidentes de compliance escalados;
6) custo médio de gerenciamento por incidente de compliance;
7) custo médio das fraudes identificadas.

4. RETROALIMENTAÇÃO

Um programa de compliance efetivo precisa ter processos de melhoria contínua implementados, como citado anteriormente sobre o PDCA.

---

[11] V. glossário.

Há quatro fontes de informação importantes cujos *inputs*[12] e recomendações devem ser considerados: compliance *risk assessment*, auditorias de compliance, avaliações independentes do programa de compliance, e denúncias apuradas e comprovadas.

Após 12 meses, devem ser avaliadas quais melhorias foram adotadas. Nesse caso, o cenário ideal é responder que 100% foram adotadas. Ficar abaixo de 80% é motivo de atenção.

5.   GERAÇÃO DE INDICADORES

Muitas organizações estão respondendo ao desafio de ter um programa de compliance eficiente recorrendo a tecnologias para criar um modelo ideal de conformidade, adotando uma crescente ênfase em tornar decisões e estratégias baseadas em dados em compliance. No entanto, há uma falta de compreensão e confiança fundamentais não apenas sobre como aproveitar melhor os dados, onde obter os dados, mas também como ultrapassar o *status quo* e pensar de forma diferente usando modelos preditivos, como usar os dados sem depender de outras áreas funcionais, calculando os riscos e conduzindo uma análise mais aprofundada em todo o programa da empresa.

Entre a dificuldade sobre quais métricas usar e como utilizá-las está a formação da equipe de compliance, à medida que cada vez mais as práticas recomendadas e os padrões normativos exigem análises de programas com base em riscos para contabilizar especificamente o perfil de risco exclusivo da organização. Trabalhar a partir de uma estrutura de avaliação baseada em riscos permite estabelecer as métricas necessárias para identificar melhorias no programa.

O processo de desenvolvimento de indicadores, a base de avaliação, os atores relacionados – e se esses indicadores são altamente confiáveis –, a depender do perfil e segmento de atuação de cada organização, podem indicar a reputação de uma organização de maneira negativa ou positiva.

Independentemente do nível de maturidade do programa de compliance é interessante o desenvolvimento de indicadores para auxiliar no monitoramento do programa. E é possível criar indicadores bem simples, sem a necessidade de sistemas rebuscados ou poderosas ferramentas de BI (*business intelligence*).

---

[12]   V. glossário.

Cap. 19 · INDICADORES PARA AVALIAÇÃO DO PROGRAMA DE COMPLIANCE | 299

O primeiro passo é definir quais indicadores serão acompanhados, qual a periodicidade, como e para quem eles serão apresentados. Cabe o destaque aqui de que é importante adequar o nível de informação ao público-alvo. O "como" inclui o formato e o conteúdo.

Depois disso, o próximo passo é determinar onde esses dados estão disponíveis, em qual sistema, se há um relatório pronto para geração de tais dados, se é necessário obtê-los com outro departamento, qual o fluxo deles etc.

Por fim, esses indicadores podem ser organizados e apresentados em um *dashboard* que, como já mencionado anteriormente, pode consolidar todos os indicadores de forma a tornar a leitura desses indicadores e a tomada de decisão mais rápida.

6.   OTIMIZANDO A GERAÇÃO DOS INDICADORES

Tipicamente, os indicadores podem ser gerados de três formas: manual, semiautomatizada e automatizada.

O processo manual demanda uma grande quantidade de tempo, esforço, recursos, e utiliza instrumentos como planilhas em Excel, e-mails e afins para o registro dos dados, geração de gráficos e tabelas com os indicadores, bem como para a elaboração dos relatórios. Esta prática ainda é bastante comum nas empresas, e padrão nos primeiros anos de um programa de compliance.

O processo semiautomatizado, como o próprio nome diz, permite que parte das etapas seja realizada de forma automatizada ou com o suporte de um *software*. Tem um bom custo-benefício e deveria ser o nível a ser buscado pelos *compliance officers* das organizações com programas de compliance estabelecidos há mais de três anos. A não adoção desse tipo de processo geralmente acontece por desconhecimento das opções e da necessidade de investimento. E, por isso, enfatizamos a importância desse tópico neste livro: de promover a conscientização e fomentar a evolução da maturidade. Mais adiante exploraremos melhor esse tema.

O processo de geração de indicadores automatizado caracteriza-se pela utilização de sistemas de gestão robustos, focados em GRC (governança, riscos & compliance) e integrados. Usualmente demandam um investimento significativo e são utilizados por empresas de grande porte, de setores altamente regulamentados e/ou atuação em múltiplos países. Essas ferramentas inclusive podem ser integradas em soluções de inteligência artificial, por exemplo. Processos de gestão de indicadores 100% automatizados ainda são raros.

7. WORKFLOW E RPA – O QUE O COMPLIANCE OFFICER PRECISA SABER

Todas as organizações trabalham com orçamento e recursos financeiros finitos. Excepcionalmente, alguns setores e organizações podem ter um fluxo favorável de aportes e investimentos pontuais, mas, mesmo que abundantes, serão limitados. A realidade não é diferente para a área de Compliance dentro das organizações. E por isso o *workflow* e o *robotic process automation* (RPA)[13] podem ser importantes aliados, como ferramentas informatizadas de automatização de rotinas, o que será exemplificado nos próximos parágrafos.

A solução de *workflow*[14], por exemplo, permite que a geração de relatórios e a alimentação de *dashboards* sejam padronizadas e facilitadas. Por exemplo, se um relatório com indicadores precisa ser trimestralmente apresentado ao conselho de administração pelo *compliance officer* é comum despender bastante tempo na sua elaboração demandando tempo de colaboradores da equipe.

Isto geralmente acontece porque as informações vêm de fontes distintas e em formatos que demandam a manipulação dos dados, como copiar de um e-mail e colar numa planilha em Excel. São exemplos de fontes a área de Recursos Humanos para dados de treinamento, área de Auditoria Interna para resultados de apurações de denúncias, ou, empresa provedora de serviços de canal de denúncias com as estatísticas dos relatos recebidos.

Com uma solução *workflow*, cada uma das áreas fornecedoras de dados alimentaria a ferramenta seguindo um padrão e a atualização do *dashboard* aconteceria automaticamente, a partir desses *inputs* manuais. Desta forma, o *compliance officer* não precisaria utilizar o próprio tempo, tampouco arcar com um profissional apenas para esse propósito. Caso tenha uma equipe, ela pode ser direcionada para atividades que não sejam operacionais.

Já o RPA pode ter um duplo papel: dentro do Departamento de Compliance e nos processos em que o *compliance officer* tenha interesse em que os processos manuais sejam substituídos por processos automatizados. Para utilizar o RPA, é fundamental que o processo seja padronizado e repetitivo.

---

[13] RPA sigla de Robotic Process Automation ou Automação Robótica de Processos é a aplicação de tecnologia que permite que os funcionários de uma empresa configurem um software de computador ou um "robô" para capturar e interpretar aplicativos existentes para processar uma transação, manipular dados, acionar respostas e se comunicar com outros sistemas digitais.

[14] V. glossário.

Cap. 19 · INDICADORES PARA AVALIAÇÃO DO PROGRAMA DE COMPLIANCE | 301

De uma forma simples, ele pode ser entendido como uma "macro robusta", que, em vez de ser limitada ao Excel, permite o uso de múltiplos *softwares* e tarefas. Por exemplo, todo dia a área entra em um *website* de notícias e coleta determinada informação para alimentar um relatório em Word e encaminhá-lo por e-mail para um grupo predeterminado de profissionais. O RPA já se faz presente nos testes de controles nas auditorias e na geração de *dashboards* na prevenção à lavagem de dinheiro. Mas ainda há muito espaço para adoção nos programas de compliance, trazendo-lhe mais eficácia.

8. AUDITORIA DE CULTURA DE COMPLIANCE COMO INDICADOR

Além dos indicadores de desempenho tradicionais, de utilização no dia a dia e geração periódica, existem outros instrumentos que podem ser utilizados pelas organizações para medir a eficácia de seu programa de compliance.

Uma das opções é a auditoria de cultura de compliance. O elemento cultura da organização é chave para se medir e avaliar a percepção de conformidade de uma organização. Alguns argumentam que é quase impossível medir cultura; contudo, quando ela entra em colapso ou quebra, pode ser o nascimento de um escândalo de alto perfil e o fim de uma empresa de sucesso. Apesar de intangível, está se tornando cada vez mais importante à medida que os valores dos colaboradores entrantes estão mudando e colocando a cultura no topo de sua lista de prioridades, mesmo sobre remuneração. Há casos em que colaboradores talentosos e qualificados procuram emprego em outro lugar porque a cultura da organização não os apoia.

Essa auditoria de cultura se baseia numa pesquisa a ser realizada com todos os colaboradores, indo além da visão do *compliance officer* e da alta administração, e por isso a sua relevância como indicador. É uma visão além da própria área de Compliance. Por este motivo, guarda semelhanças com a pesquisa de clima tradicional, com a diferença do enfoque em Compliance. São fatores críticos de sucesso a ampla participação, a transparência e a independência do processo. Reunir métricas como (i) número de pesquisas – quando/com que frequência são distribuídas (mensalmente, anualmente etc.); (ii) taxas de retenção de funcionários; (iii) avaliações *on-line* anônimas (positivas e negativas); (iv) reputação da empresa e da liderança (interna e externamente), que é elemento importante a se medir para reparar ou consertar buracos de cultura que os colaboradores podem não se sentir confiantes em chamar a atenção em um ambiente face a face. Usar a percepção para ajudar a tirar proveito de boas críticas ou avaliações ruins para ajudar a corrigir o programa.

Outro ponto relevante é que a auditoria de cultura de compliance deve ser aplicada prioritariamente em empresas com programas de compliance mais maduros, com pelo menos um ano de existência. Os normativos devem já ter sido implementados, tais como o código de ética, a política anticorrupção, a política de brindes, presentes e hospitalidade, assim como já terem sido realizados os treinamentos e as ações de comunicação. O canal de denúncias e outros pilares do programa de compliance devem também já estar implementados.

Na auditoria de cultura, prevalece a visão organizacional, a percepção e o entendimento dos colaboradores. Por este motivo, é importante dar espaço para que os colaboradores se manifestem de forma autêntica e transparente, sem receios de retaliação ou individualização dos resultados. É fundamental que os resultados sejam coletivos, estratificando-se apenas por quesitos como geografia, unidade, área de negócio e afins. A auditoria de cultura é baseada num tripé: ciência, conhecimento e crenças. Ela combina todos esses dados, utilizando uma metodologia que mescla pesquisa de clima, estudo de comportamento, de percepções e valores pessoais, e não deve ser confundida com uma pesquisa de compliance, que é mais simples, e tipicamente se restringe aos dois primeiros itens: ciência e conhecimento. É comum nessas pesquisas utilizar ferramentas como Survey Mokey, formulários do Google, Microsoft forms e afins.

No tópico "ciência" entram as perguntas mais incipientes, na linha de saber ou comprovar que os elementos do programa existem, tais como:

- A empresa possui um código de ética?
- Você sabe onde pode encontrar o código de ética da empresa?
- A empresa possui um canal de denúncias?
- Você já foi treinado no código de ética da empresa?
- A empresa possui um processo de diligência de fornecedores?

No tópico "conhecimento" entram as perguntas que envolvem o conteúdo dos elementos do programa. São exemplos de perguntas:

- Você conhece as regras de recebimento de brindes e presentes da empresa?
- Caso você chegue em sua mesa e perceba que ganhou de um fornecedor um vinho de 150 reais, você sabe como lidar com tal situação? Você pode receber?
- Qual o endereço na *web* ou o número 0800 para realizar uma denúncia de desvio ético da empresa? Você sabe onde encontrar essa informação se necessário?

Cap. 19 · INDICADORES PARA AVALIAÇÃO DO PROGRAMA DE COMPLIANCE | 303

- Um fornecedor com criticidade alta na diligência pode ser cadastrado na empresa?

- A organização promove treinamentos de legislações penais rígidas e de consequências para violações de integridade?

No tópico "crenças" entram as perguntas de maior complexidade, e que exploram crenças, valores e percepções do colaborador. Elas fazem toda a diferença na eficácia da auditoria de cultura de compliance e para a maior exatidão do diagnóstico. Por exemplo, a empresa publica um código de ética e lança um canal de denúncias, mas determinado colaborador não faz a denúncia. Por que ele não faz? O *compliance officer* pode pensar: ele assinou o termo, esteve no treinamento sobre o código e assinou a lista de presença, acertou 100% das questões. Eu fiz a minha parte.

Mas se o colaborador não se sentir confortável em fazer a denúncia, caso testemunhe um ato de não conformidade com o código, o programa de compliance não é efetivo. Neste caso, é importante mapear as crenças e dar o devido tratamento. O motivo para não realizar a denúncia pode ser que o colaborador tenha a percepção de que o canal de denúncias não é confiável. Quantas ações de *tone of the top*[15], *tone of the middle*[16], comunicação, treinamento e incentivos enfatizaram essa questão? Outro motivo possível, e que acontece, é que o colaborador pode entender que ser um denunciante é algo ruim, é ser um dedo-duro, um "X-9", pois foi educado dessa forma, ou é a regra na comunidade onde mora. A empresa já fez algo para desmistificar e mudar esse paradigma?

Há uma série de coisas que podem levar a comportamentos inadequados, como pressão, incentivos perversos, planos de remuneração que forçam ou criam tal ambiente. Investir em mensagens para conectar os funcionários aos porquês para que eles possam em seu trabalho diário perceber: (i) a conscientização do programa e dos recursos; (ii) a percepção da função ética; (iii) a observação e o reporte de má conduta; (iv) a pressão; (v) a justiça organizacional; (vi) as percepções do gestor; (vii) as percepções de liderança –que são medidas benéficas para se alcançar o resultado desejado pela organização. A gestão da mudança e o fomento de uma cultura de integridade organizacional não é algo simples, tampouco rápido. Por isto é fundamental ter uma visão clara do que precisa ser feito, e quais problemas devem ser atacados, de forma priorizada. E a auditoria de cultura de compliance é uma grande

---

[15] V. glossário.
[16] V. glossário.

aliada do *compliance officer* para isso, pois avalia a efetividade do programa de compliance sob a ótica dos colaboradores.

Ao apresentar os resultados de uma auditoria de cultura, é bastante comum os responsáveis pelo programa serem surpreendidos por unidades ou áreas da empresa que desconhecem a existência dos elementos do programa, ou não conhecem o conteúdo do código, apesar dos esforços feitos de treinamento, comunicação e outros.

Para cada um dos elementos do tripé, o relatório da auditoria de cultura traz gráficos e indicadores da eficácia do programa de compliance. Por exemplo:

- 80% conhecem o código e 20% não conhecem;
- na área de TI, 60% não conhecem;
- na sede em Ribeirão Preto, 95% conhecem, enquanto na filial X, 70% dos colaboradores não conhecem;
- na filial X, 100% dos colaboradores afirmaram desconhecer casos de fraude ou suborno, mas 70% dos colaboradores relataram que testemunharam ou sofreram algum tipo de assédio.

Essas informações são muito ricas para permitir um plano mais efetivo de treinamento e comunicação. Talvez não seja o caso de fazer um treinamento massivo e detalhado do código em toda a empresa, mas algo focado na TI e na filial X. Se o orçamento de treinamento é limitado, poderia ser mais interessante investir num treinamento de prevenção ao assédio moral e/ou sexual do que repetir um treinamento anticorrupção na filial X, pensando em melhorar o clima e evitar o contencioso trabalhista.

Concentrar-se no treinamento e na capacitação das pessoas da organização será indicador-chave para fortalecer e promover a cultura de integridade institucional.

9. BENEFÍCIOS NO USO DOS INDICADORES PARA AVALIAR O PROGRAMA DE COMPLIANCE

Tão importante quanto ter um programa de compliance é conhecer a utilidade, a funcionalidade e os benefícios dos indicadores definidos para serem monitorados e usados como ferramentas de melhoria da gestão empresarial; se o uso de indicadores estimula a capacidade da análise de dados dos profissionais da organização, na avaliação do funcionamento do programa da empresa etc.

Medir a conformidade é diretamente benéfico para avaliar se o programa da organização está bem projetado, se está sendo aplicado de boa-fé e se funciona.

Definir um conjunto de indicadores e estabelecer métodos sólidos para avaliar a eficácia do programa com estrutura de avaliação baseada em riscos ajuda a estabelecerem-se as métricas necessárias para identificar melhorias no programa da organização.

10. CONCLUSÃO

O uso de indicadores de maturidade e eficácia do programa de compliance nas organizações, sejam elas públicas ou privadas, é uma das ferramentas de gestão do *compliance officer* e da própria alta administração. Os indicadores permitem identificar pontos de melhoria e acompanhar o desempenho do programa de compliance da organização, e sua eficácia para mitigar riscos de violações às leis e regulamentações, e de ocorrência de atos contrários ao código de ética e valores.

Um programa de compliance efetivo apoia os esforços de combate à corrupção, a crimes financeiros e a desvios de condutas por meio da adoção de uma abordagem de integridade positiva e fomento de uma cultura ética.

O acompanhamento regular é fundamental para evoluir o método, rastrear as melhorias contínuas do programa no futuro e reforçar a percepção dos riscos que ameaçam os valores e comportamentos éticos dos indivíduos nas organizações.

REFERÊNCIAS

CONTROLADORIA-GERAL DA UNIÃO. *Programa de integridade*: diretrizes para empresas privada. 2015. Disponível em: <http://www.cgu.gov.br/Publicacoes/etica-e-integridade/colecao-programa-de-integridade>. Acesso em: 25 jul. 2019.

U.S. DEPARTMENT OF JUSTICE. *Evaluation of corporate compliance programs*. 2019. Disponível em: <https://www.justice.gov/criminal-fraud/strategy-policy-and-training-unit/compliance-initiative>. Acesso em: 25 jul. 2019.

LEGAL, ETHICS AND COMPLIANCE (LEC). Os nove pilares de um programa de compliance. Disponível em: <http://www.lecnews.com.br/blog/os-9-pilares-de-um-programa-de-compliance/>. Acesso em: 10 ago. 2019.

20

REDES SOCIAIS: GERIR OS RISCOS E ESTABELECER A CULTURA

ANGELO CALORI
JULIA BARROS
VIVIAN MARIANO

1. AS REDES SOCIAIS E OS IMPACTOS NA EMPRESA

Os grandes comunicadores e publicitários sempre disseram que a propaganda é a alma do negócio. E há um ditado popular que prega que a propaganda boca a boca é a mais eficiente. E hoje nessa era digital e *on-line* o tempo inteiro, como que se faz propaganda? A resposta é: nas redes sociais.

A forma de atingir o público mudou. E não só o público, mas também os fornecedores e investidores.

Os usuários da internet geram conteúdo o tempo todo. O perfil do consumidor mudou bastante nesses últimos tempos. Hoje o consumidor/usuário é mais crítico, tem mais acesso à informação e aos seus direitos como consumidor.

Isso traz um perfil de navegador *on-line* crítico e imediatista, para quem as respostas têm de ser agora.

Há algum tempo, quando se pensava em fechar uma viagem, íamos até uma agência de viagens, fazíamos uma pesquisa e dali saíamos com aquela informação restrita. Hoje, além da consulta aos *sites* que qualificam as hospedagens, passagens, pacotes etc., de forma colaborativa por intermédio da avaliação de outros viajantes, o viajante entra na rede social da pousada para averiguá-la. Olha fotos do hotel em *sites* de busca. Procura comentários sobre a organização aérea em fóruns e *blogs*.

Isso é apenas um pequeno diagnóstico dos atuais hábitos. E as corporações não podem ficar alheias a esses sinais que as redes sociais dão.

Rede social é uma verdadeira teia social. Um emaranhado de pessoas ou organizações *on-line* e conectadas entre si. E as instituições estão inseridas nesse contexto, seja de forma direta ou indireta.

As redes sociais podem ser usadas de diferentes maneiras, dependendo do objetivo do usuário. Mas aqui atentaremos apenas no tocante às empresas.

E nesse universo tão vasto e ilimitado, onde todos se conectam, as organizações podem usar esse ambiente a seu favor.

Mais do que um ambiente que pode ajudar a alavancar uma marca, as redes sociais, ou canais, como são também chamados, podem e devem servir para levar informação sobre uma instituição.

Conteúdo é a palavra-chave desses ambientes, logo, a organização deve usar isso a seu favor. A informação é uma estratégia dentro de um ambiente corporativo e o é também no digital. E conteúdo sem informação não é nada.

E se uma empresa quer ser vista, ela tem de estar na internet e ter interação com os seus clientes, públicos ou investidores. Os canais se tornaram uma interação necessária, mas essa interação pode ser negativa para a corporação se não for feita da maneira correta e monitorada.

Hoje há distinção dos tipos de organizações com presença na internet. Há aquelas que existem no mundo físico e que usam o universo digital para alavancar as suas marcas, vender *on-line* ou interagir com o seu público, fornecedores e investidores. E aquelas corporações que, por alguns juristas, são tidas como os "camelôs virtuais", pois são instituições que por muitas vezes não possuem um endereço físico, suas vendas são 100% *on-line*, e não emitem nota fiscal.

Entretanto, independentemente das instituições, elas têm de ter bem mapeado o seu objetivo e traçar o perfil do seu usuário-alvo. Pois, como estamos falando de um ambiente onde nunca se dorme, novos SLA (*service level agreement*)[17] têm de ser estabelecidos. Os usuários das redes sociais são imediatistas.

A instituição tem uma importante função social no ambiente digital: a de educadora digital. Pois ela, por intermédio de suas redes sociais, pode educar o usuário a ser ético no digital. Isso pode ser feito mostrando a ele que a informação falsa é combatida com a informação verídica por meio de canais oficiais, ou, incitando os usuários a não ficarem restritos às redes sociais e visitarem as páginas das empresas em que há informações mais

---

[17] Em português: acordo de nível de serviço.

consolidadas. Pode também educar agindo de forma cortês e educada com os usuários, mesmo que estejam fazendo postagens negativas.

Uma organização que tem um programa de compliance bem desenvolvido, e alinhado com os pensamentos do *board*[18], expressa ser uma instituição com cultura organizacional, padrões de valores estabelecidos e visão de crescimento mapeada. Daí vale partir para o ambiente digital, para propagar ainda mais essa cultura. Se estivermos falando de uma companhia de capital aberto, isso se torna ainda mais significativo, pois é valioso para um possível investidor ver a marca em que ele almeja investir com cultura de compliance também no ambiente digital. Além de estar *compliant*, uma companhia com capital aberto com má reputação na internet não é atrativa aos investidores.

A internet gera conteúdo e, com isso, uma constante preocupação para as empresas: o monitoramento.

As mídias sociais podem ser um verdadeiro desastre para uma organização se monitoradas de maneira equivocada. As redes sociais, com reclamações de clientes, por exemplo, podem gerar mais danos para a instituição e ter mais impactos negativos diretos nas vendas do que reclamações no Procon ou ações judiciais.

As redes sociais são fonte de preocupação entre as organizações e, por vezes, tiram o sono dos profissionais de compliance. Pensando em ser uma organização *compliant*, também no ambiente digital, Ricardo Marques, líder da resolução de conflitos do Mercado Livre (*e-commerce*), deu uma entrevista para a StarSe, em que conta como "desjudicializou" 98,9% dos conflitos do Mercado Livre, utilizando a mesma plataforma de compras do cliente para resolver as reclamações.[19]

Ou seja, o Mercado Livre utilizou a tecnologia para dar transparência e agilidade à resolução do processo de reclamação. Com isso, reverteu o índice negativo de reclamações e passou a mostrar ao seu consumidor que seu ambiente é um lugar seguro para se comprar e que a organização age com ética.

As corporações, ao monitorarem as suas redes sociais, devem, além de avisar que o ambiente é monitorado, ter o maior número de informações

---

[18] V. glossário.

[19] FREITAS, Tainá. Como o Mercado Livre atingiu 98,9% de "desjudicialização" na resolução de conflitos. Disponível em: <https://www.startse.com/noticia/nova-economia/64894/mercado-livre-odr-resolucao-conflito>. Acesso em: 17 out. 2019.

possível dos usuários que ali frequentam. E lembramos que o anonimato não é protegido por lei.

As informações dos usuários servirão para identificação, proteção de direito autoral, autoria do *post*, mitigação de risco de crimes etc.

A renomada advogada de direito digital Patricia Peck elucida bem o assunto:

> O modelo do YouTube é reflexo de nossa sociedade atual. O mundo virtual deve ser regido por regras de conduta ética. Há liberdade de expressão, mas há limites também. E estes estão baseados nas leis vigentes. As marcas que querem associar-se a esta nova internet, que acreditamos que não é um modismo ou uma tendência, veio para ficar, e, para evoluir para ambientes de mobilidade, precisam estar atentas para promover o uso ético e legal destes espaços e não serem coniventes, nem correrem o risco de ser responsabilizadas pela prática de ilícitos e crimes.[20]

Hoje já falamos em herança digital. Imaginemos uma instituição que é 100% virtual e que o proprietário da conta falece. De que forma terão os herdeiros acesso à senha dessa conta para suceder o falecido? Além da continuidade da organização, há clientes que podem estar com encomendas atrasadas e que, se a obrigação não for cumprida, poderão os herdeiros pagar por esse prejuízo. Atente-se até onde deverá ir o direito para regular o novo modelo de sociedade.

É inquestionável que as marcas têm de ter presença no ambiente digital, e, para se precaverem, é necessário ter um plano de ação tanto com a estratégia do que será postado, como para saber como reagir em caso de *posts* negativos.

A melhor proteção jurídica que se pode ter é a informação clara e aberta. Portanto, o profissional de compliance é crucial na elaboração dos planos de ações.

A corporação pode montar um "comitê de redes sociais" e esse comitê será não apenas o suporte, mas também o norteador do foco que as interações e a presença da instituição na internet devem buscar. Devem ser feitas perguntas como: *"Qual o objetivo da presença da marca nas redes sociais?"* *"Devemos fazer interação direta ou indireta?"* *"A intenção é apenas promover*

---

[20] PINHEIRO, Patricia Peck. *Direito digital*. 6. ed. São Paulo: Saraiva, 2016. p. 451.

Cap. 20 · REDES SOCIAIS: GERIR OS RISCOS E ESTABELECER A CULTURA | 311

a marca ou também mostrar que a instituição é compliant e, assim, atrair mais investidores e promover uma desruptura com o mercado global?"

Esse comitê também decidirá e indicará quem ou qual departamento cuidará permanentemente do ambiente social *on-line* da organização. É indicado que seja uma ou duas pessoas, pois a linha de escrita e o *modus operandi* das respostas devem estar muito bem alinhados, principalmente com as políticas da organização. E, quando muitas pessoas fazem isso, pode acontecer de responderem de maneira equivocada ou deixarem de responder. Serão os porta-vozes da empresa nas redes sociais. Dependendo do porte da corporação e do objetivo dela nas redes sociais, um profissional de relações públicas é indicado, contudo, com *report* direto para o Departamento de Compliance e o time de marketing da instituição.

É de suma importância que a empresa crie normas internas de uso e presença nas redes sociais e que as divulgue a todos os seus colaboradores. Não é incomum que as organizações esqueçam de alinhar os seus colaboradores com essas normas e eles façam coisas em sentido contrário, tendo em vista que esses colaboradores podem ter conta naquele mesmo canal em que está a corporação com a sua rede social ativa.

Nesses casos, a divulgação e o treinamento com a alta administração é importante, pois ela acabará sendo o principal alvo de fiscalização digital nas redes sociais, quando o objetivo for pegar algum ponto fraco da instituição. Por exemplo, uma organização que tem uma cultura forte de compliance e a compartilha nas redes sociais deve evitar que um diretor de algum departamento poste foto de férias no Caribe com o responsável pelo Departamento de Compras de uma outra organização, que é um dos maiores clientes da empresa. Da mesma forma, deve-se atentar para que o vice-presidente de uma cervejaria não poste foto tomando uma cerveja do concorrente.

É óbvio que as pessoas têm direito a gostos e vida própria fora da organização. No entanto, as redes sociais tiram um pouco da privacidade das pessoas, uma vez que ter presença nas redes sociais significa se expor e poder olhar a exposição dos outros. E isso traz vulnerabilidade. E quando a vulnerabilidade pode atingir a instituição por conta de atos dos seus colaboradores, isso tem de ser mapeado previamente e suas hipóteses mitigadas.

Há corporações que prestam o serviço de monitoramento legal do ambiente digital da marca/organização e do seu *board*, em que varreduras constantes em busca de riscos, incidentes e diagnósticos são feitas por meio de ferramentas tecnológicas e inteligência artificial.

Esses serviços vêm crescendo cada vez mais, pois é optativo que a corporação queira ter redes sociais e interagir com o usuário; contudo, não é algo estrito à vontade da instituição que postagens negativas ou outras manifestações desastrosas do ponto de vista dos negócios ocorram em relação a ela.

A internet é um ambiente aberto, público e sem limites. Por isso, a educação digital é tão importante e isso deve ser um ponto de observação constante pelo profissional de compliance.

2. GOVERNANÇA CORPORATIVA E COMPLIANCE NA ERA DIGITAL

As novas gerações já nascem com um ou mais dispositivos à mão e seus pais aderiram a eles numa escala impressionante. Os idosos atuais, com 60 anos ou mais, que nasceram numa época em que a informação só chegava pelas ondas do rádio, também já embarcaram na era digital. Entre 2016 e 2017 houve uma variação de 25,9% no número de idosos acessando a internet em relação ao total de internautas, muito superior à faixa de 14 a 17 anos, com apenas 2,9% de crescimento.[21] Já o relatório digital de 2019, emitido pela *We are social*, revela que 45% da população mundial, cerca de 3,5 bilhões de pessoas, estão nas redes sociais.[22]

Todos esses usuários das redes sociais se tornam clientes, consumidores, críticos, comunicadores e influenciadores conectados e ativos quase que integralmente e esperam que as instituições também estejam ativas, conectadas e disponíveis. Assim, para as instituições, estar presente nas redes sociais não é mais uma escolha, mas estratégia primordial para a manutenção e o desenvolvimento de sua marca e rentabilidade.

O desafio que queremos tratar neste texto é pensar nas maneiras para ajustar e manter a estratégia de redes sociais das instituições – e, por que não, dos funcionários – nos mais altos padrões de governança corporativa, sempre idealizando um modelo viável que esteja em linha com essa nova realidade das relações humanas e de negócios.

Assim, para começarmos a tratar do modelo adequado de governança corporativa, partimos do princípio de que, também no mundo digital, as instituições devem atuar alinhadas à sua missão, visão e valores, bem como

---

[21] SILVEIRA, Daniel. Brasil ganha 10 milhões de internautas em 1 ano, aponta IBGE. Disponível em: <https://g1.globo.com/economia/tecnologia/noticia/2018/12/20/numero-de-internautas-cresce-em-cerca-de-10-milhoes-em-um-ano-no-brasil-aponta-ibge.ghtml>. Acesso em: 17 out. 2019.

[22] WE ARE SOCIAL. *Digital in 2019*. Disponível em: <https://wearesocial.com/global-digital-report-2019>. Acesso em: 17 out. 2019.

em relação às definições de identidade visual e de comunicação estabelecidas. Seria saudável, e até mesmo recomendável, repensarmos tudo isso pela ótica e influência dessa nova realidade, combinando as peculiaridades do mundo real e do virtual.

Importante entendermos alguns dos principais requerimentos que regem o ambiente digital no Brasil. Vale ressaltar que, não apenas, mas principalmente para o mundo digital, a legislação normalmente vem para regulamentar e organizar costumes e comportamentos já em prática pela sociedade, outras vezes para limitar e punir abusos.

Comecemos pela mais ampla diretriz, a Constituição da República Federativa do Brasil de 1988, que determina:

> É inviolável o sigilo da correspondência e das comunicações telegráficas, de dados e das comunicações telefônicas, salvo, no último caso, por ordem judicial, nas hipóteses e na forma que a lei estabelecer para fins de investigação criminal ou instrução processual penal.[23]

Muito mais à frente na linha do tempo, em 2014, a Lei 12.965/2014, popularmente conhecida como "Marco Civil da Internet", estabeleceu princípios e garantias para tornar oficialmente a rede livre e democrática no Brasil, assegurando os direitos e os deveres dos usuários e das empresas provedoras de acesso e serviços *on-line*. O Marco Civil da internet disciplina o uso da internet no Brasil e tem os seguintes princípios: (1) garantia de liberdade de expressão e expressão do pensamento; (2) proteção da privacidade; (3) proteção de dados pessoais ; (4) preservação e garantia de neutralidade da rede; (5) preservação da funcionalidade da rede; (6) responsabilidade dos agentes de acordo com suas atividades; (7) preservação da natureza participativa da rede; e (8) liberdade de modelos de negócios promovidos na internet.

Em se tratando dos impactos, respondendo à dinâmica da própria rede e em virtude do vazamento de fotos íntimas da atriz Carolina Dieckmann, é promulgada a Lei 12.737/2012, determinando a tipificação criminal de delitos informáticos. Este foi um importante avanço regulatório para disciplinar práticas do mundo digital, principalmente quanto à invasão de dispositivos. Para isso, foi alterado o Código Penal brasileiro – Decreto-Lei 2.848/1940 – sendo acrescentados artigos importantes.

---

[23] Art. 5º, XII, da Constituição Federal.

Note-se, nesses últimos trechos, que a resposta da norma vem em forma de punição e, se estamos tratando, nesta obra, das práticas de compliance, devemos pensar principalmente em investir na prevenção, sendo a remediação (punição) uma consequência prevista, mas não foco da estratégia.

Importante tratarmos ainda das relações de consumo nas redes sociais e não exatamente do comércio eletrônico – por não se tratar de foco deste artigo –, mas das relações dos usuários e provedores de uma forma ampla. Para isso, destaquemos a Lei 8.078/1990, conhecida como o " Código de Defesa do Consumidor" que estabelece normas de proteção e defesa do consumidor, de ordem pública e interesse social.

> Devido a essa dinâmica [os provedores alegarem a prestação de serviços a título gratuito, mas auferirem lucro com a disponibilidade de sua rede social] a doutrina atualmente tende a entender que devem ser aplicados as normas e os princípios do CDC aos usuários das redes sociais, pois o fornecimento desse tipo de serviço possui a natureza consumerista.[24]

O Código de Defesa do Consumidor foi promulgado em 1990, num período em que sequer os computadores pessoais tinham conquistado popularidade, nem de longe poder-se-ia pensar no alcance das relações de consumo em um mundo digital. Assim, apesar desse delta temporal e de costumes entre a redação de tal legislação e os costumes atuais, o Código de Defesa do Consumidor tem sido utilizado também para as relações nas redes sociais.

No aspecto global, a ONU determina que: "Ninguém será sujeito a interferências em sua vida privada, em sua família, em seu lar ou em sua correspondência, nem a ataques à sua honra e reputação. Todo ser humano tem direito à proteção da lei contra tais interferências ou ataques".[25] O documento complementa que a privacidade é um valor em si e essencial para o desenvolvimento da personalidade e para a proteção da dignidade humana, ajudando a estabelecer fronteiras para limitar o acesso.

---

[24] Segundo a Dra. Ana Carolina Resstel do Amaral, advogada, sócia do Escritório Takada e Resstel Advogados Associados, alega em seu artigo de 29 de julho de 2016 para o *site Tecnologia & Direito*.

[25] ONU – Declaração sobre Direitos Digitais, art. 12.

2.1 Política de redes sociais

Pode parecer demasiadamente simples escrever sobre redes sociais e estabelecer uma política interna sobre o tema. Isto seria um engano, pois, embora o tema seja de senso comum e popular, tem como pilar fundamental a liberdade de expressão, direito individual garantido em nossa Constituição Federal.

Estabelecer a política e a cultura de conduta em redes sociais em uma instituição é desenhar regras, procedimentos, papéis e responsabilidades sobre uma linha muito tênue entre o ambiente corporativo e os direitos individuais dos colaboradores. E não se trata apenas de estabelecer regras para o colaborador em seu papel profissional e durante sua jornada de trabalho. Nas redes sociais é praticamente impossível estabelecer uma separação entre profissional e pessoal. Mesmo que o indivíduo não faça a menção clara a seu cargo quando emite uma opinião em sua rede pessoal, muitas vezes quem lê o fará. Isso sem considerar qual dispositivo ou conta (e-mail ou de mídia) o colaborador utilizou.

Além disso, as instituições, por meio de suas políticas e cultura, devem exercer seu papel de agente de transformação e apoio à sociedade, buscando caminhos para orientar e proteger também seus funcionários, claro, dentro de seus limites de responsabilidade.

Neste mundo digital cada vez mais conectado, cada colaborador passa a ser, mesmo não intencionalmente, um agente de divulgação. A principal característica das redes sociais é o compartilhamento descentralizado e abrangente de uma infinidade de conteúdos para um número sempre crescente de pessoas. É fundamental que as instituições estabeleçam as regras e fomentem a cultura de gestão das redes sociais de forma ampla.

Assim, uma "política de redes sociais" deve definir, de forma simples e objetiva, as recomendações de boas práticas a seus colaboradores nesse ambiente, bem como as diretrizes institucionais para melhor proteção de todos os envolvidos.

Tal política deve iniciar considerando que o colaborador possui pleno direito à liberdade de expressão, lembrando-o de que *"grandes poderes trazem grandes responsabilidades"*, como disse Stan Lee.[26] Tudo ou quase tudo pode ser permitido nas redes sociais, mas todos devemos entender que as consequências estão intrinsecamente conectadas.

---

[26] Stanley Martin Lieber (1922 – 2018) - escritor, editor, publicitário, produtor, diretor, empresário e ator norte-americano,

316 | GUIA PRÁTICO DE COMPLIANCE

Será sempre oportuno lembrar e ressaltar aos colaboradores que o relacionamento com o público nas redes sociais deve ser pautado não apenas pela divulgação de conteúdo, mas, principalmente, pelo diálogo e pela colaboração. A instituição deve se posicionar firmemente, orientando e demonstrando sua não tolerância a conteúdos discriminatórios em relação a raça, cor, sexo, orientação sexual, qualquer tipo de deficiência, classe ou idade.

2.2 POSICIONAMENTO INSTITUCIONAL

Os posicionamentos públicos são uma estratégia importante das instituições. A iniciativa de um posicionamento poderá vir de diferentes áreas, mas sua aprovação deve envolver sempre o Departamento de Marketing antes de ser veiculada. O *Manual de relacionamento com a imprensa* deve ser um material complementar à "política de redes sociais" e determinará as regras sobre a divulgação de informações nos meios de comunicação, incluindo as redes sociais. Somente as pessoas autorizadas conforme o *Manual* ou pelo comitê estarão aptas a falar formalmente em nome da instituição, pois terão participado do treinamento adequado (*media training*) para tratar com a imprensa.

O colaborador deve ser orientado a entrar em contato com o Departamento de Marketing quando tiver recebido algum contato da imprensa e caberá ao presidente e à diretoria executiva abordar os temas estratégicos, de relevância ou de grande repercussão.

Quem fala em nome da instituição não deve emitir opinião pessoal sobre os assuntos. Opiniões e posicionamentos pessoais, especialmente os de natureza política, que não reflitam as posições oficiais, não devem ser divulgados pelos canais e redes sociais da instituição.

A referida política deve reforçar que os demais colaboradores, aqueles não habilitados a falar em nome da empresa, não estão autorizados a representá-la nem a emitir opinião em eventos, entrevistas ou matérias jornalísticas, tampouco nas redes sociais.

2.3 Posicionamento pessoal

É importante que essa política deixe claro, conforme descrito anteriormente, que a instituição não tem a intenção de desencorajar ou restringir o acesso pessoal às redes sociais ou ainda à liberdade de expressão. A instituição deve reconhecer que todo colaborador tem o direito de utilizar as redes sociais no âmbito pessoal e da forma como suas crenças determinarem. Contudo, os

Cap. 20 · REDES SOCIAIS: GERIR OS RISCOS E ESTABELECER A CULTURA | **317**

colaboradores devem reconhecer que os riscos potenciais de seus atos, diretos ou indiretos, no uso de seus direitos, são de sua inteira responsabilidade.

Isto posto, a instituição deve disponibilizar sugestões para um correto posicionamento de seus colaboradores nas redes sociais.

2.3.1 Recomendações da política para o uso adequado

Nas redes sociais o funcionário DEVE:

I.   identificar-se e utilizar-se de um canal oficial da instituição, fazendo os comentários apenas quando autorizado previamente e apenas para o conteúdo autorizado;

II. lembrar que, ao se identificar como colaborador da instituição, os comentários e opiniões publicados serão vinculados à instituição, podendo gerar impactos;

III. divulgar informações classificadas como públicas, apenas se assegurando de que o conteúdo que pretende publicar não fere as regras de confidencialidade e sigilo da instituição;

IV. assegurar-se de que os comentários não ferem os padrões éticos e morais, que não possuem conotação racista, obscena, discriminatória, preconceituosa, injuriosa, caluniosa ou difamatória e que respeitam integralmente os direitos autorais e de propriedade, de privacidade, de confidencialidade e sigilo.

2.3.2 Recomendações da política para mitigar o uso inadequado

Nas redes sociais o colaborador NÃO DEVE:

I.   utilizar o e-mail corporativo no ambiente das redes sociais, nem mesmo para registro de recuperação de senhas;

II. postar ou comentar com base em informação classificada como restrita, sigilosa ou confidencial ou publicar informações que exponham, mesmo que parcialmente ou que possam levar a conclusões sobre projetos ou estratégias, e fotos ou vídeos que exponham informações sigilosas do ambiente interno da instituição;

III. publicar detalhes específicos sobre suas atividades profissionais na instituição (mesmo em redes sociais de cunho profissional);

IV. postar ou comentar publicações que façam apologia a práticas ilegais.

2.4 Responsabilidades

A gestão das redes sociais de domínio da instituição cabe ao Departamento de Marketing, inclusive a indicação e a administração dos colaboradores apontados, orientados e treinados como usuários que terão permissão para administrar os perfis institucionais.

2.5 Penalidades

Por fim, a política deve determinar regras claras quanto às penalidades impostas aos colaboradores em caso de práticas consideradas inadequadas no âmbito da política.

3. MAPEAMENTO E MONITORAMENTO DAS REDES SOCIAIS

Em um ambiente de negócios cada vez mais digital, em que organizações e consumidores se relacionam além do momento da compra e venda de produtos ou serviços, a presença das corporações nas redes sociais se torna quase uma necessidade para gerar interação e oportunidade de negócio. Consumidores, cada vez mais exigentes, têm a possibilidade de interagir por meios digitais e de acompanhar o posicionamento das instituições. Da mesma forma, os funcionários são consumidores e ocupam importante papel na gestão da marca e da reputação corporativa em suas próprias contas particulares de redes sociais. Isso porque está cada vez mais difícil desassociar uma atitude ou opinião pessoal do posicionamento da empresa para qual o indivíduo trabalha, mesmo que este não seja seu porta-voz oficial. Citamos o caso da agressão a um animal no estacionamento de uma loja de uma rede de supermercados por um funcionário e a enorme repercussão nas redes sociais de consumidores cobrando posicionamento e ação reparadora por parte da organização, e até com ameaças de boicote. Nessa caso a ação isolada e pessoal de um funcionário foi relacionada pelo público como de responsabilidade da empresa e a sua suposta permissividade para com tal ato.[27]

Se por um lado as redes sociais abrem um novo canal de comunicação e de geração de negócios, por outro, aumentam o risco ao dano à reputação e à imagem corporativa. O monitoramento das redes sociais é uma importante medida mitigadora.

---

[27] MACHADO, Lívia. Cachorro abandonado é envenenado. G1. Rede Globo. Disponível em: <www.http://g1.globo.com>. Acesso em: 12 ago. 2019

Cap. 20 · REDES SOCIAIS: GERIR OS RISCOS E ESTABELECER A CULTURA | **319**

O monitoramento das redes sociais abrange mais do que processos e ferramentas para acompanhar as contas corporativas das mídias em que a corporação esteja presente, mas também abrange o cumprimento das políticas internas.

Como principais objetivos que justificam o investimento nesses mecanismos, além dos riscos relacionados ao dano à reputação e à imagem corporativa já citados, a segurança da informação merece importância.

3.1 Monitoramento de contas corporativas de redes sociais

É um processo comum aos Departamentos de Marketing ou áreas responsáveis pelos canais de comunicação acompanhar o desempenho de postagens publicitárias ou de posicionamento da marca a partir de redes sociais. Conhecer o que está sendo comentado sobre a instituição e até sobre concorrentes e setor de atuação deve fazer parte da rotina de monitoramento. Ferramentas desenvolvidas para tal finalidade podem suportar esses processos, a depender do escopo e das redes sociais em que se está presente. A escolha de como e o que será monitorado, e que tipo de indicadores ou informações a empresa espera analisar também pode contar com assessoria específica.

Acessar indicadores ou outro formato de informação é o primeiro passo. A resposta da organização às situações adversas e a velocidade em que isto acontece são fatores fundamentais para a eficácia na gestão da sua marca e reputação. Um mecanismo para suportar tal gestão é a existência de plano de contingenciamento que, além de ações mitigatórias de impactos operacionais e financeiros, abranja o envolvimento de um time capacitado, interno ou externo, para emitir comunicados via imprensa ou em suas contas corporativas nas redes sociais a clientes, fornecedores, parceiros ou mesmo à imprensa de forma geral.

Outro processo relevante resultante do monitoramento é a identificação e gestão de detratores da marca via redes sociais. Com a velocidade da multiplicação da informação por compartilhamentos de postagens, estar atento a *posts* com relatos de experiências negativas, reclamações ou comentários genéricos, permite respostas de acordo com a estratégia de comunicação e posicionamento da organização. Deve-se definir e cumprir SLA (*service level agreement*) para que a corporação se posicione, tendo um prazo reduzido para casos mais críticos ou danosos. Novamente, há ferramentas que suportam a operacionalização dessa atividade.

3.2 Monitoramento da política de uso de redes sociais

Acompanhar ativamente a participação de funcionários nas redes sociais é uma preocupação importante devido aos mesmos impactos que temos citado à reputação e aos riscos para a segurança da informação.

Uma vez estabelecida a política recomendada anteriormente, acreditamos que sua ampla divulgação interna e treinamentos, ou outra forma de orientação para que estejam claros diretrizes, papéis e responsabilidades devem ser adotados antes do monitoramento.

Os procedimentos de monitoramento são de responsabilidade do Departamento de Marketing. Contar com o suporte do time de tecnologia da informação ou de prestadores de serviços especializados dependerá da abrangência da política, tamanho e complexidade da instituição e até da quantidade de funcionários.

Quem será monitorado? Acompanhar o que todos os funcionários postam nas redes sociais gera um custo que certamente pode ser justificado. Devem-se definir com clareza estratégia, escopo e ferramentas para que o processo de monitoramento seja eficaz. Aqui talvez não caiba uma seleção por nível hierárquico. Mesmo sem qualquer intenção de prejudicar a instituição, desvios podem acontecer. No mesmo ano da publicação deste artigo, um executivo de uma grande instituição financeira publicou foto em sua conta particular de rede social e expôs parte da estratégia da empresa. Ato comentado em jornais nacionais em várias mídias.[28]

As informações representam ativos valiosos para a maioria dos mercados. Informações são obtidas, tratadas e compartilhadas interna e externamente, de forma rotineira, para suportar objetivos de negócios. Um programa de segurança da informação permeia também esse tema na gestão de riscos e na proteção de informações internas, não divulgadas ao público, e confidenciais, aquelas acessadas somente por funcionários autorizados de acordo com a necessidade. A política de segurança da informação deve definir as diretrizes para classificar as informações e deixar claro que cuidados são de responsabilidade dos colaboradores.

REFERÊNCIAS

AMARAL, Ana Carolina Resstel do. A aplicação do CDC nas redes sociais. *Tecnologia & Direito*, 29 jul. 2016. Disponível em: <https://www.tecnologiaedireito.com.br/?p=7134>. Acesso em: 17 out. 2019.

BRASIL. Constituição da República Federativa do Brasil de 1988. *Diário Oficial da União*, Brasília, DF, 5 out. 1988. Disponível em: <http://www.

---

[28] JORNAL DA BAND. Executivo de banco posta foto e acaba mostrando demais. Disponível em:<www.videos.band.uol.com.br>. Acesso em: 12 ago.2019

planalto.gov.br/ccivil_03/constituicao/constituicao.htm>. Acesso em: 17 out. 2019.

_____. Lei 8.078, de 11 de setembro de 1990. *Diário Oficial da União*, Brasília, DF, 12 set. 1990. Disponível em: <http://www.planalto.gov.br/ccivil_03/leis/l8078.htm>. Acesso em: 17 out. 2019.

_____. Lei 12.965, de 23 de abril de 2014. *Diário Oficial da União*, Brasília, DF, 23 abr. 2014. Disponível em: <http://www.planalto.gov.br/ccivil_03/_ato2011-2014/2014/lei/l12965.htm>. Acesso em: 17 out. 2019.

FREITAS, Tainá. Como o Mercado Livre atingiu 98,9% de "desjudicialização" na resolução de conflitos. Disponível em: <https://www.startse.com/noticia/nova-economia/64894/mercado-livre-odr-resolucao-conflito>. Acesso em: 17 out. 2019.

JORNAL DA BAND. Executivo de banco posta foto e acaba mostrando demais. Disponível em:<www.videos.band.uol..com.br). Acesso em: 12 ago.2019

MACHADO, Lívia. Cachorro abandonado é envenenado. G1. Rede Globo. Disponível em: <www.http://g1.globo.com>. Acesso em: 12 ago. 2019

PINHEIRO, Patricia Peck. *Direito digital*. 6. ed. São Paulo: Saraiva, 2016.

SILVEIRA, Daniel. Brasil ganha 10 milhões de internautas em 1 ano, aponta IBGE. Disponível em: <https://g1.globo.com/economia/tecnologia/noticia/2018/12/20/numero-de-internautas-cresce-em-cerca-de-10-milhoes-em-um-ano-no-brasil-aponta-ibge.ghtml>. Acesso em: 17 out. 2019.

WE ARE SOCIAL. *Digital in 2019*. Disponível em: <https://wearesocial.com/global-digital-report-2019>. Acesso em: 17 out. 2019.

VII

INOVAÇÕES PARA O FUTURO DO COMPLIANCE

21

KNOW YOUR ROBOT[29]: INTELIGÊNCIA ARTIFICIAL APLICADA AOS PILARES DO COMPLIANCE

ANA CRISTINA PERDOMO GOMEZ
MAÍRA FERRAZ MARTELLA
ROBERTA CORBETTA PÊGAS

1. INTRODUÇÃO

O presente artigo tratará dos benefícios e desafios do uso da inteligência artificial pelo profissional de compliance, tendo em vista as dificuldades atuais do profissional para gerir uma quantidade cada vez maior de dados e a necessidade de respostas ágeis. A inteligência artificial permite avaliar um volume extenso de dados estruturados e não estruturados,[30] detectar padrões de comportamento suspeito, operações fora do padrão normal e até reduzir custos, já que poderia eliminar, por exemplo, o trabalho manual de vários profissionais da área de Compliance, além de ajudar as organizações a

---

[29] V. glossário.

[30] Segundo o artigo "From data to knowledge", a respeito de dados estruturados e não estruturados: "*Structured data has a high degree of organization, which makes storing it in a relational database easy. Simple queries and search algorithms can efficiently retrieve this data, which makes processing structured data with computers easy and efficient. In contrast, unstructured data lacks a machine-readable structure. Humans are currently better and more efficient than machines at reading and extracting such data, but the effort is both time-consuming and energy expensive. Human-centric processes are also prone to errors. So, what makes data valuable, and how can you apply the DIKW model?*". Disponível em: <https://developer.ibm.com/articles/ba-data-becomes-knowledge-1/>. Acesso em: 7 jul. 2019.

demonstrar maior transparência nas suas operações perante os agentes reguladores, melhorando assim os índices de desempenho da área de Compliance e a gestão do risco nas organizações.

O texto menciona "compliance", "conformidade" e "integridade", que serão tratados como sinônimos, sendo a primeira a palavra na versão anglo-saxônica. Mas o profissional de compliance está preparado para usar todas as vantagens que a inteligência artificial oferece? Há um desconhecimento não só com relação aos conceitos básicos de tecnologia, que deveriam estar presentes cada vez mais nas rotinas dos profissionais de compliance, mas também não são frequentes os debates éticos na sociedade a respeito do uso dessas tecnologias. A tecnologia é explorada de maneira superficial, e o profissional de compliance acaba adotando, muitas vezes, processos manuais, morosos e ineficientes, seja por desconhecimento ou falta de curiosidade para pesquisar e atualizar-se a respeito dessas novas ferramentas. Um exemplo típico são as investigações, que por vezes são contaminadas de vieses inconscientes, e cujo ciclo temporal poderia ser reduzido consideravelmente.

Embora o uso dessa tecnologia apresente várias vantagens, quais riscos a inteligência artificial representa para o profissional de compliance? É possível mitigar esses riscos? De que forma? Quais pilares do programa de compliance poderiam ser beneficiados pelo uso da inteligência artificial? Esses são alguns dos temas que serão abordados neste artigo.

2. CONCEITO DE INTELIGÊNCIA ARTIFICIAL E *MACHINE LEARNING* NO CONTEXTO DOS PILARES DE UM PROGRAMA DE COMPLIANCE

O professor de Engenharia do departamento de Ciências da Computação da Universidade de Stanford, o Dr. Nils J. Nilsson define inteligência artificial como a atividade focada em desenvolver a inteligência nas máquinas, para que possam fazer previsões no ambiente em que operam.[31] Para o *blog* de inteligência artificial *Mind Data*, inteligência artificial é o uso da ciência e da engenharia (*software* e *hardware*), para criar máquinas inteligentes que façam

---

[31] Definição segundo o professor Nils J. Nilsson: *"Artificial intelligence is that activity devoted to making machines intelligent, and intelligence is that quality that enables an entity to function appropriately and with foresight in its environment"*. Disponível em: <https://minddata.org/what-is-ai-mit-stanford-harvard-cmu-Brian-Ka-Chan-AI>. Acesso em: 7 jul. 2019.

ou tomem decisões que normalmente teriam origem humana.[32] Enquanto a inteligência artificial é a definição ampla para máquinas capazes de realizar diversos tipos de tarefas com evolução e autodesenvolvimento, *machine learning* é o ato de programar as máquinas, por meio de algoritmos, para que elas consigam evoluir e se autodesenvolver por meio da compilação de dados aos quais atribuem significado e conseguem realizar *insights*. Tanto um como o outro usam regras criadas por algoritmos.[33]

Os algoritmos são o produto da análise de dados, que permite prever, simular e criar resultados, mediante o uso da ciência da modelagem de dados e da tecnologia cognitiva aplicada na inteligência artificial, proporcionando que o computador execute tarefas outrora atribuídas aos seres humanos.

Por um lado, os Departamentos de Risco e Compliance enfrentam grandes desafios relacionados ao aumento massivo de volume de dados e ao crescente número de novos requisitos mandatórios,[34] a exemplo das novas regras e atividades relacionadas à privacidade e proteção de dados;[35] e, por outro lado, a pressão constante por respostas cada vez mais precisas, a velocidade requerida pelos novos mercados hiperdinâmicos, a um custo cada vez menor.[36]

---

[32] Definição de inteligência artificial do blog de inteligência artificial *Mind Data*: *"Artificial Intelligence is use of science and engineering (software or hardware) to create intelligent machines that can make and/or act on decisions that usually require organic intelligence"*. Disponível em: <https://minddata.org/what-is-ai--mit-stanford-harvard-cmu-Brian-Ka-Chan-AI>. Acesso em: 7 jul. 2019.

[33] Segundo o relatório da Deloitte, *Managing algorithmic risks*: *"Algorithms are routine processes or sequences of instructions for analyzing data, solving problems, and performing tasks. Traditionally, researchers 'programmed' algorithms to perform certain tasks. 'Self-learning' algorithms, however, are increasingly replacing programmed algorithms"*. Disponível em: <https://www2.deloitte.com/content/dam/Deloitte/us/Documents/risk/us-risk-algorithmic-machine-learning-risk--management.pdf>. Acesso em: 7 jul. 2019.

[34] Pesquisa da Chartis Research, *Demystifying artificial intelligence in risk and compliance*: a step-by-step guide. Disponível em: <https://www.chartis-research.com/technology/artificial-intelligence-ai/demystifying-artificial-intelligence--risk-and-compliance-10466>. Acesso em: 20 jul. 2019.

[35] Lei nº 13.709/2018, Lei Geral de Proteção de Dados. Disponível em: <http://www.planalto.gov.br/ccivil_03/_ato2015-2018/2018/Lei/L13709.htm>. Acesso em: 15 jul. 2019.

[36] Segundo o relatório da EY de 2018 (15th Global Fraud Survey), *Integrity in the spotlight*: the future of compliance: *"A growing digital footprint alters the traditional risk landscape for individual companies and entire industry sectors. Out-of-date risk assessments and antiquated policies, procedures and controls can*

De acordo com o Decreto 8.420/2015 que regulamenta a Lei Anticorrupção, o programa de integridade, com seus mecanismos de prevenção, detecção e resposta, "deve ser estruturado, aplicado e *atualizado* de acordo com as características e *riscos atuais* das atividades de cada pessoa jurídica, a qual por sua vez deve *garantir o constante aprimoramento* e *adaptação do referido programa*, visando garantir sua efetividade" (grifos nossos).[37]

Cada acréscimo ou alteração de escopo ou volume de dados, provavelmente resultará na necessidade de revisão, pela área de Compliance, de processos, e, possivelmente, concluir-se-á pela necessidade de ajustes de alguns desses processos e procedimentos como consequência de tais alterações regulatórias e/ou de volume. Acrescenta-se a essa equação, o nível de complexidade da organização envolvida, a velocidade requerida para conclusão dos ajustes processuais de modo a mitigar o impacto no negócio da companhia e a responsabilidade pessoal crescente do *compliance officer*[38].

Fraquezas e vulnerabilidades digitais podem causar danos irreparáveis para a reputação. Os novos riscos tecnológicos desafiam as empresas a criarem um Compliance inovador para atingirem um novo patamar de governança corporativa, permitindo enfrentarem os riscos complexos, sem, contudo, elevar de forma significativa os custos, de modo a preservar a reputação da organização e prevenir a ocorrência de fraudes e perdas de maneira sustentável.

Com enfoque prático e exemplificativo, apresentaremos aplicações do uso de inteligência artificial e análise de dados no programa de compliance.

O que deve ser levado em consideração para determinar se a inteligência artificial é a solução adequada para determinado caso?[39]

---

result in companies missing opportunities to help employees comply with company policy. Worse yet, such gaps can be exploited by rogue employees' intent on fraud, data theft or other illegal acts. It is important that the effectiveness and efficiency of compliance is improved. Failing to do so exposes the company to regulatory and law enforcement scrutiny". Disponível em: <https://www.ey.com/Publication/vwLUAssets/ey-global-fids-fraud-survey-2018/$FILE/ey-global-fids-fraud-survey-2018.pdf>. Acesso em: 20 jul. 2019.

[37] Art. 41, parágrafo único, do Decreto nº 8.420/2015. Disponível em: <http://www.planalto.gov.br/CCIVIL_03/_Ato2015-2018/2015/Decreto/D8420.htm>. Acesso em: 15 jul. 2019.

[38] V. glossário.

[39] Segundo a pesquisa da Chartis Research, *Demystifying artificial intelligence in risk and compliance*: a step-by-step guide: "*By virtue of this technical and cultural environment, AI has established a seat at the FIs' table. But far from dominating proceedings, it has had to compete hard with other statistical processes to earn its*

Cap. 21 · INTELIGÊNCIA ARTIFICIAL APLICADA AOS PILARES DO COMPLIANCE | 329

Qual técnica ou modelo de inteligência artificial enquadra-se melhor para o caso em questão: *machine learning, robotic process automation* (RPA), *natural language processing* (NLP), *rules extraction*?

No início deste tópico mencionou-se *machine learning* como uma das técnicas que poderiam ser aplicadas pelo profissional de compliance, por meio da qual o sistema emitiria respostas mediante o uso de algoritmos. No parágrafo acima se citaram outras técnicas de inteligência artificial que podem ser aplicadas a Compliance.

De acordo com o Institute of Electrical and Electronics Engineers Standards Association (IEEE SA), entende-se por *robotic process automation* (RPA) a configuração de um *software* com regras de negócio e atividades predefinidas para completar a execução autônoma da combinação de processos, atividades, transações e tarefas, com um ou mais *softwares*, a fim de obter resultados ou serviços sem a gestão humana.

A *natural language processing* (NLP) representa a utilização automática da linguagem natural verbal ou escrita nas respostas fornecidas pela ferramenta ao profissional de compliance. Já a técnica de *rules extraction* pode ser caracterizada como um conjunto de operações condicionais anexadas a um determinado resultado de dados.

É possível exemplificar a necessidade de exercitar em profundidade quais metodologias ou combinação de metodologias de inteligência artificial são mais importantes para a resolução de cada questão específica por meio do resultado da pesquisa realizada pela IBM e Chartis Research, com foco em Compliance de organizações financeiras:[40]

---

place in the organization. These approaches may produce better results, or may simply display their benefits more openly. Such scenarios can lead to an 'AI for AI's sake' form of adoption, in which AI solutions are employed in organizational niches that are already successfully occupied, in the process stripping away much of the gloss that surrounds the technology. In risk and compliance, however, the bottom line is that AI must actually work". Disponível em: <https://www.chartis-research. com/technology/artificial-intelligence-ai/demystifying-artificial-intelligence- -risk-and-compliance-10466>. Acesso em: 20 jul. 2019.

[40] Segundo a pesquisa da Chartis Research, *Demystifying artificial intelligence in risk and compliance*: a step-by-step guide: "[...] *Artificial Intelligence also tends to be used as an umbrella term covering a number of capabilities, including machine learning, Robotic Process Automation (RPA), Natural Language Processing (NLP) and rules extraction [...]*". Disponível em: <https://www.chartis-research.com/ technology/artificial-intelligence-ai/demystifying-artificial-intelligence-risk-an-d-compliance-10466>. Acesso em: 20 jul. 2019.

	Process				Algorithms	
	Robotic Process Automation	Natural Language Processing	Rules Compression	Statistical Data Aggregation	Evolutionary Programing	Machine Learning
Regulatory compliance	Yes	Yes	Yes	Yes		Yes
Fraud analytics		Yes	Yes	Yes		Yes
Credit analytics					Yes	
Cyber security					Yes	Yes
Data quality		Yes				Yes
T&C extraction	Yes					Yes
Equity strategy analysis	Yes				Yes	Yes
Customer engagement/ Conduct risk	Yes	Yes				Yes
KYC	Yes	Yes			Yes	Yes
AML/Patriot Act	Yes	Yes			Yes	Yes
Trader surveillance	Yes		Yes		Yes	Yes

Source: Chartis Research

Qual a relação de real necessidade x custo x benefício envolvido?

Para os propósitos deste capítulo, consideraremos um programa de compliance com os seguintes elementos: (i) *risk assessment* (identificar os riscos e as obrigações aos quais a organização está sujeita[41]; (ii) prevenção (políticas e procedimentos, consultas, comunicação e treinamento); (iii) detecção (gestão de risco de terceiros, controles internos e investigação); e (iv) remediação (aplicação de medidas disciplinares e corretivas para as violações apuradas na fase de detecção).

No gráfico ao lado resumimos os pontos elencados no parágrafo anterior e acrescentamos os requisitos essenciais para ter uma inteligência artificial de confiança, de acordo com a Comissão Europeia, e que será detalhado com mais profundidade no item 2.4.

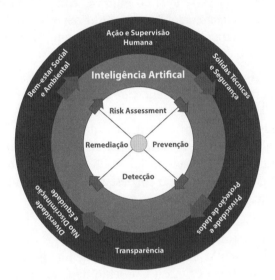

Poderíamos dizer que a relação estaria resumida a uma estrutura cuja hierarquia estaria dividida em três níveis na qual teríamos os seres humanos no topo, a inteligência artificial na base, e um sistema de suporte de decisão automatizada no meio, que permitiria uma visão de 360 graus ao profissional de compliance. É importante ressaltar, como se ilustrará adiante, que a inteligência artificial oferece aos profissionais diversas soluções ao problema, mas requer supervisão humana a fim de evitar desvios ou ineficiências no seu uso.

2.1 *Risk assessment* (identificar os riscos e as obrigações aos quais a organização está sujeita)

O *compliance risk assessment* (CRA) é um dos processos mais complexos que um *compliance officer*[42] precisa realizar vez que constitui a própria base

---

[41] V. glossário.
[42] V. glossário.

da implantação de qualquer programa de compliance e, também pelo CRA, o programa de compliance é mantido atualizado e efetivo.

As maiores dificuldades são por onde começar o *risk assessment*.

Os materiais disponíveis no mercado, designados como orientação, aumentam a ansiedade do *compliance officer* visto que enumeram diversas atividades que este deve desempenhar em um CRA. É extensa a lista de detalhes e atenção à qual o *compliance officer* precisa garantir atendimento.

Estabelece-se então o impasse: como se ter conforto em saber que o *risk assessment* englobou tudo o que deveria sem levar dezenas de meses ou até anos para ser finalizado? Seria a inteligência artificial uma solução para esse problema?

A experiência tem mostrado que, no *risk assessment* de instituições financeiras, as ferramentas de análise de dados por meio de inteligência artificial e *machine learning* podem gerar automaticamente as matrizes e grades de risco com a classificação dos fatores com o conforto de que todos os detalhes e atenção foram considerados e incluídos de forma que o *compliance officer* receba o mapa inicial de CRA para saber o que precisa ser atacado e mitigado e, assim, focar em desenvolver, com o time de compliance, as ações que realizarão tais tarefas.

Por exemplo, na Austrália, os pesquisadores da Universidade RMIT de Melbourne têm ajudado o Centro de Relatórios e Análise de Transações australiano (AUSTRAC – Unidade de Inteligência Financeira australiana –, equivalente ao COAF – Conselho de Controle de Atividades Financeiras, no Brasil), mediante o desenvolvimento de ferramentas de AI/ML (*artificial intelligence/machine learning*), a realizar *risk assessment* a fim de detectar atividades suspeitas, apontando *flags/warnings*[43] de transações que precisam ser investigadas com profundidade[44] com base nos fatores de risco identificados pelas ferramentas de *machine learning*. O *compliance officer* do AUSTRAC, então, foca, certeiramente, no aprofundamento da investigação de um dos fatores de risco concretizado e que requer mitigação e tratamento, eliminando os falsos positivos[45].

---

[43] V. glossário.

[44] *AI and ML in financial services compliance management: use cases for the regulators.* Disponível em: <https://www.finextra.com/blogposting/15713/ai-and-ml--in-financial-services-compliance-management-use-cases-for-the-regulators>. Acesso em: 8 ago. 2019.

[45] *AI and ML in financial services compliance management: use cases for the regulators.* Disponível em: <https://www.finextra.com/blogposting/15713/

A inteligência artificial é um divisor de águas quando pensamos em seu uso na avaliação de cenários complexos e seus riscos associados. Uma vez entendidos os conceitos estabelecidos pelo *compliance officer* a plataforma de inteligência artificial poderá cruzar todos os bancos de dados que incluam a cultura e a história da empresa; os relatórios com o pensamento da liderança; o perfil dos colaboradores, clientes e fornecedores; as normas às quais a empresa está sujeita; os casos relatados à ouvidoria ou ao canal de denúncias; entre outros que o *compliance officer* determinar e produzir a matriz de risco, classificação dos fatores de risco, *flags/warnings* caso algo não esteja em conformidade, lista dos *process owners* mais expostos aos fatores de risco a serem entrevistados, apresentando de forma célere o mapa de que o *compliance officer* necessita para saber o que precisa ser atacado e mitigado.

Com essa facilidade, o tempo necessário para a conclusão de um *risk assessment* pode ser reduzido consideravelmente.

As possíveis variáveis selecionadas pelo *compliance officer* alimentam fórmulas de cálculo de risco e criação de indicadores para a parametrização dos modelos corretivos, preventivos ou preditivos, durante o CRA e após sua realização (retroalimentação) e a ferramenta de inteligência artificial gera:

✓ os pontos do processo de monitoramento/auditoria contínua das operações, a serem executados pelo time de compliance;

✓ os painéis (*dashboards/cockpits*)[46] com informações em tempo real dos riscos da organização.

É neste cenário que surge uma nova modalidade de empresa denominada: *RegTech*.

Segundo um artigo publicado no *site Medium*: "*RegTech is the New Black. A Guide to the Latest FinTech Trend*"[47], esse tipo de empresa desenvolve ferramentas especializadas no suporte para cumprimento de processos de

---

ai-and-ml-in-financial-services-compliance-management-use-cases-for-the-regulators>. Acesso em: 8 ago. 2019.

[46] *"A Web-based control panel with Business Intelligence content that provides the management of a company with an overview of all relevant business data"*. Disponível em: <http://it-definition.com/sap-definition/business-intelligence-cockpit.php>. Acesso em: 31 jul. 2019.

[47] BACHINSKIY, Arthur. *RegTech is the New Black. A Guide to the Latest FinTech Trend*. Disponível em: <https://medium.com/swlh/regtech-is-the-new-black-a--guide-to-the-latest-fintech-trend-b7d1e21ee735>. Acesso em: 8 ago. 2019.

334 | GUIA PRÁTICO DE COMPLIANCE

conformidade, tais como observância de normas e regulações, *risk management,* entre outros. É o caso das ferramentas desenvolvidas para atividades de *know your customer* (KYC) – que auxiliam em processos de *screening,* substituindo o trabalho manual investigativo em documentos físicos, com o subsídio da inteligência artificial – e do *machine learning,* que logra consolidar diversas informações de forma rápida, reduzindo o tempo de pesquisa e melhorando a eficiência, pois não é raro que após processos investigativos manuais não sejam encontrados elementos conclusivos.

Indiscutível e independentemente do tamanho da empresa, a utilização da inteligência artificial supera alguns dos obstáculos que dificultam o progresso do *risk assessment,* como, por exemplo, restrições de equipe e profissionais com a experiência e especialização necessárias para o desempenho da atividade de alta complexidade, baixo orçamento e dificuldades no mapeamento dos sistemas e dados. Porém, não substitui a função social exercida pelo *compliance officer* a qual extrapola os limites da verificação legal e regulatória, englobando a indireta contribuição com o poder público para promover a ordem na sociedade, garantindo a ética na inteligência artificial aplicada.

As benesses dessas tecnologias não se restringem somente ao processo de *risk assessment,* seja ele inicial ou contínuo.

2.2 Prevenção (políticas e procedimentos, consultas, comunicação e treinamento)

Nas atividades relacionadas ao pilar de prevenção do programa de compliance, são múltiplas as possibilidades de eficiência nos processos e rotinas por meio de ferramentas de análise de dados e inteligência artificial: (i) no recebimento, análise e resposta de consultas; (ii) na redação e negociação de cláusulas contratuais; (iii) na gestão das políticas e procedimentos; (iv) na identificação de novas regulamentações aplicáveis; (v) no planejamento e execução das campanhas de comunicação e treinamento de comunicação, entre outros.

Por onde começar? De um modo geral, em primeiro lugar, precisamos identificar a pergunta ou o problema que pretendemos resolver com as ferramentas. Por exemplo, utilizemos como caso prático a utilização de ferramenta(s) para o recebimento, análise e resposta de consultas, no ambiente de uma organização com um programa de compliance já em funcionamento.

A partir da identificação da pergunta ou problema, em uma segunda etapa, precisamos verificar se os dados arquivados, relacionados às consultas e transações realizadas até então estão digitalizados. É fundamental assegurar a qualidade dos dados. Estão completos? Estão padronizados? Estão estruturados? São precisos e atualizados? Qual é o nível de automação existente dos processos? Qual o volume de dados e indivíduos potencialmente interagindo com o processo? As respostas a estas, entre outras, perguntas indicarão se a organização está preparada para o próximo passo e qual ferramenta é a mais adequada para solucionar o problema em questão. De acordo com pesquisas realizadas em 2019 por firmas de renome internacional, mais de 50% dos *compliance officers*[48] indicam que ainda não automatizaram as rotinas de compliance.

Sem dúvida, será necessário contar com o apoio de profissionais das áreas de tecnologia da Informação, Big Data, Contabilidade, Recursos Humanos, entre outras áreas da organização, e, possivelmente, com o apoio adicional de empresas especializadas, para maior confiabilidade e segurança das informações que alimentarão a ferramenta escolhida. O gestor de compliance deve priorizar a automação das rotinas da área para acelerar o processo de digitalização do programa de compliance. Quando mencionamos digitalização do programa de compliance nos referimos fundamentalmente à existência de informações, dados, fluxos automatizados e digitalizados.

Durante essa etapa deverá ser revista a análise financeira do plano de negócio preparado para a construção da ferramenta. As características da corporação, como tamanho, número de funcionários, volumetria de dados, complexidade da operação e a disponibilidade de recursos, são fatores fundamentais a serem considerados. A aprovação do investimento para o desenvolvimento e a implementação de uma ou mais novas ferramentas dependerá da apresentação de um plano de negócio ou *business plan*.[49] Este

---

[48] Relatório da KPMG, *Innovating compliance through automation*. Disponível em: <https://advisory.kpmg.us/content/dam/advisory/en/pdfs/compliance-automation-survey-r1-09-10-web.pdf>. Acesso em: 21 jul. 2019.

[49] De acordo com artigo publicado na *Harvard Business Review*, *"How to write a business plan?"*: *"Only a well-conceived and well-packaged plan can win the necessary investment and support for your idea. It must describe the company or proposed project accurately and attractively. Even though its subject is a moving target, the plan must detail the company's or the project's present status, current needs, and expected future. You must present and justify ongoing and changing resource requirements, marketing decisions, financial projections, production demands, and personnel needs in logical and convincing fashion"*. Disponível em: <https:// hbr.org/1985/05/how-to-write-a-winning-business-plan>. Acesso em: 29 jul. 2019.

deverá ser bem fundamentado e convincente, detalhando, minimamente, as necessidades concretas, sejam elas de cunho legal, gerencial ou orçamentário, a solução proposta e o resultado esperado.

Em um terceiro momento, após aprovação do orçamento para o desenvolvimento ou a contratação da melhor ferramenta para solucionar o problema levantado, como, por exemplo, um *chatbot*[50] dotado de inteligência artificial para receber, analisar e responder as consultas mais simples, é preciso mapear os fluxos e processos envolvendo a atividade de consultas e desenhar o fluxograma normal da atividade, as alçadas de aprovação e o que se denomina "árvore de respostas". Quanto maior a quantidade de casos analisados e dados armazenados, maior a qualidade da análise e visibilidades que poderão ser geradas pela ferramenta. Neste momento, a experiência do profissional de compliance influenciará muito o resultado. O conhecimento não apenas das leis e regras envolvidas, mas dos processos, dos casos práticos, da tecnologia e dos riscos envolvidos (a começar por aqueles mapeados no processo de CRA desenvolvido no ponto anterior) será fator fundamental para o sucesso do projeto.

Recomendamos que seja feito um projeto piloto por um prazo determinado, para identificar falhas e permitir ajustes dentro de um ambiente de impacto controlado.

Uma vez que o projeto piloto já esteja rodando será possível demonstrar e tirar proveito das métricas auferidas, da agilidade e eficiência de custo e horas trazidas pela ferramenta. Adicionalmente, a partir dos relatórios gerados, será possível identificar padrões comportamentais e de risco operacional dentro da empresa, que alimentarão os conteúdos de comunicação e treinamento, ajustes de procedimentos ou até mesmo de políticas existentes. Uma vez que se tenha gerado relatórios por meio da ferramenta, sugerimos apresentar para a liderança da companhia o resultado obtido, demonstrando objetiva e numericamente a situação, além dos indicadores no momento inicial e após determinado período de uso da ferramenta.

Outros exemplos de aplicação de tecnologia no pilar de prevenção do programa de compliance são: ferramentas para (i) gestão, controle e pagamento de licenças e permissões, (ii) monitoramento e alteração de políticas

---

[50] O termo *chatbot* surgiu da junção entre "chat" e "robot", ou seja, trata-se de um *software* para conversas automatizadas, um robô para respostas automáticas. Disponível em: <https://blog.qualitor.com.br/saiba-o-que-e-chatbot-e-porque--ele-e-importante-para-a-sua-estrategia-no-atendimento/>. Acesso em: 29 jul. 2019.

e procedimentos,[51] (iii) monitoramento e impacto de novas regulações e legislações[52] nas políticas, comunicações e conteúdo de treinamentos internos.

2.3 Detecção (gestão de risco de terceiros, controles internos e investigação)

Atualmente, as melhores práticas de ética corporativa e compliance estão baseadas na denúncia interna. Entretanto, controles manuais ou como os existentes hoje no mercado, por mais avançados que sejam, ainda não são capazes de monitorar o comportamento das pessoas, ou pelo menos, com um grau de precisão satisfatório.

Por meio de captura e monitoramento de dados, processados em algoritmos de *machine learning*, é possível monitorar e identificar padrões de comportamento que estejam fora dos estabelecidos nos códigos de ética e conduta e monitorar os elementos de dados críticos para os fatores de risco, seja de colaboradores ou de terceiros.

O sistema financeiro pode ser uma fonte de aprendizado para os demais setores da economia, eis que todos os sistemas de monitoramento de transações financeiras são baseados em regras que permitem a detecção de padrões de risco conhecidos, bem como, quando aplicados algoritmos de *machine learning*, também a descoberta de comportamentos desconhecidos ou emergentes por meio de agrupamentos coesos com base no comportamento humano.

Por exemplo, as instituições financeiras entendem contas de passagem como alto risco, pois implicam um possível disfarce da real origem dos recursos que nelas transitam. Como identificar esse tipo de comportamento (passagem de recursos) em uma base de milhões de clientes? Por meio de algoritmos para identificar a velocidade das transações de crédito e débito

---

[51] De acordo com a consultoria Convercent: *"Shifting to a tech-based approach makes it faster and easier to develop, review, refresh, approve, distribute, access, attest to, analyze and archive your policies. Plus, everything from draft 1 of your update to the very first archived policy is in one place, making it much simpler to track changes and see which version was in place at the time if an incident occurs"*. Disponível em: <https://www.convercent.com/blog/4-key-benefits-of-compliance-technology>. Acesso em: 21 jul. 2019.

[52] *Regulatory Burden Breakdown for 2018: compliance statistics & best practices. "In 2017, more than 900 regulatory agencies issued a combined 200+ regulatory updates every day, on average"*. Disponível em: <https://quantivate.com/blog/regulatory-burden/>. Acesso em: 29 jul. 2019.

de uma conta, a plataforma de inteligência artificial gera um alerta para que a mesa de análises identifique se se está diante de uma conta de passagem ou se não há atipicidade na transação alertada. Conforme esclarece a advogada Christine Duhaime, membro da Associação Internacional de Investigadores de Crimes Financeiros, em seu artigo *"How artificial intelligence is changing investigations, policing and law enforcement"*, a arquitetura dos módulos de avaliação de suspeita, com regras individuais desenvolvidas para endereçar indicadores de lavagem de dinheiro específicos, facilita a incorporação de indicadores adicionais e melhora a assertividade dos alertas (*findings*). Ao utilizar a inteligência artificial, uma organização pode identificar diversos negócios associados a certa transação financeira para detectar atividades de lavagem de capitais.

Christine compartilha que a cidade de Chicago, nos Estados Unidos, já utiliza sistema de avaliação preditiva de inteligência artificial com o uso de dados públicos, como informações em mídias sociais e outros recursos para identificar possíveis criminosos antes que eles cometam crimes. A pesquisa é controversa, pois presume que a criminalidade possa ser prevista.

A criminalidade talvez não possa ser prevista, mas padrões de comportamento humano podem indicar situações de *flags/warnings*.

Por exemplo, um caso de investigação de fraude, envolvendo um colaborador da empresa que faz *check-in* em mídias sociais públicas com as ferramentas da empresa, violando dispositivos e limitações mencionadas no código de ética e políticas internas previamente informadas ao empregado, e que, frequentemente, acesse restaurantes e hotéis inconsistentes com seu salário, pode gerar alertas adicionais para o time de compliance averiguar se há algum desvio de conduta desse colaborador.

É preciso complementar que antes de colocar em prática qualquer medida de monitoramento do empregado, o profissional de compliance deverá verificar a legislação trabalhista local, os princípios da necessidade, proporcionalidade e transparência, em observância às normas de privacidade do indivíduo e respectivas regulações no assunto.

Outro aspecto importante é que o empregado deve ser informado previamente a respeito do monitoramento, e os dados coletados deverão ser mantidos somente pelo tempo necessário para a finalidade de monitoramento, e, posteriormente, descartados. Por isso, a contratação de serviços de *background check* para empregados ou a manutenção de *blacklists* devem ser vistas com cautela, pois em algumas localidades são proibidos por lei. O monitoramento de *e-mails* deve observar os mesmos princípios, sendo que, na hipótese de que a empresa descubra indícios de atividades criminosas por

Cap. 21 • INTELIGÊNCIA ARTIFICIAL APLICADA AOS PILARES DO COMPLIANCE | 339

parte do empregado, a empresa deverá, dependendo da legislação local, envolver as autoridades policiais na investigação desde o início. Convém ressaltar que o Compliance deverá ter políticas internas que alertem sobre o uso do e-mail, o seu monitoramento e os procedimentos para *records management*[53].

Observados os pontos acima, a exemplo do que hoje o setor financeiro realiza para conhecer seus clientes, os demais setores da economia podem implantar para conhecer seus profissionais e parceiros de alto risco, sistemas que permitam criar *flags/warnings* ao *compliance officer* que determinará se o comportamento representa uma concretização de alguns dos fatores de risco identificados durante o *risk assessment* e poderá atuar de forma preventiva, visto que a atuação do Compliance, baseada exclusivamente em *whistleblowing*[54] (denúncias), é sempre após a concretização do risco para a empresa. Ao estilo do filme *Minority Report*,[55] a empresa poderia se antecipar ao comportamento de risco de seus colaboradores e parceiros.

O grande desafio então que o *compliance officer* e a empresa enfrentariam seria a própria trama do filme *Minority Report*: a qualidade, a quantidade e a integridade dos dados, bem como o limite das cautelas com as novas regulações em privacidade.

Esses são instrumentais no treinamento adequado dos modelos de inteligência artificial que se utilizam do método *machine learning*, uma vez que a programação dos algoritmos inicialmente é feita pelo ser humano. Se essa premissa já contiver desvios de conduta e falta de observância das regulações vigentes, o modelo criado estará corrompido.

Esses modelos serão treinados pelo algoritmo desenvolvido pelo humano para identificar dados estruturados (essencialmente arquivados pelas empresas em sistemas de ERP – como SAP ou Oracle –, esses dados consistem nas transações contabilizadas, como ressarcimentos, brindes, doações, prestações de contas) e dados não estruturados que seriam os mecanismos de comunicação utilizados, desde mensagens de texto, *e-mails*, aplicativos de mensagens e outros tipos de comunicação ponto a ponto encriptografada.

---

[53] Entenda-se por "records management" as políticas e procedimentos para a gestão de documentos e informações, que devem ser consideradas pela organização, e que devem abranger desde períodos de retenção, descarte, escolha do fornecedor adequado para a prestação de serviços de gestão de documentos e treinamento dos empregados com relação a esses procedimentos.

[54] V. glossário.

[55] MINORITY Report. Direção: Steven Spielberg. Los Angeles: Twentieth Century Fox/Dreamworks Pictures, 2002.

GUIA PRÁTICO DE COMPLIANCE

Essa discussão é latente no atual mercado de inteligência artificial, especialmente quando utilizado para fins militares. Em uma matéria de 1º.03.2019 para *The New York Times*, intitulada "*Is Ethical I.A. Even Possible?*", o correspondente em tecnologia Cade Metz esclarece que

> [...] conforme ativistas, pesquisadores e jornalistas expressam suas preocupações sobre o crescimento da inteligência artificial, dando alertas contra aplicações maliciosas, enganosas e parciais, as empresas construindo essa tecnologia estão respondendo. Desde gigantes da tecnologia como Google e Microsoft até as pequeninas *start-ups*, muitas estão criando princípios corporativos para assegurar que seus sistemas sejam desenvolvidos e aplicados de forma ética. Alguns até criam o cargo de *ethics officer* ou um comitê de revisão para supervisionar a aplicação desses princípios. Mas tensões continuam a crescer vez que alguns ainda questionam se essas promessas de princípios corporativos éticos no desenvolvimento das inteligências artificiais serão de fato observadas e cumpridas. Empresas podem mudar seu curso. Idealismos podem dobrar-se às pressões financeiras. Alguns ativistas – e até algumas empresas – estão começando a discutir se o único caminho para se assegurar práticas éticas não seria o da regulamentação governamental.[56]

Quando se fala em um sistema artificialmente inteligente para detectar desvio de conduta, perguntas como "quais obrigações morais devem possuir os programadores dos modelos de inteligência artificial para evitar que suas criações se desviem para o mal?" Ou, ainda, "caso a inteligência artificial se torne um mal, quem será responsabilizado? Os desenvolvedores da inteligência artificial? "A empresa que desenvolva esse tipo de solução para o mercado?".[57]

Na esfera dos canais de denúncias e investigações, a adoção de novas tecnologias permite que as organizações integrem dados dos seus canais de compliance com dados de outras áreas da empresa, para destacar uma gama mais ampla de riscos e tendências. Já são conhecidas e largamente utilizadas as ferramentas que gerenciam os próprios canais de denúncias, recebendo,

---

[56] Disponível em: <https://www.nytimes.com/2019/03/01/business/ethics-artificial-intelligence.html>. Acesso em: 18 out. 2019. (tradução nossa).

[57] Disponível em: <https://www.nytimes.com/2019/03/01/business/ethics-artificial-intelligence.html>. Acesso em: 18 out. 2019. (tradução nossa).

classificando, arquivando denúncias, produzindo reportes customizados, identificando tendências e padrões e gerando alertas de próximas ações. Essas ferramentas também produzem respostas automáticas customizadas e permitem a customização de acessos e perfis de utilização da ferramenta e dos dados arquivados.

As investigações forenses envolvem aplicação de análise de transações e dados e podem servir-se de ferramentas como *data management, que* inclui a arquitetura, a proteção, as políticas e procedimentos associados à manutenção dos dados de uma organização e a possível disponibilização de dados para a equipe de investigação. É muito eficaz também a utilização de ferramentas investigativas dotadas de NPL para identificação e análise de dados não estruturados incluindo *e-mails*, mensagens de texto, áudio e vídeo.

Ao utilizar a inteligência artificial nos processos de *due diligence*[58] de parceiros, fornecedores, representantes e terceiros já mencionados acima, destaca-se que devem incluir a coleta de dados públicos, de fontes públicas, como artigos na mídia, balanços financeiros publicados em diários oficiais e processos judiciais, que ajudam a verificação de terceiros e seus últimos beneficiários, a checagem de listas de sanções e pessoas politicamente expostas. As organizações devem implementar sistemas de monitoramento para detectar e prevenir riscos de corrupção, investigar e aplicar medidas corretivas, e assim melhorar o desempenho do programa.

No passado, as empresas compilavam bases de dados de fontes nacionais e internacionais, tais como listas do governo (*watchlists*, lista de pessoas politicamente expostas, entre outras), as quais eram atualizadas periodicamente, mas não em tempo real e, ainda, dependiam de tratamento manual pelo profissional de compliance. Com o advento da inteligência artificial, é possível alimentar as bases de dados da empresa com esses insumos em tempo real, permitindo mais assertividade e atualidade nos processos de *know your customer* (KYC), *anti money laundering, anti-bribery anti-corruption* (ABAC), beneficiário final, ou investigações que englobam um vasto volume de informações alocadas em diversas bases de dados, ou em várias línguas.

A impossibilidade de acessar diversos *sites*, seja por restrições técnicas ou temporais constitui um empecilho para ter essas bases atualizadas, e, portanto, corretas, além de consumir muito tempo em análises que podem resultar falsos positivos. Os dados derivados da *Office of Foreign Assets Control* (OFAC) e suas respectivas conexões, por exemplo, consumiriam muito tempo

---

[58] V. glossário.

para serem analisados ou revisados se dependesse somente da organização humana de dados não estruturados.

A inteligência artificial filtra e relaciona algoritmos, identificando dados relevantes e reduzindo a informação que precisa ser revisada, bem como acessando os diversos *sites* simultaneamente, superando restrições técnicas ou temporais.

A inteligência artificial também consolida a informação encontrada e ajuda o profissional de compliance a identificar o risco, aplicando conceitos de *data minimization* e *privacy by design*, pois, desde o início, poder-se-á definir os dados necessários e os princípios que serão aplicáveis para que somente seja coletada e processada a informação pessoal necessária para aquela finalidade, sem exceder esse limite.

Entretanto, mais uma vez a função do *compliance officer* faz-se necessária, pois que, ao utilizar ferramentas de AI/ML providas por terceiros, deverá também fazer a completa *due diligence*.

Vale, ainda, destacar a polêmica latente entre o que é considerado *open data*, 'dados públicos' e o conceito de transparência por parte do setor público, que não é objeto deste trabalho, mas que tem dificultado os trabalhos de organização e consolidação da informação, em virtude da limitação de acesso das informações por parte do poder público, que, por mecanismos técnicos, impede o acesso a essas informações ou até classifica como dados privados o que outrora eram dados públicos. Assim, segue o *compliance officer* apesar de bem assessorado pela inteligência artificial, insubstituível em sua função social.

Conforme um trabalho realizado para a revista da Universidade de Harvard, Jonathan Shaw esclarece que

> [...] há diversas razões por que alguém quererá "olhar embaixo do capô" de um sistema de inteligência artificial para entender como o sistema tomou uma determinada decisão: para verificar a causa de um *input* tendencioso, para realizar checagens de segurança antes de uma alta hospitalar, ou para determinar a responsabilidade após um acidente envolvendo um carro *self-driving*.[59]

---

[59] SHAW, Jonathan. Artificial intelligence and ethics: ethics and the dawn of decision-making machines. *Harvard Magazine*, 2019. Disponível em: <https://www.harvardmagazine.com/2019/01/artificial-intelligence-limitations>. Acesso em: 18 out. 2019.

Cap. 21 · INTELIGÊNCIA ARTIFICIAL APLICADA AOS PILARES DO COMPLIANCE | 343

Assim, sugere-se a metodologia de ética na inteligência artificial a seguir, que ajudará a justificar seu uso no programa de compliance.

2.4 Remediação, medidas disciplinares, corretivas e monitoramento

Como o profissional de compliance poderia assegurar-se de que a tecnologia utilizada terá a mínima quantidade de imprecisões na aplicação das medidas disciplinares e corretivas?

Em recente debate nos Estados Unidos a respeito da inteligência artificial e sua contribuição na melhoria de alocação de recursos do sistema de justiça penal americano, na análise prévia do risco do suposto infrator, e na respectiva medida corretiva adequada e livre de qualquer viés, veio à tona a seguinte questão: a trajetória de uma vida que poderia ser definida pelo algoritmo[60] está isenta de erros?[61] A resposta é "não".

Por isso é necessária a reflexão sobre a aplicação da inteligência artificial responsável e ética também nas medidas corretivas e punitivas que poderiam afetar os indivíduos e as empresas, muitas vezes de forma desastrosa. A inteligência artificial permitirá que por meio de algoritmos as medidas disciplinares e corretivas dispostas no código de ética, políticas e procedimentos internos das empresas sejam automatizadas, pelo menos numa primeira instância, tornando, portanto, o processo mais ágil. Como o profissional de compliance poderia garantir que tomou as medidas apropriadas e disponíveis naquele momento para que o algoritmo não seja contaminado de vieses? O profissional de compliance pode delegar todas as decisões a respeito dessas medidas aos resultados emitidos pela ferramenta? E com relação a esse conjunto de

---

[60] *"[...] Algorithms are routine processes or sequences of instructions for analyzing data, solving problems, and performing tasks. 5 Traditionally, researchers 'programmed' algorithms to perform certain tasks. 'Self-learning' algorithms, however, are increasingly replacing programmed algorithms [...]". DELOITTE. Managing algorithmic risks: safeguarding the use of complex algorithms and machine learning.* Disponível em: <https://www2.deloitte.com/content/dam/Deloitte/us/Documents/risk/us-risk-algorithmic-machine-learning-risk-management.pdf>. Acesso em: 14 jul. 2019.

[61] *"[...] Data-driven risk assessment is a way to sanitize and legitimize oppressive systems, Marbre Stahly-Butts, executive director of Law for Black Lives, said onstage at the conference, which was hosted at the MIT Media Lab [...]". HAO, Karen. AI is sending people to jail – and getting it wrong. MIT Technology Review,* Jan. 21, 2019. Disponível em: <https://www.technologyreview.com/s/612775/algorithms-criminal-justice-ai/>. Acesso em: 14 jul. 2019.

resultados e relatórios, a área de Compliance poderia extrair dados visando a melhorar os seus procedimentos e políticas internas?

Segundo a consultoria Deloitte, os riscos atrelados aos algoritmos resumem-se em três etapas: (a) inserção de dados com vieses, incompletos, desatualizados ou irrelevantes, insuficientes ou resultado da coleta de dados inapropriada; (b) desenho dos algoritmos sujeitos a vieses, técnicas de modelagem inadequadas, erros nos códigos e falsos padrões para o treinamento dos dados; (c) resultados das decisões vulneráveis a riscos, incorreta interpretação ou que desconsideram premissas relevantes. Do ponto de vista prático, imagine que a empresa decide investir num laboratório de inovação que terá como projeto-piloto a diminuição de prazos para emissão das soluções aos incidentes de compliance que envolvam fraude. O que ocorreria se o projeto fosse liderado isoladamente pela área financeira, sem a interferência de outras áreas, e a modelagem dos algoritmos fosse desenhada com foco no impacto financeiro, desconsiderando fraudes de valor irrisório, sem ponderar a quantidade de fraudes ocorridas? Certamente, o sistema não emitiria relatórios de fraude ou emitiria relatórios incompletos, eventualmente até ignorando um esquema de fraude maior camuflado por pequenas fraudes.

Os riscos podem ser causados por fatores não intencionais, como, por exemplo, falhas humanas (imperícia), técnicas de segurança e operacionais, que podem ocasionar também riscos à reputação das empresas. Considerando a situação acima citada, e se um terceiro percebesse o esquema de fraudes e o denunciasse perante as autoridades? Como a empresa poderia argumentar que o uso dos algoritmos foi revisado e que tentou minimizar qualquer erro?

Segundo um estudo da McKinsey & Company, a correção de erros derivados da aplicação de medidas saneadoras pode custar às organizações, nos primeiros 12 meses, até 12 vezes mais do que a aplicação da penalidade em si pelas autoridades, além de danos reputacionais[62]. Outrossim, a incapacidade de demonstrar um programa de compliance eficiente faz surgir duas questões difíceis: por qual motivo as autoridades dariam algum crédito às empresas por empregar mecanismos de compliance que não podem ser provados? Por qual motivo as autoridades imporiam às empresas mecanismos de compliance que não podem ser provados?

---

[62] FRUTH, Joshua. *Anti-money laundering controls failing to detect terrorist, cartels, and sanctioned states.* Disponível em: <https://www.reuters.com/article/bc-finreg-laundering-detecting/anti-money-laundering-controls-failing-to-detect-terrorists-cartels-and-sanctioned-states-idUSKCN1GP2NV>. Acesso em: 21 jul. 2019.

Cap. 21 · INTELIGÊNCIA ARTIFICIAL APLICADA AOS PILARES DO COMPLIANCE | 345

A Comissão Europeia, por meio de um grupo independente, criou um relatório em junho de 2018, com a finalidade de indicar diretrizes para que o usuário possa desenvolver ferramentas de inteligência artificial de forma ética e com confiança.[63] É indiscutível que o uso da inteligência artificial no campo disciplinar já é uma realidade, mas o algoritmo não está isento de erros, portanto, há necessidade de estabelecer procedimentos para o seu desenvolvimento e monitoramento periódico.

Outro debate que tem surgido diz respeito à equipe que trabalha no desenvolvimento do algoritmo, pois, geralmente, é um profissional especializado em ciências da computação, mas que carece de conhecimento a respeito de Ética e Compliance, o que somado aos escassos debates públicos da sociedade a respeito do tema é um alerta para que o profissional de compliance participe do desenvolvimento do algoritmo e realize constante monitoramento para promover o uso seguro da inteligência artificial.

Em alguns esquemas sofisticados de lavagem de dinheiro, as autoridades detectaram organizações criminosas complexas formadas por profissionais especializados em combater o crime de lavagem de dinheiro. Por isso, indispensável a participação do profissional de compliance na definição do algoritmo, junto com a área de tecnologia da informação e um comitê multidisciplinar cuja composição variará conforme a situação, a fim de evitar desvios ou ineficiências no uso da inteligência artificial, e que exigirá do profissional diversas competências comportamentais (como relacionamento interpessoal, persuasão, análise crítica) e técnicas (conhecimento e acompanhamento das novas tecnologias), que não são objeto deste artigo, mas que são essenciais para o sucesso do programa de compliance.

Os algoritmos são considerados propriedade intelectual, segredos de negócio e ativos que representam competitividade de mercado para muitas empresas, por conseguinte, as informações dos algoritmos não costumam ser compartilhadas com terceiros ou outras organizações que poderiam ajudar no monitoramento do uso adequado dos algoritmos e da inteligência artificial no programa de conformidade, o que, junto com a complexidade, falta de padrões e clareza quanto à regulação dos mesmos, compõem mais um desafio na exploração da ferramenta para o profissional de compliance.

---

[63] EUROPEAN COMMISSION. *Draft ethics guidelines for trustworthy AI*. Disponível em: <https://ec.europa.eu/digital-single-market/en/news/draft-ethics-guidelines-trustworthy-ai>. Acesso em: 21 jul. 2019.

A consultoria Deloitte[64] no relatório denominado *Managing algorithmic risks: safeguarding the use of complex algorithms and machine learning*, de forma bastante prática sugere que seja criada uma estratégia de gestão de risco do algoritmo como parte integrante da governança, cultura organizacional e uso responsável dos algoritmos. Neste sentido, se o profissional de compliance pretender fazer uso da inteligência artificial em qualquer pilar do programa deve considerar a governança do algoritmo como parte das suas atribuições e responsabilidades, não de forma isolada, mas em conjunto com outras áreas.

O relatório da Comissão Europeia de 2018 aponta que inteligência artificial de confiança deve assegurar e refletir o respeito a princípios éticos baseados nos direitos fundamentais e indivisíveis dos direitos humanos contemplados no Tratado da União Europeia e na Carta dos Direitos Fundamentais da União Europeia.[65] O relatório abordou os aspectos éticos da inteligência artificial, mas não os aspectos legais.

O desenvolvimento de algoritmos baseados na legislação contém seus desafios, mas o principal fator envolvido nas decisões a respeito de condutas que violam normas de compliance está no aspecto ético. De maneira muito didática, a Comissão Europeia resume os princípios éticos que devem reger a inteligência artificial: (i) respeito da autonomia humana; (ii) prevenção de danos; (iii) equidade; (iv) explicabilidade. Este último refere-se à transparência com que o processo e a finalidade do sistema de inteligência artificial foram comunicados, permitindo que as decisões e os resultados gerados dessas decisões tanto diretos como indiretos sejam explicados, auditados e justificados, respeitando sempre os direitos fundamentais.

O relatório da Comissão Europeia expõe também os requisitos essenciais para uma inteligência artificial de confiança que devem ser observados durante todo o ciclo de vida do sistema de inteligência artificial, quais sejam:

1. ação e supervisão humanas;
2. solidez técnica e segurança;
3. privacidade e governança dos dados;

---

[64] DELOITTE. *Managing algorithmic risks*: safeguarding the use of complex algorithms and machine learning. Disponível em: <https://www2.deloitte.com/content/dam/Deloitte/us/Documents/risk/us-risk-algorithmic-machine-learning-risk-management.pdf>. Acesso em: 14 jul. 2019.

[65] Ethics guidelines trustworthy AI. Disponível em: <https://ec.europa.eu/digital-single-market/en/news/ethics-guidelines-trustworthy-ai>. Acesso em: 27 jul. 2019

4. transparência;
5. diversidade, não discriminação e equidade;
6. bem-estar social e ambiental;
7. responsabilidade.

E como o profissional de compliance poderia fiscalizar o cumprimento desses requisitos no uso da ferramenta de compliance, a fim de garantir os resultados corretos na aplicação das medidas corretivas e punitivas?

O relatório explica que é possível usar métodos técnicos e não técnicos.

Os métodos técnicos estão relacionados com os procedimentos na arquitetura do sistema, como a inclusão da ética e do estado de direito desde a concepção do sistema – esta técnica é denominada de *X by design* –,[66] ou a aplicação de metodologias investigativas que permitam explicar o comportamento do sistema, testar e validar os resultados apresentados por ele. Um método técnico indispensável é o da explicação, mediante o qual será possível averiguar se o comportamento do sistema é fiável, se as respostas apresentadas são coerentes, verificando-se, por exemplo, se o sistema consegue diferenciar a aplicação da penalidade para uma situação de conflito de interesses em um caso de fraude, distinguindo a gravidade e os atores envolvidos. Assim, é possível ter uma tecnologia fiável.

Os métodos não técnicos referem-se à verificação constante de regulamentações, revisão de códigos de condutas, certificações do sistema, equipes de trabalho diversas e multidisciplinares, educação constante e sensibilização a respeito da importância da mentalidade ética por todos os envolvidos no projeto de inteligência artificial.

A redução de custos não deve ser o fator propulsor para o desenvolvimento de um projeto de inteligência artificial, pois, conforme mencionado anteriormente, as consequências em termos de reputação para a empresa podem ser desastrosas. As decisões baseadas na emissão de pareceres de sistemas com inteligência artificial, sem a supervisão humana, podem estar viciadas de erros, e a tolerância da empresa em aceitar esses erros pode definir se o seu programa de compliance é eficiente ou, pelo contrário,

---

[66] GUNDERMAN, Dan. *Cyber director outlines 'expert generalist,' unified data: 'TF7' guest breaks down privacy, governance & more*. Disponível em: <https://www.cshub.com/data/news/kpmg-cyber-director-outlines-expert-generalist-unified-data>. Acesso em: 27 jul. 2019.

348 | GUIA PRÁTICO DE COMPLIANCE

acarreta riscos maiores para a empresa e os sujeitos a quem supostamente deve proteger.

Outro ponto a ser considerado é a falta de agentes reguladores capazes de fiscalizar os algoritmos, o que por um lado pode ser desvantajoso para a empresa, pois o desconhecimento dos agentes públicos acarretaria que se colocasse em dúvida a eficácia do programa de compliance. Por outro lado, esse desconhecimento faria que os erros fossem despercebidos pelas autoridades e, assim, o problema permaneceria sem correção, o que resultaria em outras consequências para a empresa, como a tomada de decisões incorretas com relação às medidas corretivas.

Outro método não técnico seria a implantação de comitês independentes que avaliassem esses resultados e práticas adotadas durante o processo, aplicando testes para detectar erros e recomendar melhorias. O monitoramento constante por meio de auditorias internas e externas é essencial para testar e tentar evitar erros no uso da inteligência artificial para o desenvolvimento dos pilares de compliance.

Os custos referentes ao uso da inteligência artificial podem ser divididos entre antes, durante e depois do desenvolvimento das ferramentas. Ao instalar comitês independentes desde o início do programa, a decisão a respeito de quem arcará com esses custos pode se tornar menos conflitiva. Eventualmente, os custos poderiam até dividir-se entre todos os centros de custo da corporação, contudo, isso dependerá também do tamanho, do segmento do negócio, da gestão financeira e da cultura da empresa.

A seguir, é exemplificado um *checklist* de avaliação para uma inteligência artificial de confiança focado na remediação e aplicação de medidas corretivas e disciplinares:

Requisitos	Método técnico	Método não técnico
Ação e supervisão humana	O sistema de IA considerou premissas éticas e de direito desde a concepção? Como foram revisadas essas premissas? Quem as revisou? Como foram realizados os testes e validação com relação às respostas e explicações apresentadas pelo sistema AI	A introdução da IA ponderou como seria o controle humano das decisões automatizadas emitidas pelo sistema de inteligência artificial implementado no canal de denúncia? Como será a fiscalização humana das decisões tomadas pelo sistema de inteligência artificial?

Cap. 21 · INTELIGÊNCIA ARTIFICIAL APLICADA AOS PILARES DO COMPLIANCE

Solidez técnica e segurança

Foram tomadas todas as medidas para garantir a resiliência do sistema perante ataques ou uso indevido de dados?

Como foi analisado o nível de risco de violações, vulnerabilidade de ambiente, acesso do sistema de AI?

O plano de contingência foi testado?

Qual é o plano de contingências para eventual interrupção dos sistemas?

A empresa possui apólices de seguro para cobrir erros derivados do uso de IA? O seguro cobre danos a terceiros? Está de acordo com o risco da empresa e os potenciais danos causados ao negócio?

Como poderia garantir que o plano de emergência será executado de forma adequada? O corpo diretivo foi treinado para agir em casos de emergência?

Privacidade e governança de dados

Considerando o fluxo de dados, o sistema foi harmonizado com as normas e os protocolos existentes para garantir a governança dos dados?

Quais protocolos, processos e procedimentos foram adoptados na governança de dados?

Foram contratados terceiros para desenvolver os sistemas de IA? Foi realizada a *"due dilligence"* desses terceiros e de que forma?

Quem tem acesso aos dados antes, durante ou depois de uma investigação?

Quem é responsável por guardar, coletar, manter, descartar os dados?

Quem avalia se os resultados originados do sistema IA estão corretos?

Qual é o fluxo desses dados? Foi realizado um *risk assessment* desses dados? De que forma?

Transparência

Quais métodos foram usados para desenvolver os algoritmos do sistema de IA? Como a empresa valida, testa esses algoritmos? Como a empresa documenta os resultados e de que forma gerencia esses dados?

Como a empresa comunica o resultados do uso de IA na área de Compliance?

Como a empresa monitora a comunicação e as decisões tomadas pela empresa com base nesses resultados?

É claro para o público interno e externo como a organização coleta, usa e trata os dados no que tange à área de Compliance?

Diversidade, não discriminação e equidade	Quais foram os procedimentos usados para evitar enviesamentos injuntos no sistema de IA? Foram cogitadas limitações dos sistema em matéria de análise cognitivo do sistema? Os sistemas foram testados?	Tomou em consideração a diversidade em todo o fluxo de informação? Há mecanismos para o público interno e externo informe questões de discriminação e enviesamento, mau desempenho do sistema de IA?
Bem-estar social e ambiental	Foram mensurados aspectos ambientais, por ex.,mediação de carbono, na utilização do sistema de IA? Foram avaliadas formas de medir antes, durante e depois da utilização do sistema de IA os impactos ambientais para a organização?	Qual é o impacto para a sociedade do uso do sistema de IA, considerando o papel e a responsabilidade social da empresa? O uso do sistema de IA poderia melhorar a percepção dos empregados ou mesmo da sociedade com relação às decisões da empresa em matéria de Compliance?
Responsabilidade	Quantas vezes os sistemas de IA serão auditados e quem os auditará? A empresa usa processos de certificação? Incluiu-se no processo de certificação de Compliance as auditorias dos algoritmos usados no programa de compliance? Como a empresa documenta todo o ciclo do sistema de IA?	Há algum processo, guia ou orientação para os empregados quanto à utilização responsável do sistema de IA? Há procedimentos claros, transparentes para aplicação de medidas disciplinares quando a empresa perceber o uso inadequado dos algoritmos em matéria de Compliance?

3. CONCLUSÃO

A inteligência artificial e a digitalização dos processos ainda estão em uma fase inicial, mas certamente já apresentam oportunidades e desafios importantes para a área de Compliance e nas estruturas de governança das organizações.

A área de Compliance se depara com a assunção de novas obrigações em razão das demandas e processos oriundos da transformação do *modus operandi* das empresas, dos tempos significativamente reduzidos de resposta esperada, de novos regulamentos e do volume crescente de informações a serem analisadas. É preciso gerar maior eficiência para que a área de Compliance possa assumir esses novos escopos de trabalho.

A automatização e digitalização inteligente e o uso de tecnologias com inteligência artificial nos processos hoje existentes se apresentam como solução possível para obter maior eficiência, maior precisão e em tempo reduzido.

Enquanto, sem sombra de dúvidas, as ferramentas de inteligência artificial e *machine learning* de fato são um grande avanço de inestimável melhoria, é fundamental lembrar que os princípios éticos comportamentais devem também estar presentes quando da criação desses modelos para que se fique o mais distante possível da teoria do fruto da árvore envenenada,[67] que também pode acontecer no mundo artificial. A nosso ver, esta responsabilidade será do *compliance officer* e sua equipe. Quanto antes o *compliance officer* se envolver no processo de transformação, maior será a eficiência, menor o custo e maior segurança desse processo.

Desta forma, a inteligência artificial trouxe um novo desafio para o profissional de compliance, qual seja a necessidade de adquirir conhecimento de outras áreas, como a de tecnologia da informação, e a habilidade para liderar ambientes multidisciplinares. Para assumir esse novo papel, o profissional de compliance precisa desenvolver habilidades técnicas e novas *soft skills*.

Assim, é possível concluir que a inteligência artificial pode ser e provavelmente será utilizada nos principais pilares do programa de compliance, desde que respeitados os requisitos essenciais para assegurar a transparência e a confiabilidade dos algoritmos, conforme orientação recente da Comissão Europeia, e que nos parece ser o guia mais seguro para navegar nesse novo desafio: *know your robot!*

---

[67] A teoria do fruto envenenado está registrada no *Vocabulário jurídico* do Supremo Tribunal Federal (STF): "Esse princípio corresponde à teoria americana do fruto da árvore envenenada, cuja doutrina defende que todas as provas decorrentes de prova ilícita são contaminadas por este vício". Disponível em: <http://www.stf. jus.br/portal/jurisprudencia/listarTesauro.asp?txtPesquisaLivre=TEORIA%20 DOS%20FRUTOS%20DA%20%C3%81RVORE%20ENVENENADA>. Acesso em: 9 ago. 2019.

REFERÊNCIAS

BACHINSKIY, Arthur. RegTech is the New Black. A Guide to the Latest FinTech Trend. Disponível em: <https://medium.com/swlh/regtech-is-the-new-black-a-guide-to-the-latest-fintech-trend-b7d1e21ee735>. Acesso em: 8 ago. 2019.

BRASIL. Decreto 8.420, de 18 de março de 2015. *Diário Oficial da União*, Brasília, DF, 19 mar. 2015. Disponível em: <http://www.planalto.gov.br/CCIVIL_03/_Ato2015-2018/2015/Decreto/D8420.htm>. Acesso em: 15 jul. 2019.

BRASIL. Lei 13.709, de 14 de agosto de 2018. *Diário Oficial da União*, Brasília, DF, 15 ago. 2018. Disponível em: <http://www.planalto.gov.br/ccivil_03/_ato2015-2018/2018/Lei/L13709.htm>. Acesso em: 15 jul. 2019.

BRASIL. SUPREMO TRIBUNAL FEDERAL. *Vocabulário jurídico*. Disponível em: <http://www.stf.jus.br/portal/jurisprudencia/listarTesauro.asp?txtPesquisaLivre=TEORIA%20DOS%20FRUTOS%20DA%20%C3%81RVORE%20ENVENENADA>. Acesso em: 9 ago. 2019.

CHAN, Brian Ka. What is artificial intelligence? 8 important definitions of artificial intelligence. Disponível em: <https://minddata.org/what-is-ai-mit-stanford-harvard-cmu-Brian-Ka-Chan-AI>. Acesso em: 7 jul. 2019.

CHARTIS RESEARCH. *Demystifying artificial intelligence in risk and compliance*: a step-by-step guide. Disponível em: <https://www.chartis-research.com/technology/artificial-intelligence-ai/demystifying-artificial-intelligence-risk-and-compliance-10466>. Acesso em: 20 jul. 2019.

COMPLIANCE NEXT. Understanding the basics: the ultimate list of compliance program statistics. Disponível em: <https://www.navexglobal.com/compliancenext/understanding-the-basics/the-ultimate-list-of-compliance-program-statistics/>. Acesso em: 7 ago. 2019.

CONLON, Katelyn. 4 key benefits of compliance technology: how to build the business case for investing in modern compliance technology. Disponível em: <https://www.convercent.com/blog/4-key-benefits-of-compliance-technology>. Acesso em: 18 out. 2019.

CONTROLADORIA-GERAL DA UNIÃO. *Programa de integridade*: diretrizes para empresas privadas. Disponível em: <https://www.cgu.gov.br/Publicacoes/etica-e-integridade/arquivos/programa-de-integridade-diretrizes-para-empresas-privadas.pdf>. Acesso em: 14 jul. 2019.

DELOITTE. *Tech trends 2019*: beyond the digital frontier. Disponível em: <https://www2.deloitte.com/content/dam/Deloitte/br/Documents/technology/DI_TechTrends2019.pdf>. Acesso em: 20 jul. 2019.

DELOITTE. *Managing algorithmic risks*: safeguarding the use of complex algorithms and machine learning. Disponível em: <https://www2.deloitte.com/content/dam/Deloitte/us/Documents/risk/us-risk-algorithmic-machine-learning-risk-management.pdf>. Acesso em: 14 jul. 2019.

DUHAIME, Christine. How artificial intelligence is changing investigations policing and law enforcement. Disponível em: <http://www.antimoneylaunderinglaw.com/2019/02/how-artificial-intelligence-is-changing-investigations-policing-and-law-enforcement.html>. Acesso em: 7 ago. 2019.

ENGLISH, Stacey; HAMMOND, Susannah. Cost of compliance 2018: executive summary and regulatory developments. *Reuters Financial Regulatory Forum*. Disponível em: <https://www.reuters.com/article/bc-finreg-cos-of-compliance-executive-su/cost-of-compliance-2018-executive-summary-and-regulatory-developments-idUSKBN1JZ1L3>. Acesso em: 7 ago. 2019.

EUROPEAN COMMISSION. *Draft ethics guidelines for trustworthy AI*. Disponível em: <https://ec.europa.eu/digital-single-market/en/news/draft-ethics-guidelines-trustworthy-ai>. Acesso em: 21 jul. 2019.

EY. *Integrity in the spotlight*: the future of compliance. Disponível em: <https://www.ey.com/Publication/vwLUAssets/ey-global-fids-fraud-survey-2018/$FILE/ey-global-fids-fraud-survey-2018.pdf>. Acesso em: 20 jul. 2019.

FINTECH FUTURES. How technology and AI are set to transform compliance. Disponível em: <https://www.fintechfutures.com/2018/12/how-technology-and-ai-are-set-to-transform-compliance/>. Acesso em: 7 jul. 2019.

FOX, Thomas R. Using AI in a compliance function: part I. *FCPA Compliance & Ethics*. Disponível em: <http://fcpacompliancereport.com/2018/02/15140/>. Acesso em: 2 ago. 2019.

FRUTH, Joshua. Anti-money laundering controls failing to detect terrorist, cartels, and sanctioned states. Disponível em: <https://www.reuters.com/article/bc-finreg-laundering-detecting/anti-money-laundering-controls-failing-to-detect-terrorists-cartels-and-sanctioned-states-idUSKCN1GP2NV> . Acesso em: 21 jul. 2019.

GIUS, Daniela et al. Value and resilience through better risk management. Disponível em: <https://www.mckinsey.com/business-functions/risk/our-insights/value-and-resilience-through-better-risk-management?cid=other-eml-alt-mip-mck-oth-1810&hlkid=7b53400 399c54cfcabf2f89155ecd75e&hctky=10442367&hdpid=a3e88bfe-939d-4120-b4b9-20322a66d1eb>. Acesso em: 2 ago. 2019.

GUNDERMAN, Dan. Cyber director outlines 'expert generalist,' unified data: 'TF7' guest breaks down privacy, governance & more. Disponível em: <https://www.cshub.com/data/news/kpmg-cyber-director-outlines-expert-generalist-unified-data>. Acesso em: 27 jul. 2019.

HAO, Karen. AI is sending people to jail – and getting it wrong. *MIT Technology Review,* Jan. 21, 2019. Disponível em: <https://www.technologyreview.com/s/612775/algorithms-criminal-justice-ai/>. Acesso em: 14 jul. 2019.

JOHNSTON, Alasdair, LEFORT, Frédéric; TESVIC, Joseph. Secrets of successful change implementation. Disponível em: <https://www.mckinsey.com/business-functions/operations/our-insights/secrets-of-successful-change-implementation>. Acesso em: 21 jul. 2019.

KPMG. *Innovating compliance through automation.* Disponível em: <https://advisory.kpmg.us/content/dam/advisory/en/pdfs/compliance-automation-survey-r1-09-10-web.pdf>. Acesso em: 21 jul. 2019.

KUMAR, Anjani. AI and ML in financial services compliance management: use cases for the regulators. Disponível em: <https://www.finextra.com/blogposting/15713/ai-and-ml-in-financial-services-compliance-management-use-cases-for-the-regulators>. Acesso em: 8 ago. 2019.

MUZZY, Ladd. How artificial intelligence can influence governance, risk and compliance. Disponível em: <https://business.nasdaq.com/marketinsite/2017/How-Artificial-Intelligence-Can-Influence-Governance-Risk-and-Compliance.html>. Acesso em: 7 jul. 2019.

PETER Stone et al. Artificial intelligence and life in 2030: one hundred year study on artificial intelligence. *Report of the 2015 Study Panel*, Sept. 2016. Disponível em: <https://ai100.sites.stanford.edu/sites/g/files/sbiybj9861/f/ai100report10032016fnl_singles.pdf>. Acesso em: 28 jul. 2019.

PWC. 2019 AI predictions: six AI priorities you can't afford to ignore. Disponível em: <https://www.pwc.com/us/en/services/consulting/library/artificial-intelligence-predictions-2019.html>. Acesso em: 6 ago. 2019.

RAO, Vinay. From data to knowledge: learn how information science has made significant leaps forward. Disponível em: <https://developer.ibm.com/articles/ba-data-becomes-knowledge-1/>. Acesso em: 7 jul. 2019.

RICH, Stanley R.; GUMPERT, David E. How to write a winning business plan. *Harvard Business Review*, May 1985.

SHAW, Jonathan. Artificial intelligence and ethics: ethics and the dawn of decision-making machines. *Harvard Magazine*, 2019. Disponível em: <https://www.harvardmagazine.com/2019/01/artificial-intelligence-limitations>. Acesso em: 18 out. 2019.

SIBILLE, Daniel; SERPA, Alexandre. *Os pilares do programa de compliance*: uma breve discussão. Disponível em: <https://d335luupugsy2.cloudfront.net/cms/files/28354/1562078276ebook-pilares-do-programa-de-compliance.pdf>. Acesso em: 27 jul. 2019.

SINGH, Gurjeet. How AI transforming anti-money laundering challenge. *Corporate Compliance Insights*. Disponível em: <https://www.corporatecomplianceinsights.com/ai-transforming-anti-money-laundering-challenge/>. Acesso em: 6 ago. 2019.

SOFTWARE & INFORMATION INDUSTRY ASSOCIATION. SIIA releases ethical principles for artificial intelligence and data analytics, with support from the Future of Privacy Forum, and the Information Accountability Foundation. Disponível em: <https://www.siia.net/Press/SIIA-Releases-Ethical-Principles-for-Artificial-Intelligence-and-Data-Analytics-with-Support-from-the-Future-of-Privacy-Forum-and-the-Information-Accountability-Foundation>. Acesso em: 17 jul. 2019.

SPIVACK, Peter S. Artificial intelligence and data analytics in fraud and corruption investigations. Disponível em: <https://www.lexology.com/library/detail.aspx?g=60a43d0a-4cef-4782-b682-1b73e12b7e3d>. Acesso em: 7 ago. 2019.

22

IMPACTOS DA LEI GERAL DE PROTEÇÃO DE DADOS PESSOAIS NO PROGRAMA DE COMPLIANCE

INGRID BANDEIRA SANTOS
LORENA PRETTI SERRAGLIO
RODRIGO FREIRE
THAIS MALUF

INTRODUÇÃO

O tema de proteção de dados tem recebido atenção exponencial no Brasil, principalmente com a expectativa em torno do início da vigência da Lei 13.709/2018 (Lei Geral de Proteção de Dados Pessoais, doravante referida como LGPD),[1] prevista para agosto do ano 2020[2]. Essa espera é acompanhada de preocupações de ordem prática, voltadas à adequação das atividades de qualquer pessoa ou ente, público ou privado, que realize tratamento de dados pessoais com fins comerciais, para que tais atividades estejam em conformidade com a nova lei.

---

[1] BRASIL. Lei nº 13.709, de 14 de agosto de 2018. *Diário Oficial da União*, Brasília, DF, 15 ago. 2018. Disponível em: <http://www.planalto.gov.br/ccivil_03/_ato2015-2018/2018/lei/L13709.htm.> Acesso em: 18 out. 2019.

[2] De acordo com o artigo 65 da Lei nº 13.709, de 14 de agosto de 2018, após alteração trazida pela Lei nº 13.853, de 2019, a lei entra em vigor 8 de dezembro de 2018, quanto aos artigos 55-A, 55-B, 55-C, 55-D, 55-E, 55-F, 55-G, 55-H, 55-I, 55-J, 55-K, 55-L, 58-A e 58-B, relacionados à Autoridade Nacional de Proteção de Dados, sua estrutura e funções. No que tange aos demais artigos, a lei entrará em vigor 24 meses após a data de sua publicação.

GUIA PRÁTICO DE COMPLIANCE

Programas de compliance, naturalmente, já estão e continuarão sendo afetados pela LGPD, tendo em vista a inerente necessidade de tratamento de dados pessoais em algumas situações. O programa de compliance, por si só, pode ser amparado por base legal da LGPD, em grande parte devido ao legítimo interesse da empresa, enquanto controladora, para o manuseio e processamento de dados pessoais ligados à atividade desenvolvida. Em alguns casos, outras bases legais poderão amparar tratamento de dados em contextos específicos, os quais são apontados ao longo deste artigo.

Neste ponto, é importante mencionar que o objetivo deste capítulo não gravita em torno da adequação das empresas às premissas da LGPD. Pretende-se, sim, discorrer sobre seus princípios e importar as boas práticas relacionadas à proteção de dados, trazendo-as ao contexto dos programas de compliance. Para esse fim, em alguns momentos se buscou inspiração no regulamento europeu (*General Data Protection Regulation*, doravante "GDPR")[3] que fortemente influenciou a lei brasileira, sem, contudo, caracterizar o capítulo como estudo comparado entre as duas legislações.

Com o intuito de imergir o leitor no ecossistema da proteção de dados, este artigo traz os conceitos da LGPD, as bases legais para tratamento e os princípios que norteiam toda a atividade. Em seu desenvolvimento, destaca pontos em programas de compliance de empresas privadas que, sob a ótica da LGPD, merecem especial atenção: realização e apuração de denúncias; investigações corporativas; crises relacionadas a uso inadequado ou a incidentes de segurança e a questão da diversidade de regulamentação para organizações multinacionais. Cada um desses elementos está tratado nos itens que seguem.

1. LGPD: CONCEITOS PERTINENTES, BASES LEGAIS E PRINCÍPIOS

Os programas de compliance são, sob a ótica da legislação de proteção de dados pessoais, constantes processos de tratamentos de dados. Nesse ponto, a LGPD, em seu art. 5º, X, é clara ao delinear o conceito de tratamento de forma ampla, englobando, dentre outros, coleta, recepção, classificação, arquivamento, avaliação, que são práticas comuns às denúncias, investigações e relacionamento diário com colaboradores ou com clientes, fornecedores e demais *stakeholders*[4].

---

[3] UNIÃO EUROPEIA. Regulation (EU) 2016/679 of the European Parliament and of the Council of 27 April 2016 on the protection of natural persons with regard to the processing of personal data and on the free movement of such data. Disponível em: <https://gdpr-info.eu/> Acesso em 27 out. 2019.

[4] V. glossário.

Cap. 22 · LEI GERAL DE PROTEÇÃO DE DADOS PESSOAIS NO PROGRAMA DE COMPLIANCE | 359

Contudo, a lei não define apenas atividades de tratamento. Ciente da terminologia inovadora, até então pouco comum à prática brasileira, tratou a LGPD de traçar conceitos para as demais expressões, sendo que as mais utilizadas neste capítulo são abaixo catalogadas, em conformidade com o art. 5º da LGPD:

> "I – **dado pessoal**: informação relacionada a pessoa natural identificada ou identificável;
>
> II – **dado pessoal sensível**: dado pessoal sobre origem racial ou étnica, convicção religiosa, opinião política, filiação a sindicato ou a organização de caráter religioso, filosófico ou político, dado referente à saúde ou à vida sexual, dado genético ou biométrico, quando vinculado a uma pessoa natural;
>
> III – **dado anonimizado:** dado relativo a titular que não possa ser identificado, considerando a utilização de meios técnicos razoáveis e disponíveis na ocasião de seu tratamento;
>
> IV – **titular:** pessoa natural a quem se referem os dados pessoais que são objeto de tratamento;
>
> V – **controlador:** pessoa natural ou jurídica, de direito público ou privado, a quem competem as decisões referentes ao tratamento de dados pessoais;
>
> VII – **operador:** pessoa natural ou jurídica, de direito público ou privado, que realiza o tratamento de dados pessoais em nome do controlador;
>
> VIII – **encarregado:** pessoa indicada pelo controlador e operador para atuar como canal de comunicação entre o controlador, os titulares dos dados e a Autoridade Nacional de Proteção de Dados (ANPD)."

Para que o tratamento de dados possa ser realizado em consonância com a LGPD, a legislação estabelece um rol de bases legais. No contexto de programas de compliance, o legítimo interesse do controlador, a execução de um contrato e o cumprimento de obrigação legal têm sido as bases que, ponderadas eventuais particularidades, melhor asseguram os direitos dos titulares.

Além das bases legais, é necessário, ainda, que a empresa se ampare na boa-fé e nos princípios da LGPD, constantes do seu art. 6º, com destaque para alguns:

> ➢ *finalidade*: realização do tratamento para propósitos legítimos, específicos, explícitos e informados ao titular, sem possibilidade de tratamento posterior de forma incompatível com essas finalidades;

> *adequação*: compatibilidade do tratamento com as finalidades informadas ao titular, de acordo com o contexto do tratamento;

> *necessidade*: limitação do tratamento ao mínimo necessário para a realização de suas finalidades, com abrangência dos dados pertinentes, proporcionais e não excessivos em relação às finalidades do tratamento de dados;

> *transparência*: garantia, aos titulares, de informações claras, precisas e facilmente acessíveis sobre a realização do tratamento e os respectivos agentes de tratamento, observados os segredos comercial e industrial;

> *segurança*: utilização de medidas técnicas e administrativas aptas a proteger os dados pessoais de acessos não autorizados e de situações acidentais ou ilícitas de destruição, perda, alteração, comunicação ou difusão.

2. CANAL DE DENÚNCIAS

Um dos pilares essenciais de um programa de compliance é a existência de canal para recebimento de denúncias sobre descumprimento de leis e/ou de regras de conduta da empresa. Diferentes formatos podem ser adotados, sendo alguns canais abertos apenas ao público interno e outros abertos também ao público externo, permitindo-se, ou não, o anonimato do denunciante. O canal pode, ainda, ser administrado por equipe interna, com uso de ferramenta própria ou de plataforma contratada, ou totalmente administrado por consultoria externa à empresa.

Diante dos diferentes formatos para um canal de denúncias, diversas serão, também, as abordagens dadas ao tratamento de dados e as responsabilidades dos agentes envolvidos. Quando uma empresa recebe as denúncias dentro de sua própria estrutura, por mecanismos próprios, agirá como controladora (aquela a quem, nos termos do art. 5º, VI, da LGPD, competem as decisões referentes ao tratamento dos dados). Caso o processo de coleta das denúncias ocorra por intermédio de uma consultoria externa, que trata os dados em nome da empresa, estaremos diante de uma operadora.

Neste ponto, importante consignar que a LGPD estabelece que controladores e operadores serão obrigados a reparar danos causados em razão da atividade de tratamento, e que a responsabilidade será solidária não apenas quando houver o descumprimento das obrigações da legislação de proteção de dados, mas, também, quando o operador não seguir as instruções determinadas pelo controlador. É dizer: caso a consultoria externa opte por não seguir as recomendações dadas pela corporação no tocante à implantação do canal de denúncias e a seu formato de operação, e em se verificando um incidente de segurança oriundo daquele descumprimento, a consultoria externa poderá ser responsabilizada.

Tratando-se de empresas que estejam sob o crivo de ordenamentos jurídicos estrangeiros com exigências especiais de cumprimento sob o ponto de vista de Compliance, como no caso de empresas sujeitas ao FCPA[5] e ao *Sarbanes-Oxley Act* (SOx)[6], a base legal que soa mais apropriada é a do legítimo interesse (art. 7º, IX, da LGPD). No caso dessas empresas, a existência de canal de denúncias, preferencialmente independente, é requisito para cumprimento de lei; no entanto, o cumprimento de obrigação legal ou regulatória como base legal para tratamento (art. 7º, II, da LGPD) é aplicado apenas para a legislação nacional, razão pela qual utiliza-se o legítimo interesse do controlador.

Importante mencionar, ademais, que a terceirização da gestão desse canal de comunicação tem se mostrado a melhor prática, fortemente estimulada por autoridades norte-americanas como o DOJ e a SEC.[7]

Outrossim, o legítimo interesse do controlador também poderá ser utilizado como fundamento para recebimento de denúncias. No tratamento de dados nesse contexto, faz-se necessária a realização de um teste de legítimo interesse, a fim de demonstrar a legitimidade do processo.

Referido exercício, também conhecido como teste de balanceamento ou *legitimate interest assessment* (LIA), visa a demonstrar que o propósito do tratamento de dados pessoais é legítimo, apropriado e proporcional, baseado em situações específicas; que apenas os dados estritamente necessários estão sendo coletados, indo ao encontro do princípio da necessidade; que o tratamento é para propósitos legítimos, específicos e explícitos, sem possibilidade de tratamentos subsequentes que sejam incompatíveis com tais propósitos; que o tratamento respeita direitos, liberdades e a legítima expectativa dos

---

5   V. glossário.

6   V. glossário.

7   Cf. OFFICE OF COMPLIANCE INSPECTIONS AND EXAMINATIONS (OCIE). Examination Priorities for 2015 (January 13, 2015); National Exam Program Risk Alert, OCIE's 2015 Cybersecurity Examination Initiative (September 15, 2015). A few of the staff's observations discussed herein were previously discussed in a recent National Exam Program Risk Alert, Cybersecurity: Ransomware Alert (May 17, 2017). Disponível em: <https://www.sec.gov/ocie>.

GUIA PRÁTICO DE COMPLIANCE

titulares dos dados; e que o controlador adota medidas necessárias para assegurar o cumprimento dos princípios da transparência e da segurança, garantindo mecanismos de oposição aos titulares.

Além da realização do teste de legítimo interesse, orienta-se que outras medidas também sejam tomadas, a fim de garantir o cumprimento aos preceitos da LGPD:

> ➢ *relatório de impacto (data protection impact assessment – "DPIA"):* realizar avaliação de impacto à proteção de dados pessoais relativamente ao canal de denúncias, de modo a avaliar eventuais riscos ligados ao tratamento de dados pessoais;

> ➢ *transparência:* ter uma política clara indicando o fluxo de uma denúncia, a fim de que os interessados conheçam o processo para quando precisarem denunciar irregularidades e para que saibam como seus dados pessoais seriam tratados no âmbito de uma denúncia, seja como denunciante ou como denunciado;

> ➢ *canais específicos:* caso seja viável, constituir canais separados para (i) denúncias de assédio e temas correlatos, que podem ser direcionadas a um determinado setor, como, por exemplo, o de Recursos Humanos; e (ii) denúncias de condutas mais diretamente ligadas a governança, corrupção e outras, minimizando a exposição de dados sensíveis em canais inadequados;

> ➢ *anonimato e sigilo:* incentivar o denunciante a se identificar para permitir uma investigação eficaz e completa, embora, ao mesmo tempo, seja essencial manter sua identidade confidencial para as pessoas não envolvidas na apuração dos fatos, tendo sempre em mente a necessidade de não retaliação a denunciantes de boa-fé e de medidas concretas para esse fim;

> ➢ *coleta menos intrusiva:* limitar a coleta, o armazenamento e o processamento de informações ao mínimo necessário para realização da investigação, de forma proporcional e não excessiva, de acordo com o princípio da necessidade previsto na LGPD;

> ➢ *retenção de dados:* estabelecer prazo para retenção de dados após o fim da investigação e até mesmo prever destruição imediata de relatórios inúteis ou totalmente carentes de fundamentação;

> ➢ *segurança da informação:* adotar uma política de segurança da informação com provisões sobre tratamento de relatos de denúncias; mecanismos para legitimar a transferência de dados de/para prestadores de serviços ou de/para plataformas contratadas.

3. INVESTIGAÇÕES CORPORATIVAS

No contexto das investigações de compliance em empresas, inúmeros são os pontos de atenção sob a ótica da LGPD. A prática revela que grandes volumes de informações coletadas trafegam em uma teia de agentes envolvidos, desde os que recebem ligações e/ou e-mails ou outros tipos de contato em canais de denúncias, aos que compilam os dados (pessoais e sensíveis) e os catalogam de forma inteligível e estruturada para usos determinados.

Exemplo prático é a empresa que envolve uma consultoria externa ou escritório de advocacia para realizar entrevistas e elaborar relatórios da investigação. As entrevistas podem ser realizadas de forma remota, com transmissão de imagens e/ou voz, ou de forma presencial, com transmissão e/ou gravação de áudio e de imagens dos envolvidos.

Para as investigações corporativas, no tocante aos dados pessoais, o legítimo interesse do controlador, tal qual analisado no ponto anterior, também seria o fundamento aqui empregado. Eventualmente, e a depender da situação analisada, as investigações corporativas também poderão ser amparadas pelo cumprimento de obrigação legal ou regulatória pelo controlador.

É importante que a empresa elabore um relatório de impacto à proteção de dados e um teste de balanceamento (quando a base legal for o legítimo interesse) de modo a documentar e avaliar os riscos envolvidos na atividade, nos termos expostos no tópico anterior.

Acima de tudo, é essencial que os processos de investigação estejam alinhados aos princípios da LGPD, possuindo uma finalidade específica e propósitos legítimos. Os dados coletados precisam ser realmente relevantes, em cumprimento ao princípio da qualidade, e não excessivos, atendendo ao princípio da necessidade.

Outras boas práticas sugeridas que podem ser adotadas são:

> *transparência*: ter uma política clara indicando o fluxo de uma investigação para que os interessados conheçam o processo básico de tratamento de informações e de seus dados pessoais nesse contexto;

> *confidencialidade*: conscientizar as pessoas sobre a importância do sigilo para a eficácia de uma investigação, especialmente quanto às pessoas denunciadas e quanto às não envolvidas ou relacionadas aos fatos investigados;

> ➤ *direitos dos denunciados*: considerar estabelecer circunstâncias nas quais os direitos de proteção de dados pessoais de denunciados possam ser limitados;

> ➤ *segurança da informação*: considerar a adoção de uma política de segurança da informação com provisões sobre tratamento de dados pessoais no âmbito de investigações; mecanismos para legitimar a transferência de dados de/para consultores externos.

4. GERENCIAMENTO DE CRISE E CONTATO COM A AUTORIDADE NACIONAL DE PROTEÇÃO DE DADOS

Programas de compliance lidam, a todo momento, com intensos fluxos de dados: informações oriundas de canais de denúncia; investigações em andamento; processos internos com inúmeros dados catalogados; dossiês organizados; reuniões gravadas; e-mails armazenados. Para manter a segurança de todas as informações, a LGPD orienta que as empresas adotem um programa de governança, prevendo regras, ações educativas, mecanismos de mitigação de riscos, medidas técnicas e administrativas que garantam a segurança e que protejam os dados pessoais de acessos não autorizados, ou de situações acidentais e ilícitas.

Ainda que tomadas todas as medidas necessárias dispostas em lei, incidentes de segurança podem acontecer: uma informação sobre uma denúncia ou investigação em curso pode ser vazada; uma lista de suspeitos pode ser maliciosamente disponibilizada em redes sociais; os acessos de todos os envolvidos em uma investigação podem ser interrompidos, podendo sua liberação estar vinculada ao atendimento de uma ameaça ou extorsão.

Nas hipóteses de incidentes de segurança que causem risco ou dano relevante aos titulares dos dados, o controlador deverá, em prazo razoável, ainda a ser definido pela ANPD, comunicá-la, e também aos titulares, sobre o incidente. A comunicação deverá conter, no mínimo, a natureza dos dados pessoais afetados; as informações envolvidas; os riscos relacionados; as medidas técnicas que a empresa possui para proteção dos dados e as medidas que foram tomadas para mitigar os efeitos do incidente.

Reitera-se, aqui, a importância da adoção de medidas técnicas adequadas e de um robusto programa de governança em dados pessoais, principalmente no tocante à elaboração de documentos como o relatório de impacto (DPIA) e o teste de legítimo interesse (LIA), que poderão comprovar as condutas adotadas pela empresa, e que serão avaliadas quando do juízo de gravidade do incidente.

5. EMPRESAS MULTINACIONAIS: DIVERSIDADE DE REGULAMENTOS DE PROTEÇÃO DE DADOS

Até o momento da redação deste artigo, e de acordo com o levantamento realizado por David Banisar, *senior legal counsel* do *Article 19: Global Campaign for Free Expression*,[8] existem hoje, no mundo, e conforme gráfico abaixo reproduzido, mais de 120 países e jurisdições com regulamentos sobre privacidade e proteção de dados. Além disso, um conjunto de aproximadamente 40 países e jurisdições possui iniciativas pendentes, como o Irã.

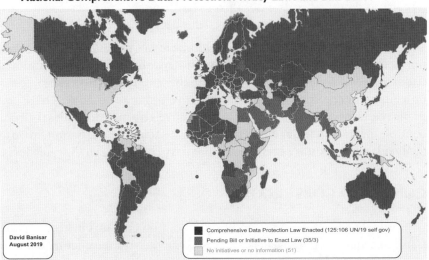

Empresas globais ou multinacionais precisarão estar atentas aos regramentos dos países com regulamentos específicos. Não raro, subsidiárias brasileiras de empresas globais são obrigadas a atender às leis que regem sua matriz, sua quotista majoritária, e às do local da sua sede, a despeito de serem estabelecidas em um determinado número de países diferentes.

Essa situação já foi vivenciada no ano de 2002, quando da assinatura do *Sarbanes-Oxley Act*, após as fraudes fiscais e contábeis com demonstração artificial de lucro cometidas por várias empresas (entre elas a Enrom e a WorldCom), para a retomada da credibilidade nos investimentos financeiros e a criação de mecanismos de auditoria, controle e segurança. Essa lei é aplicável

---

[8] Disponível em: <https://papers.ssrn.com/sol3/papers.cfm?abstract_id=1951416>. Acesso em: 12 ago. 2019.

não só às empresas norte-americanas, como, também, às empresas de outras localidades, mas que tenham pontos de contato com os Estados Unidos, as quais devem também seguir a lei, em observância às seções 302 e 404 do ato.[9]

O cenário de aplicação extraterritorial também é verificado com as legislações de proteção de dados, como no GDPR e na LGPD. Nesta última, a aplicação independe do país de sede da empresa, desde que a operação de tratamento seja realizada no Brasil; que a atividade vise a ofertar bens ou serviços no território nacional ou, ainda, que os dados tenham sido coletados no Brasil.

Importante consignar, ademais, que a OCDE[10] estabeleceu diretrizes para a proteção da privacidade e dos fluxos transfronteiriços de dados pessoais, consciente da aplicação extraterritorial das legislações.[11]

No tocante à conformidade, as multinacionais precisarão estar atentas, portanto, às legislações de todos os países envolvidos no tratamento dos dados pessoais a eles referentes, realizando, sempre que necessário, testes de legítimo interesse e relatórios de impacto à proteção de dados. Outra boa prática seria fazer uso de ferramentas disponíveis no mercado, úteis para um controle mais acurado dos dados tratados pela empresa, e que permitem certa facilidade nas respostas a eventuais demandas por parte de entes reguladores.

CONSIDERAÇÕES FINAIS

A LGPD ainda é recente no Brasil e, no momento de publicação deste trabalho, sequer está em vigência. Portanto, o capítulo compreende meramente o entendimento dos autores nesse cenário, não devendo ser o conteúdo, de forma alguma, interpretado como opiniões definitivas.

Em linhas gerais, para conformidade com a LGPD, qualquer empresa sujeita à sua aplicação deve se preocupar com alguns elementos essenciais. Destaca-se a importância da avaliação sistemática de impactos e riscos à proteção de dados pessoais; da adequação de políticas e procedimentos internos de compliance com base em tal avaliação; da transparência sobre o tratamento de dados pessoais nos diferentes processos de compliance, estabelecendo

---

[9] Disponível em: <https://www.sec.gov/spotlight/sarbanes-oxley.htm>. Acesso em: 12 ago. 2019.

[10] V. glossário.

[11] Disponível em: <http://www.oecd.org/sti/ieconomy/15590254.pdf>. Acesso em: 10 ago. 2019.

Cap. 22 · LEI GERAL DE PROTEÇÃO DE DADOS PESSOAIS NO PROGRAMA DE COMPLIANCE | 367

relação de confiança com o titular do dado; de assegurar proteção aos dados conforme a estrutura, o porte e o volume de operações do controlador, levando em conta o grau de sensibilidade dos dados pessoais.

O tema de proteção de dados no Brasil tem todo um futuro à frente, sendo importante acompanhar seu desenvolvimento. A atuação dos entes sob a égide da LGPD, as futuras interações entre empresas e o poder público e as decisões administrativas e judiciais vindouras sobre proteção de dados contribuirão para moldar o tema e, consequentemente, poderão confirmar, ou não, as boas práticas aqui propostas, que têm o intuito maior de lançar luz sobre um caminho pouco conhecido, mas que precisa ser desbravado.

REFERÊNCIAS

BRASIL. Lei 13.709, de 14 de agosto de 2018. Diário Oficial da União, Brasília, DF, 15 ago. 2018. Disponível em: <http://www.planalto.gov.br/ccivil_03/_ato2015-2018/2018/lei/L13709.htm.> Acesso em: 18 out. 2019.

ORGANIZAÇÃO PARA COOPERAÇÃO E DESENVOLVIMENTO ECONÔMICO. Diretrizes da OCDE para a proteção da privacidade e dos fluxos transfronteiriços de dados pessoais. Disponível em: <http://www.oecd.org/sti/ieconomy/15590254.pdf>. Acesso em: 10 ago. 2019.

BANISAR, David. National comprehensive data protection/privacy laws and bills 2019. Disponível em: <https://papers.ssrn.com/sol3/papers.cfm?abstract_id=1951416>. Acesso em: 12 ago. 2019.

U.S. SECURITIES AND EXCHANGES COMMISSION. Sarbanes-Oxley Act of 2002. Disponível em: <https://www.sec.gov/spotlight/sarbanes-oxley.htm>. Acesso em: 18 out. 2019.

U.S. DEPARTMENT OF JUSTICE. Foreign Corrupt Practices Act. Disponível em: <Acesso em: 18 out. 2019.

UNIÃO EUROPEIA. Regulation (EU) 2016/679 of the European Parliament and of the Council of 27 April 2016 on the protection of natural persons with regard to the processing of personal data and on the free movement of such data. Disponível em: <https://gdpr-info.eu/>. Acesso em 27 out. 2019.

VIII

ACORDOS COM AUTORIDADES

23

EXPERIÊNCIAS PRÁTICAS COM OS ACORDOS DE LENIÊNCIA BRASILEIROS

DANIEL SANTA BÁRBARA ESTEVES
EDUARDO DINIZ LONGO STAINO
ISABEL FRANCO
MARCELO RHENIUS DE OLIVEIRA

1. INTRODUÇÃO

O incremento na celebração de Acordos de Leniência no Brasil, impulsionado por uma multiplicidade de fatores, representa um avanço no tratamento do fenômeno da corrupção, potencializando a recuperação de ativos pelo Estado e a persecução dos participantes de esquemas que muitas vezes se revestem de alta complexidade.

Nos últimos anos, temos assistido a um crescimento exponencial desses acordos, fenômeno que tem diversos catalisadores, entre eles o sentimento de repulsa da sociedade à corrupção, a especialização das autoridades dedicadas ao seu enfrentamento, a crescente cooperação internacional, fomentada pelos tratados multilaterais e os acordos de cooperação judicial, além da inspiração dos acordos tradicionais de outros países, principalmente dos Estados Unidos.

A repercussão e a grande popularidade da chamada operação Lava Jato e a evolução do Compliance no Brasil despertaram grande interesse e transformaram a cultura das organizações e de seus próprios defensores, os advogados, que passaram a considerar com mais naturalidade a colaboração como alternativa à defesa tradicional, especialmente na seara criminal. Muito embora já tivéssemos no nosso país colaborações premiadas firmadas anteriormente, não restam dúvidas de que o instituto ganhou impulso a partir da operação Lava Jato e seus múltiplos efeitos e desdobramentos no mundo dos negócios. Todo esse contexto permite supor que a cooperação com as

GUIA PRÁTICO DE COMPLIANCE

autoridades por meio de acordos de leniência deve seguir avançando, e se incorporando de forma definitiva à cultura empresarial brasileira.

De início, houve certa resistência a esses acordos. Pode-se afirmar que essa resistência resultava, em grande medida, da própria ordem jurídica, que já trazia a vedação de "transação, acordo ou conciliação"[12] em ações de improbidade, levando boa parte dos operadores do direito a sustentar a inviabilidade de acordos mesmo em fase de inquérito civil.

2. COMPETÊNCIA DAS AUTORIDADES NOS ACORDOS DE LENIÊNCIA

Outra resistência justificada se dá com relação à autoridade com quem se deve celebrar o acordo de leniência. Nesse contexto, a Lei Anticorrupção trouxe importante inovação, conferindo segurança à figura dos acordos, mas não à competência de quem deve celebrá-los.

Muito embora a Lei Anticorrupção defina a competência da Controladoria-Geral da União (CGU) para a celebração dos acordos de leniência no plano federal,[13] os primeiros acordos no âmbito da operação Lava Jato foram firmados pelo Ministério Público Federal (MPF), o que se explica, em parte, pelo fato de que os executivos das empresas, paralelamente, negociavam seus correspondentes acordos de colaboração premiada pelos mesmos eventos e buscavam sua própria segurança ao tratar primeiramente com o MPF. Em que pese não corresponder ao propósito deste artigo a fundamentação jurídica dos acordos com o MPF, cabe comentar que sua celebração despertou discussões, principalmente no âmbito de ações de improbidade propostas por outros entes, como as advocacias públicas e os ministérios públicos estaduais.

A falta de clara indicação da autoridade competente para negociar os acordos, somada à multiplicidade de autoridades que reivindicam competência sobre eles, tem criado muita insegurança jurídica para a procura de solucionarem-se as questões sob os acordos. De início, como dito acima, temos a CGU com clara competência sob a Lei Anticorrupção, mas somente sobre ilícitos no âmbito federal. Ao avançarem-se as discussões sobre a competência,

---

[12] Art. 17, § 1º, da Lei nº 8.429/1992 (Lei de Improbidade). Disponível em: <http://www.planalto.gov.br/ccivil_03/LEIS/L8429.htm>.

[13] Órgão competente para formalizar acordos de leniência na esfera federal de acordo com o art. 8º, § 2º, da Lei Anticorrupção.

Cap. 23 • EXPERIÊNCIAS PRÁTICAS COM OS ACORDOS DE LENIÊNCIA BRASILEIROS | 373

houve pelo menos um avanço com a composição entre a CGU e a Advocacia Geral da União (AGU) que firmaram a Portaria Conjunta nº 4.[14]

Entretanto, ainda restaram o Tribunal de Contas da União (TCU) que avoca a si a jurisdição sobre atos administrativos como a celebração de acordos por órgãos e entidades da administração pública federal quanto a sua legalidade, legitimidade e economicidade, nos termos do art. 70 da Constituição Federal,[15] e, principalmente, o MPF que sempre dará mais conforto a qualquer acordo, principalmente aos indivíduos.

Mesmo assim, em meio a tantas incertezas, o primeiro acordo de leniência negociado pelo Poder Executivo federal foi firmado em julho de 2017, quase quatro anos após a edição da Lei Anticorrupção.[16]

A primeira decisão de maior repercussão a respeito do tema da competência para a celebração de acordo de leniência, no contexto da operação Lava Jato, foi proferida pela 1ª Vara Federal de Curitiba, em ação de improbidade proposta pela AGU em desfavor (entre outros réus) de empresa que havia celebrado acordo com o MPF em virtude dos mesmos fatos veiculados na lide. O acordo determinava ao *parquet* pedir o desbloqueio dos bens da empresa, e havia sido determinada, naquela ação, a constrição dos bens da empresa.[17]

---

[14] A Portaria Conjunta nº 4 define os procedimentos para negociação, celebração e acompanhamento dos acordos de leniência no âmbito da Controladoria-Geral da União e dispõe sobre a participação da Advocacia-Geral da União. Disponível em: <http://www.in.gov.br/en/web/dou/-/portaria-conjunta-n-4-de-9-de-agosto-de-2019-210276111>.

[15] "Art. 70. A fiscalização contábil, financeira, orçamentária, operacional e patrimonial da União e das entidades da administração direta e indireta, quanto à legalidade, legitimidade, economicidade, aplicação das subvenções e renúncia de receitas, será exercida pelo Congresso Nacional, mediante controle externo, e pelo sistema de controle interno de cada Poder.
Parágrafo único. Prestará contas qualquer pessoa física ou jurídica, pública ou privada, que utilize, arrecade, guarde, gerencie ou administre dinheiros, bens e valores públicos ou pelos quais a União responda, ou que, em nome desta, assuma obrigações de natureza pecuniária." Disponível em: <http://www.planalto.gov.br/ccivil_03/Constituicao/Constituicao.htm>.

[16] Acordo entre a AGU e a CGU com a UTC Engenharia. Disponível em: <https://www.conjur.com.br/2017-jul-10/utc-governo-federal-firma-primeiro-acordo--leniencia>.

[17] Ação de Improbidade Administrativa nº 5025956-71.2016.4.04.7000/PR, 1ª Vara Federal de Curitiba, Juiz Federal Friedmann Anderson Wendpap, j. 24.03.2017.

GUIA PRÁTICO DE COMPLIANCE

Em sede de decisão quanto ao bloqueio de bens, decidiu o juízo pela insubsistência da medida cautelar contra a empresa, sustentando que o acordo celebrado pelo MPF está orientado a atender ao interesse público primário, e obriga diretamente ao Estado, e não a um de seus órgãos. Por outro lado, é dever do Estado atuar no sentido de resguardar a confiança legítima da parte privada, a boa-fé objetiva e a lealdade contratual, não devendo legitimar-se a autoridade distinta investir contra a proteção assegurada por meio do acordo:

> Do ponto de vista dos particulares, o Ministério Público da União e a Advocacia-Geral da União são indistinguíveis, são o ente União e não o pulmão esquerdo e o direito de um organismo. O particular transacionou com o ente, não com os órgãos. Por isso, a transação entre o Ministério Público Federal e as pessoas que representam o conjunto de Empresas [...] é válido, vigente, imperativo, alcançando todos os órgãos da União, mesmo os que manifestam resistência.

Entretanto, em segunda instância, em decisão igualmente bem fundamentada, o TRF da 4ª Região sustentou haver atribuição exclusiva da CGU para a celebração de acordos de leniência, a teor da Lei Anticorrupção. Sustentando que o acordo não foi firmado com a autoridade legitimada pela ordem jurídica, e que o acordo não exime a empresa da integral reparação do dano ocasionado, não se podendo depreender do acordo se tal reparação foi satisfeita, decidiu o tribunal pelo cabimento da ação de improbidade, inclusive com liminar de indisponibilidade de bens. Em seu voto, a relatora, Des. Vânia Hack de Almeida, pontuou:

> No Acordo de Leniência, embora a lei aponte como legitimada a CGU, faz-se necessária a participação de todos os órgãos envolvidos (Ministério Público, Advocacia Pública, Tribunal de Contas) para que a responsabilização seja única e integral.
>
> Com efeito e, em suma, no âmbito das competências, parecem acertadas e harmônicas as normas integrantes do microssistema de combate à corrupção, uma vez que, na seara administrativa, a empresa dispõe do Acordo de Leniência (Lei Anticorrupção), enquanto na seara penal o instrumento é o acordo de colaboração, (Lei 12.850/2013), este alcançando, como visto, a pessoa física. Coerentemente, no primeiro, administrativo, a autoridade competente integra a Administração Pública Direta ou Autárquica, enquanto no segundo, penal, a atribuição é do Ministério Público.
>
> [...]

Constata-se, dessa maneira, vício no Acordo de Leniência sob exame, o que, entretanto, não leva à nulidade do ato negocial, pela possibilidade de ratificação pela CGU, ou rerratificação, com participação dos demais entes, levando-se em conta o aspecto a seguir examinado, qual seja o ressarcimento ao erário e a multa.

Afasta-se a nulidade absoluta do negócio jurídico também em respeito ao princípio da segurança jurídica e da proteção da confiança, conforme acima mencionado. O Acordo de Leniência firmado não pode ser uma armadilha para a empresa que recebe o lenitivo.[18]

O TCU, em um primeiro momento, considerou a hipótese de também celebrar acordos com as empresas envolvidas nos ilícitos, tendo havido menções em acórdãos e iniciativas internas no sentido de propor norma administrativa a disciplinar a negociação e execução desses acordos.

Após algum tempo, sua jurisprudência passou a se orientar no sentido de que as empresas celebrantes de acordos, seja com MPF ou CGU, deveriam colaborar com o TCU, pelo que passariam a merecer, a título de sanções premiais, a atenuação das penas passíveis de aplicação pela Corte. Entretanto, não há definição sobre o que deve ser entendido por colaboração (que colaboração deve ser considerada efetiva ou não), e a medida das sanções premiais a serem outorgadas. Ademais, tem havido controvérsias quanto à possibilidade de aplicação de algumas sanções pelo TCU a empresas celebrantes de acordo de leniência que se encontrem adimplentes com o acordo, como decretação de inidoneidade, bloqueio cautelar de bens e desconsideração de personalidade jurídica para atingimento dos acionistas.

Essa questão permanece ainda em discussão, torcendo as corporações e os indivíduos para que um acordo entre todas as autoridades seja concluído em breve para que sirva inclusive como maior incentivo à busca pelo acordo de leniência.

3. DECISÃO PELA LENIÊNCIA

Para relatarmos a nossa experiência prática com os acordos de leniência, apresentaremos, por uma ótica prática, os momentos iniciais do processo de leniência, a tomada de decisão por essa opção e suas principais razões.

---

[18] Voto da Des. Vania Hack de Almeida (TRF da 4ª Região) no Agravo de Instrumento nº 5023972-66.2017.4.04.0000/PR.

GUIA PRÁTICO DE COMPLIANCE

Assim, visitaremos as principais questões da tomada de decisão, desde a origem nas obrigações previstas na Lei Anticorrupção, como também naquelas derivadas do direito societário, sempre à luz dos princípios da governança corporativa e do Compliance.

Como ponto inicial, devemos considerar que não há decisão empresarial,[19] seja ela de qual natureza for, sem que dela participem os administradores da empresa, e, no caso da leniência, essa decisão não seria diferente.

Ainda que um ou mais dos administradores tenha participado dos fatos que constarão no rol da leniência, essa é uma decisão típica e objetiva, com origem no direito societário, devendo a representação legítima da instituição se dar dentro dos trâmites societários, conforme previsto na lei e em seus atos constitutivos.

Em rápido paralelo ao universo do Compliance, o conceito do *tone at the top*[20] é apropriado para definir o caminho da decisão pela leniência. Normalmente citado como referência ao exemplo que deve ser dado pelos superiores, nesse caso diz respeito à responsabilidade pela tomada de decisão por aqueles com legitimidade para tal, o que poderá gerar os efeitos necessários.

Daqui extraímos nosso primeiro ponto: a leniência é uma decisão empresarial, típica, com implicações nas operações diárias. E é isso que precisa ser conhecido.

Descrevendo brevemente seus passos, consideraremos que, por intermédio de denúncia, ou por força de auditoria, ou por qualquer outro motivo, descobre-se que a empresa está envolvida em fatos que violam as regras estabelecidas na Lei Anticorrupção,[21] produzindo assim atos lesivos à administração pública nacional ou estrangeira.

Tendo a administração[22] da organização tomado conhecimento de supostos fatos violadores da legislação, inicia-se o processo que poderá culminar na formalização ou não de um acordo de leniência.

---

[19] Decisão empresarial é uma decisão solene, tomada por aqueles que detêm o devido poder de conduzir a sociedade, geralmente nomeados em seus atos constitutivos.

[20] V. glossário.

[21] Como previsto no art. 5º da Lei Anticorrupção.

[22] Tratamos genericamente de administração, devendo esse termo ser entendido como aqueles indivíduos ou órgão que têm legitimidade e competência para representar e dirigir uma sociedade, ora denominados "diretores", ora denominados "conselheiros", ou qualquer outra denominação que em termos práticos remeta àqueles que efetivamente conduzem a empresa.

A busca pela leniência não é obrigatória, ao contrário, é uma decisão empresarial voluntária, sendo perfeitamente possível que uma instituição, mesmo diante de fatos, provas e evidências, considere a opção de permanecer inerte, sem qualquer manifestação à autoridade pública, assumindo o risco de ser investigada, processada, sofrer sanções, punições, pagar multas e outras penalidades, caso os fatos venham a se tornar públicos.

O tamanho do dano, os possíveis prejuízos e consequências e demais questões pertinentes fazem parte de uma matriz da qual também participa a afeição ao risco. Como já dito, estamos diante de uma decisão empresarial típica, sabendo que o erro, ao se decidir, pode levar a caminhos tortuosos, multas imperativas ou até mesmo, em último caso, ao encerramento compulsório das atividades da organização.[23]

Por outro lado, decidir-se pela leniência também implica assumir riscos. Dentre estes, o risco à imagem e à reputação é inerente, por mais sigiloso que seja o processo, sendo certo que a divulgação, ao final do acordo, dando a publicidade necessária, já traz elementos suficientes para o seu abalo.

Também não se pode esquecer que a simples busca e a apresentação de fatos e documentos com a postulação às autoridades não garantem que será aceita e celebrada a leniência. Devemos observar os requisitos formais presentes na Lei Anticorrupção, que dizem respeito à precedência na proposição do acordo, interromper a prática do ato lesivo, dentre outras providências. Em caráter mais amplo, também é requisito a capacidade de honrar com o acordado, se sujeitando à monitoria,[24] se for o caso.

A decisão pela leniência deve ser tomada por aqueles com capacidade legal para representar a organização. Não existe uma determinação expressa do momento acerca da tomada dessa decisão; ao contrário, ela habita o rol de competências dos decisores. Ir em frente com uma negociação de acordo de leniência, ou simplesmente aquietar-se, é uma decisão que, como toda deliberação empresarial, pode trazer implicações aos decisores e à instituição. As razões pelas quais as organizações buscam os acordos atualmente têm a ver com a alteração de sua postura nos negócios, mas também com o receio das pesadas sanções às quais estão sujeitos a corporação, seus administradores e funcionários. Risco, mais do que nunca, passou a ser um fator importante para a tomada de decisão.

---

[23] Art. 19, III, da Lei Anticorrupção.

[24] A monitoria é objeto de artigo específico e detalhado neste livro, no capítulo 23.

GUIA PRÁTICO DE COMPLIANCE

Na resolução, as pessoas com poder de decisão levarão em conta as sanções aplicáveis às pessoas jurídicas pela Lei Anticorrupção[25] bem como todos os parâmetros para o cálculo da multa definidos pelo decreto regulador da referida lei, o Decreto 8.420/2015.[26]

4. ELEMENTO ESSENCIAL: INVESTIGAÇÃO INTERNA

No processo de decisão, e anterior à busca da autoridade competente, o passo inicial e fundamental é conduzir-se uma investigação que seja eficiente

---

[25] São levados em conta a "a existência de mecanismos e procedimentos internos de integridade, auditoria e incentivo à denúncia de irregularidades e a aplicação efetiva de códigos de ética e de conduta no âmbito da pessoa jurídica". Com este contexto, no âmbito de negociações de acordos de leniência, a empresa deve ser capaz de demonstrar, na prática, com riqueza de detalhes, como suas ações de integridade estão implementadas. Cabe salientar que, embora no Brasil tenhamos adotado o jargão "programa de compliance", a legislação utiliza a nomenclatura "integridade".

[26] O Decreto nº 8.420/2015, em seu art. 18, estabelece que "do resultado da soma dos fatores do art. 17 serão subtraídos os [...] valores correspondentes aos percentuais do faturamento bruto da pessoa jurídica do último exercício anterior ao da instauração do PAR, excluídos os tributos: [...] V – um por cento a quatro por cento para comprovação de a pessoa jurídica possuir e aplicar um programa de integridade, conforme os parâmetros estabelecidos no Capítulo IV".
O Capítulo IV do Decreto estabelece, no art. 42, os mecanismos de implementação (nomeados parâmetros) que são medidos para atestação da eficácia e eficiência de um programa de integridade. Dentre os 16 parâmetros, igualmente importantes, têm-se, de forma resumida: I – comprometimento da alta direção da pessoa jurídica; II – padrões de conduta, aplicáveis a todos os empregados e administradores; III – padrões de conduta estendidos a terceiros; IV – treinamentos periódicos sobre o programa de integridade; V – análise periódica de riscos; VI – registros contábeis completos e precisos; VII – controles internos que assegurem confiabilidade de demonstrações financeiros; VIII – procedimentos específicos para prevenir fraudes e ilícitos; IX – independência, estrutura e autoridade da função de compliance; X – canais de denúncia de irregularidades, abertos e amplamente divulgados; XI – medidas disciplinares em caso de violação do programa de integridade; XII – procedimentos que assegurem a pronta interrupção de irregularidades; XIII – diligências apropriadas para contratação e supervisão de terceiros; XIV – diligências em processos de fusões, aquisições e reestruturações societárias; XV – monitoramento contínuo do programa de integridade visando a seu aperfeiçoamento; XVI – transparência da pessoa jurídica quanto a doações políticas. Disponível em: <http://www.planalto.gov.br/ccivil_03/_Ato2015-2018/2015/Decreto/D8420.htm>.

e eficaz, capaz de demonstrar os fatos por meio de relatos, provas e evidências. Com resultados e informações obtidas, passamos ao segundo ponto: definir se a organização, mediante todo o material levantado, os números, os valores, os riscos, buscará a autoridade pública para postular um acordo.

Uma investigação interna apropriada é requisito essencial à negociação dos acordos de leniência. Sem ela, a empresa pretendente pouco terá a aportar às autoridades em termos de informações e evidências, podendo levar ao desinteresse da autoridade e, consequentemente, à inviabilidade do acordo.

É preciso antes avaliar e se certificar de que realmente ocorreu uma das hipóteses de infrações previstas em lei, caso contrário não há de se falar em leniência. Também é importante definir com qual ente da federação, qual órgão, qual instância será postulada a leniência. De nada adianta, por exemplo, buscar a CGU para postular um acordo sobre fatos que aconteceram num determinado estado da federação, sem qualquer vinculação com verbas, servidores, autoridades da esfera federal, sendo esse um dos erros mais comuns nas postulações.

Ainda que não conduza à inviabilidade do acordo, a falta de elementos sobre os ilícitos poderá dificultar a própria mensuração dos números para a definição da reparação.

A investigação interna deve conduzir à identificação das condutas praticadas pelos agentes da própria empresa candidata ao acordo, dos participantes de outras empresas, dos agentes públicos eventualmente envolvidos e das consequências dos ilícitos. Em regra, a maior dificuldade do trabalho de investigação reside na resistência dos participantes – atuais ou ex-executivos da empresa – em revelar o histórico, pelo temor das consequências, relembrando que o acordo de leniência preconizado na Lei não se traduz em benefício penal aos participantes, à semelhança do que ocorre com os termos de compromisso de cessação celebrados com o CADE. A eventual falta de relatos dos participantes, muitas vezes, torna árdua a tarefa da equipe investigativa, sendo certo que os delitos de colarinho branco não se cometem deixando registros de simples identificação.

5. PROCESSO DE LENIÊNCIA

As tratativas com a CGU ou com ministérios públicos, em regra, se iniciam com a celebração de um memorando de entendimentos que disciplina o processo de negociação, incluindo a estipulação de obrigações recíprocas de confidencialidade, a garantia pela empresa de que cessou a participação

380 | GUIA PRÁTICO DE COMPLIANCE

nos ilícitos e o compromisso da autoridade de descartar as informações e provas em caso de não conclusão do acordo.

O acordo de leniência implica três grandes prestações pela empresa celebrante: o aporte de informações e provas dos ilícitos, a definição dos valores a serem pagos a título de multas e indenização, e finalmente o compromisso de atuar segundo padrões de integridade aceitos pela autoridade celebrante.

Ao contrário do que muitos supõem, as informações e evidências sobre os ilícitos são reveladas às autoridades já no início da negociação. Tal fator, por um lado, pressupõe uma confiança da organização na autoridade de que essas informações serão tratadas com seriedade e sigilo ao longo das tratativas. Por outro, revela a importância da decisão de tentar um acordo e colaborar com as autoridades, sendo certo que, por mais que as informações possam ser descartadas pelos agentes que com elas tiverem contato, em caso de frustração das negociações, a transmissão de tais informações implica um risco para a empresa. Buscar um acordo deve ser uma decisão bem amadurecida e definitiva.

Na experiência dos acordos com a CGU, durante as negociações, é criteriosamente avaliado o programa de compliance da empresa (ou "de integridade" como prefere a nossa legislação), resultando de tal avaliação recomendações de mudança, a serem implementadas mediante plano de ação. Ademais, são negociados a minuta do acordo e os valores a serem pagos pela corporação, que, em regra, incluem multas pelos ilícitos (multa da Lei de Improbidade e multa da Lei Anticorrupção, conforme o caso) e a indenização pelos ilícitos, cuja mensuração, no mais das vezes, é tarefa árdua.

Para concluirmos os aspectos legais, no âmbito da Portaria CGU 909/2015,[27] foi definido que a empresa deve apresentar ao órgão de controle dois relatórios: (i) perfil empresarial ("relatório de perfil"); e (ii) todas as ações de integridade implementadas ("relatório de programa").

Desta forma, como resumo do enquadramento legal, temos que (i) a Lei Anticorrupção estabelece que a existência de ações de integridade é atenuante no cálculo de multas; (ii) o Decreto 8.240/2015 define os parâmetros de cálculo da multa, sendo que a existência do programa de compliance, conforme parâmetros estabelecidos, pode trazer um desconto da ordem de 1% a 4% do

---

[27] Disponível em: <https://www.cgu.gov.br/sobre/legislacao/arquivos/portarias/portaria_cgu_909_2015.pdf>.

Cap. 23 • EXPERIÊNCIAS PRÁTICAS COM OS ACORDOS DE LENIÊNCIA BRASILEIROS | 381

faturamento bruto;[28] e (iii) a Portaria CGU 909/2015 estabelece como deve ser apresentada a documentação para o órgão de controle.[29]

Tendo em mente o embasamento legal brasileiro, passaremos a narrar experiências práticas em três universos: (i) apresentação da documentação (relatório de perfil e relatório de programa); (ii) análise da documentação e negociação; e (iii) a monitoria do programa de integridade.[30]

Esses são, em termos de avaliação e monitoria do programa de compliance, as cartas de apresentação das ações da empresa que busca negociar um acordo de leniência. Como só temos uma chance para causar uma primeira boa impressão, é fundamental que a organização dedique recursos e apresente a documentação de uma forma organizada, objetiva e aderente aos parâmetros requeridos na legislação. Não há um modelo a ser seguido. Entretanto, sem dúvida, existem boas práticas e atitudes que são fundamentais na construção da leniência e da consequente monitoria.

5.1 Relatório de perfil

Dentre os materiais a serem apresentados, o relatório de perfil é dos mais importantes. O seu objetivo é demonstrar, com riqueza de detalhes, quem é a organização. A experiência prática durante a preparação de um relatório de perfil nos mostra como é importante que sua construção seja realizada por um conjunto de colaboradores da empresa. Nesse relatório, devemos ser capazes de apresentar, por meio de textos e documentação suporte, como é o funcionamento da corporação, quantidade de empregados, interações com o poder público, contratos ativos, faturamento etc.

Em termos práticos, o principal erro cometido pelas instituições é escrever um relatório pouco detalhado ou utilizando uma linguagem somente conhecida por profissionais que trabalham na empresa. Por vezes, a organização utiliza siglas internas para projetos, estruturas gerenciais de comando e divisões em unidades de negócio que, se não bem explicadas, podem atrapalhar o objetivo, que é demonstrar ao agente público responsável pela interpretação quem é sua corporação. Portanto, recomenda-se que, ao terminar o relatório de perfil, um leitor qualificado (como os agentes públicos envolvidos no tema) faça uma análise crítica do texto e verifique se foi

---

[28] Art. 17 do Decreto nº 8.420/2015.

[29] Arts. 2º e seguintes da Portaria CGU nº 909/2015.

[30] Neste artigo, escolhemos a palavra "monitoria" em vez de "monitoramento" conforme explicado no item 7 abaixo.

382 | GUIA PRÁTICO DE COMPLIANCE

capaz de entender o funcionamento da empresa. Devemos nos lembrar que o relatório de perfil não é um relatório jurídico, ou seja, deve apresentar uma linguagem simples, objetiva e trazer riqueza sobre quem é a organização de fato, ou seja, não quem a instituição almejaria ser.

Como se trata de uma obrigação empresarial vinculada a acordos de leniência, é comum que as áreas Jurídica e/ou de Compliance sejam responsáveis por sua redação. Não há regras. Entretanto, essas áreas devem contar com o auxílio e o provimento de dados de diversas áreas da corporação como Contabilidade, Recursos Humanos, Operação e Planejamento Estratégico.

A empresa deve utilizar-se de outros documentos públicos para construir esse relatório, como o relatório anual, as demonstrações financeiras, prospectos de financiamento etc.

Em termos práticos, é mais prazeroso conhecer as ações de Compliance (relatório de programa) do que quem de fato é a empresa. Isso posto, os profissionais que fazem a avaliação são especialistas nesse primeiro tema. Desta forma, não se deve "florear". Deve-se ser objetivo e coerente.

5.2 Relatório de programa

Diferentemente do relatório de perfil, o relatório de programa tem um "dono". Este dono é a função compliance da empresa. Assim, o relatório de programa tem como objetivo descrever como é o funcionamento das ações de integridade e compliance dentro da organização. É muito importante que o relatório seja autoexplicativo, ou seja, que qualquer leitor seja capaz de identificar o motivo pelo qual está estabelecida determinada atividade e, mais do que isso, se a forma de sua implementação está aderente ao perfil empresarial.

Durante a construção do referido relatório, é fundamental a adição de documentação suporte que exemplifique e demonstre como está implementada a prática de integridade. Como documentação suporte constantemente enviada como evidências temos: fotos, vídeos, relatórios, lista de presença de treinamentos, atas de reunião, apresentações, e toda e qualquer "prova" de que está adequadamente sendo vivenciado o parâmetro pela empresa. Com relação às evidências, não se deve ser frugal. Deve-se demonstrar tudo. Isso será importante para comprovar a robustez das ações implantadas.

A forma de organização do relatório deve ser definida pela empresa e, em alguns casos, acordada com o órgão responsável pela avaliação. É como separar o relatório por (i) cada um dos parâmetros do referido Decreto 8.420/2015; (ii) por ações de prevenção e remediação; e (iii) por evidências em cada uma das unidades/áreas da empresa.

Desta forma, concluímos que, em termos práticos, o órgão avaliador deve inicialmente entender a empresa (relatório de perfil) para, posteriormente, ver a consistência da implementação de suas melhorias em compliance (relatório de programa).

6. NEGOCIAÇÃO

No momento da negociação, a documentação apresentada, discutida nos itens anteriores, é submetida à apreciação por parte da equipe de negociação de acordos de leniência. Nesse instante, não é incomum, e de certa forma até importante, que exista uma interface direta entre os responsáveis pela condução da avaliação e a equipe de compliance da empresa. Essa interação visa a endereçar eventuais dúvidas ou desconstruir entendimentos inadequados. Lembremo-nos de que a equipe avaliadora conheceu a corporação e suas práticas somente pelos relatórios de perfil e de programa. É natural que não se tenha uma clareza suficiente sobre todos os processos. Uma boa prática a ser perseguida é a proposição de uma reunião presencial para que a equipe de compliance percorra, de forma objetiva e assertiva, os pontos mais importantes do programa. Como ações mais importantes temos, invariavelmente: (i) ações que combatam suborno, corrupção, lavagem de dinheiro e cartelização; (ii) envolvimento da liderança; (iii) treinamento e comunicação; e (iv) canais de denúncia.

Outro ponto importante é tentar demonstrar como a organização traduziu, de acordo com sua cultura, governança empresarial e mapeamento de riscos, a melhor forma de atender a um determinado parâmetro. Ou seja, pode ser que o órgão de controle não seja capaz de identificar, de maneira imediata, aquele parâmetro implementado, por simplesmente haver outro nome dentro da empresa para a mesma ação. Deve-se demonstrar aderência.

Como produto dessa fase, temos a elaboração de um anexo de recomendações de melhoria no acordo de leniência. Esse é o momento de se discutir, de forma exaustiva, cada uma das recomendações, pois a função compliance terá de se implementar. Portanto, não devemos nos render; devemos nos dedicar e verificar cada recomendação como se fosse a última. Esse será o último momento para discussão. Na prática, estaremos discutindo com profissionais capacitados e, portanto, não se deve tratar o assunto com pouca profundidade. Deve-se embasar seus argumentos com exemplos práticos, falar de sua indústria e fazer *benchmarking*[31] com outras empresas.

---

[31] V. glossário.

384 | GUIA PRÁTICO DE COMPLIANCE

7. ACOMPANHAMENTO DO PROGRAMA DE INTEGRIDADE: A MONITORIA

Passada a etapa de negociação das recomendações por melhoria no programa de integridade, chega-se ao objetivo-fim desse processo que é a garantia de que a empresa não cometerá erros novamente. Um dos pilares desse "conforto" é a imposição de uma "fiscalização" efetiva das ações de integridade já implementadas e o aprimoramento das ações acordadas no momento das negociações, atividade essa conhecida como "monitoria".

"Monitoria" é palavra emprestada dos acordos tradicionais dos Estados Unidos, como explicaremos a seguir. Preferimos "monitoria" à expressão "monitoramento" uma vez que a segunda já é amplamente utilizada para o acompanhamento corriqueiro dos programas de compliance. Entretanto, constatamos que as autoridades brasileiras vêm utilizando as expressões de forma indistinta.

A monitoria é o instituto que comprovará às autoridades que a empresa está realmente "andando na linha" após a celebração da leniência. Embora sua forma de atuação já esteja bastante amadurecida nos Estados Unidos, tendo sido abraçada por muitos dos países que instituíram sua legislação anticorrupção e acordos semelhantes de leniência, o instituto é ainda muito incipiente no Brasil.

Como dissemos acima, a monitoria foi idealizada nos Estados Unidos como uma das condições dos acordos fechados com as autoridades daquele país. Lá, para brevemente recordarmos os conceitos utilizados, as autoridades promovem centenas de processos sob a já conhecida lei norte-americana de 1977, pioneira no mundo no combate à corrupção, o FCPA[32], oferecendo às empresas a serem processadas certos acordos alternativos. As organizações investigadas logicamente preferem negociar ajustes de conduta com essas autoridades a se sujeitarem aos notórios processos judiciais daquele país, altamente custosos e prejudiciais à reputação das organizações.

As autoridades norte-americanas que detêm a responsabilidade pela aplicação da FCPA compartilham claramente entre si a competência pelos acordos.[33] Esses acordos são ajustes de conduta temporários sob a FCPA que, diferentemente dos propostos acordos de leniência no Brasil, postergam ou

---

[32] V. glossário.

[33] As autoridades com competência são o ministério público norte-americano são o DOJ e SEC conforme 15 U.S.C. § 78dd-1, et seq. V. glossário. Disponível em: <https://www.justice.gov/criminal-fraud/file/838416/download>.

suspendem um potencial processo de execução da infratora. Entretanto, as autoridades não têm recursos nem tempo para verificar se os termos dos acordos estão sendo cumpridos. Assim, impõe-se à empresa a contratação de um terceiro independente para monitorar seu programa de compliance e atestá-lo perante as referidas autoridades após um determinado prazo que varia de acordo com os termos desses ajustes.

A monitoria, como a maioria dessas invenções norte-americanas, não é institucionalizada, oficializada nem normatizada. Há no máximo diretrizes estabelecidas pelo chefe da unidade competente do DOJ em memorandos instituindo as normas principais[34]. Não há um modelo preestabelecido para o processo da monitoria, já que as organizações e seus crimes nunca se assemelham. Na verdade, as empresas negociam intensamente com as autoridades a criação de uma monitoria que faça sentido para ambos os lados. Mesmo assim, as organizações jamais conseguem vislumbrar o que lhes espera. Nem os próprios monitores sabem dizê-lo.

Quanto à forma, as monitorias nos EUA são todas diferentes e, provavelmente por essa razão flexível, tenham inspirado as monitorias no Brasil.

A experiência prática de gestão de programas é bastante relevante nesse momento. Lembremo-nos de que a empresa adicionará ações e, principalmente, prazos que ela mesma cumprirá. Ou seja, há de se encontrar uma razoabilidade entre os recursos internos disponíveis para a implementação e passar a percepção ao agente público, responsável pela monitoria, de que a empresa está empenhada na melhoria contínua do programa. Dessa forma, é fundamental o endereçamento da maioria das questões acordadas de forma pronta, ou seja, não é razoável apresentar um plano de ação contendo boa parte das ações concluída no longo prazo. É também impreciso informar qual o prazo ideal para a conclusão de todas as atividades. Isso será um julgamento em função da criticidade de cada ação.

A primeira etapa de um processo de monitoria é a elaboração de um plano de ataque (ou remediação). Esse plano (para o qual também não há um padrão legal a ser seguido) visa a explicar como a organização abordará as ações acordadas. É importante que o plano apresente informações como: prazo, *status*, principais envolvidos e ações a serem realizadas.

---

[34] O mais recente memorando sobre monitoria foi emitido por Brian A. Benczkowski, o vice-procurador geral dos Estados Unidos em 11 de outubro de 2018. Disponível em: <https://www.justice.gov/opa/speech/file/1100531/download>.

Passada a aprovação do plano, será executada a monitoria periódica das ações por meio de relatórios tempestivos (por ex.,semestrais) e visitas *in loco*.

Como vimos, sermos precisos, organizados, completos e aderentes às boas práticas é o segredo no tratamento com as autoridades em leniência. Tratemos o monitor designado como gostaríamos de sermos tratados e criemos uma relação de confiança. Lembremo-nos de que um processo de monitoria, na prática, é construído de forma conjunta. Porém, nunca demonstremos insegurança; devemos assumir nossos desafios futuros com confiança na oportunidade de se melhorar o ambiente de compliance dentro da instituição.

Fundamental à credibilidade desses acordos é a fiscalização de seu cumprimento por meio da monitoria que vem se desenvolvendo e sendo aplicada no Brasil mais e mais em acordos de leniência.

8. CONCLUSÃO

O incremento na celebração de acordos de leniência no Brasil, impulsionado por uma multiplicidade de fatores, representa um avanço no tratamento do fenômeno da corrupção, potencializando a recuperação de ativos pelo Estado e a persecução dos participantes de esquemas que muitas vezes se revestem de alta complexidade.

Até a conclusão deste artigo, em outubro de 2019, a CGU, em conjunto com a AGU, havia assinado nove acordos de leniência com empresas investigadas pela prática dos atos lesivos previstos na Lei Anticorrupção envolvendo valores a serem ressarcidos em pagamentos de multa, dano e enriquecimento ilícito com retorno de recursos aos cofres públicos na marca de 11,15 bilhões de reais. Outros 22 acordos de leniência estão em andamento[35].

Podemos notar que o clausulado dos acordos celebrados pela CGU (que são disponibilizados no *site* da instituição,[36] com poucas tarjas sobre as informações confidenciais) obedece a um padrão bastante similar, denotando organização e amadurecimento das instituições.

Podemos afirmar, ainda, que até este momento, não há entendimento pacífico quanto aos efeitos do acordo de leniência a outros órgãos da administração pública, sendo certo que os acordos seguem sendo celebrados pelos ministérios públicos e pela CGU e AGU. A insegurança jurídica sobre a competência das autoridades para a celebração dos acordos continua sendo uma

---

[35] Disponível em: <http://www.cgu.gov.br/assuntos/responsabilizacao-de-empresas/lei-anticorrupcao/acordo-leniencia>.

[36] Idem.

questão crucial e problemática, bastando constatar que já foram homologados mais de 15 acordos de leniência e de colaboração premiada com o MPF[37] em comparação com os nove acordos celebrados com a CGU.

Esperamos que esse impasse seja rapidamente solucionado de forma que as instituições se sintam mais seguras para buscar acordos que possam trazer benefícios a ambas as partes e, principalmente, à sociedade brasileira como um todo.

REFERÊNCIAS

BRASIL. Constituição da República Federativa do Brasil de 1988. *Diário Oficial da União*, Brasília, DF, 5 out. 1988. Disponível em: <http://www.planalto.gov.br/ccivil_03/Constituicao/Constituicao.htm>. Acesso em: 19 ago. 2019.

_____. Controladoria-Geral da União. Acordo de leniência. Disponível em: <http://www.cgu.gov.br/assuntos/responsabilizacao-de-empresas/lei-anticorrupcao/acordo-leniencia>. Acesso em: 19 ago. 2019.

_____. Controladoria-Geral da União. CGU apresenta balanço de ações realizadas nos 200 primeiros dias de governo. Disponível em: <https://www.cgu.gov.br/noticias/2019/07/cgu-apresenta-balanco-de-acoes-realizadas-nos-200-primeiros-dias-de-governo>. Acesso em: 19 ago. 2019.

_____. Controladoria-Geral da União. Portaria Conjunta 4, de 9 de agosto de 2019. *Diário Oficial da União*, Brasília, DF, 13 ago. 2019. Disponível em: <http://www.in.gov.br/en/web/dou/-/portaria-conjunta-n-4-de-9-de-agosto-de-2019-210276111>. Acesso em: 19 ago. 2019.

_____. Controladoria-Geral da União. Portaria nº 909, de 7 de abril de 2015. Disponível em: <https://www.cgu.gov.br/sobre/legislacao/arquivos/portarias/portaria_cgu_909_2015.pdf>. Acesso em: 19 ago. 2019.

_____. Decreto 8.420, 18 de março de 2015. *Diário Oficial da União*, Brasília, DF, 19 mar. 2015. Disponível em: <http://www.planalto.gov.br/ccivil_03/_ato2015-2018/2015/decreto/d8420.htm>. Acesso em: 19 ago. 2019.

---

[37] Disponível em: <http://www.mpf.mp.br/atuacao-tematica/ccr5/publicacoes/docs-relatorio-de-atividades/docs/Relatorio_de_Atividades_2018.pdf>.

_____. Lei 8.429, de 2 de junho de 1992. *Diário Oficial da União*, Brasília, DF, 3 jun. 1992. Disponível em: <http://www.planalto.gov.br/ccivil_03/LEIS/L8429.htm>. Acesso em: 19 ago. 2019.

_____. Lei 12.846, de 1º de agosto de 2013. *Diário Oficial da União*, Brasília, DF, 2 ago. 2013. Disponível em: <http://www.planalto.gov.br/ccivil_03/_Ato2011-2014/2013/Lei/L12846.htm>. Acesso em: 19 ago. 2019.

_____. Ministério Público Federal. Câmara de Coordenação e Revisão, 5. *Relatório de atividades 2018.* Brasília: MPF, 2019. Disponível em: <http://www.mpf.mp.br/atuacao-tematica/ccr5/publicacoes/docs-relatorio-de-atividades/docs/Relatorio_de_Atividades_2018.pdf>. Acesso em: 19 ago. 2019.

TEIXEIRA, Mateus. Com UTC Engenharia, governo federal firma primeiro acordo de leniência. *Conjur*, 10 jul. 2017. Disponível em: <https://www.conjur.com.br/2017-jul-10/utc-governo-federal-firma-primeiro-acordo-leniencia>. Acesso em: 19 ago. 2019.

U.S. DEPARTMENT OF JUSTICE; SECURITIES EXCHANGE COMMISSION. FCPA Corporate Enforcement Policy. Disponível em: <https://www.justice.gov/criminal-fraud/file/838416/download>. Acesso em: 19 ago. 2019.

24

PROCESSO DE MONITORIA EXTERNA NO BRASIL

FELIPE FARIA
GIOVANA MARTINEZ
ISABEL FRANCO
MARISA PERES

"Monitoria" é uma palavra emprestada dos acordos tradicionais nos Estados Unidos, como explicaremos neste artigo. Preferimos o termo "monitoria" à palavra "monitoramento", uma vez que a segunda já é amplamente utilizada para o acompanhamento corriqueiro dos programas de compliance. Conceitualmente, a monitoria independente nasceu nos Estados Unidos. Lá, como discutiremos com mais detalhes a seguir, as autoridades têm promovido centenas de processos de combate à corrupção sob o FCPA[38], oferecendo às empresas a opção de firmarem certos acordos alternativos, pois logicamente as organizações investigadas preferem negociar ajustes de conduta a sujeitarem-se aos notórios processos judiciais, que, além de custosos, geram também grande impacto reputacional. Pouquíssimas são as organizações nos Estados Unidos que preferem os tribunais aos diversos tipos de ajustes que as autoridades podem oferecer, pois a discussão em juízo pode ser longa e custosa, além dos impactos à imagem e à reputação perante o público com, invariavelmente, impacto negativo no valor de suas ações negociadas em bolsa.

Tais acordos podem servir para postergar ou suspender um processo judicial contra uma organização aplicando medidas corretivas sob certas condições (respectivamente, os *deferred prosecution agreements* (DPA) e os *non-prosecution agreements* (NPA). Na maioria desses acordos é notório que a responsabilidade pela aplicação do FCPA é dividida entre os já citados neste

---

[38] V. glossário.

livro DOJ e SEC[39]. Saber quais órgãos serão convidados à mesa de negociação é uma das facilidades norte-americanas em relação ao Brasil, já que no nosso país ainda há muita insegurança sobre qual autoridade deve fazer parte de um acordo caso a empresa queira iniciar negociações.

Os DPAs começaram a ser utilizados em 1999 como forma alternativa para o processo judicial e foram estabelecidos pela primeira vez pelo DOJ em seus "Princípios do Ministério Público Federal".[40]

O número de DPAs aumentou drasticamente após o desaparecimento da firma de auditoria denominada Arthur Anderson em 2004, quando a empresa implodiu com o peso da acusação, do julgamento e da condenação (posteriormente anulada) em conexão com seu envolvimento no caso da Enron.[41] Esse caso emblemático alterou historicamente os paradigmas de combate à corrupção. Dezenas de funcionários inocentes da Arthur Anderson no mundo perderam seus empregos, além de seus acionistas perderem seus investimentos em consequência do processo judicial.[42]

Dessa forma, ficou claro às autoridades dos Estados Unidos o dilema e o difícil peso para a sociedade em geral de um processo judicial custoso e midiático como o da Arthur Anderson, que causou tantas perdas colaterais. O crime corporativo em si resulta em prejuízos financeiros ímpares à instituição, porém as autoridades não podem deixar de sobrepesar o também irremediável custo à sociedade. Decidiu-se, portanto, dar uma chance às empresas infratoras para proteger os inocentes e a economia local. Essa preocupação social levou a um aumento significativo no uso de DPAs como uma alternativa ao processo criminal.

É verdade que todo o contexto de programa de compliance – e, por sua vez, da monitoria independente – foi trazido ao Brasil pelas multinacionais. Algumas empresas norte-americanas com negócios no Brasil que firmaram acordos com o governo americano tiveram de implementar seu programa

---

[39] V. glossário.

[40] Department of Justice of the United States of America. Principles of Federal Prosecution. Disponível em: https://www.justice.gov/jm/jm-9-27000-principles-federal-prosecution. Atualizado em fevereiro de 2018. Acesso em: 26 de outubro de 2019.

[41] Decisão da Corte Suprema dos EUA. Arthur Anderson LLP v. United States. Publicado em 31 de maio de 2005.Disponível em: https://www.law.cornell.edu/supct/html/04-368.ZO.html. Acesso em 26 de outubro de 2019.

[42] Sridharan, U., Dickes, L. and Royce Caines, W. (2002), "The Social Impact of Business Failure: Enron", American Journal of Business, Vol. 17 No. 2, pp. 11-22.

de compliance globalmente sob a égide de um monitor, o que nos leva aos dilemas discutidos neste artigo.

O processo inteiro traz complexidade, não só para a equipe de compliance como também para a alta administração. Imaginemos uma empresa que tenha descoberto, após uma longa investigação interna, que alguns de seus colaboradores tenham praticado atos de corrupção transnacional ou que tenha sido acusada de praticar algum ato de corrupção internacional e queira colaborar com as autoridades americanas. O que fazer?

Após a investigação interna, a colaboração com as autoridades e meses de intensas negociações, a empresa e as autoridades assinam um acordo. Aparentemente, é o fim de uma rotina desgastante de conversas, fornecimento de informações e reuniões. A organização poderá agora virar a página e voltar a se concentrar em seu negócio, correto?

Não, se no acordo estiver prevista a obrigatoriedade de contratação de um monitor independente. Este é só o começo de um novo capítulo, uma história que poderá ser tão ou mais custosa e desgastante do que a própria investigação pela qual a empresa acabara de passar; porém, uma coisa é certa: a corporação nunca mais será a mesma!

1. SOBREVIVEMOS À NEGOCIAÇÃO. E AGORA?

Quando pensamos em monitoria independente, logo vêm à mente os processos de monitoria conduzidos pelas autoridades americanas envolvendo famosas corporações internacionais como Siemens, Telia, Rolls Royce e, mais recentemente, Walmart.[43]

A natural associação do conceito de monitoria independente à monitoria externa promovida por autoridades americanas decorre do fato de que, apesar de existirem inúmeras leis internacionais de combate à corrupção, é inegável que a FCPA produziu a maior parte dos exemplos de monitorias independentes internacionais conhecidos até o momento.

---

[43] Siemens Plea Agreement, disponível em: <https://www.justice.gov/sites/default/files/opa/legacy/2008/12/15/siemens.pdf>; Telia DPA, disponível em: <https://www.justice.gov/usao-sdny/press-release/file/997851/download>; Rolls Royce DPA, disponível em: <https://www.justice.gov/opa/press-release/file/927221/download>; Walmart Plea Agreement, disponível em: <https://www.justice.gov/opa/press-release/file/1175801/download>.

O cenário brasileiro envolvendo a monitoria independente também não é diferente. Tanto assim que temos exemplos recentes de grandes empresas brasileiras, como Embraer, Braskem e Odebrecht,[44] enfrentando o alto crivo das monitorias independentes impostas por reguladores americanos. Portanto, para entendermos como o processo de monitoria independente ocorre na prática e como pode ser conduzido no Brasil e afetar empresas nacionais, nós nos concentraremos no modelo americano.

O ponto de partida para entender a monitoria independente aos moldes dos Estados Unidos é o conteúdo do acordo firmado entre a empresa e as autoridades americanas. No DPA, *plea agreement* ou NPA, mais especificamente nos anexos C ou D (nos quais é previsto o *independent compliance monitor*), encontramos os componentes específicos da monitoria, incluindo o tempo de monitoramento, o número de revisões, as certificações exigidas, a natureza e a estrutura do trabalho de campo e qualquer outro assunto que o monitor deva enviar ao governo. Todos esses componentes devem estar igualmente refletidos no plano de trabalho do monitor, sendo cuidadosamente examinados e acordados pelas partes envolvidas no processo de monitoria independente.

Os advogados americanos Joseph Warin, Michael Diamant e Veronica Root,[45] em artigo publicado para a Universidade da Pensilvânia, apontam que a confiança entre monitor independente e empresa e a clara definição de expectativas pelas partes são elementos-chave para o bom andamento da monitoria. Neste sentido, o plano de trabalho do monitor pode ser entendido como o principal alicerce na construção dessa relação de confiança.

Independentemente do segmento de atuação da empresa, é importante que o plano de trabalho do monitor sempre inclua: visão geral do papel e dos objetivos do monitor; cronograma, destacando a data em que o monitor apresentará o relatório final ao governo e à empresa; descrição das políticas e dos procedimentos que serão avaliados; lista de documentos relevantes para

---

[44] Embraer DPA, disponível em: <https://www.justice.gov/opa/press-release/file/904581/download>; Braskem Plea Agreement, disponível em: <https://www.justice.gov/opa/press-release/file/919906/download>; Odebrecht Plea Agreement, disponível em: <https://www.justice.gov/opa/press-release/file/919916/download>.

[45] WARIN, F. Joseph; DIAMANT, Michael S.; Veronica S. ROOT, Somebody's watching me: FCPA monitorships and how they can work better. *University of Pennsylvania Journal of Business Law*, v. 13, n. 2, p. 321-381, 2011. Disponível em: <https://scholarship.law.upenn.edu/jbl/vol13/iss2/1>. Acesso em: 19 out. 2019.

revisão; lista de potenciais entrevistados (os quais podem ser colaboradores internos e externos); locais a serem visitados (com as respectivas datas); lista de testes, estudos e demais análises a serem conduzidos (informando se haverá ou não a utilização de recursos de auditoria externa).

Na maioria dos casos, o monitor deve preparar a primeira sugestão do plano de trabalho inicial em um prazo de 30 a 60 dias corridos, contados da sua nomeação (por meio da assinatura de um contrato de prestação de serviços com o monitor designado). Uma vez recebida a sugestão do plano de trabalho inicial, a empresa e as autoridades costumam ter 30 dias corridos para fazer suas considerações. Quaisquer disputas entre a empresa e o monitor em relação ao plano de trabalho devem ser decididas pela autoridade, conforme seu exclusivo critério. Tal como ocorre em um contrato que faz lei entre as partes, quanto mais detalhado for o plano de trabalho, mais fácil será para todas os envolvidos entender e cumprir com suas respectivas obrigações.

Tão relevantes e importantes quanto o plano de trabalho inicial são os relatórios de acompanhamento emitidos periodicamente pelo monitor (*follow-up reports*). Nesses relatórios, o monitor deve registrar detalhes do trabalho desenvolvido e da metodologia utilizada na avaliação do programa de compliance. Além disso, deve fazer recomendações de melhoria, juntamente com o prazo esperado para a implementação. Todas as recomendações devem ser justificadas com base em elementos similares aos de uma auditoria forense. Tanto assim que parte dos custos incorridos na monitoria se refere aos gastos com empresas de auditoria externa, as quais atuam sob a supervisão do monitor.

Tal como ocorre no plano de trabalho inicial, a empresa também pode enviar comentários aos relatórios de acompanhamento, em prazo de até 60 dias do recebimento do reporte, especialmente se parte das recomendações for "excessivamente onerosa, inconsistente com a regulamentação ou lei aplicável, impraticável, excessivamente cara ou de outra forma desaconselhável",[46] propondo ações alternativas para alcançar o mesmo objetivo desejado pelo monitor. Caso a organização e o monitor não cheguem a um consenso, a empresa deverá levar o tema ao conhecimento da autoridade parte do acordo. Mas seria esta a melhor forma de construir um relacionamento transparente e de confiança entre as partes? Não há resposta certa.

Cada monitoria independente é única e por isso a corporação deve entender a melhor forma de interagir com o monitor em cada etapa do

---

[46] Embraer DPA, disponível em: <https://www.justice.gov/opa/press-release/file/904581/download>.

processo. No entanto, vale destacar que, ao longo da monitoria, a empresa pode buscar diversas formas de criar um canal de comunicação mais ágil e cooperativo com o monitor por meio de reuniões, *conference calls* e apresentações que busquem antecipar dúvidas, esclarecimentos ou até mesmo obter um posicionamento prévio por parte do monitor, confirmando se a empresa está ou não no caminho certo. Essa prática proativa ajudará a instituição a atuar de forma estratégica, evitando surpresas desagradáveis nos reportes emitidos pelo monitor.

Para fomentar ainda mais a comunicação cooperativa entre as partes, as autoridades reconhecem a necessidade de garantir confidencialidade aos documentos, reportes e demais produtos emitidos ao longo da monitoria. A mesma relação cooperativa, resguardada por preceitos de confidencialidade, faz que a organização tenha a obrigação de fornecer ao monitor acesso a todas as informações, documentos, registros, instalações e funcionários, desde que o pleito seja razoável e se enquadre no escopo da monitoria. A empresa deve ainda envidar seus melhores esforços para permitir que o monitor tenha acesso a ex-colaboradores, fornecedores, agentes e consultores terceirizados.

Contudo, é importante deixar claro que, apesar do relacionamento cooperativo e pautado em confidencialidade, conforme usualmente expresso no contrato de prestação de serviços com o monitor, nenhuma relação advogado-cliente (o conhecido instituto do *attorney-client privilege*)[47] será formada entre as partes ao longo da monitoria independente. Apesar de os custos da monitoria independente serem arcados pela organização, a relação advogado-cliente será do monitor com as autoridades do acordo e não com a empresa monitorada, ou seja, o monitor é independente da empresa e com ela não mantém a já citada relação advogado-cliente. Logo, caso o monitor tome conhecimento de qualquer irregularidade durante o curso dos trabalhos, deverá reportar a má conduta imediatamente às autoridades competentes. Diante da complexidade do trabalho desenvolvido pelo monitor, é presumível que a empresa desembolse grandes somas por alguns anos.

Mas é possível estimar por quanto tempo a empresa se submeterá à monitoria e quais serão os custos envolvidos? Na maioria dos casos, as autoridades estabelecem a contratação de monitor independente por um período de dois a três anos, mas que pode ser estendido por até cinco ou sete anos, caso

---

[47] Privilégio de confidencialidade garantido à relação advogado-cliente no direito anglo-saxão. No Brasil, há o sigilo profissional conforme disposto no Estatuto da Advocacia e da Ordem dos Advogados do Brasil (Lei nº 8906, de 04 de julho de 1994).

o monitor entenda que a empresa não possui um programa de compliance certificável, conforme termos acordados pelas partes (o autor Felipe Faria já atuou em uma empresa com uma monitoria externa de dez anos![48]). O monitor deve emitir o reporte final (*final follow-up review*) até 30 dias antes do término da vigência da monitoria. Caberá somente à autoridade, a seu exclusivo critério, definir a necessidade de prazo adicional.

Tanto o período da monitoria quanto o período da possível extensão são previamente definidos no acordo firmado entre a empresa e as autoridades. Vale mencionar que a autoridade também pode se posicionar positivamente ao encerramento antecipado da monitoria, acionando a cláusula de rescisão antecipada, quando entender que existem elementos suficientes que justifiquem a eliminação da monitoria.

É inegável constatar que a frequente nomeação de monitores independentes por parte das autoridades americanas movimentou um mercado lucrativo para profissionais e escritórios de advocacia – muitas vezes ex-promotores/procuradores ou juízes – que atuam como monitores. Por óbvio, esses profissionais altamente qualificados costumam custar caro. Não existem muitos estudos sobre o tema, mas estima-se que as monitorias custam em média mais de 30 milhões de dólares[49] às empresas sob monitoria. Philip Inglima, sócio da Crowell & Moring's White Collar & Regulatory Enforcement Group, diz que "*está se tornando o novo normal que os custos cheguem bem ao norte de 30 milhões a 50 milhões de dólares ao longo de três anos*" e complementa que tais custos "*podem dissipar recursos que idealmente estariam disponíveis para sustentar no longo prazo programas de compliance*".[50]

Por isso é cada vez mais importante que a empresa, ao formalizar a contratação do monitor, busque estimar a projeção de custos em detalhes, incluindo quantidade de viagens, estimativa de horas, contratação de terceiros, dentre outros. Uma orientação recente da American Bar Association (ABA)[51]

---

[48] World Bank Debars SNC-Lavalin Inc. and its Affiliates for 10 years. Nota de imprensa. Publicado em 17 de abril de 2013. Disponível em: https://www. worldbank.org/en/news/press-release/2013/04/17/world-bank-debars-snc-lavalin-inc-and-its-affiliates-for-ten-years Acesso em 26 de outubro de 2019.

[49] Disponível em: <3a8b-4c46-9594-0e244b60644a>.

[50] INGLIMA, Philip. White Collar – Corporate Monitors: Peace, at what cost?. Publicado em janeiro de 2018. Disponível em: https://www.crowell.com/NewsEvents/Publications/Articles/White-Collar-Corporate-Monitors-Peace-at-What-Cost/. Acesso em 26 de outubro de 2019.

[51] Disponível em: <https://www.americanbar.org/groups/criminal_justice/standards/MonitorsStandards/>.

estabelece que os monitores devem fornecer uma estimativa razoável (a) da estrutura de custos para a sua equipe; (b) dos custos projetados para o cumprimento de suas obrigações, conforme descrito no acordo com a autoridade; e (c) de quaisquer outros custos que se espera que sejam impostos à empresa.

Ao especularmos o custo da monitoria, logo percebemos que o protagonismo do processo é exercido pela figura do próprio monitor. Tanto que o conceito da monitoria se confunde com o conceito do próprio monitor. A SEC define um "monitor independente" como "*um terceiro independente que avalia e monitora a adesão de uma empresa aos requisitos de conformidade de um contrato que foi projetado para reduzir o risco de recorrência de má conduta da empresa*".[52]

O monitor independente é o responsável por avaliar e orientar a corporação na implementação do programa de compliance, conforme termos definidos nos acima mencionados acordos firmados com as autoridades norte-americanas. Além disto, cabe ao monitor também o papel de atuar como "informante" das autoridades acerca da evolução do programa de compliance.

2. EVOLUÇÃO DA MONITORIA EXTERNA E SEUS PRINCIPAIS *STAKEHOLDERS*

No processo de monitoria, além do monitor, temos também as figuras das empresas e autoridades reguladoras. Nos últimos anos novos papéis vêm sendo desenvolvidos e aperfeiçoados, tais como as consultorias especializadas e os escritórios de advocacia contratados pela empresa para apoiar o processo de implementação e melhoria do programa de compliance que, cada vez mais, passam a atuar como interlocutores e facilitadores da comunicação entre empresa, autoridades e monitores. No entanto, neste artigo nós nos concentraremos prioritariamente nas figuras do monitor, empresas e autoridades.

A organização, após firmar acordo com autoridades no qual expõe suas fragilidades de governança, independentemente de admitir ou não a culpa, exerce o papel de aceitar os termos do acordo, cumprindo com todas as obrigações nele previstas, cooperando com o monitor independente e arcando com todas as despesas incorridas na monitoria. A instituição deve concordar ainda, quando necessário e apropriado, em adotar novos controles ou modificar aqueles existentes, como código de conduta, políticas e demais procedimentos a fim de garantir (a) um sistema de controle contábil capaz

---

[52] Disponível em: <http://stoneturn.com/wp-content/uploads/2017/07/2017-SEC-Compliance-and-Enforcement-Answer-Book_SEC-Imposed-Monitors.pdf>.

de assegurar que pratica e mantém livros, contas e registros adequados à lei; e (b) um rigoroso programa de ética e integridade que inclua políticas e procedimentos destinados a detectar e impedir as violações de FCPA, bem como outras leis anticorrupção aplicáveis.

A autoridade, além do papel de dirimir disputas entre a empresa e o monitor, possui o compromisso de dissuadir e prevenir a prática de crimes corporativos. A autoridade atua desde o início, ainda em fase investigatória, passando por todas as etapas do processo de monitoria, que vão desde a composição do acordo, seleção e validação do monitor, até o acompanhamento dos reportes e liberação da organização.

Independentemente das diferenças nos papéis exercidos pelas partes envolvidas na monitoria, é inegável constatarmos que existe um objetivo comum, qual seja, a implementação de um programa de compliance sustentável, capaz de detectar e impedir violações de FCPA e de demais leis anticorrupção. No entanto, ao longo do processo de entrega da monitoria podem ocorrer desacordos em relação aos meios utilizados para atingir tal objetivo. Este ponto, talvez, seja um dos maiores desafios da corporação que enfrenta a monitoria.

Quando analisamos os papéis *monitor* vs. *empresa*, é importante levarmos em consideração aspectos financeiros e técnicos. O aspecto financeiro é simples, pois, quanto mais prolixo e longo for o processo de monitoria, mais cara será a conta para a empresa ao final. Já o aspecto técnico leva em consideração o conhecimento do monitor sobre o negócio da empresa. Nesse ponto percebemos que o time de monitores nem sempre possui a experiência adequada ao segmento no qual a empresa está inserida. Essa ausência de conhecimento pode prejudicar o diálogo cooperativo entre as partes e, consequentemente, a construção de um programa de compliance realmente eficiente.

Outro ponto de atenção na relação do monitor com a empresa é a linguagem subjetiva dos reportes, os quais comumente apresentam uma redação cheia de termos ambíguos, tais como: "inadequada", "insuficiente", "difundida", "facilitada", "significativo", "testado", "apropriado", "necessário", "efetivo", entre outros. A ausência de racionalidade por trás das análises e a falta de objetividade nas recomendações do monitor podem dificultar uma reação rápida e efetiva por parte da empresa.

No entanto, apesar dos grandes desafios impostos pelo processo de monitoria, vale destacar que a maioria das empresas reconhece que a simples presença do monitor independente ajuda a mudar a cultura de integridade e a forma como a corporação aborda seus controles internos e programas de conformidade. Os

GUIA PRÁTICO DE COMPLIANCE

monitores forçam a empresa e seus líderes a direcionarem muito mais atenção e recursos para o programa de compliance do que comumente despendido antes da monitoria. Contudo, embora haja uma série de benefícios percebidos, as organizações geralmente manifestam preocupações em nomear um monitor em virtude do amplo escopo da monitoria, da interrupção constante nas operações existentes, da distração gerada ao negócio e dos altos custos envolvidos. Diante de tal desconforto, por qual razão as empresas não acionam a autoridade com mais frequência, tendo em vista que tal autoridade deve exercer um papel de gerenciamento de conflito entre empresa e monitor?

Percebe-se que as empresas tendem a evitar a escalação à autoridade e buscam acioná-la apenas em casos extremos, pois tentam preservar o relacionamento cooperativo com o monitor mesmo em momentos de grande desconforto nos quais discordam sobre a extensão do papel e objetivo do monitor. Além disso, um outro ponto que pode corroborar para tal postura "passiva" das empresas é que a autoridade que exerce o papel de dirimir conflitos é a mesma autoridade responsável por aplicar a punição da monitoria, portanto, nem sempre as empresas se sentem confortáveis em buscar por sua intermediação – tal sentimento pode ser ainda mais forte no caso das instituições que não são norte-americanas.

3. PRINCIPAIS DICAS PARA PASSAR POR UMA MONITORIA DE FORMA EFICIENTE

Não existe fórmula mágica capaz de tornar a experiência da monitoria em um processo agradável e sem esforço (provavelmente o processo nunca será!), mas certamente algumas dicas podem ajudar as corporações a enfrentarem esta árdua tarefa de forma mais amena:

- selecionar cuidadosamente os monitores potenciais que serão submetidos à avaliação das autoridades;
- tentar compor com o monitor e a autoridade o escopo e o plano de trabalho da monitoria. É importante que todas as partes saibam, de forma clara, qual o objetivo esperado pela monitoria;
- negociar antecipadamente o orçamento e as práticas de faturamento. Estabelecer um orçamento com o monitor é ponto fundamental para que a empresa realize seu próprio planejamento financeiro e consiga acompanhar a aderência do monitor ao plano de trabalho;
- obter o plano de trabalho e o cronograma detalhado com a lista dos locais a serem visitados e possíveis cargos a serem entrevistados.

As visitas em campo exigem um trabalho significativo de preparação por parte da empresa para garantir que os processos sejam conduzidos de forma suave e eficiente para ambas as partes;

- procurar visualizar os relatórios e as recomendações antes das autoridades, buscando esclarecer eventuais dúvidas e termos subjetivos existentes nos reportes solicitando, sempre que possível, os elementos racionais que fundamentam as recomendações dadas pelo monitor;
- fomentar uma comunicação transparente, cooperativa e proativa com o monitor, estabelecendo pontos principais de contato dentro da empresa para evitar que a comunicação com o monitor se disperse e que ocorra esforço em duplicidade para a entrega da mesma atividade;
- planejar com antecedência, começando a pensar em possíveis problemas e como resolvê-los antes mesmo de o monitor ser selecionado;
- definir antecipadamente com o monitor os limites de privacidade e privilégio de dados.[53] Como a relação com o monitor não gera o antes mencionado *attorney-client privilege,* certificar-se de acordar com o monitor quais documentos e informações serão protegidos;
- investir em comunicação interna para facilitar o acesso às pessoas e aos documentos que o monitor entender necessário. Elaborar uma campanha de conscientização dentro da empresa;
- por fim, mas não menos importante, procurar atender às recomendações do monitor de forma ágil e pontual. Sempre que existir risco de atraso ou impossibilidade de atendimento, buscar se antecipar ao monitor. Evitar surpresas que abalem a credibilidade da empresa e coloquem em risco a percepção do monitor quanto à seriedade e ao engajamento da corporação na entrega do compromisso acordado com a autoridade.

4. QUAL O LEGADO QUE O MONITOR PODE DEIXAR PARA A EMPRESA MONITORADA?

Chegou o dia mais esperado, a data do fim da monitoria independente, dia em que em teoria os negócios da empresa voltarão ao normal, correto?

---

[53] Ou seja, quais dados estarão protegidos pelo sigilo profissional no Brasil e nos Estados Unidos.

GUIA PRÁTICO DE COMPLIANCE

Não é bem assim. Na realidade, o que acontece na maioria dos casos é que, após o período da monitoria, a empresa entra na fase do "automonitoramento".

O "automonitoramento" é o período em que a própria empresa seguirá com o processo criado com o auxílio do monitor, assegurando que todas as recomendações acordadas com as autoridades norte-americanas estão efetivamente implantadas e que os processos estão sendo cumpridos corretamente pela organização. Por determinado período, a empresa deverá apresentar um relatório periódico às autoridades, informando a evolução do programa de compliance, do canal de investigação, dos resultados de auditoria, bem como outras informações pertinentes.

Nessa hipótese, a rotina do time de compliance não mudará drasticamente, pois muitas das recomendações realizadas pelo monitor serão implementadas ao longo dos meses, tendo em vista que não foram finalizadas no momento da certificação. A empresa, além do dever de reportar a manutenção e as melhorias ocorridas nos processos de compliance, deverá também reportar alguma evidência de irregularidade, caso a encontre, explicando o tratamento adotado em tal situação.

Durante esse período é muito importante que fique claro para a alta administração e para toda a organização, que, embora o monitor independente tenha encerrado seus trabalhos, o acordo celebrado com a autoridade norte-americana permanece. Desta forma, qualquer irregularidade não tratada corretamente e não reportada poderá dar causa à rescisão do respectivo acordo e iniciar um processo judicial para a empresa.

Já numa segunda hipótese, com a conclusão dos trabalhos da monitoria independente, se encerram também os termos do acordo celebrado entre a empresa e a(s) autoridade(s) norte-americana(s). Nesse caso, ocorre uma certificação oficial, constatando que o acordo foi integralmente cumprido pela instituição e que não há mais nenhum ponto a ser reportado para as autoridades.

Apesar de positiva, a chancela de que a organização fez o seu dever e está apta a caminhar sozinha e possui um programa de compliance com os pilares necessários gera desafios à organização de como manter a sustentabilidade do respectivo programa no longo prazo.

Após a monitoria, é natural que muitos líderes tenham receio em aprovar propostas de qualquer alteração ao programa de compliance (que podem ir desde a flexibilização de alguma regra excessivamente rígida a, até, fluxos de aprovação interna) ou ainda que entendam não ser mais necessário manter uma postura tão ativa em relação ao programa. Assim, inicia-se uma fase de reflexão sobre o engessamento de processos decorrentes das recomendações do monitor na busca por oportunidades de melhorias. Questões como a frequência de análises e revisões de processos, o engajamento ativo da alta administração e a métrica de tolerância de riscos, novamente são colocadas em xeque e precisam ser adequadamente endereçadas.

Neste sentido, a área de *corporate social responsibility*[54] pode trazer alguns ensinamentos interessantes sobre a sustentabilidade de compliance nos negócios como forma de estratégia de uma organização. Seu *framework* descreve as ações de sustentabilidade em cinco estágios que podem ser vistos como as fases em que uma empresa passa pela pré e pós-monitoria: (1) estratégia de negação; (2) estratégia de defesa; (3) estratégia isolada; (4) estratégia integrada; e (5) estratégia transformativa. O mais interessante é que, ao longo do processo de desenvolvimento do programa de compliance com monitoria independente, é possível visualizar claramente todas as etapas de estratégia.

As fases de estratégia de negação e de defesa são vistas nas etapas pré--acordo, nas quais a empresa nega ou concorda somente com parte dos fatos, se defendendo das acusações até o final da negociação com as autoridades norte-americanas. Já a estratégia isolada consta durante todo o desenvolvimento da monitoria independente, tendo em vista que a empresa trata prioritariamente do fato que gerou o acordo com a autoridade e trabalha para remediar aspectos específicos, atuando isoladamente por meio de ações pontuais que visam a minimizar os danos causados, seja no passado ou no presente. No entanto, o foco, ao final do processo de monitoria independente, deveria ser as "estratégias integradas e transformativas".

De acordo com a estratégia integrada, a adoção séria de práticas comerciais sustentáveis exige que as empresas passem por uma transição profunda com a mudança de cultura ou de paradigma. O programa de compliance como estratégia de negócios está tão integrado com as demais áreas da organização, que não é só uma área da empresa que precisará ser robusta para acompanhar a monitoria, e sim todas as áreas devem assimilar a ética e o programa de compliance como cultura sustentável.

Essa discussão traz uma questão interessante sobre o aprendizado da empresa em decorrência da experiência vivida com a monitoria. A estratégia integrada de sustentabilidade de negócios idealmente deveria ser o legado que o monitor independente deixa para a corporação – caso a monitoria

---

[54] RASCHE, A.; MORSING, M.; MOON, J. (Ed.). *Corporate social responsibility*: strategy, communication, governance. Cambridge: Cambridge University Press, 2017.

realmente tenha sido efetiva, indo além de um *check in the box*[55] dos termos do acordo firmado com as autoridades. E, nessa mesma linha, as empresas deveriam prezar por uma estratégia transformativa, em que não só a corporação muda positivamente, mas todo o ambiente de negócios caminha para um futuro mais ético e íntegro, afetando positivamente seus *stakeholders* para agir da mesma forma.

O fim da monitoria é o momento de fomentar o trabalho de inserção do Compliance na cultura organizacional da corporação. Essa transformação cultural facilitará o entendimento do processo vivido pela empresa, a aderência aos novos processos e o papel fundamental de cada um dos colaboradores na nova trajetória da organização para que esta não passe por tal situação novamente, pois a reincidência poderá custar a existência futura da empresa.

Sabemos que a monitoria é desgastante para qualquer corporação, mas, ao final do processo, certamente o programa de compliance estará mais sólido e a empresa como um todo fortalecida do ponto de vista de integridade, pronta para virar a página e reescrever a sua história tendo se beneficiado do aprendizado e da experiência contumaz da monitoria.

REFERÊNCIAS

WARIN, F. Joseph; DIAMANT, Michael S.; Veronica S. ROOT, Somebody's watching me: FCPA monitorships and how they can work better. *University of Pennsylvania Journal of Business Law*, v. 13, n. 2, p. 321-381, 2011. Disponível em: <https://scholarship.law.upenn.edu/jbl/vol13/iss2/1>. Acesso em: 19 out. 2019.

RASCHE, A.; MORSING, M.; MOON, J. (Ed.). *Corporate social responsibility*: strategy, communication, governance. Cambridge: Cambridge University Press, 2017.

---

[55] V. glossário.

IX

COMPLIANCE FINANCEIRO

25

COMPLIANCE FINANCEIRO – MARCOS E LIÇÕES DA EXPERIÊNCIA

ROSIMARA RAIMUNDO VUOLO
SANDRA GONORETSKE
SANDRA GUIDA

1. CONTEXTO HISTÓRICO

Podemos afirmar que o mercado bancário é altamente regulado e o sistema financeiro nacional (SFN) vem se adaptando às exigências de compliance desde os anos 1970, sobretudo a partir da promulgação das regras de Basileia.

O Comitê de Basileia para Supervisão Bancária (*Basel Committee on Banking Supervision* – BCBS) é o fórum internacional para discussão e formulação de recomendações para regulação prudencial e cooperação para supervisão bancária, composto por 45 autoridades monetárias e supervisoras de 28 jurisdições. O Comitê de Basileia – criado em 1974 no âmbito do Banco de Compensações Internacionais (*Bank for International Settlements* – BIS) tem por objetivo reforçar a regulação, a supervisão e as melhores práticas bancárias para a promoção da estabilidade financeira.

Em julho de 1988, foi constituído o Primeiro Acordo de Capital do Comitê da Basileia, denominado **Basileia I,** nele, foram estabelecidas recomendações para as exigências mínimas de capital para instituições financeiras internacionalmente ativas para fins de mitigação do risco de crédito. Foram divulgados 25 princípios para uma supervisão bancária eficaz pelo Comitê da Basileia, com destaque para o Princípio 14 (atual 26):

– os supervisores da atividade bancária devem certificar-se de que os bancos tenham controles internos adequados para a natureza e a escala de seus negócios, sendo:

– arranjos claros de delegação de autoridade e responsabilidade (segregação de funções, reconciliação de processos, distribuição de seus recursos, contabilização e salvaguarda de seus ativos);

– funções apropriadas e independentes de auditoria interna e externa e de Compliance para testar a adesão a esses controles, bem como às leis e aos regulamentos aplicáveis.

Sob um clima especulatório e com manipulações que afetavam os mercados financeiros, houve novo acordo, designado por **Basileia II**. Medidas fiscalizadoras e regulatórias foram ampliadas, focalizando maior segurança, estabilidade e transparência para o sistema financeiro mundial; buscou-se realinhar as necessidades regulatórias de capital dos bancos tanto quanto possível aos riscos primários tacitamente assumidos por essas instituições; novos instrumentos foram concebidos para que bancos e supervisores estimem com segurança a suficiência de capital em relação a riscos assumidos. Esse novo acordo pode ser resumido e destacado por três recomendações:

– **pilar 1**: requerimento de capital mínimo: gerenciamento de riscos de crédito e risco operacional, propondo reter capital em 30% do total das receitas provenientes da intermediação financeira e da prestação de serviços;

– **pilar 2**: supervisão bancária: estímulo à supervisão, buscando assegurar que processos internos nas instituições financeiras sejam ativos no gerenciamento dos riscos;

– **pilar 3**: disciplina de mercado: tolerância zero com a transparência das instituições financeira; ética e disciplina como cláusulas pétreas.

Mais adiante, em resposta à crise financeira internacional de 2007/2008, a partir de 2010 tivemos o Acordo de **Basileia III**, com novas recomendações objetivando o fortalecimento da capacidade de as instituições financeiras absorverem choques provenientes do próprio sistema financeiro ou dos demais setores da economia, reduzindo o risco de propagação de crises financeiras para a economia real, bem como eventual efeito dominó no sistema financeiro em virtude de seu agravamento.

O Brasil, como membro do Comitê de Basileia, assumiu o compromisso de aplicar as recomendações ao Sistema Financeiro Nacional; o grande marco para os profissionais de compliance ocorreu quando o Conselho Monetário Nacional (CMN) publicou a Resolução 2.554/1998, que estipulou 31.12.1999 como data-limite para as instituições implementarem o sistema de controles internos, voltados para as atividades por elas desenvolvidas, seus sistemas de informações financeiras, operacionais e gerenciais e o cumprimento das normas legais e regulamentares a elas aplicáveis.

2. PROGRAMA DE COMPLIANCE NO MERCADO FINANCEIRO E DE CAPITAIS – COMO ACONTECE NA PRÁTICA?

2.1 Programa de compliance financeiro

Embora o Compliance seja o tema do momento nas grandes empresas e esteja sendo discutido intensivamente no mundo afora nos últimos anos, o Compliance já é aplicado nas instituições financeiras há muitos anos. Muitos dizem, inclusive, que os profissionais atuantes no mercado financeiro estão aptos a qualquer desafio no mercado empresarial.

O mercado financeiro é bastante regulado, o que justifica a robustez dos desenhos dos programas de compliance, lembrando que esses devem ser exequíveis e condizentes com a prática, caso contrário, não se sustentam.

Um dos temas de grande relevância nas instituições financeiras é a prevenção a crimes financeiros, que pode ser dividida em quatro pilares: prevenção à lavagem de dinheiro (PLD); financiamento ao terrorismo (FT); suborno e corrupção; e sanções.

O principal objetivo do referido programa é proteger a instituição contra o envolvimento com atividades ilícitas e indivíduos, jurisdições ou entidades sancionadas, bem como garantir que a organização cumpra integralmente todas as respectivas leis e os regulamentos pertinentes ao tema.

O programa de prevenção a crimes financeiros é estruturado em pilares fundamentais como políticas e procedimentos, normas, metodologia de riscos, plano de treinamento, investigação, devida diligência e modelo de governança adequado no que tange à estruturação de comitês e suas linhas de reporte, de forma que a informação de maior risco seja devidamente direcionada ao conselho de administração, principal responsável pelas decisões estratégicas da instituição.

Na prática, faz-se necessário o desenvolvimento de sistemas de detecção, monitoramento e reporte das operações que oferecem maior risco. Obviamente, mesmo com todos os esforços, é impossível mitigar 100% do risco do envolvimento da organização com práticas ilegais. Porém, uma vez que os sistemas e controles são devidamente implantados, avaliados e corrigidos, os riscos diminuem significativamente.

Importante mencionar que cada instituição implementa a sua própria metodologia.

Para que se tenha uma abordagem baseada no risco é necessária a realização de um prévio e efetivo mapeamento dos riscos aos quais a instituição está exposta e, a partir desse resultado, desenvolver mecanismos de controles e sistemas que auxiliem na mitigação deles. Na medida em que aumentam os riscos, são necessários controles mais eficientes. Contudo, todas as categorias de risco (baixo, médio e alto) devem ser identificadas e mitigadas pela implementação de controles e monitoradas por aplicação de testes.

Os fatores de risco de lavagem de dinheiro, financiamento ao terrorismo, suborno e corrupção são determinados de acordo com a exposição à materialização desses eventos, ou seja, às condições que favoreçam e facilitem práticas ilícitas.

Em princípio, os fatores podem ser:

– Prevenção à lavagem de dinheiro:

· segmento comercial do cliente (segmento de atuação);

· origem e natureza dos recursos do cliente;

· serviços ou produtos desejados pelo cliente (natureza de propósito);

· localidade do cliente (posição geográfica);

· cliente politicamente exposto (PEP).

– Sanções:

· nome sancionado em listas internacionais;

· operações envolvendo entidades, portos e navios sancionados.

– Anticorrupção e suborno:

· concessões de doações e patrocínios, passagens, hospedagens, brindes, presentes e refeições;

· visitas por agentes públicos.

Na medida em que aumentam os fatores de risco de determinado cliente/fornecedor, maior será o risco assumido pela instituição de estar envolvida em atividades ilegais. São definidos diferentes graus para classificar o risco x cliente, sendo estes:

Proibido: a instituição não tolerará quaisquer negociações de qualquer natureza, considerando esse tipo de risco. Os países sujeitos às sanções econômicas ou designados como Estados patrocinadores do terrorismo são os principais candidatos a operações proibidas.

Alto risco: os riscos são significativos, mas não necessariamente proibidos. Para mitigar o risco apresentado, a instituição deve aplicar controles mais restritivos para reduzi-lo, tais como a realização de diligência reforçada e o monitoramento mais rigoroso das operações.

Cap. 25 · COMPLIANCE FINANCEIRO – MARCOS E LIÇÕES DA EXPERIÊNCIA | **409**

Médio risco: os riscos médios estão acima dos riscos baixos ou dos riscos-padrão de lavagem de dinheiro e financiamento ao terrorismo, e precisam de análise adicional, mas não aumentam o risco suficientemente até o alto risco.

Risco baixo ou padrão: representa o risco-base de lavagem de dinheiro, em relação ao qual as regras comerciais normais são aplicáveis.

Em geral, os modelos de classificação de riscos utilizam valores numéricos para determinar a categoria deles (geografia, perfil do cliente e produtos e serviços), bem como o seu risco geral, conforme metodologia de cada instituição.

Com base na metodologia de classificação de risco, aqueles que possuem maior risco deverão ser monitorados com especial atenção por meio de controles diferenciados. São necessárias revisões periódicas dos riscos dos clientes e fornecedores para a certificação de que eles estão enquadrados corretamente.

Os fatores acima apresentados estão diretamente ligados aos riscos atribuídos aos clientes/fornecedores. Porém, para a correta e efetiva parametrização dos riscos como um todo, a instituição deve avaliar os riscos inerentes e residuais às suas atividades e produtos, bem como identificar quais áreas e pessoas estão mais expostas à prática de atos ilícitos. Assim, é possível realizar testes específicos e monitoramento efetivo, aplicar controles e treinamentos que possam incentivar o comportamento íntegro dos colaboradores e, ainda, destinar a devida governança aos seus processos.

Não é possível mitigar todos os riscos aos quais a instituição está exposta. Contudo, o tratamento baseado no balanceamento desses riscos garantirá que aqueles com o risco mais alto serão observados de forma diferenciada.

Por exemplo, como funciona na prática a aceitação de clientes considerados figuras públicas? Conforme a Circular Bacen 3.461/2009, consideram-se pessoas expostas politicamente (PEP) os agentes públicos que desempenham – ou tenham desempenhado – nos últimos cinco anos, no Brasil ou em países, territórios e dependências estrangeiros, cargos, empregos ou funções públicas relevantes, assim como seus representantes, familiares e outras pessoas de seu relacionamento próximo. Pode-se destacar como exemplos do Poder Executivo: presidentes, governadores, prefeitos etc.; e do Poder Legislativo: senadores, deputados, vereadores etc.

O Banco Central do Brasil exige que haja especial atenção quanto às operações envolvendo pessoas que se enquadrem nessa categoria, bem como aquelas que possuem relacionamento próximo com elas, uma vez que estão mais expostas à prática de atos ilícitos e oferecem maior risco ao sistema financeiro.

A Resolução Coaf 29/2017 regula a matéria no que diz respeito à conceituação e aos procedimentos de PEPs.

Ainda como forma preventiva aos crimes financeiros mencionados acima, um outro processo fundamental nas instituições é o processo de "conheça seu cliente" (KYC)/"fornecedor" (KYS) que visa, principalmente, a conhecer o histórico, a capacidade financeira e a evolução patrimonial, de forma a identificar e monitorar as movimentações dos clientes e os recursos que circulam no mercado financeiro.

O processo de KYC/KYS pode ser dividido nas seguintes etapas:

- identificação;
- verificação;
- classificação de risco;
- devida diligência;
- atualização.

O processo de identificação ocorre por meio da coleta de informações e documentos que permitam a identificação do cliente/fornecedor, e de todas as pessoas que tenham poder para representá-lo, bem como o propósito de relacionamento desses com a instituição.

As informações coletadas estão relacionadas à identidade do cliente/fornecedor e de pessoas relacionadas, renda/faturamento, endereço, atividade econômica, ramo de atuação, entre outras, que permitirão à instituição determinar o risco que apresenta sob a perspectiva de PLD/FT/Corrupção. O processo também visa a identificar nos casos em que os clientes/fornecedores são pessoas jurídicas, os seus respectivos "beneficiários finais".

Geralmente o processo de identificação é de responsabilidade da primeira linha de defesa, em que o gerente comercial é o responsável por solicitar todos os documentos aos clientes e avaliar primariamente a sua veracidade. Dependendo da linha de negócio e do tipo de cliente, é altamente recomendado que as instituições estabeleçam processos de visitas ao cliente por parte do gerente comercial. Assim, é possível avaliar a real existência das instalações, atividades e demais informações coletadas durante o processo de identificação.

O processo de verificação é complementar à identificação do cliente, e tem como objetivo avaliar se as informações prestadas possuem validade,

Cap. 25 · COMPLIANCE FINANCEIRO – MARCOS E LIÇÕES DA EXPERIÊNCIA | 411

ou seja, estão amparadas por documentos oficiais, válidos e livres de fraudes ou falsificações.

Geralmente, os documentos coletados para a realização do processo são: identidade com foto, comprovante de endereço, holerites, balanço patrimonial, organograma etc. A checagem dessas informações *versus* a documentação geralmente é realizada pelas áreas do *backoffice*[1], alimentando os sistemas cadastrais das instituições.

O processo de devida diligência consiste nas análises e verificações adicionais realizadas por parte das instituições por meio de sistemas de informação que contenham listas de sanções administradas pelo Ministério da Transparência e Controladoria-Geral da União (CGU), o Cadastro de Empresas Inidôneas e Suspensas e o Cadastro Nacional de Empresas Punidas (CEIS/CNEP), a lista de sanções da ONU, da União Europeia, da OFAC, entre outras listas restritivas internacionais. As bases privadas de informação (por ex.,Serasa, Alacra, Softon etc.) e bases comerciais de PEPs também são muito utilizadas, a fim de identificar fatores de risco ou até mesmo confrontar informações relacionadas a beneficiários finais.

Esse processo é realizado durante o início e a manutenção do relacionamento, e os procedimentos de diligência devem ser apropriados e proporcionais aos riscos a que estiver sujeita a atividade, sendo mais simplificados ou aprofundados, conforme o risco identificado para determinado cliente.

Quando identificados indícios desabonadores, as instituições visam a mensurar os riscos envolvidos no relacionamento, e que geralmente são: risco reputacional, risco de conformidade e risco legal. A decisão de assumir determinados níveis de risco cabe a comitês específicos que deliberam sobre a aceitação e a manutenção de clientes.

As diligências realizadas devem ser sempre consistentes e auditáveis, contendo os "rastros" dos procedimentos executados.

Importante salientar que, quando da identificação de atividades consideradas "suspeitas" ou "atípicas", as instituições possuem a obrigação legal de comunicar a Unidade de Inteligência Financeira local (UIF).

A atualização das informações cadastrais e as diligências realizadas são cruciais para o bom andamento do processo. As instituições devem estabelecer procedimentos que visem a identificar alterações substanciais e relevantes nas informações que possuem a respeito de seus clientes, a fim de alimentar

---

[1] As áreas de *backoffice* são as de suporte ou retaguarda, e se referem aos departamentos empresariais que pouco ou nenhum contato têm com os clientes.

GUIA PRÁTICO DE COMPLIANCE

adequadamente os seus sistemas e mensurar os riscos envolvidos nos seus relacionamentos.

Notem que acima há o relato de forma macro do funcionamento prático de um efetivo programa de compliance financeiro, porém, importante registrar que ainda há muitos desafios a serem superados.

O maior desafio na implantação de um programa como esse é encontrar equilíbrio entre a exigência da conformidade e a manutenção dos negócios. Os processos e controles implementados devem ser consistentes e eficientes de forma que o modelo de negócio entenda e acredite na importância dos controles e consiga segui-los de forma adequada.

2.1.1 Programa de compliance regulatório

Diante da exigência do cumprimento das normas legais e regulamentares aplicáveis às instituições autorizadas pelo Banco Central do Brasil, na prática, para que se tenha uma aderência efetiva às normas, faz-se necessário o acompanhamento tempestivo das alterações ocorridas no ambiente regulatório. Sua efetividade depende, além da identificação, da mensuração e avaliação, de mitigação e controle, do monitoramento e reporte. Chamamos essa atividade de "compliance regulatório"[2]. Podemos exemplificar algumas atividades que podem fazer parte desse modelo:

1 – Identificação: identificação de alterações e tendências no ambiente regulatório aplicáveis à instituição, abrangendo a captura de:

- ✓ normativos emitidos pelos órgãos reguladores;
- ✓ leis federais, estaduais e municipais;
- ✓ editais de audiência pública;
- ✓ projetos de lei;
- ✓ TACS e decisões judiciais;
- ✓ acompanhamento de temas discutidos nas entidades de representação; e
- ✓ inspeções, supervisões, resultados de avaliações e compromissos com reguladores.

---

[2] Compliance regulatório engloba os mercados financeiro e de capitais, regulamentos pelas normas do Conselho Monetario Nacional, Banco Central do Brasil, Comissão de Valores Mobiliarios, B3 e demais legislação aplicável.

Cap. 25 · COMPLIANCE FINANCEIRO – MARCOS E LIÇÕES DA EXPERIÊNCIA | **413**

2 – Mensuração e avaliação: mensuração do impacto das novas normas nos processos da instituição por meio de avaliação de criticidade, podendo ser utilizada matriz de riscos (severidade x probabilidade).

3 – Mitigação e controle: Compliance, como segunda linha de defesa, apoiando a primeira linha de defesa no desenvolvimento de planos de ação e implementação de controles para mitigação de risco.

4 – Monitoramento: Compliance acompanhando centralizadamente a implementação dos planos de ação definidos pela primeira linha de defesa.

5 – Reporte: Compliance emitindo reporte do ambiente de controles internos nos fóruns pertinentes e, obrigatoriamente, à alta administração.

Em 28 de agosto de 2017, o CMN publicou a Resolução 4.595, que dispõe sobre a política de conformidade (compliance) das instituições financeiras e demais instituições autorizadas a funcionar pelo Banco Central do Brasil[3].

Para atendimento à norma, além das atividades já exemplificadas, para um efetivo acompanhamento do ambiente regulatório, para implementação de estrutura de gerenciamento do risco de compliance numa instituição financeira (IF), podemos utilizar a estratégia de três linhas de defesa, concebida pelo IIA (*The Institute of Internal Auditors*), por meio de uma gestão integrada de riscos prevista, inclusive, na Resolução CMN 4.557/2017, com clara divisão de papéis e responsabilidades:

Primeira linha de defesa

Representada pelas áreas de negócio e suporte. Seus colaboradores são os responsáveis diretos pela gestão dos riscos associados às suas operações, bem como pela execução dos controles e implementação de medidas corretivas para o devido tratamento dos riscos. Na primeira linha de defesa estão também incluídos os colaboradores do Departamento Jurídico.

Segunda linha de defesa

Representada pelas funções de controle de riscos e coordenação da função de compliance, que são:

– integralmente segregadas das atividades da auditoria interna e do Jurídico; e

– independentes no exercício de suas funções, possuem comunicação direta tanto com qualquer administrador, incluindo os membros do conselho

---

3   Exceto administradoras de consórcio e instituição de pagamentos, que observam legislação específica.

de administração e do comitê de auditoria, quanto com qualquer colaborador, e têm acesso a quaisquer informações necessárias no âmbito de suas responsabilidades.

Às áreas que compõem a segunda linha de defesa é vedada a gestão de qualquer negócio em qualquer unidade que possa comprometer a sua independência ou gerar conflitos de interesses. Pelo mesmo motivo, suas metas e remuneração em qualquer unidade não podem estar relacionadas ao desempenho das áreas de negócios.

Terceira linha de defesa

É representada pela auditoria interna.

Na prática, exemplificamos outras atividades a serem exercidas pelo Compliance:

– **desenvolvimento e implementação de políticas**: desenvolver e atualizar políticas e procedimentos da própria instituição, garantindo a padronização, organização, revisão e publicação num local acessível aos colaboradores e demais *stakeholders*, atendendo às diretrizes regulatórias;

– **investimentos pessoais e negociação de valores mobiliários**: definir e monitorar o cumprimento das políticas de investimentos pessoais e da política de negociação de valores mobiliários de emissão da instituição, a fim de evitar descumprimento à legislação, às diretrizes internas e às boas práticas do mercado;

– **treinamento e cultura de compliance**: organizar e coordenar treinamentos e disseminar a cultura de compliance, ampliando o conhecimento dos administradores, colaboradores e demais *stakeholders*, atendendo às diretrizes regulatórias;

– **aconselhamento a colaboradores e às áreas de negócios**: orientar e aconselhar os administradores e colaboradores da instituição, direcionando soluções a consultas específicas;

– **alocação de recursos**: apresentar as necessidades relacionadas à alocação de pessoal em quantidade suficiente, adequadamente treinado e com experiência necessária para o exercício das atividades relacionadas à função de compliance;

– **tratamento de eventos de risco e programas**: garantir a existência de processos definidos para atendimento a regulações específicas, tais como programa de integridade e ética, programa de relacionamento com clientes, programa socioambiental, programa corporativo de gestão de crises, programa de prevenção e combate à lavagem de dinheiro, programa de continuidade de negócios; e garantir o tratamento das não conformidades identificadas;

Cap. 25 · COMPLIANCE FINANCEIRO – MARCOS E LIÇÕES DA EXPERIÊNCIA | 415

– **identificação, mensuração, avaliação e monitoramento**: identificar, medir, avaliar e monitorar riscos de compliance, viabilizando o acompanhamento dos planos de ação e aderência dos processos e produtos às normas externas e internas;

– **mitigação e controle**: desenvolver planos de ação em resposta aos riscos identificados, mensurados e avaliados, com o objetivo de controlar a sua exposição em patamares aceitáveis e retroalimentar os processos;

– **reportes internos e externos**: reportar tempestivamente informações relevantes sobre alterações no ambiente regulatório e resultados das atividades de compliance e sobre falhas materiais de conformidade que possam gerar significativos riscos legais ou reputacionais, sanções regulatórias ou perdas financeiras predominantemente oriundas de riscos regulatórios, interna e externamente, promovendo a transparência à alta administração, a órgãos externos e a investidores acerca da situação de conformidade;

– **gestão de relacionamento com entidades externas**: acompanhar as relações com órgãos externos, reguladores, autorreguladores, auditores, facilitando o compartilhamento de informações e garantindo a postura ética dos representantes e a consistência do posicionamento institucional.

2.2   Mercado de capitais

Abordaremos neste subcapítulo algumas das atividades que devem ser observadas pela área de Compliance quando da atuação no mercado de capitais, ou seja, em bancos de investimento, corretoras de títulos e valores mobiliários ("Corretoras"), distribuidoras de títulos e valores mobiliários ("DTVM"), análise de valores mobiliários, entre outros agentes financeiros.

Por ser um mercado muito regulamentado, o conhecimento da legislação aplicável é fundamental. O ponto de partida para o estudo das normas aplicáveis está na Lei Federal 6.385/1976, que criou a Comissão de Valores Mobiliários (CVM), principal regulador e fiscalizador do mercado de capitais, e os principais normativos são dados pelas Instruções da CVM.[4] Importante ainda mencionarmos as normas da B3, aplicáveis às Corretoras, sobretudo o programa de qualificação operacional ("PQO"), feito para avaliar e reconhecer a qualidade dos serviços prestados pelos mercados administrados pela B3.

---

[4]   Disponível em: <cvm.gov.br>.

Este subcapítulo não abordará as atividades dos *compliance officers*[5] que atuem junto aos gestores de recursos de terceiros,[6] mercado também regulado pela CVM, que, por sua vez, possuem suas características próprias e uma extensa regulamentação e autorregulação; entretanto, devemos mencioná-los por haver relação com outros tópicos que serão abordados aqui.

Vale lembrar que, pela extensão da regulamentação, os assuntos abaixo abordados não cobrem todos os aspectos para uma boa atuação do *compliance officer* entretanto, servem como um guia de orientação auxiliar para o exercício de suas funções:

Políticas, procedimentos e normas de conduta

As normas de conduta, políticas e procedimentos ("políticas") que recaem sobre as áreas de negócios devem ser adequadas, eficazes, escritas e passíveis de verificação. Tais procedimentos serão escritos conforme a atuação específica da instituição financeira, ou seja, as políticas de uma corretora que atue apenas na intermediação de valores mobiliários para terceiros e não possua uma área de recursos de terceiros ou de análise de valores mobiliários serão diferentes das políticas de uma instituição financeira que possua todos esses negócios.

Relatórios de controles internos

O *compliance officer* deve efetuar testes e documentar os resultados. O detalhamento desses exames, suas conclusões e as recomendações de eventuais deficiências e cronograma para saneamento devem ser registrados no mínimo semestralmente em relatório de controles internos. Tal relatório deve ser levado ao conhecimento da alta administração pelo diretor responsável por controles internos.

A legislação não menciona como os testes devem ser efetuados, então a área de Compliance pode criar uma metodologia própria para fazê-los, com base na área de atuação da instituição financeira, por exemplo, o Compliance de uma corretora pode efetuar os testes baseando-se nos itens requeridos pelo PQO; os testes podem ser efetuados de acordo com as ferramentas que a instituição tem disponíveis. Alguns exemplos de testes de monitoramento que podem ser feitos: ouvir gravações telefônicas; acessar as mensagens escritas como *bloomberg, chats* internos ou e-mails, sistemas de recebimento de ordem; rever os acessos físicos dados a cada colaborador; revisar cadastro de clientes; revisar *disclaimers* utilizados nos relatórios de analistas de valores

---

[5] V. glossário.

[6] Instruções CVM nº 555/2014 e nº 558/2015.

Cap. 25 · COMPLIANCE FINANCEIRO – MARCOS E LIÇÕES DA EXPERIÊNCIA | 417

mobiliários; revisar operações feitas na carteira própria por pessoas vinculadas.[7] Os testes constituem uma fonte importante para melhoria dos controles internos e ajudam a reduzir falhas operacionais, além de anteciparem-se a eventuais riscos regulatórios.

Chineses Walls[8]

Devem ser implementadas as segregações física, lógica e de sistemas entre as áreas que trabalham com informações privilegiadas, ou seja, ainda não públicas ao mercado (tratadas aqui como *private side*), e as áreas que executam ordens de clientes ou da própria instituição (tratadas aqui como *public side*). A finalidade da segregação é evitar que o *public side* tenha acesso a informações privilegiadas e que se utilize de tais informações para benefício próprio, da instituição ou de seus clientes.[9] A utilização de tais informações é conhecida como *insider trading* e no Brasil pode ser considerado como uma prática não equitativa no mercado de valores mobiliários,[10] passível das penalidades definidas na Lei 6.385/1976.

Vamos exemplificar para uma melhor compreensão um caso de *insider trading*:

O *private side* tem um mandato de um cliente, que é uma empresa de capital aberto, de emissão de novas ações, ou seja, serão lançadas novas ações no mercado secundário.

No momento em que essa informação se tornar pública, ou seja, quando as ações forem lançadas no mercado, a tendência é que o preço de tais ações oscile (no nosso exemplo, vamos supor que subirão).

A corretora negocia diariamente, comprando e vendendo ações dessa empresa, executando ordens de clientes ou para sua carteira própria. Alguns dias antes de as novas ações serem lançadas no mercado, a corretora começa a comprar ações daquela empresa para sua carteira própria e, um dia antes do lançamento, já havia adquirido um percentual 20 vezes maior do que a média de papéis adquiridos daquele emissor nos últimos 12 meses.

É possível ou até mesmo provável que tenha havido vazamento de informações entre as áreas de *public side* e *private side* e que o *public side* tenha se

---

[7]   Art. 1º, V, c/c art. 25 da Instrução CVM nº 505/2011.

[8]   O termo faz alusão às Muralhas da China e representam medidas que a instituição financeira toma para separar determinados departamentos como, por exemplo, a gestão de recursos de terceiros da gestão de recursos próprios .

[9]   Art. 157, § 4º, c/c art. 155, § 1º, da Lei 6.404/1976.

[10] Instrução CVM 8/1979.

aproveitado de tais informações. É possível também que haja um processo administrativo e, assim, a instituição estará sujeita às penalidades da lei.

Ainda que essa instituição tenha os *Chinese Walls* físicos, lógicos e sistêmicos implementados, de alguma forma as informações podem ter sido vazadas para o *public side*. Para se evitar isso, o *compliance officer* já sabendo que o *private side* estava mandatado pelo cliente para aquela emissão, poderia estar acessando diariamente relatórios dos negócios efetuados para observar o comportamento do *public side* e para conferir que os negócios efetuados pela corretora não estavam fora de um padrão "normal de comportamento". O *compliance officer* poderia também ter efetuado testes para certificar-se de que os *Chinese Walls* estavam de fato funcionando, como verificar se algum funcionário do *public side* teve acesso físico ao *private side*. Caso tenha acesso aos e-mails e às ligações telefônicas dos funcionários, o Compliance pode verificar a comunicação entre tais áreas.

É possível também no nosso exemplo hipotético, que a informação tenha sido utilizada pela área de recursos de terceiros, que são os administradores de fundos de investimento, e que os papéis daquela empresa tenham sido adquiridos pelos gestores dos fundos, área esta que também não deve ter acesso a informações privilegiadas. O vazamento pode ter vindo também de fora da instituição como, por exemplo, de um funcionário do próprio cliente, que poderia se beneficiar pessoalmente com a valorização das cotas do fundo em que aplica os seus investimentos. Desta forma, o *compliance officer* deve aumentar o escopo de seus testes preventivos e detectivos para todas as áreas de negócios e operacionais.

Também é importante destacar a atuação do *compliance officer* na área de análise de valores mobiliários.[11] Os analistas são aqueles que emitem relatórios de acompanhamento ou estudo de determinados valores mobiliários e que podem auxiliar ou influenciar os investidores no processo de tomada de decisão de investimento. Os analistas de valores mobiliários não podem ter acesso a informações privilegiadas, já que ter tal informação poderia auxiliá-los a dar uma recomendação diferente sobre determinado valor mobiliário. A opinião dos analistas deve sempre ser dada de forma independente. Como boas práticas, o analista de valores mobiliários não pode ter qualquer comunicação com o *private side*. Em instituições estrangeiras, caso o analista precise conversar com um funcionário do *private side*, ele deve pedir para que o *compliance officer* seja o "chaperone" ou o acompanhante,

---

[11] Instrução CVM 598/2018.

que participará da conversa, para garantir que não estejam sendo dadas informações privilegiadas.

De forma semelhante, se o *private side* precisar que alguém do *public side* fique sabendo sobre aquela emissão de ações em que está trabalhando, há uma maneira de levar o funcionário para o outro lado dos *Chinese Walls*. Isso pode ocorrer em casos em que a *expertise* do funcionário seja importante para o negócio. Nesse caso, antes de o funcionário receber a informação, o *compliance officer* deve formalizar o processo, explicando ao funcionário que ele terá conhecimento de informações privilegiadas e que ele estará restrito a negociar os papéis daquela empresa até que o *deal* se torne público. Recomenda-se ter todo o processo documentado e assinado pelas partes envolvidas.

REFERÊNCIAS

BRASIL. Comissão de Valores Mobiliários. *Instruções*. Disponível em: <http:// www.cvm.gov.br/legislacao/instrucoes.html>.

BRASIL. Lei 6.404, de 15 de dezembro de 1976. *Diário Oficial da União*, Brasília, DF, 17 dez. 1976. Disponível em: <http://www.planalto.gov.br/ ccivil_03/LEIS/L6404consol.htm>.

X

COMPLIANCE NO SETOR PÚBLICO

26

UNIÃO NÃO BASTA, QUEREMOS ESTADOS E MUNICÍPIOS

JOÃO ELEK

Desde a deflagração da operação Lava Jato, os termos "compliance", "integridade", "ética" e "transparência" são evocados com expressiva frequência e ganharam uma evidência nunca antes vista. Repentinamente, tornaram-se os chavões para chamar a atenção do que esteve ausente por tanto tempo e que jamais deveria ter estado: os valores éticos, a integridade e a transparência na gestão pública, na gestão privada, nos meios políticos, no meio dos representantes do povo, no meio dos que zelam pela justiça. Afinal, onde estavam tais valores por todo esse tempo? Por que será que nas escolas tanto se caçoa daqueles que apenas querem aprender? Por que se valorizam tanto a algazarra, os repetentes, aqueles que causam distúrbios àquilo que realmente interessa, que é o ensino e o aprendizado? Por que será que aquele que prefere tirar notas baixas a colar e assim deixar de fraudar suas provas acaba ficando para trás, atrasando sua formatura enquanto aqueles em condições idênticas de conhecimento progridem e eventualmente até conseguem lograr melhores colocações profissionais? Onde está o verdadeiro, profundo e íntegro julgamento de valores? Por que fomos tão tolerantes? Não sabemos. Mas sabemos que o desenvolvimento econômico e social que permite nações prosperarem aconteceu em maior escala em alguns países enquanto em bem menor em outros.

Quando os valores se estabelecem e são realmente reconhecidos pela sociedade civil e pelo Estado, aquele que não demonstra pautar seu comportamento por tais valores é simplesmente rejeitado num processo natural que fere mais do que uma punição formal. É aquele castigo silencioso. Vai-se a um evento social e as pessoas não lhe dirigem a palavra. A rejeição se percebe pelos olhares, pelo isolamento tão contrastante com a plena aceitação daqueles que estão alinhados pelo bem-estar do coletivo – seja numa família, num colégio, num bairro, numa sociedade, num país ou no planeta.

Em um ambiente onde a liderança se dá pelo exemplo e o líder pratica o ilícito, o que se espera que aconteça? A inversão da ordem esperada dos valores simplesmente implode os bons costumes. Por que será que tantas pessoas saem dos presídios piores do que quando entraram? Porque foram corrompidas em valores para poder sobreviver. E, na sociedade civil, na qual há tanta tolerância, como as pessoas se comportam? Eventualmente da maneira que mais lhes traga benefícios, eventualmente despendendo o menor esforço e da forma que mais lhe proporcione vantagens e no pior padrão comportamental quando simula retidão em seus atos, porém na realidade almeja tão somente obter vantagens individuais.

Em não havendo uma vigilância, uma real cobrança por uma atitude melhor, quantos não se acomodam e se deixam levar pelo menor esforço pela maior prosperidade? Quantos têm consciência de que sendo a riqueza individual uma consequência da produção coletiva, na medida em que a riqueza é finita, para um ter mais outro necessariamente terá menos? E é justo que pessoas igualmente produtivas e capazes prosperem em desproporção porque um trapaceia os demais?

Soa óbvio que descrevemos circunstâncias indesejáveis e erradas. Porém seria falso afirmar que tais circunstâncias prosperam em nosso país? Se questionarmos se existe a impunidade e que nela se desenvolvem maus hábitos, isso seria verdadeiro? Bandidos que praticam crimes e, mesmo quando são presos, é comum que em curtíssimo espaço de tempo voltem à liberdade, então será que eles temem essa justiça? Ou o crime lhes compensa? Será que os alunos que não se empenham em seus estudos, porém conseguem obter bons resultados em suas provas porque de alguma forma burlam os testes que lhes são aplicados, têm incentivo de se empenhar no futuro? Pois aí reside a raiz de uma questão delicada, porque, em princípio, quando não há cobrança, quando há certa complacência com o sucesso de uns injustamente sobre os fracassos de outros, aferidos aparentemente pelos mesmos critérios, é que se desenvolve uma sociedade com valores distorcidos. Ou, uma parcela de uma sociedade. Quanto mais influente e com mais empoderamento for essa parcela, ainda que ínfima, mais destrutivo o seu potencial na medida em que tem a capacidade de subtrair vantagens de terceiros em seu favor indevidamente.

Afinal, o que foi desvendado pela operação Lava Jato teria relação com as desvirtudes que acabamos de descrever? Entretanto, foram exatamente os empresários que prosperaram obtendo vantagens pela prática de beneficiamento ilícito em cascata que terminam por favorecer tantas camadas de

Cap. 26 · UNIÃO NÃO BASTA, QUEREMOS ESTADOS E MUNICÍPIOS | 425

envolvidos que se poderia dizer que uma parcela expressiva da sociedade produtiva, e que deveria ter dado o exemplo e zelado pelos valores éticos, pela integridade e pela igualdade de direitos, foi injustamente contaminada por todas as mazelas que tratamos acima. Esses empresários deixaram de se preocupar com a desigualdade decorrente de suas práticas. Amealharam vantagens em detrimento de tantos outros que se empenham diariamente, que cumprem com suas obrigações, se privam do que não podem sustentar. Esses empresários encontraram o meio de prosperar impunes num universo de riqueza finita. E naturalmente se lhes coube mais, para outros coube menos. Porém, podendo alimentar seus anseios que são explicitamente individualistas sem nenhum cerceamento, sob a guarida de poderosos obtendo assim um cunho de legitimidade, por que fariam diferente? Que consciência existe dentro de seus corações e mentes? Lamentavelmente são os frutos gerados em meio à impunidade, à ausência de valores, ao individualismo, ao sucesso sem esforço à custa dos outros. Foram desmascarados muitos que pregavam princípios que não seguiam, discursavam virtudes e modéstia enquanto ocultavam polpuda e desmerecida riqueza. Usurparam poder, dinheiro, prestígio e glórias de forma torpe. Fizeram de seus títeres a sociedade dos honestos. De uma grande tacada acumularam riqueza bilionária, trilhionária, espoliaram o país. E, depois de flagrados, firmaram acordos por meio dos quais devolverão valores ao longo de décadas. Seria isso exemplar e suficiente? Teria a sentença retirado do fraudador apenas a porção que foi a indevida e lhe deixou ficar com a que foi amealhada de maneira correta? Foi a sociedade ressarcida dos desvios e reparada de suas perdas? Ou teria a justiça sido leniente e concedido vantagens em troca das colaborações e confissões que foram desproporcionais?

O que diferencia esses empresários dos marginais que praticam crimes em qualquer lugar, a qualquer hora e de que qualquer maneira, e daqueles que assaltam os passageiros de veículos nos sinais de trânsito fechados? Dos que assaltam transeuntes, pedestres, as casas, os bancos, as lojas? O que os diferencia em valores? Absolutamente nada. Assassinam por igual os valores e os princípios éticos, pois não aparenta existir dentro deles consciência alguma do que seja isso. Porquanto esse ciclo vicioso prospera há décadas, cada nova geração que entra nos "negócios" já tem como referência o modelo que se estabeleceu sobre o desmando.

Esses questionamentos simplesmente não deveriam subsistir. Em todas as situações deveriam estar presentes a devida fiscalização, a cobrança pelo cumprimento do que é certo e devido por todos sem discriminações nem exceções. Assim as crianças desde a mais tenra idade teriam nelas introjetados os valores morais que excluiriam as más práticas do cardápio diário de suas vidas. E se criaria uma sociedade íntegra. Com valores, com fiscalização, com prestação de contas, com punição e com justiça plena. E com tolerância zero ao que é incorreto.

Pode-se dizer que muita coisa mudou para melhor após a visibilidade da operação Lava Jato. Conforme começamos citando, os termos "compliance", "ética", "integridade" e "transparência" se tornaram populares. Mais organizações passaram a zelar para que tais valores estejam presentes e sejam seguidos. Segmentos profissionais novos surgiram num sinal evidente de evolução, progresso em estágio principiante de maturidade. Oxalá não seja apenas um vento passageiro.

As medidas de combate à corrupção, de continuação ao cerceamento do ilícito são combatidas no legislativo e no judiciário, tramitam trôpegas. Desmoraliza-se o agente que prega a virtude. Afinal, os interesses que combatem são tão gigantescos que a resistência lhes é proporcional. Haveria alguma semelhança no ambiente corporativo? Qual o gerente ou *compliance officer* que não se depara com a falta de agenda de diretores que muito frequentemente não podem dispersar sua atenção com filigranas administrativas simplesmente porque precisam gerar os resultados para cumprir as metas que lhes foram atribuídas? E por que dentre tais metas não se destaca a liderança por práticas íntegras? Talvez seja pela mesma razão pela qual, em resposta à visibilidade que ganharam os sucessivos escândalos de corrupção e de desvios monumentais de valores, deixaram as autoridades de reagir inserindo nas ementas escolares disciplinas que reforçam a integridade, de forma didática, com exemplos práticos das perdas que geram os maus princípios para toda a sociedade. Talvez a resposta seja constrangedora: "porque dá menos trabalho". Mesmo assim, convenhamos que teria sido uma boa resposta das autoridades para a sociedade. Seria um momento muito oportuno. Não nos esqueçamos de que nunca se deve desperdiçar uma crise.

Mas o trabalho que daria para inserir em acordos de leniência o adicional de ressarcimentos para a reparação da sociedade valeria o empenho. Ficaria o agente fraudador incumbido de se tornar o mantenedor por longo período, eventualmente pelo mesmo período em que parcelou seus compromissos de reparação direta para a sociedade, de hospitais, de escolas, de pavimentação de vias, de iluminação pública, de saneamento, de construção de rodovias, de distribuição de medicamentos, de atividade de preservação ambiental e assim por diante.

Todavia o que vemos ainda está distante disso. Observamos que os avanços em matéria de transparência e de notícias e de valorização de profissionais que se empenharam e correram riscos para combater as más práticas estão esvaecendo e os heróis de pouco tempo atrás hoje são gradualmente

Cap. 26 · UNIÃO NÃO BASTA, QUEREMOS ESTADOS E MUNICÍPIOS | **427**

demonizados, criticados, defenestrados, ao menos no nível do debate na esfera federal. Exatamente onde se avançou nesse tema nos últimos cinco anos.

Afinal onde se verifica efetivamente a vida? Onde estudam as pessoas? Onde se hospitalizam? Onde transitam? Onde se fazem necessários iluminação, segurança, saneamento, limpeza e tantos outros serviços públicos? É nos estados e nos municípios. E podemos afirmar com exatidão que os mesmos combates à falta de transparência, ética e integridade, que a formação de programas robustos de compliance que emergiram como temas relevantes na esfera federal foram estimulados em mesmo grau nas esferas estadual e municipal? Como são contratadas empresas prestadoras de serviços? Quais são os critérios seletivos? Na maioria acachapante das vezes, são estudados aspectos legais, financeiros, creditícios, técnicos de capacitação e ambientais, Mas e a camada de integridade? Quem já ouviu falar da aplicação de *"due diligence*[12] de integridade" em processos licitatórios dos municípios, incluindo a verificação da atuação de agentes intermediários? Da avaliação de técnicas de detecção de formação de cartéis? Haveria equipe qualificada para avaliar as empresas postulantes? E quanto a recorrente verificação das credenciais de idoneidade dos profissionais do estado, através de *"background checks* de integridade"? E ter a sua evolução patrimonial devidamente fiscalizada de tempos em tempos para aferir a compatibilidade com a renda auferida declarada? Com que periodicidade os funcionários dos municípios passam por treinamentos dos códigos de ética que se aplicam às suas funções, incluindo o governante chefe? E, se passam por algum, há aferição de aprendizagem e conhecimento? Os estados atuam com rígidos controles de seus processos para mitigar com efetividade as possibilidades de ocorrência de desvios de conduta? Será que os cidadãos se beneficiaram da existência de um eficiente canal de denúncias que seja confiável, em que o anonimato seja garantidamente preservado e no qual pudessem expressar suas insatisfações com desmandos, excessos de burocracia ou de autoridade, do conhecimento de alguma prática indevida e assim por diante? E que se usaria tanto mais quanto esse canal de denúncias fosse de fato efetivo. Quais municípios aplicam regularmente e em larga escala avaliações de conflitos de interesses? Como se verifica a prestação de contas dessas duas esferas? São realizadas com ampla transparência? As metas que são estipuladas são cumpridas? São justificados os não cumprimentos e apresentados planos de ação para compensar o que deixou de ser feito? E em que medida isso seria necessário? Afinal, quem discrimina aqueles profissionais que fazem mau uso do dinheiro público? Do meu, do seu, do nosso

---

[12] V. glossário.

dinheirinho? Quem aceita passivamente saber que foi o gato quem comeu? Possivelmente a mesma crença que acolhe o estudante indisciplinado como o herói da classe. Porque simplesmente não fomos preparados para a cidadania.

Em várias dimensões o jovem tem a sua educação complementada quando entra para o mercado de trabalho, sobretudo se for no setor privado. Recebe orientações, passa por desafios que o fazem se esforçar muito, observa regras, verifica como progridem os mais qualificados, passa por treinamentos, conhece o rigor da disciplina, do cumprimento de prazo por meio de cobranças, das sanções disciplinares quando aplicáveis e aprende a reagir com indignação perante a injustiça. Podemos dizer que esse amadurecimento virá com certeza em qualquer estado ou município em que estiver se empregando um jovem que inicia a sua carreira? É certo que a sociedade apreciaria e aprovaria que seus governantes fossem grandes exemplos e sonoros preconizadores dos valores e princípios da integridade. Alguém duvidaria do poder de alcance, de melhor exemplo da valorização da transparência? E tais comunicações deveriam permear todas as camadas da administração desse governante e sujeitá-las todas ao mesmo rigor procedimental, disciplinar e cultural. E ainda melhor, inserir esse conjunto de medidas nas constituições estaduais e nas leis orgânicas dos municípios. Ficariam assim fortalecidas as instituições a despeito do líder mandante de um dado período. Auxiliaria na obrigatoriedade de seguir os passos da gestão íntegra.

Nos Estados Unidos, por exemplo, muito recentemente, mais precisamente em outubro de 2018, se definiu o índice S.W.A.M.P. (*States with anti corruption measures for public officials*).[13] Este índice, além de pontuar, também ranqueia comparativamente os 50 estados do país.[14] Ele foi pautado a partir de leis estaduais que regem a ética e a transparência de seus poderes executivo e legislativo. O índice surgiu da percepção de que funcionários públicos da esfera estadual têm autonomia para decidir assuntos que impactam a vida dos cidadãos, sem falar que movimentam trilhões de dólares em estradas, educação, saúde e demais programas. A legislação estadual é frequentemente entendida como a primeira linha de defesa no combate à corrupção e abrange a atuação de milhares de servidores, empregados e legisladores em todo o país. Um aspecto particularmente interessante quando da criação desse índice chama a atenção. Foi pensando nos eleitores que se definiu um índice que avalia as falhas do âmbito legal dos estados e que é detalhado num relatório.

---

[13] Em português: "Estados com medidas anticorrupção para funcionários públicos".

[14] FCPA Blog: What is the S.W.A.M.P. Index telling us about State ethics agencies? The S.W.A.M.P. Index 2018 https://swamp.coalitionforintegrity.org

Isso é útil não apenas para o eleitor entender a agência ética do seu estado, mas também o desempenho ético dos eleitos e futuros candidatos quando comparados com os de outros estados e, assim, despertar neles a demanda por medidas que levem o desempenho aos níveis do melhor, também no seu estado.

A fim de compilar o índice, foram elaboradas oito perguntas que podem ser classificadas em quatro categorias: agências de ética; políticas de presentes e hospitalidades; campanhas financeiras; e transparência da abertura da relação de clientes.

Outros elementos muito oportunos estão no valioso debate da criação do índice S.W.A.M.P.

A autoridade para investigar, seja por sua própria iniciativa ou por apontamento de terceiros, é essencial para impor a legislação ética e desencorajar atos de corrupção. Para realizar uma investigação que seja efetiva, a agência precisa ter poderes para chamar testemunhas e a produzir documentação hábil. Uma das recomendações é que os procedimentos das agências éticas sejam públicos para promover a transparência e aumentar a confiança da sociedade nas operações de tais agências.

Poderes de execução das agências de ética são fundamentais. Independentemente de quão fortes sejam as regras éticas, os poderes de execução são importantes para desencorajar agentes públicos de condutas indevidas. Há certo número de medidas pessoais que servem para reprimir com efetividade como a censura, reprimendas, suspensão e a mais rígida que é a demissão por justa causa. No caso de autoridades que têm cargo eletivo, a demissão é pouco viável e o caminho para isto é um *impeachment*.

A capacidade de impor comportamentos ou forçar o compliance e de definir multas por não conformidade é outra ferramenta poderosa. São funções críticas e basilares para o funcionamento das agências de ética complementadas por verbas suficientes cuja inexistência pode comprometer a efetividade do índice.

Há o reconhecimento de que é necessária certa proteção da interferência política. Aparentemente, a indicação de membros para as agências de ética é frequentemente controlada por funcionários do governo, mas a capacidade de retirar indivíduos de cargos sem justa causa viabiliza a manter os indivíduos das agências independentes uma vez selecionados, pois sabem que estão sendo observados e assim são fortemente desencorajados a se engajar com ilicitudes.

O escopo da juridição varia conforme o estado, ainda que na maioria dos estados (29 ao todo), toda a esfera de autoridades do poder executivo, de empregados e de legisladores é coberta por uma agência ética independente.

430 | GUIA PRÁTICO DE COMPLIANCE

Quatro estados (Indiana, Iowa, Michigan e Dakota do Sul) têm agências de ética com jurisdição sobre autoridades do poder executivo e empregados, mas não sobre os legisladores.

Três estados (Delaware, Maryland e Montana) têm plena jurisdição sobre o poder executivo, porém uma jurisdição limitada em relação aos legisladores. Delaware e Maryland têm jurisdição sobre os membros das assembleias dos acionistas somente em relação à transparência das demonstrações financeiras ao passo que, em Montana, a agência de ética não pode investigar se a queixa se refere a um ato legislativo.

As agências de ética têm autoridade para conduzir investigações, fazer audiências públicas e emitir citações. Dos 46 estados com agências de ética independentes para ter jurisdição sobre todos ou quase todas as autoridades do poder executivo e empregados:

- 36 podem iniciar e conduzir as suas próprias investigações;
- 42 podem emitir intimações; e
- 27 podem promover audiências públicas.

Dos 42 estados com agências de ética independentes com jurisdição sobre legisladores em ao menos algumas regras:

- 33 estados têm plena autoridade para conduzir investigações;
- 24 estados exigem a condução de audiências públicas;
- 38 estados têm autoridade para emitir intimações.

Sanções, ações sancionatórias com equipe, liminares e multas

Apenas três estados (Louisiana, New Jersey e Rhode Island) receberam plenos créditos para a pergunta "a agência reguladora de ética tem a capacidade de sancionar, incluindo sanções disciplinares no quadro de pessoas, aplicar embargos e multas?" em virtude de seus poderes de sancionar também se estenderem aos legisladores e esses poderes incluírem todas as formas de sanções (além do desligamento por justa causa para oficiais de cargos eletivos).

Outros três estados (Alaska, Indiana e Iowa) possuem robustos poderes sancionatórios, mas somente sobre o poder executivo.

Seis estados, Florida, Maine, Michigan, Utah, Vermont e Virginia, têm suas agências de ética independentes; porém somente com capacidade para sancionar ou impor multas.

Por fim, foram avaliados se havia termos estatutários protegendo os membros das agências de ética quanto a serem destituídos de suas funções sem justa causa, outro elemento-chave para garantir a independência de influência política. As análises determinaram o seguinte: 22 estados protegem estatutariamente seus membros de comissões de ética com jurisdição sobre os poderes executivo e legislativo de serem destituídos de suas funções sem justa causa; alguns estados possuem jurisdição apenas sobre um poder específico e receberam crédito parcial (por ex.,há uma previsão estatutária relativa à destituição de membros de duas de três agências de ética no Alaska e nenhuma proteção para os membros da terceira agência); nove estados com agências de ética independentes não possuem proteções estatutárias quanto à destituição sem justa causa para os seus membros. Sãos os estados do Alabama, Colorado, Connecticut, Georgia, Indiana, Oregon, Virginia e Wisconsin.

Como se pode observar, há um grande foco na ética estadual nos Estados Unidos.

Retomando o caso brasileiro, para a indagação sobre a possibilidade de existirem ainda desvios éticos em gestão de verbas públicas nas esferas estadual e municipal, talvez a resposta seja "sim". Trata-se de imenso desafio. Não se pode afirmar com certeza que no âmbito das empresas do setor privado não ocorram desvio indevidos. Menos ainda se pode afirmar na esfera federal de atividades públicas. Entretanto, foi na esfera federal que justamente muito se desvendou nos últimos anos e foi onde se apontaram os holofotes do clamor por transparência e justiça.

Mas no âmbito dos estados e dos municípios ainda muito pouco foi feito. A regulamentação da Lei Anticorrupção[15], inda não foi plenamente alcançada em muitos municípios. A nova disciplina de Compliance vem formando novas gerações de profissionais qualificados que podem e muito auxiliar no estabelecimento dos fundamentos de práticas salutares e do acompanhamento e monitoramento delas nos estados e municípios que tanto necessitam desse tipo de aprimoramento em suas gestões. Grandes parcerias entre os setores público e privado podem emergir de um planejamento amplo que objetive inclusão de progressos na direção de maior vigilância e fiscalizações que pode haver, qual seja, a formação de uma cultura de valores éticos. Formada a cultura, estando presente a conscientização, o conjunto de assuntos que resumidamente constituem a boa prática de governança e de compliance, as parcerias supramencionadas podem perder seu objeto quando a execução de

---

[15]   Decreto 8.420/2015.

um robusto e efetivo programa de compliance estiver incorporada à rotina normal da maneira de cumprir as atividades-fim do ente público.

Aos olhares menos neutros esse conjunto de proposições pode surgir como medidas autocráticas e policialescas. Mas seriam de fato? Hoje há muitas normatizações definidas pelos estados e municípios. Mas são todas cumpridas? Ou será que não se verifica combustível adulterado danificando os motores dos veículos alheios? Ou inexistem problemas seja de atendimento, de escassez, de burocracia, de qualificação em matéria de saúde? Pode-se afirmar que o ensino nas redes públicas em todas as séries se verifica de forma exemplar? Haveria nessa área da mais profunda importância estratégica plena lisura administrativa de suas verbas? Profissionais não se ressentem de terem recebido ensino deficitário? Ou podemos equiparar a qualidade do ensino público com o equivalente privado? O que falar sobre o turismo? Estamos aproveitando todo o seu potencial? Ou há turistas que se sentem explorados? Estaria o setor de saneamento desempenhando com maestria? Há rede de água tratada e canalizada ao longo de todos os assentamentos humanos em todos os municípios? Soa uma indagação anacrônica ao século em que nos encontramos? Pois podemos dizer que há muitos segmentos da sociedade que, quando confrontados com a possibilidade de melhora na gestão dos valores éticos nos setores públicos, não qualificariam tal esforço de policialesco, mas sim lhe estenderiam boas-vindas.

Qual o estado, o município ou suas empresas controladas que podem, em caso de questionamento sobre seus atos, exibir gestores que tiveram o seu *background check* de integridade devidamente verificados, que foram treinados regularmente sobre valores éticos, que com transparência prestam contas, que lidaram com empresas que só puderam participar de licitações após serem verificadas em *due diligences* de integridade, que foram avaliadas se suas associações na forma de consórcios eram realmente necessárias e que agem corretamente até por ter ciência de que, se não o fizerem, poderão ser denunciados anonimamente em canais próprios para denúncias? Essa dinâmica traria grande segurança, lisura, transparência e tranquilidade para órgãos de controle e a sociedade: uma concreta contrapartida pelos tributos que são pagos.

Pois é da natureza humana buscar vantagens em nível individual. E as sociedades somente prosperaram num convívio de harmonia com a definição da extensão dos direitos e deveres de cada um e com a respectiva fiscalização do seu cumprimento. Por que haveria de ser diferente nas esferas estadual e municipal? No tocante ao potencial de alcance de pessoas que a melhoria das práticas de gestão ética beneficiaria, podemos dizer que há uma imensa oportunidade de aprimoramento. Ao se verificar que o ente público zela

Cap. 26 · UNIÃO NÃO BASTA, QUEREMOS ESTADOS E MUNICÍPIOS | **433**

criteriosamente pelo cumprimento ético de seus deveres, todo o entorno teria um exemplo pelo qual se pautar. Isso teria como efeito a melhora do ambiente de negócios, de convívio social, poderia proporcionar a sensação de cidadania, aumentar a produtividade e gerar substanciais economias.

E enquanto o grau de maturidade das medidas de melhoria da integridade e da ética nas esferas do setor público evolui, pode-se acrescentar uma ferramenta administrativa muito eficaz, um instrumento que, ainda hoje, é um tanto raro mesmo no setor privado. Trata-se da avaliação independente do desempenho de diretores estatutários e dos conselheiros de administração.

Em última instância, se tudo foi construído a contento (regras, regimentos, sanções, políticas), se pessoal qualificado foi recrutado, individualmente dos mais bem preparados, porém – em conjunto –, verifica-se que o resultado alcançado ficou aquém do esperado, o que mais pode ser feito?

É quando lançamos mão da avaliação independente. O desempenho de cada diretor executivo estatutário e de cada conselheiro, bem como de colegiados inteiros (conselhos, diretorias, comitês de assessoramento) é cotejado em relação ao esperado, às melhores práticas, ao planejado em exercício de médio e longo prazo e é quando são identificadas lacunas entre o realizado e o esperado. Estes "gaps" precisam ser mapeados, entendidos e elaborado um plano de ação de como será estreitado para auxiliar cada executivo e conselheiro a melhorar o seu desempenho. Cabe ao presidente do Conselho acompanhar juntamente com o avaliador independente a execução do plano de ação e prestar contas do mesmo à Assembleia de Acionistas. Podemos aduzir que tal qual ocorre no setor privado, se todos os esforços são envidados e mesmo assim o resultado não é o esperado, e a maturidade da integridade e da ética não é alcançada e, ao contrário, deslizes são detectados, seguramente o fato de a administração ter adotado a avaliação independente como uma forma de ter uma supervisão isenta e neutra, servirá como mitigante e atenuador, pois evidencia-se o empenho da busca de transparência no diagnóstico do que pode ser melhorado. Naturalmente que não basta a simples adoção de uma avaliação independente, mas ela precisa vir acompanhada de genuíno e comprovável comprometimento e seriedade de todos em cumprir as etapas do plano de ação de melhoria do desempenho. O presidente do Conselho de Administração tem, nesse processo, um papel fundamental de acompanhamento da higidez do funcionamento deste plano de ação e da firmeza com que se deve agir com aqueles que não cumprem com o esperado. O grau de autonomia para substituir os que não alcançam a conformidade com o esperado pode requerer ajustes na legislação do setor administrativo público atual. Porém, na medida em que se evoluir com a busca desta melhor prática, a sociedade somente terá a ganhar pois, nos estados e nos municípios, é que se administra o bem público e o ordenamento da vida como a vivemos.

Concretamente falando, Compliance é uma atividade que definitivamente permite àqueles que nela investem seu tempo e energias dizer que estão contribuindo para deixar como legado de seu labor um mundo melhor para as gerações futuras.

REFERÊNCIA

FCPA Blog: What is the S.W.A.M.P. Index telling us about State ethics agencies? *The S.W.A.M.P. Index 2018*. Disponível em: <https://swamp. coalitionforintegrity.org>.

GLOSSÁRIO

*Association of Certified Fraud Examiners (***ACFE***)*: a maior organização anti-fraude do mundo e a principal provedora de treinamentos de anti-fraude. Disponível em: https://www.acfe.com.br/ Acesso em: 29 out. 2019.

Background check: busca por informações sobre uma organização ou indivíduo, normalmente conduzida por meio de consultas em banco de dados ou fontes públicas. O principal objetivo desse procedimento é realizar-se uma análise de risco da instituição ou indivíduo em questão.

Benchmarking: processo de avaliação de uma instituição em relação à concorrência, por meio do qual se analisa o desempenho da concorrência visando aperfeiçoar os seus próprios métodos, comparando produtos, serviços e práticas empresariais.

Board: geralmente se refere à expressão completa *"Board of Directors"* que equivale ao Conselho de Administração no Direito Societário brasileiro. Órgão colegiado encarregado do processo de decisão de uma empresa em relação ao seu direcionamento estratégico, sendo o principal componente do sistema de governança.

Business: o negócio, e no contexto deste Guia, significa a atividade-fim da empresa.

Business partner: um consultor interno de Recursos Humanos, parceiro de negócios – profissional encarregado de atender às demandas de uma determinada área de atividade na organização. Este consultor atua como um conselheiro dos altos gestores, oferecendo-lhes dados, informações e relatórios, que lhes permitam tomar as melhores decisões.

CCO: *Chief Compliance Officer*

CEO: *Chief Executive Officer*, o Chefe Executivo da empresa, também denominado Diretor Executivo, Diretor Geral e Diretor Presidente ou simplesmente Presidente.

CFO: *Chief Finance Officer*, também denominado Diretor Financeiro.

Check in the box: expressão que significa assinalar uma opção desejada em uma das caixinhas dispostas em formulários de todas as espécies.

Checklists: uma lista de itens a serem verificados ou preparados.

Chief Compliance Officer (CCO): título que geralmente denota o mais sênior dos *compliance officers*.

Compliance: substantivo advindo do verbo *to comply* (agir de acordo, cumprir, obedecer). Estado de estar de acordo com as diretrizes ou especificações estabelecidas pela lei ou regras, políticas e procedimentos de uma organização.

Obs.: em todo o *Guia*, a palavra "compliance" não está em itálico porque os autores já a consideram incorporada no idioma pátrio. Somente a disciplina de Compliance ou área/departamento é indicada com a primeira letra maiúscula.

Compliance officer: profissional responsável pelo gerenciamento do programa de compliance, ou de integridade. Este profissional supervisiona e gerencia situações de compliance dentro de uma organização, garantindo, por exemplo, que uma empresa e seus colaboradores cumpram com os requisitos regulamentares bem como políticas e procedimentos internos.

Compliant: estado de estar "em compliance", ou em conformidade com os requisitos, regras, políticas e controles aplicáveis e em conformidade com leis e regulamentos externos e internos.

Compliance Women Committee (CWC):é um grupo de mulheres comprometidas com as pautas do empoderamento feminino e da cultura de integridade no ambiente corporativo. Várias autoras deste Guia fazem parte do CWC. Disponível em: https://www.linkedin.com/company/compliance-womencommittee/about/ Acesso em: 29 out. 2019.

Dashboard: em Compliance significa um "painel de controle", constituindo uma apresentação visual das informações importantes e necessárias para alcançar os objetivos de negócio, consolidadas e ajustadas em uma única tela para que a informação possa ser monitorada de forma ágil, auxiliando na tomada de decisão, correções de curso, melhorias nos processos.

DOJ: *Department of Justice* dos Estados Unidos instituição que se assemelha ao Ministério Público Federal brasileiro.

Due diligence: investigação com o intuito de se conhecer melhor uma determinada instituição, verificando-se todas as informações disponíveis sobre ela geralmente para se avaliarem riscos de uma transação ou qualquer forma de associação com o terceiro.

Executivos-chave: alta liderança, executivos essenciais para assegurar a estratégia e operação do negócio.

Foreign Corrupt Practices Act (FCPA): a Lei de Práticas de Corrupção no Exterior norte-americana promulgada em 1977, com dois principais grupos de disposições: um sobre pagamento de propinas a autoridades estrangeiras, a políticos e a partidos políticos, com finalidade de se obter negócios ou vantagens indevidas e o outro sobre registros contábeis precisos e corretos. Disponível em: <https://www.justice.gov/criminal-fraud/foreign-corrupt-practices-act>. Acesso em: 18 out. 2019.

Flags/warnings: pontos de alerta de risco.

Flavor: no contexto deste Guia, "dar o tom" da discussão.

Gaps: lacunas, brechas, que em Compliance expressam falhas ou deficiências no programa ou sistema de compliance.

Gatekeepers: os responsáveis em evitar o descumprimento de normas em geral como, por exemplo, os *compliance officers,* mas não somente eles.

General manager: professional da alta administração, geralmente o mais alto cargo da administração de uma organização sem título específico como o Presidente ou CEO.

Golden ticket: bilhete dourado, ou um bilhete de loteria que possibilita tirar-se a sorte grande e "sair por cima" em uma determinada situação.

Headquarter: a matriz de uma empresa multinacional, com sede no exterior.

Heat map: representação gráfica de informações, representadas por cores, em uma matriz. Em Compliance geralmente indica os riscos de fraude e corrupção.

Helpline, hotline, whistleblower channel: diferentes formas em inglês para designar o canal de denúncia.

In house: departamento interno de uma organização.

In-house compliance: departamento interno de Compliance das organizações.

Input: "entrada", porém a palavra pode ter mais interpretações, dependendo do contexto. Como substantivo, *input* pode também ser definido como "informações, subsídios, dados ou entrada de dados". Pode também expressar uma "contribuição, opinião, colaboração", "comentário, ponto de vista". Em Compliance geralmente expressa contribuições ao programa de compliance com dados novos para alimentar o processo de melhoria contínua do programa.

Integrity officer: título semelhante a *Compliance Officer*. Entretanto, existe uma tendência pela preferência do título quando se enfatiza a integridade e ética da posição.

Investigation officer: professional destacado e dedicado a investigações dentro de uma organização, geralmente com autonomia e independência em relação a outras posições como o *compliance officer* ou o diretor jurídico.

Lei nº 12.846/2013: conhecida como a Lei Anticorrupção e, no exterior, como *The Clean Company Act* (Lei da Empresa Limpa) promulgada em 1º de agosto de 2013 com vigência em 29 de janeiro de 2014. Disponível em: https://www.cgu.gov.br/noticias/2019/07/cgu-apresenta-balanco-de-acoes--realizadas-nos-200-primeiros-dias-de-governo. Acesso em: 29 out. 2019.

Obs.: Neste *Guia*, utilizaremos somente a denominação "Lei Anticorrupção" para simplificar a referência.

Middle management: nível intermediário de gestão, ou seja, cargos intermediários de gestão (gerência, coordenação etc.).

Mindset: mentalidade, maneira de pensar.

Non compliant: antônimo de *"compliant"*, ou seja, estado de estar-se em desconformidade com os requisitos, regras, políticas e controles aplicáveis.

OCDE - Organização para a Cooperação e Desenvolvimento Econômico: no combate mundial à corrupção, a OCDE desempenhou papel importante pois seus Estados membros firmaram a Convenção sobre o Combate da Corrupção de Funcionários Públicos Estrangeiros em Transações Comerciais Internacionais em 17 de dezembro de 1997 refletindo, em sua essência, um compromisso dos Estados signatários de adequar suas legislações às medidas necessárias à prevenção e combate à corrupção de funcionários públicos estrangeiros no âmbito do comércio internacional. A Convenção é um instrumento que visa combater os atos de corrupção na esfera do comércio internacional, bem como adotar ações que assegurem a cooperação entre os países signatários. Disponível em: http://www.oecd.org/corruption/oecdantibriberyconvention.htm. Acesso em: 29 out. 2019.

Player: "player de mercado" é a definição para aquelas empresas que atuam de forma relevante no mercado no qual estão inseridas. Ou seja, são negócios capazes de mudar a perspectiva do ramo de atuação e região em que decidiram investir.

Prevention of Bribery Ordinance (POBO): a lei anticorrupção de Hong Kong, promulgada em 1971. Trata-se da principal lei anticorrupção de Hong Kong a qual proíbe a oferta, promessa ou entrega de valor indevido a agentes públicos ou privados a fim de obter vantagem indevida ou influenciar uma decisão a respeito de transação ou negócio. Disponível em: https://www.csb.gov.hk/english/rcim/central/files/pobo_e.pdf. Acesso em: 29 out. 2019.

GLOSSÁRIO | **439**

Programa de compliance: no Brasil também conhecido como "programa de conformidade" ou "programa de integridade", é o modelo para estruturação e aplicação de ações dentro de uma organização visando o cumprimento das normas internas e externas, pelos colaboradores e partes interessadas. De acordo com o Decreto 8.420/2015, que regulamentou a Lei Anticorrupção, o programa *"consiste, no âmbito de uma pessoa jurídica, no conjunto de mecanismos e procedimentos internos de integridade, auditoria e incentivo à denúncia de irregularidades e na aplicação efetiva de códigos de ética e de conduta, políticas e diretrizes com objetivo de detectar e sanar desvios, fraudes, irregularidades e atos ilícitos praticados contra a administração pública, nacional ou estrangeira".*

Neste *Guia*, utilizamos a expressão "programa de integridade" somente no contexto da legislação brasileira que utiliza primordialmente a palavra "integridade".

Red Flag: sinal de alerta, expressão utilizada pela área de Compliance quando se detectam circunstâncias que sugiram conduta ilegal ou imprópria.

Risk Assessment: identificação e avaliação de riscos. Processo de identificação de variáveis ou possíveis riscos que têm o potencial de impactar negativamente os negócios.

Risk based ou **risk based approach**: abordagem baseada em risco.

Risk Management: gestão de riscos

SAPIN II: Lei nº 2016-1691, a Lei anticorrupção francesa, promulgada em 9 de dezembro de 2016. Disponível em: https://www.legiscompliance.com.br/legislacao/norma/125. Acesso em: 29 out. 2019.

Sarbanes-Oxley Act (SOX): Lei Sarbanes-Oxley dos Estados Unidos, assinada em 30 de julho de 2002 após escândalos financeiros envolvendo erros de escrituração contábil e práticas fraudulentas(dentre eles o da Enron). A lei visa garantir a criação de mecanismos de auditoria e segurança confiáveis, incluindo regras para aperfeiçoar a governança e prestação de contas corporativas, de modo a mitigar riscos aos negócios, e evitar a ocorrência de fraudes. Disponível em: <https://www.sec.gov/spotlight/sarbanes-oxley.htm>. Acesso em: 29 out. 2019.

SEC: *Securities and Exchange Commission* instituição dos Estados Unidos que se assemelha à Comissão de Valores Mobiliários (CVM) brasileira.

Shortlist: lista curta ou lista restrita, geralmente referindo-se a uma lista de candidatos para um emprego, prêmio, posição política etc., após triagens.

Skills: a capacidade de usar conhecimentos e habilidades de maneira eficaz e rápida na execução ou desempenho de alguma atividade.

Soft skills: expressão que abrange o conjunto de competências psicológicas e emocionais, inclusive com inteligência emocional, que um profissional deve ter para agir com diplomacia e navegar bem entre as diferentes áreas de uma organização.

Stakeholders: pessoas ou grupos de pessoas com algum grau de envolvimento ou interesse em uma organização ou entidade, tais como empregados, clientes, fornecedores ou cidadãos que podem ser afetadas por determinada decisão de uma organização.

Straight to the point: "direto ao ponto" podendo indicar a personalidade de alguém sem rodeios, que fala expressamente o que precisa ser dito sem necessariamente se preocupar em ser gentil.

Tone at the top: expressão muito utilizada em Compliance para se referir ao "o exemplo vem de cima", ou seja, o tom e diretriz dados pela alta direção da empresa, em relação à importância e à condução do programa de compliance, constituindo-se em elemento fundamental para a implementação de programas de compliance em organizações.

Tone of the middle: "tom do meio", ou seja, o tom e diretriz dados pela média direção da organização, tipicamente gerentes, coordenadores e supervisores, em relação à importância do programa de compliance.

United Kingdom Bribery Act (UKBA): a lei anticorrupção do Reino Unido, promulgada em 2010, e que em uma tradução literal quer dizer "Ato contra o Suborno no Reino Unido". Disponível em: http://www.legislation.gov.uk/ukpga/2010/23/contents. Acesso em: 29 out. 2019.

Walk the talk: expressão idiomática que quer dizer "cumprir o que se prega"; "andar como se fala".

Whistleblower: denunciante ou delator.

Workflow: "fluxo de trabalho", ou seja, o caminho a ser seguido para realizar uma determinada atividade ou processo.

Wrongdoing: malfeito, ato ilícito ou impróprio, conduta inadequada.